불교와 국가권력, 갈등과 상생

간 행 사

　흔히 우리나라를 일컬어 종교백화점이라고 말합니다. 1700여 년의 역사를 지닌 불교는 물론이고 유교, 원불교, 개신교, 천주교 등 수많은 종교가 좁은 한반도에서 공존하고 있기 때문입니다. 역사적으로 볼 때 종교는 배타적 믿음을 강조하는 까닭에 이웃 종교와 크고 작은 갈등을 빚는 것이 일반적인 경향입니다. 하지만 우리나라는 다양한 종교가 뒤섞여 있음에도 불구하고 세계사에서 유래를 찾아볼 수 없을 정도로 평화롭게 공존해 왔습니다.

　물론 우리나라에서도 종교갈등이 표출될 수 있는 수많은 요소들이 존재합니다. 작게는 이웃 종교 지도자들에 의한 공공연한 불교 폄훼가 비일비재했었고, 불상 파괴나 사찰 방화 같은 심각한 훼불 행위도 빈발했던 것이 사실입니다. 그럼에도 불구하고 한반도에서 종교갈등이 사회적으로 표출되지 않고 평화를 유지할 수 있었던 것은 자비를 중시하는 불교사상과 불자들의 끈기 있는 인내가 있었기에 가능한 일이었습니다.

　신앙의 자유와 종교적 평등은 헌법이 보장하는 대한민국 국민의 당연한 권리임에도 불구하고 우리나라에서는 그와 같은 기본권이 침해당하는 사례가 자주 있었습니다. 특히 최근에는 특정 종교에 편향된 정권이 출범하면서 종교 차별은 새로운 양상으로 전개되고 있습니다. 그동안 나타났던 훼불이나 사찰 방화가 자기 종교에 대한 과도한 열정에서 나온 개별적인 행위였다면 최근에는 정부나 지자체라는 공공기관을 통해 나타나고 있기 때문입니다.

물론 공직자들도 종교를 가질 권리가 있고 종교의 자유가 있습니다. 대한민국 헌법 제20조에는 '국교는 인정되지 아니하며, 종교와 정치는 분리된다'고 분명히 명시하고 있습니다. 따라서 공직에 앉는 순간 종교적 신념은 사적인 영역으로 제한되어야 마땅합니다. 그럼에도 불구하고 이명박 정부 출범 이후 고위 공직자들이 연루된 종교 차별 행위가 되풀이되고 있습니다. 이에 대해 정부에서는 '단순한 실수'라고 말하지만 실상을 들여다보면 우연한 실수로 보기에는 심상찮은 징후들이 포착되고 있습니다. 독선적 개신교 지도자들에 의해 진행되고 있는 성시화(Holy City)운동이 바로 그것입니다. 이 운동을 추진하는 분들은 나라 전체를 하나님이 통치하는 기독교나라로 만들겠다는 목표를 공공연히 밝히고 있습니다. 그리고 이와 같은 목표를 실현하기 위해 조직된 것이 바로 고위 공직자들로 구성된 홀리클럽(Holy Club)입니다.

홀리클럽은 시장과 구청장, 지검장과 법원장, 기업과 언론사 간부 등 지역의 고위 공직자와 기관장을 중심으로 조직된 선교 조직입니다. 성시화운동은 이처럼 고위 공직자를 주축으로 구성된 홀리클럽을 통해 진행되고 있습니다. 이는 공직자의 사회적 직위와 공공조직의 행정 역량을 특정 종교의 선교를 위해 사사로이 이용하는 것을 의미합니다. 한국과 같은 다종교사회에서 특정 종교와 정치권력의 결탁은 종교적 불평등과 갈등을 초래할 수밖에 없습니다. 나아가 정치는 독선적 신념으로 오염될 것이며, 종교는 현실적 권력과 욕망으로 덧칠될 위험이 높습니다. 따라서 공적 영역을 이용한 성시화운동은 정교분리라는 헌법의 정신을 위배하는 것이므로 마땅히 자제되어야 합니다.

이에 종단에서는 종교 차별의 문제가 단지 개인의 종교적 심성에서 비롯된 것이 아니라 국가권력이나 지자체 등 공공 영역에서 벌어지고 있다는 점을 주목하고 이에 대한 원인과 현상을 분석하게 되었습니다. 그 과정에서 불학연구소에서는 대한불교조계종 종교평화위원회와 공동으로 '종교와 국가권력, 갈등과 상생'이라는 주제로 학술세미나를 개최하였습니다. 최근에 벌어지고 있는 종교 차별의 양상이 종교와 국가권력의 결탁에서 비롯되는 것이므로

정교분리의 원칙을 다시 한 번 확인하고 이 두 영역의 바람직한 관계를 모색
하기 위해서입니다.

　이 책에 수록된 11편의 논문은 동서고금의 사례를 통해 종교와 국가권력
의 상호관계를 고찰하고 있습니다. 종교와 정치권력의 바람직한 관계를 설정
하고 종교 평화를 도모하고자 하는 불학연구소의 취지를 공감하고 옥고를 발
표해 주신 열한 분의 교수님들께 깊은 감사의 말씀을 전하는 바입니다. 아무
쪼록 이 책이 종교와 정치권력의 바람직한 관계를 정립하는 데 초석이 되기
를 바라마지 않습니다.

불기2554년 10월
대한불교조계종 불학연구소장 **원 철**

종교인과 위정자(爲政者)들이 전체 국민의 이익을 위해 노력하고 사회적 약자들과 상처받은 사람의 아픔을 어루만지는 일은 지극히 중요한 본연의 사명입니다. 또한 다양한 견해와 이념, 이해 관계 등을 극복하여 보다 나은 대안을 제시하며 사회 통합에 기여할 때 종교와 국가권력의 존재 가치는 더욱 빛나게 됩니다.

그러나 이러한 본연의 사명과 가치를 상실한 채 종교와 국가권력이 국민 위에 군림하며, 차별과 갈등을 부추기거나 권력 다툼에 치닫게 되었을 때, 그 사회는 심각한 혼란의 소용돌이에 휘말리게 된다는 것은 역사 속에서 증명되고 있습니다.

안타깝게도 최근 들어 한국사회 역시 종교와 국가권력이 본연의 사명과 가치를 잃어가고 있는 게 아닌가 우려됩니다. 전통문화의 훼손, 배타적 선교 행위, 권력을 통한 종교 간 차별정책으로 사회적 갈등을 유발하는 사례들이 지속적으로 발생하고 있기 때문입니다.

이는 종교 간 갈등과 권력에 의한 편향 행위로 비춰지며 대다수 국민들의 정서를 해치며 위화감을 조성하고 있습니다.

역사적으로 볼 때, 종교와 국가권력의 관계는 다양한 유형으로 갈등과 상생을 거듭하였습니다. 나아가 종교가 국가보다 권력의 우위에 있는 경우도 있었고, 종교의 권위와 존재 이유가 국가권력에 의해 부정되어지는 경우도 있었습니다. 이러한 과정을 거쳐서 현대사회의 대부분 나라들은 국가와 종교의 역할과 영역을 분리하여 자리매김하고 있으며, 이를 법률로 명시하고 있습니다. 대한민국도 헌법 제20조에 '국교는 인정되지 아니하며, 종교와 정치는 분리된다'고 분명히 명시하고 있습니다.

2009년 개최된 '종교와 국가권력, 갈등과 상생'이라는 주제의 세미나에서 발표된 다수의 논문들에도 이점을 강조하고 있습니다. 다양한 종교가 공존하는 한국사회에서 종교인들이 지녀야 하는 가장 중요한 덕목이 바로 배타적인 종교관을 떠나 관용의 종교관이 정착되도록 노력하는 것입니다.

이렇게 되기 위해서는 먼저 정치와 종교가 모두 본연의 사명과 가치를 잊지 않으면서 정교분리(政敎分離)의 원칙을 정확히 지켜나가야 합니다. 서로의 가치를 존중하는 성숙한 종교관이 사회 통합을 이루어내는 바탕이 될 수 있습니다.

종교평화위원회에서는 이와 같은 학술세미나를 통하여 불교는 다른 종교를 신앙하는 사람뿐만 아니라 종교를 갖지 않은 사람까지도 배려하고 있는지, 정치권력과 타협하고 있지는 않는지를 살펴 보았습니다. 불교가 이웃과 함께 나누고, 조화롭게 화합하기 위해서는 이런 성찰의 자리들이 지속적으로 마련되어야 할 것입니다.

집필해주신 연구위원들과 세미나를 원만하게 진행하신 분들, 이를 엮어서 책으로 발간하는 데 힘써주신 종교평화위원회, 불학연구소 등 관계자분들께 감사드립니다.

불기2554년 10월

대한불교조계종 종교평화위원회 위원장 **혜 경**

차 례

1. 인도에서의 종교와 정치권력

세간과 출세간에서의 정교분리를 중심으로

조준호 고려대학교 철학과 연구교수

약력

조준호

동국대학교 불교학과와 인도 델리 대학교(University of Delhi) 불교학과 석사·박사(1990-1999년)를 마쳤다. 박사 학위 논문은 「초기불교 경전에 나타난 불타관 연구(A Study of the Concept of Buddha : A Critical Study Based on the Pāli Texts)」이고 저서로는 『우파니샤드 철학과 불교 – 종교 문화적 그리고 사상적 기원에 대한 비판적 검토』, 『실천불교의 이념과 역사』(공저), 『아라한 이야기』(공저) 그리고 『부처님의 생애』(공저) 등이 있다. 주요 논문으로는 「대승의 소승 폄하에 대한 반론」, 「초기불교에 있어 止·觀의 문제」, 「기복불교는 불교인가 : 초기경전에 따른 교리적 검토」, 「위빠사나 수행의 인식론적 근거」, 「석가족의 인도-유럽 인종설에 대한 반론」, 「초기불교경전에 나타난 수행에 관한 용어와 개념의 검토(Ⅰ) : 止觀을 중심으로」, 「초기불교의 실천사상」, 「초기경전에 나타난 재가자의 위상과 신앙생활」, 「사띠(sati / smṛti : 念) 이해에 대한 비판적 검토」, 「복福 개념의 근본 의미와 실천의 문제」, 「위빠사나에 대한 몇 가지 오해 – 간화선과의 연결고리를 위한 비판적 검토」, 「초기불교 중심 교리와 선정 수행의 제문제 – 화두선 전통과의 교두보 확보를 위하여」, 「위빠사나 수행에 있어 사띠는 무엇인가」, 「붓다 화현설化現說의 기원과 전개 : 빠알리Pāli 초기불교경전을 중심으로」, 「인도의 불교학 연구」 그리고 「무명無明과 공空 : 욕망의 비실재성에 대한 불교적 통찰」 등이 있다. BK(Brain Korea) 21 불교사상연구단과 불교학 술원 연구원을 거쳐 현재 《불교평론》 편집을 맡고 있으며 고려대학교 철학과 철학연구소 연구교수로 재직 중이다.

Ⅰ. 들어가는 말

　본 연구의 목적은 인도에서 정치권력이라 할 수 있는 왕권이 교권, 특히 불교와는 어떻게 관계를 맺으면서 전개되었는지를 살펴보는 데 있다. 이를 위해서는 먼저 바라문교와 불교에 있어 왕권과 국가의 기원에 대한 이해 차이가 무엇인지를 살펴본다. 그리고 불교가 취한 왕권과 교권과의 바람직한 관계 지향에 대한 입장도 점검해 본다. 나아가 세간의 정치권력(왕권)에 대응하여 불교는 출세간의 독립성과 자율성을 확보해 가면서 일어난 왕권과의 긴장과 결탁의 사례들도 알아본다. 이러한 문제를 살펴보는 데 있어 인도불교는 무엇보다도 그 시원인 석가모니 붓다의 입장이 기준이 되어야 한다고 판단된다. 따라서 먼저 초기경전인 율장과 경장에 나타난 왕권과 교권과의 관계를 시작으로 이후 인도불교의 역사 속에 전개된 왕권과 교권의 관계를 대략적으로 점검해 본다.

Ⅱ. 붓다 당시의 정치적 상황

　석가모니 붓다의 정확한 재세 기간에 대한 논란은 많지만 대략 B.C.E.6세기에서 B.C.E.4세기였다는 데에는 학자들 간 큰 이의가 없다. 이 시기에 인도아대륙의 동북부는 강가(Gaṅgā) 강 유역을 중심으로 토지가 증가하고 농업 생산의 양 또한 증대되었다. 농산물은 자급자족의 범위를 넘어, 이를 매매하는 상업에 이어 수공업까지도 생겨났다. 농업과 수공업의 발달로 탄력을 받은 상업은 다시 지역 간을 왕래하며 교역으로 나아갔다. 이러한 가운데 각지에서 도시화가 진행되었다. 초기불교경전이나 자이나교 전적에는 이 시기의 도시 이름들이 반영되어 있는데 예를 들면, 사왓띠Sāvatthī, 바라나시Bārāṇasī, 꼬삼비Kosambī, 라자가하Rājagaha, 짬빠Campā, 싸께다Sāketa, 웨살리Vesālī 등이다. 붓다와 붓다의 제자들은 이러한 도시에서 주로 활동했기에 불교를 도시형의 종교라고 일컫는 학자도 있다. 이처럼 농·공·상업의 발달로 도시화의 진행에 따라 도시의 상공업자들은 큰 부를 축적했다. 대상隊商과 같은 장거리 무역인들도 생겨났는데, 그들은 차츰 사회의 새로운 실력가로 등장했다. 붓다의 재가 제자들 가운데 장자長者로 알려진 많은 사람들이 바로 그들이며, 그들은 불교교단의 발전에도 지대한 기여를 한 것으로 보인다.[1]

이러한 시기에 있어 초기불교경전에 반영된 고대 인도의 나라 이름으로는 대략 열여섯 개가 거론된다. 열여섯 대국[soḷasa mahājana padā]은 앙가Aṅga, 마가다Magadhā, 까시Kāsī, 꼬살라Kosalā, 왓지Vajji, 말라Mallā, 쩨띠Cetī, 왐사Vaṃsa, 꾸루Kuru, 빤짤라Pañcāla, 맛차Macchā, 수라세나Sūrasena, 앗사까Assakā, 아완띠Avanti, 간다라Gandhārā, 깜보자Kambojā 등이다(Morris & Hardy 1955, vol. I. p.213 ; IV. p.252, p.260).

---

1) 장자는 빠알리로 가하빠띠(gahapati)인데 원래 집안의 어른, 즉 가장(家長)을 의미하는 말이다. 거사(居士)라고도 한역되었는데, 활발한 상업적 경제활동을 통해서 사회의 전면에 대두된 자산가로 볼 수 있다. 그래서 좀더 전문적인 용어로 셋티(seṭṭhi)라고 부르거나 또는 '셋티 가하빠띠'라고도 불렀다.

또한 이들과 더불어 석가모니 붓다가 속한 사끼야Sakiya를 비롯해 꼴리야Koliya, 위데하Videha, 깔라마Kālāma, 불리Buli, 박가Bhagga, 릿차위Licchavi, 말라, 모리야Moriya 등 10개 이상 군소의 작은 나라 이름도 보이는데 이들 나라들은 공화제를 시행했던 상가(Saṅgha : 僧伽)의 나라라고 불렸다(Davids 1971, p.22). 이들 군주국과 공화국 사이에서 마가다, 꼬살라, 아완띠, 왐사와 같은 4대 강국이 인접해 있는 군소나라들을 병합해나갔으며, 강국들끼리도 경합을 다투는 정치적 모습이 나타난다. 특히 불교의 초기경전에 많이 나타나는 나라는 마가다와 꼬살라인데, 이 지역은 불교의 발상지로서 붓다의 주요 활동 무대였기 때문이다.

이 같은 나라들의 국가형태에 있어서는 두 가지로 대별되는데, 절대왕권이 형성되어 있는 전제군주국과 여러 부족 연맹체의 공화제의 나라들이 그것이다. 당시 경합을 벌였던 마가다와 꼬살라는 절대왕권이 형성되어 있는 대표적인 전제군주국에 해당되며, 왓지나 말라 등의 군소의 작은 나라는 공화제의 대표적인 나라들이다. 이 가운데 공화제 나라를 인도 고대 문헌에서는 상가의 나라라고 이름한다. 즉 전제적인 세습군주가 아닌 하나 또는 여러 부족들이 연맹체를 형성하여 일종의 공화정에 가까운 정치형태를 시행하고 있는 나라를 말하는 것이다.[2] 이러한 공화제 나라는 일인 군주가 통치하는 것이 아니라 대표성을 가진 여러 사람들의 회의를 통해 다스려졌다. 일종의 집단지도체제이므로 대표성을 가진 사람 역시 왕[rāja]이라 불렀고 그들의 회합 장소를 santhāgāra(강당 講堂, 公會堂)라 하였다.[3] 이들 공화제 나라에서는

---

2) 왓지(Vajji) 공화국의 경우는 여덟 부족의 연맹체로 나타난다. 그 가운데 릿차위(Licchāvi)와 위데하(Videha)가 많이 알려졌다.

어떤 사안이 발생했을 때 상가(saṃgha 또는 gaṇa)의 구성원들이 모여 의사를 결정하였으므로 일종의 민주적 의결기구였다고 할 수 있다. 붓다가 속했던 석가족의 석가국과 그 근친 부족국인 왓지나 말라 또한 상가의 나라이다. 불교교단 이름 역시 상가라 하였고, 율장에 반영된 멸정건도滅諍揵度 등 공동체 운영의 많은 체제는 정치적 체제의 상가와 깊은 관련성이 있었던 것으로 보인다. 다시 말해 붓다가 이러한 정치적 체제를 종교상의 교단 조직체제로 수용한 것으로 보인다. 석가(Sakyā)는 석가모니 붓다가 속해 있는 종족 이름[Sakyā-kula]이다. 이에 반해 Gotama는 부족 이름[Gotama-gotta]이다. 석가종족[kula]은 이웃 근친 공화국인 말라국이나 왓지의 예를 보면 몇 개의 부족(gotta)의 결합체일 가능성이 있기는 하지만 연맹체의 다른 부족 명을 초기경전에서는 찾아보기 힘들다. 이는 석가종족이 주변의 다른 공화정나라들보다도 상대적으로 작은 규모이어서 아마 고따마Gotama 이외의 다른 부족 이름을 찾아 볼 수 없을 것이다.

상가는 기본적으로 집단·집회·회의를 의미하던 말로서 경제상의 조합이나 종교 집단 그리고 정치상의 제도 등을 나타내는 말로 발전하여 쓰인 것으로 본다. 따라서 불교교단에서도 원래 승가라는 명칭은 불교교단에만 국한된 것이 아니고, 널리 고대인도의 종교적 또는 사회적 조직에 대한 이름으로서 '상가(saṃgha)'와 '가나gaṇa'라는 말이 사용되었음을 알 수 있다(예: sakyagaṇa). 붓다와 동시대의 다른 종교적 지도자들도 자신의 공동체를 승가僧伽

---

3) 예를 들면, 릿차위의 경우 7707명의 왕이 있었다고 한다. 이러한 왕들의 서열도 있는데 대표적인 rāja 아래에 uparāja, senāpati 그리고 bhaṇḍāgārika 등으로 이름 하였다(Fausboll 1990, vol. I , p.504; Ⅲ, p.1).

또는 가나라고 불렀던 것이다.

이처럼 붓다 당시의 인도아대륙 북부의 정치적 상황은 마가다나 꼬살라와 같이 몇 개의 군주국과 군소부족국 또는 공화국이 산재해 있었다. 군주국은 다른 군주국과 중소부족국과의 전쟁으로 그리고 중소부족국은 또 다른 공화국과의 전쟁으로 점차 병합되어나가는 형국이었다. 따라서 서로 정치적 긴장관계가 팽배한 가운데 잦은 전쟁이 있었음은 초기경전에 잘 나타나 있다. 예를 들면, 까시를 두고 꼬살라와 마가다가 상쟁하여 번갈아 가며 뺏고 빼앗겼으며, 마가다는 앙가를 합병하였다. 그리고 붓다 당시에 이미 석가국은 꼬살라에 의해 그리고 Vajjī의 경우는 붓다의 말년에 마가다에 의한 병합이 시도되었으며, 결국 붓다의 반열반후 병합되고 만다. 최종적으로는 당시 최고 군주국이었던 꼬살라를 마가다가 병합하고 만다. 고대 인도정치사에 있어 붓다 시대 이전이 전제국에서 공화국으로 전개되었던 것과는 반대로 붓다 시대부터는 공화국이 쇠퇴하고 점차 전제국으로 통폐합되어가는 과도기라 할 수 있다(Chakravarti 1987, p.16). 붓다는 이러한 정치적 격동기를 바로 눈앞에서 지켜보는 입장에서 정의로운 군주로서 전륜성왕轉輪聖王의 국왕관을 제시하여 당시의 정치적 상황을 선도하려 하였다.

III. 왕권과 국가 그리고 교권의 기원

인도는 인류 역사에 있어 교권과 왕권 간의 관계에 있어 예외적인 상황이 전개되었다.4) 고대사회는 흔히 제정일치祭政一致 또는 신정일치神政一致의 양상에서 차츰 사제권과 왕권이 분화되어 결국 사제권이 왕권보다 우위를 주장하지 못하고 왕권에 종속되는 경향을 보이고 있다. 하지만 인도에서는 바라문이라는 사제권이 계급적으로 왕권보다 우위에 있음을 주장하여 왔다. 이는 인도의 사성계급에서 바라문, 끄샤뜨리야, 바이샤 그리고 수드라의 순서에서도 잘 보여준다. 이러한 맥락에서 인도에서 왕권과 국가의 기원을 보는 데 있어 바라문 측과 비非바라문 측의 관점은 달랐다. 바라문교의 왕권사상은 왕권신수설王權神授說로 그리고 불교의 왕권사상은 사회계약설社會契約說로 대비된다.5) 여기서는 신 관념 중심의 바라문교와 불교의 국왕관과 국가관 등을 비교적으로 정리해 본다.

1. 바라문교의 왕권신수설

바라문의 왕권사상을 논의하기 위해서는 바라문교의 중심 성전인 베다Veda에 나타난 세계와 인간의 기원설을 먼저 주목할 필요가 있다. 가장 오래된 Ṛg Veda의 Puruṣa Sūkta에 의하면, 바라문(사제계급)은 Puruṣa(궁극적 실재 : 原人)의 입으로부터 기원하고, 끄샤뜨리야(통치계급)는 팔로부터, 바이샤(생산계급)는 허벅지로부터 그리고 수드라(천민계급)는 Puruṣa의 발로부터 기원한다고 한다

---

4) 고대사회에서 왕권과 종교의 관계에 대한 문화인류학적 논의는 James George Frazer(이용대 역)의 『황금가지』에 잘 설명되어 있다(프레이저 2004).

5) 같은 사문종교라 하더라도 자이나교의 경우는 한 명의 강자가 남을 누르고 스스로 왕이 되었다는 '국가권력설'에 입각해 있는 것으로 불교와는 국가기원 문제에 있어 대립적이라고 한다(中村 元 1993, pp.61-62).

(Griffith, 1971, p.519). 이는 바라문교의 창세기인 동시에 왕권신수설을 함축하고 있다. 즉 왕을 포함한 통치계급인 *끄샤뜨리야*가 Puruṣa나 Braman(梵)과 같은 신적인 존재로부터 유래하는 천부성天賦性을 말하고 있다. 이같은 인간의 사성四姓 기원에 대한 신화적 관념은 바라문과 *끄샤뜨리야*가 서로의 이익을 위해 결탁할 수 있는 바탕이 되었다. 계급적으로 최고에는 바라문이라는 사제계급이 있고 그 아래에 왕을 포함한 통치계급이 위치해 있는 것이다. Veda 시대에 이어 Brāhmaṇa 시대에 이르면 바라문들은 차츰 자신들을 신의 지위로 격상시켜나가다가 결국에는 신과 동일시하여 지상의 신으로 주장하기에 이른다. 이는 후대의 『마누법전』에서도 그대로 물려받는데 예를 들면, "어린아이일지라도 왕은 사람으로 낮추어 생각해서는 안 될지니, 그는 사람의 모습을 하고 서 있는 위대한 신격이기 때문이다(이재숙, 이광수 1999, p.268)"라고 한다. 결국 『마누법전』에 이르면 "이 세상에 왕이 없어서 생긴 두려움 때문에 사방이 혼란에 빠졌으므로, 주(主, prabhu)께서 모두를 보호하기 위해 왕을 창조하였다(이재숙, 이광수 1999 , p.267)"라고 '왕권신수설'이 언명된다. 그리고 왕권과 바라문 교권과의 결탁은 왕의 의무로서 "바라문들을 섬기고 통치함에 있어 그들의 말씀을 잘 따르고," 나아가 "왕은 충분한 보수를 (바라문에게 주어서) 여러 가지 제사를 치러야 한다"는 조항으로도 알 수 있다(이재숙, 이광수 1999, p.273).

신권神權과 관련하여 통치자에게 통치의 정당성을 부여한 왕권신수설은 당시 바라문 측의 법전류는 물론 후대불교의 전적에서도 찾을 수 있다(스펠만 2000, pp.335-347 ; 이광수 2004, pp.27-38 ; 홍정식 1973, pp.75-76).

이처럼 바라문교는 사제계급의 교권은 물론 왕권의 기원도 모두 천부天賦적인 신권에 두고 있고, 왕권은 바라문 신분사회를 유지하고 보호하는 역할을 위해 있다는 것이다.6) 신권에 따른 계급 간의 위계적인 의무는 천부적이기에 침해하거나 이탈해서도 안 된다고 한다. 단지 충실한 수용과 이행만이 선善이고 덕德으로 강조된다. 이러한 왕권신수설은 결국 왕권이 바라문 사제를 배제할 수 없는 구조로 나아가게 만들었다. 불교 흥기 이전이나 이후에도 국가의 대소사를 위한 제의에 궁중사제(purohita)가 대신의 수석자리를 차지했던 것도 바로 이러한 이유이다. 이는 아래에서 설명될 불교가 지향했던 정교분리政敎分離로서의 세간(왕권)과 출세간(교권)의 구조와는 극명한 대조를 이룬다.

2. 불교의 국왕계약설國王契約說

왕권의 기원에 있어 일반적으로 불교는 국왕계약설 또는 사회계약설로 논의된다. 이는 바라문계의 왕권신수설을 부정하는 맥락이다.7) 국왕계약설은 서구의 근대사상들의 국가계약설에 비견된다. 바라문교에서 주장하는 것처럼 궁극적 실재를 출발로 하는 위계적 세계관이나 사회관을 부정하고 수평적 세계관 또는 사회관의 근거인 연기법을 제시하는 불교로서 당연히 귀결할 수밖에 없는 국왕관이다.

---

6) 이를 『마누법전』은 다음과 같이 표현한다. '왕은 각각의 다르마를 순서에 맞게 부여받은 모든 신분과 모든 인생기에 있는 자들을 보호하기 위해 창조되었다'(이재숙, 이광수 1999, p.273). 따라서 법전의 곳곳에 같은 신분과 계급에 따라 차별적인 권리와 의무가 강제되어 있고 이를 집행하는 자가 바로 왕이라는 것이다.
7) 때문에 이같은 가르침은 바라문 출신을 상대로 설하는 것으로 나타난다(예를 들면 Digha Nikaya의 Aggaña Suttanta).

불교경전에서 세계와 인류의 전개 과정을 신화적인 형식을 빌어 설명하고 있는 경전은 Dīgha Nikāya 제 26경 Cakkavatti-sīhadāna Suttanta, 그리고 제 27경 Aggaña Suttanta인데 이에 상응하는 장아함은 제 6권의 『소연경小緣經』이나 제 22권의 『세기경世起經』이다. 여기에서 사람들 간에 서로 다투고 훔치고 부정不淨하게 된 온갖 종류의 사회문제는 근본적으로 '사유재산'의 사회제도가 생기게 되면서부터라고 설명한다. 땅을 갈라놓고 표지를 세우는 것과 같은 배타적인 소유 관념은 고통을 수반하는 사회문제로 설명한다. 마찬가지로, 같은 장아함 제6권의 『전륜성왕수행경轉輪聖王修行經』 등에서는 '빈곤' 때문에 서로 뺏고 싸우며 살상하는 그리고 탐욕이나 사음邪淫, 거짓말로 인해 수명이 차츰 줄어들게 되었다고 한다. 이 경 또한 앞의 두 경전에서처럼 '사유재산'과 함께 부의 불평등한 분배로 야기된 '빈곤'이 온갖 종류의 사회문제를 일으켰다고 한다. 사람들은 사회문제를 조정하고 감독하는 역할을 할 사람을 선출하였는데 그가 바로 왕이라는 것이다. 마찬가지로 윤리적으로 나쁜 일을 없애기 위해 바라문과 사문이라는 종교가가 출현하기에 이르렀다고 한다. 이로써 국왕을 중심으로 하는 국가의 기원과 바라문이나 사문과 같은 교권의 기원을 동시에 설명하고 있다. 여기서 『세기경』과 Aggaña Suttanta에 나타난 내용을 정리해 보면 다음과 같다.

[A] 사람들은 먹을 것을 축적하기 시작했고 땅을 분할하여 자기 것으로 하였다.

[B] 어떤 사람은 자기 쌀을 비축하고 다른 사람의 땅에서 쌀을 훔쳐 먹었다.

[C] 계속되는 도둑질에 때리고 싸우고 거짓말을 하고 상대를 응징하는 일이 생겼다.

[D] 이러한 지경에 이른 것을 보고 사람들은 고민하면서 슬피 울고 가슴을 쓸어내리며 말했다. "세상이 점점 악해져 이런 일들이 생긴다. 걱정과 원한과 번민의 고통스런 결과가 있다. 이것은 곧 생·로·병·사의 근본으로서 나쁜 세계에 떨어지는 원인이 된다."

[E] 밭과 집의 경계를 갈랐기 때문에 다툼이 생겼지만 이를 판결할 사람이 없다.

[F] 우리들은 이제 곧 공정한 한 사람을 내세워 인민을 보호하면서 착한 사람에게는 상을 주고 악한 사람에게는 벌하도록 하자.

[G] 우리들은 이에 대한 대가로 각각 자기의 소유에서 얼마씩 내어 그 사람에게 주자.

[H] 그때 형질形質이 장대하고 용모가 단정하며 위엄과 덕망이 높은 한 사람이 있었다.

[I] 많은 사람들에 의해 선출했기에 그를 '많은 사람들에 의해 선출된 위대한 자[mahājanasammata]'라고 불렀다.

[J] 우리는 이제 그대를 세워 주인으로 삼고자 하니, 백성들을 잘 보호하면서 착한 사람에게는 상을 주고 악한 사람에게는 벌을 주시오.

[K] 우리는 마땅히 우리 소유에서 얼마씩 내어 그대에게 공급할 것입니다.

[L] 그 사람은 이 말을 듣자 곧 승낙하고 주인[왕]이 되어 상을 주어야 할 자에게는 상을 주고 벌을 주어야 할 자에게는 벌을 주었다

[M] 여기서 비로소 '백성의 주인[民主]' 또는 '토지의 주인[khettā pati]' 이라는 이름이 생기게 되었다.8)

[N] 이후 처음에는 세상의 나쁜 일들을 없애기 위한 숲 속에서 수행하는 바라문이 출현하였지만 마을로 내려와 수행을 하지 않고

---

8) 여기서 한역 『세기경(世起經)』(大正一切經刊行會 1931, 1권 148c)은 '백성의 주인(民主)'으로 Aggaña Suttanta(Davids & Carpenter 1975, vol. Ⅲ, p.93)는 '토지의 주인(khettā pati)'으로 차이가 있다. 빠알리의 경우, 왕과 같은 통치자 계급을 뜻하는 끄샤뜨리야(빠알리는 khattiya)가 어원적으로 땅을 의미하는 khetta와 같기 때문에 이 같은 말을 선택한 것으로 보인다.

　　베다를 만들고 공부했다.9)

　　[O] 이후 직능에 따른 바이샤와 수드라의 사람들이 생기고, 직능에
　　　　따른 모든 사람들이 자신의 세속적 일에 염리厭離를 느껴 출가하
　　　　는 사문이 출현하였다.10)

　　위와 같이 요약 정리한 경전의 전반부에 의하면 왕과 정부가
필요로 하지 않는 사회에서 생존의 질이 악화되면서 왕이 사람들
에 의해 요구된 것이기에 "정부라는 제도는 인간 타락의 시대에
필요한 불행"이라고 말할 수 있다(피야세나 1987, p.155). 이처럼 불교
의 왕권과 국가의 기원설은 칼과 창과 같은 무력에 의한 집권으
로 왕이 생기고 나라가 생겼다는 것이 아니라, 사람들의 필요에
따라 민의民意에 의해 선출되었다고 한다. 따라서 왕은 '선출된 위
대한 사람[mahājanasammata]'이라 했다(Davids & Carpenter 1975, vol. Ⅲ,
p.93). 그러므로 다른 경전에서 왕은 백성들 사이에 비법非法이 행
해지더라도 함부로 "내 백성이니 칠 수 있고 죽일 수 있다는 생
각을 말라"라고 하여 백성과 왕권 간의 관계를 말한다. 대신에 백
성들이 착실히 생업에 종사할 수 있도록 국고를 풀어 지원함으로
써 백성들 사이에서 행해지고 있는 온갖 비법非法을 해결할 수 있
도록 권장되기도 한다(Davids & Carpenter 1975, vol. Ⅰ, pp.127-147). 이
같은 경전에서 왕권과 국가의 기원에 관한 설명은 상당히 파격적
인　민주주의적인　사고방식을　고대사회에　제공하고　있다.

---

9) 초기경전에서 바라문에 대한 설명은 여러 가지이다. 하지만 붓다는 바라문과
　 의 대론 시에는 당시 일반적인 바라문의 모습과는 달리 과거의 바라문은 오
　 히려 출가사문의 모습이었던 것처럼 설명한다. 당시의 바라문의 행태를 출가
　 사문에 견주어 비판하고 있는 것이다.
10) 불교경전에서 바이샤나 수드라를 언급하더라도 바라문의 천부적인 기원설
　 을 배제하기 위해 직능에 따른 이름으로 말한다. 예를 들면, 수드라의 경우
　 사냥이나 낮은 일을 하기 때문에 붙여진 이름이라는 것이다.

Theodore de Bary는 이러한 불교의 국왕계약설에 대해 "아마도 인류역사상 가장 오래된 것 중의 하나"로 평가하고 있다(Gnanarama 1996, p.50). 또한 왕이 백성을 위해 일을 하는 것이 백성의 세금에 따른 책임이며 의무라는 사상은 세제稅制에 의해 통치기관이 운영되는 요즘의 사상과 별반 차이가 없다고 할 수 있다. 이렇게 "백성이 국왕을 고용했으며, 조세란 국왕에게 지급하는 봉급"이라는 의미에서 나까무라 하지메[中村元]는 국왕을 "치안 유지의 청부업자"라는 재미있는 표현을 쓰기도 한다(中村元 1993, pp.59-61). 이런 점으로 볼 때 적어도 초기불교의 입장에서는 국왕을 신성하다거나 절대적인 존재로 보지 않았음을 알 수 있다. 신화적으로 포장한 불교의 국왕계약설은 어쩌면 상당히 정치적인 효과를 위한 것으로 볼 수 있다. 왜냐하면, 과거 인류사에서 볼 때 신화야말로 대중사회에 광범위한 영향을 미칠 수 있었기 때문이다. 더 나아가, 이러한 정치관은 당시에 군소공화국들이 군주국의 병합에 의한 절대권력의 탄생에 대한 비판이 반영된 것이라고도 할 수 있다. 국가권력이 절대화되는 데에 반해 상대적으로 왜소해져 가는 일반 대중에게 국가나 권력이 절대적인 속성을 가지고 있지 않다는 것을 간접적이고 우회적으로 보여주려는 것으로 볼 수 있다(조준호, 2002, pp.16-17).

불교의 이상적인 통치자상으로 전륜성왕과 전륜성왕이 통치하는 국가가 제시된다. 이는 당시의 정치적 상황에 있어 거대 권력인 군주제로 이행해가는 것이 시대적 상황이라면 차라리 불교적 이념에 따라 백성을 통치하는 정의로운 군주상과 통치 이론을 제공해 주고 있는 것으로 이해할 수 있다. 다시 말해, 종교적 가르침으로 일반 대중은 물론 통치자들을 선도하기 위한 이론이라고도 생각할 수 있다. 경전에 제시되는 전륜성왕의 정의로운 사회의 통치이념을 자세히 들여다보면 오계五戒의 생활윤리를 비롯한 불교사상을 반영시키려 한 노력이 역력히 나타나 있다(조준호, 2002, pp.16-17). 따라서 붓다가 진리의 세계에 있어 '법왕'이라면, 전륜성왕은 붓다의 가능성을 타고난 세속사회의 '정의로운 법왕[dhammiko dhammarājā]'이라고까지 치켜세웠다(Davids & Carpenter 1975, vol. Ⅱ, p.16 ; Ⅲ, p.142 ; Trenckner & Chalmers 1925, vol. Ⅱ, p.134 ; Morris & Hardy, 1955, vol. Ⅰ, p.109). 이러한 점에서 석가모니의 탄생과 함께 전륜성왕인가, 붓다인가라는 왕권과 교권의 내포는 H. Zimmer의 온당한 지적처럼 "불교적 개념에 의하면 우주적 군주란 붓다의 세속적 모습이다. 붓다는 위대한 각자覺者로서 성스런 가르침의 바퀴를 스스로 굴린다고 한다"라고 하여 우주의 최고 상징의 한 짝이 바로 붓다와 전륜성왕임을 함축하고 있다(피야세나 1987, p.183).

왕권과 관련한 불교의 정치철학은 세간과 출세간의 정교분리적인 입장이기는 하지만 이것은 다분히 기능적이고 제도적인 측면이다. 불교의 본래 입장은 왕권과 관련한 정치권력에 대한 완전한 단절이나 방관 또는 냉소적이고 무관심한 입장은 아니다. 그렇기에 붓다 스스로 서로 적대적인 수많은 왕과 대신들을 동시에 재가제자로 받아들였다. 그들의 공양과 다른 보시물들을 기꺼이 받아들였고 또한 잦은 접촉 속에서 가르침을 설했다. 다만 직접적으로 정치적인 이익에 관련하거나 권력 간의 알력에 개입하거나 관여하지는 않았고 마찬가지로 왕권이 교단 내부까지 관여하거나 간섭할 수 있는 소지 또한 허락하지 않았다. 즉 정교분리적인 입장에서 세간의 왕권을 인정해줌으로써 출세간의 교권도 존중받을 수 있었다고 볼 수 있다.

Ⅳ. 정치권력과 교권의 관계

붓다의 생애와 관련하여 왕권과 교권에 대하여 불전佛傳은 재미있는 이야기를 전한다. 붓다의 탄생에 대한 한 선인仙人의 예언에 의하면 세상에 있으면 전륜성왕이요, 출가하면 붓다를 이룬다는 것이다. 출가 후에도 빔비사라왕의 정치권력과 관련한 세속적 제의는 물론 수행 중에 악마 파순의 여러 유혹과 방해 가운데 붓다에게 수행을 그만두고 세상에 돌아가면 반드시 사해를 통치하는 전륜성왕이 되어 많은 사람들의 섬김을 받을 것이라고 유혹하는 장면이 나온다. 이처럼 붓다는 이미 출생하면서부터 세간 최고의 상징인 전륜성왕과 출세간의 최고 상징인 붓다와의 경계에 있음을 보여준다. 여기서 전륜성왕은 정치권력의 상징이고, 붓다는 교권의 상징이라 할 수 있다. 결국 전륜성왕인가, 붓다인가라는 접점에서 석가모니는 출세간의 최고 상징인물을 선택했으며 이로써 수많은 세간의 왕들을 선도할 수 있었다.

붓다는 교단의 구성원인 출가자에게 왕과 대신, 바라문과 거사의 심부름을 하는 것을 금하고 있다(大正一切經刊行會 1931, 1권 84a). 이는 정교분리의 세간과 출세간적인 입장에서 교권이 왕권에 예속될 수 있는 소지를 미연에 방지하고자 하는 것으로 생각할 수 있다. 마찬가지로 출가비구는 "그 나라의 풍속과 법을 따르고 옳고 그름의 시시비비를 하지 말라"는 당부는 정교분리의 세간과 출세간을 분명히 하고 있는 것으로도 볼 수 있다(大正一切經刊行會 1931, 1권 701c).

불교는 정치권력과 교권과의 일정한 거리를 위해 출가비구의 승단이 왕에 관한 일을 논의하지 못하게 하였다. 예를 들면, 잡아

함의 『논설경論說經』 등에 의하면 '한때 많은 비구들이 식당에 모여 왕에 관한 일이나 도적에 관한 일·전쟁에 관한 일·재물에 관한 일·의복에 관한 일·음식에 관한 일·남녀에 관한 일·세간의 언어에 관한 일·사업에 관한 일·모든 바다 속에 관한 일 등 이런 것들에 대해 논의'하였다. 이를 안 붓다는 그러한 논의를 하지 말도록 한다. 이유는 그러한 논의는 출가수행자의 본분사인 '열반으로 향하지 않기 때문'이라고 한다(大正一切經刊行會 1931, 2권 109c). 다시 많은 비구들이 모여 당시 경합을 하고 있던 꼬살라의 빠세나디왕과 마가다의 빔비사라왕 중에 누가 더 세력이 강하고 누가 더 부유하는지에 대한 논의도 못 하도록 한다(大正一切經刊行會 1931, 2권 110a). 또 다른 때에는 당시 여러 왕들의 큰 세력과 큰 부富에 대해 논쟁하는 것(大正一切經刊行會 1931, 2권 110a)도 그리고 의복·장식·음식에 관한 이야기, 이웃나라·도적·싸움에 관한 이야기, 술·음행·다섯 가지 욕망에 관한 이야기, 노래·춤·놀이·풍류에 관한 이야기 등, 이런 쓸데없는 이야기 등도 그만두게 한다(大正一切經刊行會 1931, 2권 781c). 마찬가지로 이러한 이야기는 열반을 향하는 출가사문에게는 '아무 의미도 없고 또 선한 법으로 나아가는 것도 범행을 닦을 수도 번뇌가 완전히 사라진 열반을 얻을 수도 없으며, 사문의 평등한 길도 얻을 수 없기 때문'이라고 한다(大正一切經刊行會 1931, 2권 781c). 이러한 이야기는 모두 세속이야기로서 바른 길로 나아가는 이야기가 아니며, 이미 세속을 떠나 도를 닦고 있는 출가사문의 행을 무너뜨리는 것으로 훈계하고 있다.

계속해서 증일아함 「선악품」에서는 걸식할 나라를 따지면서 각 나라의 왕에 대해 시시비비하는 비구들에 대해 붓다는 '너희들은 왕이 다스리는 그 나라를 칭찬하거나 비방하지 말고, 또 그 왕들의 우열을 논하지도 말라'고 하며, 이는 '나라 일을 비판하는

것으로는 번뇌가 완전히 사라진 열반 세계에 이를 수 없고, 또 사
문의 바른 행법을 얻을 수도 없다. 만일 그런 비판을 하려 한다면
그것은 바른 업이 아니니라'라고 충고하고 있다(大正一切經刊行會 1931,
2권 781c).

심지어는 어떤 왕이 '비구니를 모함해 12년 동안 궁중에 가둬
놓고 정을 통하고 있다'는 것을 비난하는 이야기에도 '나라 일에
대해 이야기하지 말라'고 권고하고 있다. 다만 정근하는 비구로
서 욕심이 적고, 만족할 줄을 알며, 용맹스런 마음을 가지고, 많
이 들어 남을 위해 설법하며, 두려움이 없고, 계율을 완전히 갖추
며, 삼매를 성취하고, 지혜를 성취하며, 해탈을 성취하고 해탈한
지혜를 성취하는 것과 같은 열 가지 일을 토론하는 데에 주력하
라고 한다. 이것이 출가사문의 목적으로 염두에 두어야 할 사항
으로 당부하고 있다. 그리고 계율에 있어서도 '만일 비구가 찰리
刹利로서 머리에 물을 뿌리는 왕의 종족인 왕이 아직 잠자리에서
나오지 않았거나, 아직 보배(부인)를 간수하지 않았는데 왕궁에 들
어가서 대궐의 문턱을 넘으면 바일제'로 엄격하게 출가자들의 행
을 단속하고 있다(大正一切經刊行會 1931, 22권 1020b). 계속해서 출세간의
출가사문이 나라의 일을 가까이하는 혐의를 받고 재앙을 불러일
으킬 수 있는 열 가지 잘못[非法]이 세세하게 거론되기도 한다.[11]

---

11) 증일아함 제42권 결금품(大正一切經刊行會 1931, 2권 777a-c) : 첫째, 이에
    어떤 이가 나라를 모반할 마음을 일으켜 국왕을 죽이려 하고, 그 음모로 말
    미암아 국왕이 죽는 일이 생길 때 출입했던 비구의 소행으로 오해받고 화를
    불러일으킬 점.
    둘째, 대신이 반역을 일으켰다가 왕에게 붙잡혀 모두 죽게 되면 그 백성들
    은 자주 내왕한 사문과 결부시켜 올 수 있는 재앙.
    셋째, 나라에서 재물이나 보배를 잃어버리면 내왕했던 사문에 혐의를 둘 수
    있는 점.
    넷째, 나이가 한창 젊고 아직 결혼하지 않은 국왕의 딸이 마침 아이를 배게

마찬가지로 왕이 출가자의 위치를 인정하고 보호하고 있는 사례를 인정한 경전의 예는 많다. 예컨대 초기경전의 『사문과경沙門果經』에서 부왕을 살해하고 왕위에 오른 아자따삿뚜(Ajātasattu : 阿闍世)가 붓다를 찾아 출가수행자가 현세에 얻을 수 있는 과보에 대해 묻는 질문에서 잘 나타난다(Davids & Carpenter 1975, vol. Ⅰ, p.60). 붓다는 아자따삿뚜왕에게 출가사문의 현세의 과보로서 "왕의 종이라 할지라도 그가 뒷날 수염과 머리를 깎고 법의를 입고 집을 나와 도를 닦고 평등법을 실천하는 그를 본다면 그때도 '저 사람은 내 종이 아닌가'라고 생각하고 명령할 수 있겠느냐"고 묻는다. 이에 왕은 그렇게 할 수 없고 오히려 '그가 오는 것을 본다면 저는 마땅히 일어나 맞이하고 앉기를 청하겠습니다'라고 하여 당시 출가자와 왕권 간의 관계를 잘 보여주는 대목이다. 왕의 종이나 하인 또는 왕의 녹을 먹던 사람이라 할지라도 출가한 후 왕을 만나게 되면 왕이 오히려 예경하는 것이 아무런 거부감 없이 서로

되면 백성들은 '내왕했던 사문에 혐의를 둘 수 있는 점.

다섯째, 국왕이 중병을 앓다가 다른 사람의 약에 중독이 되면 백성들은 내왕했던 사문에 혐의를 둘 수 있는 점.

여섯 번째, 국왕과 대신들이 서로 다투게 되면 백성들은 내왕했던 사문에 혐의를 둘 수 있는 점.

일곱 번째, 두 나라가 서로 싸워 이기기를 다투면 백성들은 내왕했던 사문에 혐의를 둘 수 있는 점.

여덟 번째, 국왕이 본래는 보시하기를 좋아하여 백성들과 재물을 나누었는데 뒤에 갑자기 인색해져 보시하기를 좋아하지 않으면 백성들은 내왕했던 사문 때문으로 생각할 수 있는 점.

아홉 번째, 국왕이 항상 올바른 법도로 백성들로부터 재물을 거두다가 뒤에 다시 잘못된 법도로 백성들의 재보(財寶)를 거두면 백성들은 내왕했던 사문 때문으로 생각할 수 있는 점.

열 번째, 나라 인민들이 모두 역병을 앓게 되면 출입했던 사문의 주술 때문일 것으로 오해받을 수 있는 점 등이다. 때문에 나라 일에 가까이할 생각을 내지 말아야 한다고 한다.

간에 인정되고 있다. 이러한 것이 출가사문이 현세에 얻는 과보라고 한다. 하지만 왕의 신하를 함부로 득도시키는 것이 금지되고 있음은 거의 모든 율장에서 말하고 있다. 그 가운데 『마하승기율摩訶僧祇律』의 예를 보면 한 비구가 은밀히 왕의 신하를 득도시켜 출가하게 하였다. 이에 다른 왕의 관리가 이 비구를 붙잡아 재판을 받게 하고 그 결과는 '화상을 잡아서 갈빗대 세 대를 부러뜨리고, 계사를 잡아서 혀를 뽑고, 10중衆을 불러내어 각각 여덟 번의 채찍을 가하고, 구족계를 받은 자에게는 극법極法으로 치죄하라'고 형장으로 보내졌다. 하지만 왕이 이를 알고 관련 비구들을 방면했다고 한다. 이후 빔비사라왕의 명에 의해 허가 없이 왕의 신하들이 출가하는 것이 허용되었으나 불교에 믿음이 없는 왕인 경우 이를 빌미로 교단에 위해를 가할 수 있기 때문에 왕의 신하나 관리 등에게 무단으로 구족계를 주는 것을 허용하지 않는 계율 조항이 생겼다고 한다(大正一切經刊行會 1931, 22권 419c-420a).

다음으로 세속의 범죄인이 도망하여 출가하게 되면 국법으로 처벌할 수 있는가 하는 점이다. 어떤 Licchvi 처녀가 다른 남자와 정을 통한 것은 사형에 처해지는 죄인데 이것이 발각되어 잡혔으나 틈을 타서 도망하여 비구니정사로 들어가 출가하였다. 친족이 그 비구니를 찾아낸 뒤 왕에게 처벌할 것을 간청하였지만 왕은 이미 출가해 버렸기 때문에 죽일 죄라 할지라도 세간의 법률로 세속 시절의 죄를 추궁할 수 없다고 답변한다. 이러한 이유 때문에 비구니율의 승잔법 가운데 '도적여계度賊女戒', 즉 범죄를 저지른 여자를 허가 없이 출가시켜서는 안 된다는 조항이 여러 본의 율장에도 공통적으로 나타난다(Oldenberg 1997, vol. IV, 226 ; 大正一切經刊行會 1931, 22권 79c, 520b, 719c ; 23권 301b). 이로 보면 출세간은 치외법권 지역이었음을 알게 해준다. 더 극단적인 예는 앙굴리말라의 경우이다. 앙굴리말라는 많은 사람들을 죽이고 그들의 손가락으로 목걸이를 만들다가 붓다에게 교화되어 출가하였다. 그를 처벌하기 위해 군사를 이끌고 온 꼬살라의 빠세나디왕은 이미 출가해 있는 그를 붙잡아 세속법으로 적용시키지 못하고 되돌아갈 정도였다(Trenckner & Chelmers, 1925, vol. Ⅱ, pp.97-105).

이처럼 불교교단이 왕권의 치외법권 지역임을 보여주고 왕이 독자적인 교권을 인정한 사례는 초기경전에서 많이 찾아 볼 수 있다. 특히 율장의 조문 속에 그와 같은 사실이 반영되어 있다. 예를 들면, 왕명에 의해 '사문석자 가운데로 출가하게 되면 어떠한 제재도 가해서는 안 된다(Oldenberg 1997, vol. Ⅰ, p.75)'거나 또는 '만약 노비의 주인이 놓아주지도 않았는데도 사문석자 가운데 출가하면 그 노비를 출가하지 못하도록 막아서는 안 된다. 왜냐하면 사문석자가 난행難行을 하고 고행苦行을 하며, 세속의 일을 버리고 열반으로 향하여 나아간다고 하는 것은 어려운 일이기 때문이다'라는 왕명이 그것이다(大正一切經刊行會 1931, 권21 151c). 이렇게 왕들에 의해 불교교단이 보호를 받자 주인 소유의 노비 외에도 부채인과 도둑의 경우에도 불교교단으로 도피성 출가를 하게 되는 사례가 일어났다. 이로 인해 도둑이 탈옥하여 출가하더라도 다시 잡혀가는 일이 없었고, 부채인이나 노비 또한 그러하여 손해를 입는 일들이 발생했다. 때문에 구족계를 줄 경우에 무조건 주어서는 안 되는 율 조항이 제정되기에 이른 것이다. 즉 율장에 보면 구족계를 받을 수 없는 여러 종류의 사람 가운데 바로 세간의 법률을 어기고 도피한 사람들의 출가는 제한하였다. 국가권력이 이렇게 세속에서 신분의 고하나 죄의 유무를 따지고 않고 불교로의 출가하는 자를 보호하고 세간의 법으로도 개입할 수 없음을 인정하는 이유는 앞에서 보듯이 '사문석자가 난행을 하고 고행을 하며, 세속의 일을 버리고 열반으로 향하여 나아간다고 하는 것은 어려운 일이기 때문이다'라는 문구에 나타나 있다. 즉 승가를 출세간의 성스러운 영역으로 깊이 인식하였기에 왕들조차도 한때 자신의 종일지라도 출가자가 되면 예경을 표했던 것일 것이다. 결론적으로 평천창平川彰의 지적대로 인도에서는 석가모니 붓다 시대부터 이미 승가는 세속의 정치권력으로부터 독립한 출세간성出世間性이 인정되고 확립되었으며 이것이 동시에 불교승가는 국가와 밀접한 관계 속에 발전해 갈 수밖에 없는 이유가 되었다(平川 彰 2003, p.52). 마찬가지로 이후 인도불교사는 물론 다른 지역으로 전래된 불교권에도 불교승가와 국가의 밀접한 관계는 불교사의 중요한 부분을 차지하는 이유가 되었다. 이처럼 역설적이게도 출세간인 불교교단의 정치성은 바로 정치권력과 완전히 단절할 수 없는 관계에 있음을 알 수 있다. 이러한 경우에 있어 인도불교의 시작과 함께 왕권과의 결탁은 데와닷따(Devadatta : 提婆達多) 비구가 유명하다. 아자따삿뚜는 부왕 빔비사라를 폐위시키고 마가다의 왕권을 찬탈하였는데 여기에는 데와닷따가 결부되어 있다(Davids & Carpenter 1975, vol. I, p.85). 데와닷따는 아자따삿뚜왕과 결탁하여 교단의 지도자가 빨리 되고자 권력욕이 강한 아자따삿뚜의 지지를 얻어내 빔비사라를 폐위시키는 데 가세하고 교단의 분열을 획책하였다고 한다. 경전에서 비구들이 마가다에서 걸식할 수 없는 것은 '아자따삿뚜왕[阿闍世王]이 그 나라를 다스리는데 그는 주로 비법非法을 사용하고, 부왕을 죽였고, 데와닷따[提婆達兜]와 친구가 되었다'라는 문구가 나타난다(大正一切經刊行會 1931, 2권 690a-c).

다음은 왕권과 출가자의 범죄 가운데 살인과 도둑질의 경우에 출가비구라도 세간의 국법에 따라 제제를 받을 수 있음은 다음의 계율 조항이 말해준다.

만일 비구가 마을이나 고요한 곳에 있으면서 주지 않은 물건을 훔치려는 마음으로 훔치다가 주지 않은 물건을 훔치면 법에 따라 국왕이나 대신에게 붙들려서 죽임이나 결박, 나라 밖으로 추방을 당하거나, 혹은 "너는 도적이다, 너는 어리석다, 너는 아는 것이 없구나." 하는 비방을 받으면, 이 비구는 바라이이니 함께 살지 못한다.
大正一切經刊行會 1931, 22권 1015c

기본적으로 국가는 살인과 도둑질과 같은 범죄를 단속하는 기능과 역할을 한다. 이에 교단은 출가비구가 살인이나 물건을 훔쳤을 때 어떻게 조치했는가를 알 필요가 있다. 비구계의 4바라이죄 가운데 두 번째인 도계盜戒와 살계殺戒는 이와 관련해 있는데 이는 도계가 제정된 율장의 인연담에서 찾아볼 수 있다(Oldenberg 1997, vol. Ⅲ, p.44 ; 大正一切經刊行會 1931, 22권 5c). Dhaniya라는 비구는 자신의 거처를 짓기 위해 빔비사라왕의 왕실 소유의 목재를 도둑질을 하였다. 이는 일반인에 있어서는 사형에 해당되지만 사문이라는 이유로 왕은 특별히 관용을 베풀어 처벌하지 않는다. 이후 붓다는 왕이 감금하거나 죽일 정도의 도둑질을 하게 되면 교단으로부터 추방되는 바라이죄를 범한 것으로 간주한다. 바라이죄는 수행공동체에서 가장 엄중한 죄로 출가수행자에 있어 사형에 해당한다. 이로써 왕권과의 불화와 충돌을 미연에 방지하려는 붓다의 대응과 조처를 알 수 있다.[12]

다음으로 국가는 백성으로부터 세금을 징수한다. 이 같은 점

---

12) 교단에서 추방 후에 국법에 따라 사형에 처해지는 지는 율장에 설명이 없다고 한다. 平川彰은 Dhaniya의 방면의 예로 보아 비구가 살인이나 도둑질을 하더라도 국법에 따라 처벌하지 않고 승가에 맡겨둔 것으로 본다(참고, 平川彰 2003, pp.42-43). 하지만 앞의 『사분율』의 조항을 보면 국법에 의해 처벌을 받은 것으로 볼 수 있다.

에 있어 불교교단에 대한 국가의 입장은 어떠했는지 역시 율장을 통해 알 수 있다. 『사분율四分律』에 의하면 "비구에게 수세輸稅의 법이 없다. 만약 백의(일반인)라면 마땅히 세물稅物을 내야 한다"(大正一切經刊行會 1931, 22권 574c)라는 조항과 함께 『마하승기율』에서는 '세존의 제자인 비구와 비구니 그리고 일체 외도 출가인의 물건은 마땅히 세금을 내지 않는다. 만약 매매하면 마땅히 세금을 내야 한다(大正一切經刊行會 1931, 22권 253a)'라고 한다. 이러한 문구로 알 수 있는 것은 출가자라 하더라도 물건을 매매하는 경우에는 세금을 냈던 것으로 생각할 수 있다. 계율 상에 있어 출가수행자는 어떠한 종류의 경제활동도 하지 못하게 한 이유를 세금의 문제와 관련해서도 생각해 볼 수 있다. 또한 세금 문제와 관련하여 교단과 왕권과의 예민했던 점에 대해서는 탈세하려는 사람과 동행하지 말라'는 율 조항에서 엿볼 수 있다(大正一切經刊行會 1931, 22권 574c). 이는 출가자가 탈세하려는 사람인지를 알고서 동행하다가 왕에게 들키면 사형에 해당하는 죄이지만 출가자라는 이유로 훈방된 일이 있었다고 말한다. 따라서 탈세하려는 사람과 한 마을을 지나면 바일제죄를 범한 것으로 규정한다. 즉 왕권과의 불화를 사전에 차단하기 위한 계목으로 볼 수 있다. 출가자는 기본적으로 세간 사람들과 달리 무소유를 지향한다. 영리활동을 통해 생계를 유지하는 것이 아니라 정처 없이 유행遊行하는 가운데 걸식과 최소한의 보시물에 의한 소욕지족少欲知足의 삶이었다. 따라서 국가가 출가자들로부터 세금을 징수할 수 없었을 것이며 대신 이러한 출가자가 이윤을 위한 경제활동을 용인하기란 힘들었을 것이다. 이러한 점을 통해 알 수 있는 점은 교단의 출세간성은 영리활동과는 무관한 삶의 방식 때문에 허용된 것임을 알 수 있다. 교단은 어떠한 경제행위로부터도 거리를 두게 됨으로써 왕권의 개입이나 간섭을 원천적으로 차단하게 되고 또한 일반사회와도 이권과 관련한 경쟁을 피할 수 있어 존경을 받았다.

　다음으로 재미있는 것은 출가자의 유산 처분의 문제이다. 초기불교의 유행 단계에서 과연 출가자의 축적 재산이 가능했는가는 논란이 될 수 있다. 설령 후대의 정주定住 단계를 반영한 율 조항이라도 작금의 한국불교 상황과 비추어 볼 때 시사하는 바가 많다. 현존하는 여러 부파 대부분의 율장 가운데는 벌써 이러한 문제가 발생했는데 출가자의 유산을 '망비구물亡比丘物'이라 하는데 이는 '교단에 속한다'라고 명시되어 있다(Oldenberg 1997, vol. Ⅰ, pp.303-304 ; 大正一切經刊行會 1931, 22권 859b, 139a-b, 479a ; 23권 202b). 교단에게 처분권이 있고, 출가 전의 친족이나 부모 형제 등에게 귀속시킬 수 없음을 말한다. 왕권과 관련해서 왕에게도 돌아갈 수 있는 것이 아니라는 것이다. 왜냐하면 당시 인도에서는 군주제이든 공화제이든 간에 친족이 없이 죽을 경우 재산을 국가에 귀속하는 것으로 나타나 있다.13) 이는 율장뿐만이 아니라 경장에서도 찾아볼 수 있다. 이러한 사례는 『십송율』에서 발난타 비구가 의발의 값으로 30만금萬金을 남기고 죽었을 때 꼬살라왕이 아들이 없기 때문에 자신에 귀속되어야 함을 주장하는 것에서 찾아 볼 수 있다.14) 하지만 붓다는 사람을 보내어 왕이 성읍이나 마을이나 봉록 가운데 발란타 비구에게 하사한 봉록이 얼마 되는지를 물으며 죽은 비구는 승가에 의지해 살았던 이유를 들어 왕의 요구를 단념시켰다고 한다. 마찬가지로 발란타 비구의 경우 같은 계급 출

---

13) Licchavi와 같은 공화제에 있어 이러한 경우는 앞의 平川 彰 2003, p.44의 주 9를 참조.
14) 이와 관련한 계속된 서술은 앞의 平川 彰 2003, pp.44-45를 참고하였다.

신이라는 이유로 또는 세간 친족들이라는 이유로 유산상속을 주
장하는 것에도 출가 후의 취득 재산은 승가에 귀속되어야 한다고
규정한다. 『오분율』의 경우는 출가자의 재산상속은 부모 형제라
도 마땅히 주어서는 안 된다는 것을 분명히 명시하고 있다(大正一切
經刊行會 1931, 22권 140a).[15]

　　다음으로 왕이나 왕족에 의해 보시된 땅이나 정사 등의 소유
권 문제이다. 고대인도에서 왕국의 땅은 원칙적으로 왕의 소유로
간주했다.[16] 이러한 점에 있어 왕정 지원에 의한 승가의 건물이
나 원림이 완전히 승가의 소유로 보아야 하는지에 대해 율장은
분명하게 말하지 않는 것으로 본다(平川 彰 2003, pp.45-46). 이와 관
련하여 『사분율』에는 꼬살라왕의 한 부인이 정사를 지어 비구니
에게 보시했다가 후일 정사를 떠나자 외도에게 다시 보시하여 소
유권 문제가 논란이 되었던 일을 전한다(大正一切經刊行會 1931, 22권
719a). 이에 관리가 외도의 소유권으로 판결하는 데에 붓다는 반
대의 입장을 표명하였다고 한다. 비슷한 사례로 왕가와 관련된
일은 아니지만 일반 재가자가 라훌라에게 보시했던 방사를 라훌
라가 유행을 떠나자 다른 비구에게 다시 보시한 일로 붓다는 '먼
저 다른 사람에게 보시된 방사를 받는 것은 허락하지 않는다'라
는 율 조항을 제정하였다고 한다. 이로 미루어 볼 때 율장의 입장
은 승가의 보시물은 승가에 귀속되어야 하고, 개개 비구의 보시

---

15) 이와 관련하여 『마하승기율』에서는 출가의 상속재산의 귀속 여부를 국가의
　　관리에게 위임하는 것처럼 서술되어 있다(大正一切經刊行會 1931, 22권
　　479a). 이에 平川彰은 『마하승기율』이 승단의 주체성이 약화되어 있음을 반
　　영한 것으로 보고 있다(平川彰 2003, pp.44-45). 즉 부파마다 당시의 왕권
　　과 관련한 율 조항의 조정이 있었던 것이 아니기를 유추해 볼 수 있다.
16) 왕과 토지 소유에 대한 문제는 스펠만 2000, pp.335-347 참조.

물은 비구의 소유를 인정한 것으로 해석할 수 있다. 이를 평천창 平川彰의 이해에 따르면 율장에는 '비구들이 분배해서는 안 되는 것, 처분해서는 안 되는 것으로 정사나 정승지·승가람·승가람 의 토지·방사·상좌 와구 등의 사방승물을 들고 있다'라는 것으 로 '사방승물은 승가의 공동재산이기 때문에 현재의 비구들이 마 음대로 처분하는 것이 금지되어 있다'는 것이다(平川彰 2003, p.47). 따라서 사방승물은 국왕이나 시주의 소유를 떠나 있고 승가의 부 동산에 대하여 세금을 면제한다는 것이 붓다 시대에 이미 확정되 어 있는 것으로 본다(平川 彰 2003, p.47).

V. 세간과 출세간으로서 정교분리의 전개

세간의 왕권은 백성의 생명과 재산을 보호하는 것이 그 기능 과 역할이라면 불교는 정신적이고 도덕적인 지도가 그 기능과 역 할이라 할 수 있다. 이는 앞에서 꼬살라의 빠세나디왕이 출가한 살인마인 앙굴리말라를 처벌하지 않고 '세존이시여, 우리들이 몽 둥이와 칼로 다스리는 자를 세존께서는 몽둥이와 칼도 없이 다스 린다(Trenckner & Chelmers 1925, p.102)'는 고백에서, 그리고 앞의 인용 문에서 '사문석자는 난행을 하고 고행을 하며, 세속의 일을 버리 고 열반으로 향하여 나아간다고 하는 것은 어려운 일이기 때문' 이라는 왕의 인정에서도 알 수 있다. 그리고 열반으로 향한 수행 이 다시 세계에 회향하는 것이 불교교단의 역할과 기능이라 할 수 있다. 붓다의 유명한 전법 선언에서 도덕적으로 각성된 제자들을 향해 '이 세상의 모든 존재들에 대해 큰 자비심[lokānukampa]을 가지고 많은 종류의 대중들의 복지[bahujanahita]와 많은 부류의 대중들의 행복[bahujanasukha]을 위해 유행(遊行 : cārikā)해야 한다'가 선포되는 장면에서도 알 수 있다(Oldenberg 1997, vol. I, 20; Feer 1975, vol. I, p.105).

인도불교의 시작은 이렇게 세간의 왕권과 출세간적 교권 간의 기능과 역할이 서로 간에 승인하며 출발한 것으로 볼 수 있다. 현대적인 표현으로 말하면, 세간의 왕권과 출세간의 교권은 서로 간의 독립성과 자율성을 최대한 인정했던 정교분리의 차원이라 할 수 있다. 정교분리를 서로 인정했기에 세간적인 이해관계로 왕권과 교권은 경쟁하지 않았고 왕권은 교단을 적극적으로 보호하고 지원하였다. 또한 교단의 구성원들이 정치적인 면에서 권력 추구에 나서지 않고, 경제적인 측면에서 탁발과 보시에 의지하는 것과 같은 영리활동을 하지 않음으로써 가능했던 것이다. 그리고 독신에 엄격한 계율을 지키는 금욕생활로 도덕적인 권위를 보여주었기에 왕권으로부터 간섭이나 통제가 배제된 치외법권적인 출세간이 보장받을 수 있었던 것이다. 하지만 이러한 이상적인 정교분리의 세간과 출세간 관계는 경우에 따라서는 복잡한 양상으로 전개되기도 하였다. 여기서는 인도역사 속에서 왕권의 지원과 보호와 함께 왕권과 교권 간의 긴장과 대립, 간섭과 통제 그리고 제재와 박해 등을 연대기적으로 살펴보면서 또한 이러한 왕권에 대한 교단 구성원의 대응도 살펴본다.

1. 붓다와 동시대의 왕

빔비사라(Bimbisāra : 頻毘娑羅) : 붓다와 동시대의, 마가다의 왕으로 붓
다보다 5년 연상으로 이야기된다. 숫타니파타Suttanipāta의 출가경
[Pabbajjā]에 의하면 붓다가 출가하여 성도 7년 전에 왕사성王舍城으
로 탁발을 갔다가 마가다의 왕 빔비사라는 높은 다락 위에서 그
를 보고 신하를 시켜 어디에 머무는지를 알아오게 한 후 친히 찾
았다고 한다. 그리고 이때 빔비사라왕은 붓다의 태생을 알게 되
었다(Andersen & Smith 1997, 405–424게). 이에 더 나아가 붓다에게 환
속하면 자신의 왕국의 반을 넘기겠다는 제의까지 하지만 붓다가
세속적 욕망을 떠나 출가수행의 길을 걷는다고 답하자, 정각을
성취하면 자신을 먼저 찾아주기를 간청한다. 성도 후 붓다는 빔
비사라왕을 찾아 그가 성취한 가르침을 설하여 최초로 붓다의 가
르침을 받은 왕이 된다. 왕은 갖은 방법으로 붓다와 교단에 보시
하고 지원하는데, 특히 왕의 궁중정원인 죽림을 보시하여 불교교
단에 최초의 수행처인 죽림정사(竹林精舍 : Veḷuvanārāma)가 건립되었
다(Oldenberg 1997, vol. I, 35ff.). 이후 왕의 제의에 따라 사찰 건립의
위치를 선정하는 데 있어 마을에서 멀지도 가깝지도 않은 장소가
기준이 되었다(Oldenberg 1997, vol. I, p.38). 교단의 중요 행사인 포살
또한 왕의 건의에 의해 제정되었으며 불교교단의 조직을 강화시
키는 특별한 행사로 정착되기에 이르렀다.

　이후 빔비사라는 그의 아들에게 폐위되어 죽기 전까지 37년 동안
불교교단을 위해 적극적으로 지원한다. 왕은 자식과 왕비들 그리
고 신하들에게도 붓다를 받들도록 권유하고(Davids & Carpenter 1975,
p.116), 교단의 복지를 위해 열렬한 관심을 보인다. 예를 들면, 왕
국에서 누구라도 붓다의 제자에게 위해를 가하지 못하도록 포고

하고 있으며(Oldenberg 1997, vol. I , pp.74-75), 더 나아가 당대에 유명한 왕궁의사인 지바카Jivaka에게 붓다는 물론 제자들까지 치료하도록 배려하고 있다(Oldenberg 1997, vol. I , pp.71-72). 마찬가지로 왕국에서 출가수행자가 강을 건널 때 뱃삯을 받지 못하도록 명하였다.

또한 앞에서도 언급되었듯이 국법과 관련하여 승단의 율이 붓다에 의해 제정되기도 했지만, 왕의 건의에 의해서 새로운 율律이 제정되기도 한다. 예를 들면, 보름 동안인 8,14,15일의 포살(布薩: Uposatha)이라는 제도가 제정되었다(Oldenberg 1997, vol. I , p.101). 더 나아가 우기雨期 3개월 동안의 안거安居의 첫 개시일을 정하는 것도 왕의 제언이었다고 한다(Oldenberg 1997, vol. I , p.138).

아자따삿뚜(Ajātasattu : 阿闍世) : 아자따삿뚜는 부왕 빔비사라를 폐위시키고 마가다의 왕권을 찬탈하였는데 여기에는 데와닷따와 결부되어 있다(Davids & Carpenter 1975, vol. I , p.85). 데와닷따는 아자따삿뚜왕과 결탁하여 교단의 지도자가 빨리 되고자 권력욕이 강한 아자따삿뚜의 지지를 얻어내 빔비사라를 폐위시키는 데 가세하고 교단의 분열을 획책하였다고 한다. 경전에서 비구들이 마가다에서 걸식할 수 없는 것은 '아자따삿뚜[阿闍世王]가 그 나라를 다스리는데 그는 주로 비법非法을 사용하고, 부왕을 죽였고, 데와닷따[提婆達兜]와 친구가 되었다'라는 문구가 나타난다(大正一切經刊行會 1931, 2권 690a-c). 이처럼 붓다 시대에 이미 왕권과 교권의 결탁의 사례는 데와닷따의 예에 잘 나타난다.

하지만 아자따삿뚜도 붓다의 가르침에 감화를 받고 회심하여 부왕인 빔비사라와 마찬가지로 불교교단에 막대한 지원을 한다.17) 대표적인 예로 붓다가 입멸한 후 왕사성에서 가까운 칠엽굴에서 개최된 제1결집을 위해 모인 500명의 아라한에게 3개월

 불교와 국가권력, 갈등과 상생

동안 음식과 의복 그리고 약품을 지원한 예가 그것이다.

빠세나디(Pasenadi : 波斯匿) : 마찬가지로 붓다와 동시대 인물이다. 당시 최대의 군주국인 꼬살라Kosalā의 왕이다. 붓다가 속한 석가국이나 다른 군소공화제의 나라들이 중앙집권적인 꼬살라의 영향권에 있다가 차츰 완전히 병합되었다(Trenckner & Chelmers 1925, vol. Ⅱ, 124 ; Andersens & Smith 1997, 422게). 이는 석가국이 결국 빠세나디의 아들인 위두다바Vidūdabha에게 멸망을 당하는 이야기에서도 나타난다. 빠세나디왕은 붓다와 동년배로 붓다의 가르침에 크게 감화를 받고 신도가 된다(Feer 1975, vol. Ⅰ, 68-70 ; Morris 1955, vol. Ⅴ, 65ff.). 왕은 붓다를 자주 찾아 가르침을 청하여 듣고 스스로 독실한 불교신도임을 선언하기도 한다(Feer, M.L. 1975, vol. Ⅰ, pp.69-70). 당시 최고 큰 나라의 왕인 빠세나디는 붓다의 발등에 자신의 이마를 대고 입을 맞추며 예를 표할 정도로 붓다에 대한 신심은 대단하였다고 한다(Trenckner & Chelmers 1925, vol.Ⅱ, p.120). 율장에 의하면 불교승가를 보호했는데 그 정도에 있어 어느 비구니가 걸식도중에 장자의 마차를 피하려다 그만 땅에 넘어지는 일이 있었는데 장자는 왕이 나라 안에서 불교의 출가사문을 경멸하면 무겁게 죄를 다스린다는 영 때문에 두려워하여 곧바로 마차에서 내려 비구니에게 사과했다는 이야기도 있다(大正一切經刊行會 1931, 22권 71c). 이로 보아 왕령에 의해 불교교단을 보호하였음을 알 수 있다. 초기경전에 붓다의 설법장소와 안거장소가 꼬살라국이 압도적으로 차지하는 이유는 바로 이러한 이유에서 아닌가 생각된다.

---

17) 하지만 아자따삿뚜가 붓다의 제자가 된 것은 붓다가 반열반 들기 1년 전이라고 한다.

위두다바(Vidudabha : 毘流離王) : 위두다바는 꼬살라의 빠세나디왕의 뒤를 이은 왕으로 석가족을 멸망시킨 왕이다(大正一切經刊行會 1931, 2권 690a-693c). 석가족에게 과거에 당한 치욕을 갚기 위해 군사를 이끌고 나아갈 때 붓다는 위두다바왕이 오는 길목에서 나뭇가지도 잎사귀도 없는 메마른 나무 밑에 가부좌하고 앉아 정벌을 제지시키려 하였지만 끝내는 그만두었고 이후 석가족은 멸망하였다고 한다. 당시 최고의 종교지도자로서 친족의 멸망을 눈앞에 두고 취한 붓다의 입장은 앞의 세간과 출세간의 관계를 통해 볼 때 의미심장하다 할 것이다.

2. 붓다의 반열반 이후의 왕

아소까(Asoka: 阿育王) : 북인도는 붓다의 반열반 이후 마가다를 중심으로 재편성되다가 다시 몇 왕조를 거친 이후 마우리야Maurya 왕조가 통일국가를 건설한다. 주목할 만한 불교와 왕권과의 관계는 왕조의 3대째인 아소까Asoka왕과 관련하여 기념비적인 일이 많다. 왕은 여러 정복 전쟁 이후 불교에 귀의해 대대적인 왕정지원을 하였던 것으로 유명하다. 왕은 자신이 신앙하는 불교를 백성들이 믿고 따르게 하기 위해 법칙을 발표해 암벽이나 석주에 새겨 놓았다. 붓다의 가르침에 따라 인간은 물론 동물 복지에까지 힘쓰는가 하면 불교의 제3차 결집을 주도하고 각지에 전도사를 파견하였다. 더 나아가 법대관法大官을 설치해 종교적으로 평등정책을 펼쳐서 불교뿐만 아니라 바라문교·자이나교·아지비카 등 다른 종교들도 동시에 보호하였다. 불교도인 왕으로서 그의 종교정책은 불교의 입장으로도 간주할 수 있는데 특히 다종교 사회에서 불교와 이웃종교 그리고 정치권력과 관련해 현재에도 시사하는 바가 많다(츠카모토 게이쇼. 호진, 정수 공동 옮김 2008, pp.119-120).[18]

　　빠알리 전승에 의하면 제3차 결집의 계기가 왕의 막대한 불교 지원으로 말미암아 6만의 외도가 들어와 7년 동안이나 포살을 하지 않는 등 불교교단이 크게 타락하자, 왕이 교단을 정화하기 위한 목적으로 결집을 행하였다고 한다. 이로 인하여 결집을 거부하는 몇몇 사문들을 처형하고 외도와 비정통 사문들은 모두 교단에서 추방하였다고 한다. 즉 불교교단이 자체적으로 정화능력이 없을 때 인도불교사에 있어 왕권이 적극적으로 개입한 첫 사례로 간주할 수 있다. 마찬가지로 사르나뜨, 산찌, 꼬삼비에서 화합중和合衆이 되지 못하고 교단의 분열 현상이 일어나자 승가를 파괴하는 일을 경고하는 비문 또한 발견되었다.

뿌쉬야미뜨라Puṣyamitra : 아소까왕이 죽은 후 마우리아왕조는 얼마 가지 않아 왕조의 군사령관이었던 뿌쉬야미뜨라에 의해 왕위가 찬탈되어 슝가왕조가 시작되었다. 슝가왕조의 뿌쉬야미뜨라는

---

18) "천애희견왕(天愛喜見王)은 출가와 재가의 모든 종파를 보시와 여러 가지 공양을 통해 존경한다. 그러나 천애는 여러 종파의 본질을 증진시키는 것만큼 [좋은] 보시나 공양은 없다고 생각한다. 본질을 증진시키는 것은 다양하 [방법으로 가능하]지만, 그 근본은 말의 억제로서, 그것은 부적당한 기회에 자신의 종파를 칭찬하고, 다른 종파들을 비방하는 일이 없도록 하고, 설사 적당한 기회라 해도 모든 경우에 [말을] 삼가야 한다는 것을 의미한다. 그렇지만, 다른 종파들은 [모든 경우에] 모든 표현을 통해 존경되어야 한다. 만약 이렇게 하면, [그 사람은] 자신의 종파를 증진시킬 뿐 아니라, 다른 종파에도 이익을 주게 된다. 만약 이렇게 하지 않으면, [그 사람은] 자기 종파를 손상시킬 뿐 아니라, 다른 종파들에도 해를 끼치게 된다. 왜냐하면, 자기 종파에 대한 신앙심 때문에, [그리고] 자기 종파를 빛내기 위해서, 자기 종파를 칭찬하고, 다른 종파를 비방하는 사람은, 역시 그렇게 함으로써, 자기 종파를 더욱 해치게 되기 때문이다. 그러므로 서로 법을 듣고 [그것을] 존중하도록 하기위해서는 화합만이 선(善)이다."

브라만교를 깊이 신봉하여 불교를 박해한 파불破佛의 왕으로 알려졌다. 불교전적에 의하면 그는 경전을 불태우고 불탑과 가람을 닥치는 대로 파괴했다고 한다. 이 사건은 인도불교사에 있어 왕권 즉 정치권력에 의한 최초의 파불이나 법난法難으로 볼 수 있다(정승석 1997, p.115). 그의 파불에 대한 이유는 전대의 아소까왕의 불교지원정책에 대한 반동 또는 적으로 간주한 서북부 그리스계 나라가 불교에 귀의한 데에 대한 대응 등으로 설명되고 있다.[19]

밀린다Milinda : 밀린다는 앞에서 말한 인도 아대륙에 그리스계 세력의 왕이다. 밀린다왕과 불교와의 관련은 현존하는 밀린다 빵하 Milinda Pañha에 잘 나타나 있다.[20] 이는 서력 기원전 2세기 후반에 서북 인도를 지배한 그리스인 박트리아 국왕 밀린다[Menandros]와 불교 나가세나(Nāgasena : 那先) 비구 간의 불교교리에 대한 대론을 담고 있다. 여기서 왕과의 대론을 성립시키는 조건으로서 나가세나는 다음과 같은 사항을 왕에게 요구한다. 대론을 청하는 왕에게 '대왕이여, 만일 현자賢者로서 대론을 원한다면 나는 그대와 대론하겠습니다. 그러나 만일 왕王으로서 대론을 원한다면 나는 그대와 대론하지 않겠습니다'라고 한다. 현자로서의 대론은 비판과 반박에도 성내는 일이 없고 자신의 주장에 맞지 않더라도 처벌을 명령하지 않는 것이라고 설명한다. 이에 반해 왕으로서 대론은 왕의 주장에 부합되지 않으면 상대를 처벌하도록 명할 수 있는 것이라고 한다(Trenckner 1997. pp.28-29). 결국 왕은 왕의 신분으로서가 아니라 마치 비구나 사미나 신도의 입장에서 대론하겠

---

19) 이에 대한 여러 학자들의 논의는 정승석의 앞의 논문 참조.
20) 빠알리(Pāli)의 밀린다빵하(Milinda Pa ha)에 대한 한역으로는 『나선비구경(那先比丘經)』이 전한다.

다는 입장을 밝힌 후 대론을 시작한다. 이처럼 종교와 종교관이 다른 그리스계에 있어서도 인도적인 또는 불교적인 입장으로 국왕을 대하고 있는 모습을 보여주고 있다. 왕은 나가세나와의 대론 후 불교에 귀의하여 불교를 적극적으로 지원하였다고 하는 것은 고고학적 발굴에서도 증명된다(佐佐木敎悟 1989, p.76 ; Hazra 1984, pp.114-121). 나가세나 비구가 밀린다왕에게 취한 태도는 왕권에 대해 예속이나 굴종이 아니라 출세간의 독자적인 위상을 보여주는 좋은 사례로 간주할 수 있다.

까니시까Kanisika : 까니시카는 꾸샤나Kushana왕조에 속한 왕으로 원래 중국 서북부의 신장지역에 살다가 흉노족匈奴族에 쫓겨 이동한 월지족月支族과 관련이 있다. 결국 인도 서북부 그리스 국가들을 정복하고 계속해서 아대륙의 동북부는 빈드야산맥에 이르기까지 그리고 서쪽으로는 아랄해에 이르기까지 광대한 제국을 건설했다. 까니시까왕은 불교에 귀의하여 불교를 외호하고 지원하였다. 왕은 불교 시인으로 이름 높은 아스바고샤[馬鳴]를 종교 고문으로 초청해 정무를 보는 가운데 불교를 공부했다고 한다. 왕은 까니시까가람이라 불리는 큰 사찰뿐만 아니고, 각지에 많은 가람을 건설했다. 그리고 각 나라에서 보내온 인질들을 대가람에 머물게 하여 불교를 배운 뒤 본국으로 돌아가게 했다고 한다. 왕은 처음으로 불상을 화폐에 새겼고 파르쉬바존자의 제의에 따라 캐시미르에 500명의 장로를 모아 결집을 행하였다고 한다.

하르샤(Harṣa : 戒日王) : 하르샤는 중국의 구법승 현장玄奘이 직접 만난 왕으로 현장의 여행기를 통해 많이 알려졌다. 하르샤는 많은 선물을 마련하여 갠지스강과 야무나강이 만나는 지점에서 5년마다 무차대회를 열었고 붓다의 유적지에 수천 개의 탑과 승원을 세운 것으로 현장은 말한다. 하르샤의 불교에 대한 가장 큰 업적은 현장이 무사히 귀국할 수 있도록 적극적으로 지원한 이유로 동아시아 불교의 지형을 바꾸어 놓았다는 사실이다.

3. 이슬람의 정치권력

아프카니스탄의 투르크계 가즈니Ghazni왕조는 이슬람교도로 986년부터 인도 침략을 시작하였었다. 이들은 북인도 원정에서 불교나 힌두교의 사원과 성지를 무차별하게 파괴하고 승려를 살해하는 참극을 자행했다. 다시 구르Ghur왕조에 이르러서는 1203년, 위끄라마쉴라Vikramaśila사원이 파괴되면서 불교는 인도 본토로부터 점차 모습을 감추게 된다. 이슬람 세력의 박해에도 살아남은 승려들은 네팔, 티벳 등지로 피난을 갔다. 이와 같이 불교가 발생한 인도에서 불교가 쇠퇴한 원인은 여러 가지로 논의되고 있지만 이슬람왕조의 정치세력이 결정적인 타격으로 이야기된다. 문제는 불교를 포함하여 힌두교나 자이나교 등이 다 같이 박해와 파괴를 받았지만 불교만이 회생 능력을 잃고 말았다는 사실이다. 이는 인도불교가 왕정 지원에 의존한 출가자 중심의 승원불교에 집중해 있어 불교를 외호하였던 왕가의 왕권이나 자산가가 몰락하면 불교교단 또한 바로 쇠퇴할 수밖에 없었다. 이는 중국의 구법여행자들의 기록에서도 증명된다. 현장 등의 동아시아 구법승들은 왕권 지원의 상황과 그러한 지원 하의 한 사찰에 수많은 승려들이 집단거주 했음을, 그리고 각지의 사찰 수가 얼마나 되는지를 거론할 정도이다. 이러한 의존도는 결국 승원이 특정 정치

세력이 몰락하거나 아니면 정치세력에 의해 파괴되면 되살아날 수 있는 힘을 상실하고 만다는 것이다. 다시 말해, 풀뿌리와 같은 재가자들과 유기적인 관계 형성으로 재가자에 깊이 뿌리내리지 못했음을 의미한다. 대승 이전의 부파불교나 대승 또한 아비달마 불교는 주로 승원에 머물며 교학 연구에 주력했다. 때문에 불교적 정체성이 약한 재가자들은 불교를 이름으로 종교적 결속도 약했을 뿐더러 쉽게 그리고 거부감 없이 힌두교나 이슬람으로 흡수된 것으로 볼 수 있다. 이러한 점에 있어 현재 인도의 신불교(新佛敎 : Neo-Buddhism)운동은 인도불교사에서 대단히 이례적인 현상이라 할 수 있다. 그들은 사회의 상층부가 아닌 풀뿌리와 같은 하층 사람들로서 불교가 힌두교 등과 다른 불교만의 정체성을 깊이 인식하고 있다는 점이다.

4. 근현대에 있어 정치권력과 불교

이처럼 인도 중심부에서 이슬람왕조에 의해 불교가 결정적으로 무너지고 난 후 500년 이상 공백 기간이 있었다. 그동안 인도에서 불교는 이슬람과 힌두교에 의해 억압과 탄압 그리고 예속과 방치에 머물고 있었다. 이러한 상황 속에서 근현대에 있어 암베드까르(Dr. Ambedkar) 등이 하층민을 중심으로 하는 불교운동은 인도불교사에서 유례가 없는 새로운 지평을 열 것이라는 기대감을 준다. 인도정부의 시작과 함께 중요 정치인이었던 암베드까르의 신불교운동은 그의 사후에도 인도의 저변부에서 물결치고 있다. 예를 들면 최근 인도 선거에서 우따르 쁘라데쉬(Uttar Pradesh : U.P.) 주의 불교도이며 천민 출신인 마야와띠Mayawati 여사가 압승을 거두고 주총리(Chief Minister)가 된 것에서도 엿볼 수 있다. 우따르 쁘라데쉬는 인도에서 가장 인구가 많고 정치적으로도 중요성이 크다. 마야와띠의 BSP 정당은 천민과 상층 카스트를 포함한 모든 카스트가 연립을 이루고 있는 당인데, 이는 인도정치 지형이 일반적으로 브라만의 상층 카스트가 리더십을 이루고 하층 카스트가 참여하는 구도에 반하여 상층 브라만 카스트가 그 아래에 참여하는 예외적인 현상이라고 할 수 있다. 그런데 마야와띠는 정치인으로서 불교도임을 공공연하게 외치면서 인간 차별을 바탕한 힌두교의 카스트제도를 철폐해야 함을 강조한다. 심지어는 계급 차별의 온상으로 간주하는 『마누법전』을 불태우는 의식을 종종 갖기도 한다.

마야와띠가 주총리라는 주요 정치인으로서 그리고 불교인으로서, 힌두교의 카스트 비판은 인도 내에서 종교편향으로 간주되지는 않는 듯이 보인다. 왜냐하면 종교를 정치에 이용하는 차원과 평등 정신으로 불평등 사회를 타파하겠다는 것과는 다르게 볼 수 있기 때문이다. 더 나아가 카스트제도로 인한 불평등 사회를 타파하는 것은 인도 헌법 정신에 부합되기 때문이기도 하다. 이러한 점에서 현재 인도에서 벌어지고 있는 정치권력과 종교와의 관계는 단면적인 시각으로 해석하기는 곤란한 점이 있으나 더 검토가 필요하다.21)

---

21) 우리나라에서 현대 인도에 있어 정치권력과 종교와의 관계는 주로 한국인도학회의 『인도연구』에서 많이 다루고 있다.

Ⅵ. 나가는 말

이상과 같이 고대인도불교에서 왕권의 정치권력과 불교교단의 교권이 어떠한 관계를 맺으면서 전개되었는지를 대략적으로 살펴보았다. 결론적으로 말하면, 인도불교의 출발은 세간의 왕권과 출세간적 교권 간의 기능과 역할에 있어 서로 간의 독립성과 자율성을 승인하며 출발하고 있다. 현대적인 표현으로 말하면, 정치권력과 종교 간의 문제에 있어 정교분리의 차원이라 할 수 있다. 이는 서구유럽이 정교분리의 원칙으로 근대가 시작되고 현대에 있어 대부분의 나라들이 정교분리를 지향하고 있다는 점에서 의미하는 바가 크다. 하지만 인도불교사가 보여주는 것은 이처럼 세간의 정치권력으로부터 독립한 출세간의 위상을 보여주면서 다른 한편으로 국가와 밀접한 관계 속에 전개 발전해왔다는 사실이다. 이같은 양상은 후대불교는 물론 불교가 전해진 다른 나라에서도 기본적으로 출세간의 영역이 인정되었지만 왕권과 관련하여 복잡하고 다양하게 전개되었다. 특히 인도와 다른 동아시아로 불교가 전해지면서 불교교단을 대하는 국가권력의 태도에 따라서 불교의 발상지인 인도와는 달리 불교가 정치권력에 종속되고 예속되는 상황도 피할 수 없었다.

붓다 시대와 이후 불교사의 예에서 볼 수 있듯이 세간과 출세간이라는 정교분리가 확립되었을 경우 불교의 사회적 역할과 기능이 원만하게 이루어지고 있음을 알 수 있었다. 반대로 정교분리가 불완전하면, 즉 왕권과 결탁했을 경우 어떠한 일이 일어나는가는 데바닷따의 예가 좋은 교훈을 준다. 그리고 숭가왕조와 흉노, 사쌍카 그리고 이슬람의 정치세력의 예를 통해서는 정교분리의 원칙이 유지되었음에도 불구하고 출·재가 간의 긴밀한 관계가 형성되지 못하면 무력을 앞세운 왕권에 의해 불교는 무력하고 멸망할 수도 있다는 것을 보았다. 불교교단의 구조적인 문제에 있어 출가자의 위상과 사회적 역할은 재가자와의 긴밀한 관계 속에 온전하게 수행된다. 계율 상의 문제와 함께 사표로서 출가자와 승단(僧團)의 사회적 위상은 재가자를 앞세워야만 가능하다. 정교분리 원칙과 다원주의를 지향하는 현대사회는 전적으로 불교교단을 보호하고 지원하는 정치권력을 기대할 수 없다. 하지만 현실적으로 종교가 사회적·정치적 영향력을 발휘하려면 사회와 정치계에 불교교단을 보호하고 이웃종교와 관련하여 종교적 문제를 견제할 수 있는 지도층이 필요하다. 한국정치계는 이웃종교의 비율이 압도적이어서 종교편향과 차별이 있어왔다. 정치권력에 있어 불교교단이 무력화되지 않으려면 정교분리 등의 법이 제대로 시행될 수 있는 제도적 장치뿐만이 아니라 밖으로 유능한 재가지도자가 정계 등에 진출하여 활동할 수 있도록 후원해야 한다.

　마찬가지로 안으로는 교단의 선두에 있는 출가자의 권위가 선양되는 불교 본래의 제도인 정인(淨人 : kappiyākaraka)제도가 제대로 복원되어야 한다(조준호 2008, pp.231-233). 사회의 지도자이며 도덕적 교사인 출가자가 정치 또는 행정적인 문제로 관공서에 출입하며 시시비비하는 일로 위신을 떨어뜨리거나 경제적인 문제로 시장통에 가서 물건값을 흥정하는 등의 일은 정인에게 맡겨야 한다. 본론에서 시사하듯 출가자의 계율은 사찰 관리와 유지와 관련한 행정과 회계 등의 책임을 전적으로 재가자에게 부여하는 구조였다. 이는 사회의 스승으로서 출가자의 위의를 손상하거나 훼손하지 않고 불교를 펼치게 하려는 교조의 처방전이었다. 이를 위해서는 재가자도 출가자와 나란히 불교의 지도자이며 대변자라는 책임의식이 깊이 뿌리내릴 수 있도록 제도의 도입 또한 필요하다. 따라서 기본적으로 세간과 출세간이라는 정교분리하에 출·재가 간의 긴밀한 관계가 성립되었을 때만이 불교교단은 세속권력으로부터 더욱 자유로울 수 있을 뿐만 아니라 정치권력을 견제할 수 있는 또 다른 저변이 구축될 수 있었음을 알 수 있다.

2. 중국불교와 정치권력

김진무 동국대학교 불교문화연구원

약 력

김진무

동국대학교 선학과를 졸업하고, 동 대학원에서 「동산법문의 선 사상 연구」라는 논문으로 석사학위를, 중국 南京大學 哲學 科에서 「佛學與玄學關係研究」(中文)라는 논문으로 박사학위를 취득했다. 공저로 『나, 버릴 것인가 찾을 것인가』, 『근대 동 아시아의 불교학』, 『동아시아 불교, 근대와의 만남』, 『한국 불교문화사전』 등이 있고, 번역서로 『불교와 유학』, 『선학과 현학』, 『선과 노장』, 『분등선』, 『조사선』, 『지장』 I · II 등 이 있으며, 논문으로는 「道生의 頓悟成佛論과 그 意義」 『壇經』 의 '三無'와 老莊의 '三無'思想의 비교 「禪宗에 있어서 頓悟의 受用과 그 展開」 「楊文會의 佛學思想과 金陵刻經處」 등이 있다. 현재 동국대학교 불교문화연구원에서 부교수로 재직 중이다.

Ⅰ. 들어가는 말

중국인들의 사상적 특징을 논할 때, 결코 결여되어서는 안 될 것이 바로 『주역周易』에 나타나는 사유양식일 것이다. 『주역』은 이미 B.C.12세기 이전에 그 사상적 원형이 출현하였으며, 대체적으로 B.C.7세기경에 기록되기 시작하여 서한西漢 시기에 지금의 모습으로 완성된 『주역』은 각각의 시대적 변화에 따라 끊임없이 변화하고 보충되어 왔다. 따라서 『주역』은 중국민족의 사유양식과 문화를 총체적으로 반영하고 있다고 말할 수 있다.

그러한 『주역』의 대표적인 사유양식은 바로 기본적으로 자연의 변화와 그로부터 발생하는 다양한 '변화[易]'를 논하는 것으로 『계사전繫辭傳』에서 "한번은 음으로 한번은 양으로 변화하는 것이 도[一陰一陽之爲道]"라고 규정하는 것처럼 음양의 조화에 따라 끊임없는 변화를 이루게 된다. 또한 그러한 변화 과정 가운데 '강건剛健'으로 대표되는 양극陽極에 이르면 이른바 '절대絕對'의 경지에 도달하는데, 다시 "도는 반의 움직임[道者 反之動]"이라는 변화의 원칙이 적용되어 그 자리가 영원할 수 없게 된다. 이러한 주역적 사유에 따르면, 세속적 군주나 유일신과 같은 절대적인 자리는 있되, 그것이 하나의 존재로 고정된다는 것은 있을 수 없는 일이 되어 버린다. 또한 이를 역으로 본다면, 일반 백성들도 군주의 자리에 오를 수 있는 가능성이 열려 있는 것이고, 수행을 통하여 '궁극'의 영역에 도달할 수 있다고 하겠다. 이러한 까닭에 중국에는 고래로

"평범한 사람이라도 우임금이 될 수 있다[塗之人可以爲禹]"(『荀子』), "사람들은 모두 요, 순임금이 될 수 있다[人皆可以爲堯舜]"(『孟子』)는 주장들이 나타나게 된 것이고, 중생들은 모두 성불할 수 있다는 불교가 중국인들에게 받아들여질 수 있는 기본적인 조건이 되었던 것이다. 또한 이러한 사유양식은 중국인들에게 현실 자체를 변화하는 정체整體로 받아들이게 하는 작용을 하였고, 나아가 이러한 사유로부터 중국의 사상은 '경세經世'의 틀을 갖추게 되었다고도 할 수 있다.

중국에서 이른바 '백가쟁명百家爭鳴'으로 표현되는 제자백가의 사상들이 출현하기 시작한 것은 바로 중국 천하가 열국으로 나뉘어 패권을 경주하던 전국시대부터이다. 제자백가의 사상은 기본적으로 열국의 경쟁에서 효율적으로 패권을 차지할 수 있는 전략전술을 포함한 전방위적인 통치술을 논한 것이라고 할 수 있다. 유가儒家는 기본적으로 "수신제가치국평천하修身齊家治國平天下"(『大學』)를 논하고 있으며, 묵가墨家조차도 '겸애兼愛'의 실현을 위해서 고도의 병법兵法과 무기 제조술을 익혔다는 것은 잘 알려진 사실이고, '무위자연無爲自然'을 논한 도가道家 역시 『노자老子』의 논리를 통하여 '무위이치無爲而治'를 통치술로 하는 황로학黃老學이 출현하였고, 『장자莊子』에서도 이른바 '내성외왕內聖外王'의 기치를 세우고 있는 것이다.

결론적으로 말하여 중국인들의 기본적인 사유에는 '경세'에 대한 전통이 내재되어 있고, 특히 전국시대에 출현한 제자백가는 그를 구체화시켰다고 할 수 있다. 사실상 불교를 비롯한 모든 사상과 철학은 결국 최종적으로 '경세'를 제창할 수밖에 없는 사상적 구조를 가진다고 할 수 있다. 물론 중생들의 괴로움은 기본적으로 개인적으로 전도顚倒된 견해로부터 발생한 것이지만, 전체적인 관계로부터 발생하는 구조적인 문제도 결코 간과할 수 없기 때문이다. 이러한 까닭에 불교에서 '불국토佛國土'의 개념이 출현하였고, 유가에서는 대도大道가 행해지는 '대동사회大同社會'(『禮記』)를 제창하고, 도가에서도 '무하유지향(無何有之鄉)'(『莊子』) 등의 이상국가론이 나타나는 것이라 하겠다. 그러나 역사적으로는 그러한 이상국은 사상가들의 논의에 그치고, 근대에 이르기까지 황권皇權을 중심으로 하는 봉건국가체제를 유지하여 온 것은 주지하는 바이다. 중국에 있어서는 역대로 정치권력의 핵심인 황실로부터 대제국의 통치를 위하여 적합한 통치이념을 모색하였고, 실제적으로 그를 실현하고자 다양한 형태로 통치에 적용해왔다고 할 수 있다.

본고에서는 그러한 중국의 정치권력의 핵심인 황실과 불교와의 관계를 통사적으로 고찰하고자 한다. 그렇지만 전체적인 역사를 통하여 불교와 정치권력의 관계를 논하는 것은 지나치게 방대하여 몇 가지 핵심적인 부분을 사상사적으로 조명하여 중국불교와 정치권력과의 관계를 고찰하고자 한다.

Ⅱ. 통치이념의 수립을 위한 중국황실의 불교 수용

1. 동한東漢황실의 불교 수용

중국의 불교 전래는 서한 무제武帝에 의해 실크로드와 초원길이 개척됨으로써 서역과의 교역이 이루어지고, 이를 통해 자연스럽게 유입되기 시작한다. 그러나 불교가 중국인, 특히 최고 권력층인 황실의 관심을 끌게 된 것은 동한東漢시대에 이르러서부터이고, 이 시기로부터 역사적 기록이 남게 된다고 하겠다.

불교와 관련된 최초의 역사기록은 『후한서後漢書・초왕영전楚王英傳』에 나타나는 "초왕楚王은 황로黃老의 미언微言을 읽고, 다시 부도浮屠를 숭상하여 사당에 모셔 신神과 함께 삼 개월을 결재潔齋하기를 맹세하였다"1)라는 기록이다. 초왕영은 동한 광무제(光武帝 : 재위 25-57년)의 아들이고 효명제(孝明帝 : 재위 57-75년)의 동생으로서 황실의 중요한 인물이다. 이러한 초왕영이 부도(浮圖 : 佛陀)를 숭배했다는 기록은 상당히 중요한 의미가 있는 것이다. 이후 황실에서 '부도'를 숭배한 다양한 기록들이 있지만, 첫 번째로 불교를 신봉한 황제는 바로 환제(桓帝 : 재위 147-167년)이다. 『후한서・효환제기孝桓帝紀・총론總論』에는 "환제는 음악을 좋아하여 거문고와 생황을 잘하였으며, 방림芳林을 꾸며 탁룡濯龍의 궁宮과 견주었으며, 화려한 차양을 설치하여 부도浮圖, 노자老子를 제사하였는데, 이를 이른바 '신을 따름[聽於神]'이라고 하였다"2)라고 기재되어 있으며, 『후한서・양해전襄楷傳』에도 "또한 궁중에 황로黃老, 부도浮圖의 사당을 세운다고 들었다. 이 도는 청허淸虛하고, 무위無爲를 귀히 숭상하며, 삶을 좋아하고, 살생을 싫어하며, 욕심을 줄이게 하고, 사치를 버리게 한다"3)라고 상소했다는 기록이 나타난다.

---

1) [宋]志磐撰, 『佛祖統紀』卷35(대정장49, p.330a) "誦黃老之微言, 尙浮屠之仁祠, 絜齋三月, 與神爲誓." 2009年版 CBETA 中華電子佛典協會에서 제공하는 CD의 『正史佛教資料類編』(略號; ZS)에 불교와 관련된 史書 등의 자료들을 대거 게재하고 있어 연구자들의 편의를 제공하고 있다. 따라서 CEBETA CD에서 인용하는 史書 등의 자료들은 CD에 명기된 페이지를 명기하고자 한다. 위의 자료는 『正史佛教資料類編』 人物編(ZS1, p.21a)에도 실려 있다.

2) 『正史佛教資料類編』 人物編(ZS1, p.233a) "桓帝好音樂, 善琴笙. 飾芳林而 考濯龍之宮, 設華蓋以祠浮圖、老子, 斯將所謂「聽於神」乎！"

3) 앞의 책, "又聞宮中立黃老浮屠之祠. 此道淸虛, 貴尙無爲, 好生惡殺, 省欲去奢."

이러한 기록은 황실에서 주동적으로 '부도'를 숭상하고자 했음을 알 수 있게 하는 것이고, 또한 양해의 상소로부터 그것에 상당히 정치적 의도가 숨어 있음을 추론하게 한다. 이러한 관점은 양한兩漢의 사상사를 전체적으로 조망할 때 얻어질 수 있는 결론이다. 지면 관계상 이 과정을 모두 논술할 수는 없지만, 간략하게 논하자면 다음과 같다.

주지하다시피 전국시대의 열국은 제자백가 가운데 법가를 통치이념으로 채택한 진秦에 의하여 통일된다. 그러나 진의 가혹한 법치주의는 진시황秦始皇의 죽음 이후 바로 진을 몰락시키는 계기가 되었다. 그 후, 다시 중국을 통일한 서한왕조는 통치사상으로 황로학黃老學을 채택한다. 도가로부터 나타난 통치술인 황로학은 상당한 성과를 거둬 서한 초기에 이른바 '문경의 치[文景之治]'라고 칭해지는 장기적인 안정과 발전을 가져온다. 또한 이 과정에서 황로학은 중국의 전체적인 일반 민중에 도가의 사상을 깊이 스며들게 하는 작용을 하였고, 이는 이후 동한 말 도교道敎의 흥기에 커다란 밑받침으로 된다.

그러나 '무위이치'를 제창하는 '황로학'은 점차로 그 한계를 노정하여 서한의 무제는 "백가를 배척하고, 유가만을 숭상한다[罷黜百家, 獨尊儒術]"는 정책을 채택하게 되었다. 무제의 중앙집권을 노린 '독존유술獨尊儒術' 정책은 아주 빠르게 유학의 지위를 견고하게 확립시킨다. 또한 한漢 제국帝國을 일시적으로 세계 최대의 제국으로 번영시키는 작용을 한다. 그러나 서한대의 유학은 기본적인 문제를 안고 있었는데, 그것은 바로 진시황의 '분서갱유焚書坑儒'를 통하여 소실된 유가 전적들의 복원이었다. 이러한 복원과정에서 이른바 '금고문논쟁今古文論爭'이 발생하고, 그것은 결국 경학화經學化라는 도그마에 빠져들게 되었다. 또 한편으로 서한의 유학은 흔히 '천

인감응론天人感應論'으로 표현되는데, '태일신太一神'으로부터 '상제上帝' 등에 대한 제사祭祀를 중시하여 각 군현郡縣에 사당祠堂을 세워 그를 행하고 있었다.4) 이러한 종교적 제사는 말할 것도 없이 종교사상을 통하여 민중을 통치하려는 의도를 가진 것이라고 하겠고, 이는 민중의 통치에 상당한 효과를 보였다고 하겠다. 그러나 서한의 경학에 치중한 유학은 점차 주석학에 빠져들면서 통치사상이 지녀야 할 기능을 잃게 되었고, 경학은 다만 관직을 얻는 수단으로 전락되어버리고 만다. 이는 결국 서한의 몰락으로 이어지게 되었다.

서한을 계승한 동한의 황실에서는 새로운 통치사상을 찾고자 다양하게 모색하게 되는데, 그것은 진의 법가, 서한초의 황로학(도가)과 유학이 모두 한계를 노정했기 때문이다. 그에 따라 점차 중국에 전파되기 시작한 불교에 깊은 관심을 보이게 된다. 또한 서한 초기의 통치이념이었던 황로학은 유학의 종교적 성격에 영향을 받아 점차 종교화되어 '황로도黃老道'로서 새롭게 구성되기 시작하였다. 이러한 과정에서 황실에서는 바로 황로도와 불교를 융합시키는 작업을 진행한 것으로 보인다. 그 이유는 통치계급에서 서한 시기에 유학의 제의를 통한 민중의 통치로부터 종교의 정치적 효용성을 여실하게 인식했기 때문이다. 그런데 비록 황로도가 종교성을 지니게 되었다고 해도 이미 인도로부터 고도의 종교적 체계를 확고하게 갖추고 있었던 불교와 비견될 수는 없었던 것이다. 또한 불교에는 대제국의 통치에 적합한 사상적 내용을 충분

---

4) 李申著, 『中國儒敎史』(上海人民出版社, 1999.12.) '第2章 初興的西漢儒敎'의 '第2節 董仲舒的儒敎思想'과 '第3節 汉武帝與神靈祭祀'에서 그에 대하여 상세하게 고증하고 있다. pp.198-410 참조.

하게 갖추고 있었고, 황실에서 그를 충분히 파악했던 것으로 볼
수 있다.

앞에서 들었던 초왕영과 환제의 '황로黃老'와 '부도浮圖'를 함께
숭배했다는 사서들의 기록은 바로 이러한 상황을 대변해 준다고
하겠다. 더욱이 양해의 상소문에서 불교를 마치 도가와 유사하게
표현하고 있음은 분명하게 서한초의 통치이념이었던 '황로학'과
견주고 있음을 엿볼 수 있는 것이다. 더욱이 환제는 단지 '부도'
를 숭배할 뿐만 아니라 본격적으로 불교를 중국에 전파시키려는
적극적인 작업을 하고 있다. 그것은 환제로부터 국가적인 사업으
로 역경譯經을 시작했다는 점으로부터 짐작할 수 있는 것이다.

환제는 건화建和 원년(元年 : 147) 지루가참(支婁迦讖 : 흔히 支讖으로 略稱)
과 건화 2년(148)에 낙양洛陽에 도래한 안세고安世高에게 명령하여 대
량의 경전을 번역하게 한다. 양梁의 승우僧祐에 의하여 정리된『출
삼장기집出三藏記集』에 따르면, 안세고는 이십여 년에 걸쳐 34부部
40권卷의 경전을 번역하였다고 한다. 현존하는 경전 가운데 아함
부阿含部에 속하는 17부의 경전과『불설대안반수의경佛說大安般守意經』
2권,『음지입경陰持入經』2권,『선행법상경禪行法想經』1권 및『도지경
道地經』 1권,『아비담오법경阿毘曇五法經』 1권 등이 안세고의 번역이
다. 이 외에 그가 번역하였다고 하는『십이문경十二門經』 등의 여러
가지 경전은 모두 소실되었다. 지참 또한 사십여 년에 걸쳐 14부
27권(혹은 15부 30권)의 경전을 역경하였다고 한다. 그 가운데
중요한 것은『수능엄삼매경首楞嚴三昧經』,『도행반야경道行般若經』,『반
주삼매경般舟三昧經』 등이다.[5]

환제의 이러한 역경사업은 후대 황제들이 지속적으로 계승한

---

5) [梁]僧祐,『出三藏記集』卷13, 安世高傳과 支讖傳 참조.(大正藏55, pp.95a-96a)

국가적 사업이라고 할 수 있는데, 환제 시기에 안세고와 지참이 역출한 경전으로부터 이미 대·소승의 경전들이 모두 소개되었다는 점에서 중국불교가 환제 시기에 비로소 돌출되었다고 보기에는 어려운 점이 있다. 다시 말하여 그 이전부터 지식인들을 중심으로 불교사상에 대하여 어느 정도 이해를 했던 것이고, 또한 황제가 국가적인 사업으로 역경을 시작했다는 것은 바로 그 정치적 효용성을 충분히 공감했다는 의미로 이해할 수 있는 것이다. 더욱이 중국은 이미 선진先秦시기로부터 이른바 '이하론夷夏論'이 중국민족의 바탕에 깊이 스며 있었다는 점을 감안한다면, 황제가 '오랑캐[夷]'에 속한 불교를 받아들이고자 하는 것에는 분명한 정치적 필요성이 있지 않았다면 가능하지 않은 일이라고 하겠다. 특히 불교가 중국에 뿌리내리는 과정에서 동한에서 당대唐代에 이르는 몇백 년 동안 유·도 양가에 의해 끊임없이 '이하론'에 근거하여 불교를 비판하고 있는 것은 그만큼 민족적 저항감이 크다는 것을 보여주는 것이라 하겠다.

이렇게 동한의 황제들은 불교를 중국인들에게 불교를 '이식移植'시키고자 하고, 그를 통하여 민중의 통치를 실현하고자 하지만, 결국 실패하고 만다. 그것은 '황로도'에서 불교의 발전된 종교성을 수용하여 나타난 초기 도교도道敎徒들에 의해 이른바 '황건적의 난'이 발발하면서 동한의 황권은 무너지고, 이른바 위·촉·오의 '삼국시대'로 들어갔기 때문이다.

2. 삼국 군주들의 불교정책

삼국의 군주들은 동한의 황제들과 마찬가지로 새로운 통치이

념을 찾고자 애쓴다. 그 가운데 오吳의 손권孫權과 위魏의 조조曹操
는 불교를 통하여 새로운 통치이념을 정립하고자 했다고 할 수
있다. 『불조통기』에는 손권이 수많은 사찰을 건립한 내용이 상당
히 많이 나타나고(당시에는 아직 중국인 승려가 없었다), 불교의 교의를 통
하여 정치를 논하는 기사記事들이 보이며6) 지겸支謙, 강승회康僧會
등의 역경가들을 초빙하여 대대적인 역경을 벌여 이른바 '오역吳
譯'이라는 용어를 역경사에 남게 하였을 정도였다. 이를 통해 볼
때, 손권은 불교를 통치이념으로 삼고자 했다고 하겠다. 조조의
위魏에서는 더욱 불교에 관심을 많이 가졌는데, 특히 황실을 중심
으로 하여 불교를 깊이 연구하여 통치이념을 정립하고자 체계적
인 접근을 시도한다.7) 그러나 조위曹魏에서는 손오孫吳에서와 같이
공개적으로 불교를 국교화할 수 없었다. 그것은 조위가 속한 관
중(關中 : 長安과 洛陽)지역은 바로 중국문명의 발상지이면서 양한의 핵
심적인 곳으로 모든 권문세족들의 집결지였기 때문이다. 또한 한
대의 권문세족은 기본적으로 유학을 바탕으로 하고 있었기 때문
에 손오와는 비교가 되지 않을 정도로 사상적 반발이 거셌다고

---

6) 志磐의 『佛祖統紀』의 곳곳에 孫權과 孫亮의 사찰의 건립과 관련된 記事가 나타
나고, 『廣弘明集』 등에 孫權이 佛法을 논하는 내용들이 상당히 많이 나타나고
있어 孫權이 불교 이해에 상당한 수준이었음을 짐작하게 하고, 불교를 중심
으로 통치하고자 하였던 의도를 충분히 읽을 수 있다.

7) 王曉毅, 「漢魏佛教與何晏玄學關系之探索」(『中華佛學學報』 第六期, 1993. 7.)에서
南齊 陸澄의 『法論目錄序』에 佛法을 홍포시킨 인물 가운데 曹操의 명칭이 나타
나고, 『魏書・釋老志』에 魏의 明帝 曹叡가 外國沙門들의 道術을 보고 감탄하여
불교를 信仰하였다는 記事, 또한 『法苑珠林・唄贊篇』에 曹植이 항상 佛經을 읽
었다는 記載, 『三國志・魏書・司馬芝傳』에 曹洪의 乳母가 불교를 신앙하였다는
記載 등등을 인용하여 曹魏 皇家에서 佛敎의 신앙이 일반적이었음을 논증하
고, 그를 통하여 何晏이 불교를 자연스럽게 접촉하였을 것으로 논증하고 있
다. 또한 그의 논문 후반부에 何晏의 『無名論』과 『道行般若經』, 『安般守意經』
등과의 비교를 통하여 그 영향 관계를 밝히고 있다. pp.207-217 참조.

할 수 있다. 그에 따라 조조의 아들 조비曹丕에 의해 칭제건원을
하여 '위魏'를 세운 후에 조비의 이복동생인 하안何晏과 약관의 왕
필王弼에 의하여 불교를 중심으로 유·도 양가를 결합한 새로운
통치이념이면서 중국의 사상에 커다란 획을 긋는 '현학玄學'을 제
창한다.8)

그러나 조위는 얼마 지나지 않아서 사마의司馬懿를 중심으로 하
는 보수세력들의 반란(高平陵事變, 249年)에 의하여 멸망하고, 서진西晉
이 세워지고, 서진은 뒤이어 촉과 오를 차례로 멸하여 다시금 중
국을 통일하게 된다. 사상사적으로 서진의 출현은 바로 불교를
중심으로 한 개혁에 대한 유학을 바탕으로 한 보수사상의 반발이
라고 볼 수 있다. 실제적으로 조씨 황실에 의해 일어난 '현학'은
중국의 '르네상스'라고 할 만큼 인성人性의 해방에 초점이 맞추어
져 있던 것이고, 그에는 중국의 전통사상에 존재하지 않았던 새
로운 철학적 개념들이 삼투되어 있는 것이다. 더욱이 사상적으로
그러했을 뿐만 아니라 실제적인 정치에 있어서도 신분제를 타파
한 '구품중정제九品中正制'의 실시 등은 완전히 인성의 해방을 실현
했던 중요한 역사적 사건이었다고 하겠다.

서진의 통치는 현학가들의 숙청으로부터 사마씨의 왕자들에
의한 권력 다툼인 팔왕지란(八王之亂 : 291-306)과 흉노족匈奴族의 반란
인 영가지란(永嘉之亂 : 304-316)이 이어지면서 멸망해 버린다. 사실상
서진(249-316)의 통치 기간은 중국학자들이 흔히 '군마시살도郡魔弑殺

---

8) 玄學의 개념과 그 정치적 성격에 대한 부분은 필자의 박사학위논문인 『佛學與
   玄學關係研究』(南京大學校 2001年 博士學位論文) 참조. 또한 拙稿, 「王弼의 玄學
   사상에 보이는 般若學의 영향에 관한 一考」(『철학』제72집, 2002년 가을호, 한
   국철학회)에서는 王弼의 玄學사상이 그 사유양식에 있어서 『道行般若經』, 『大
   明度經』에 나타나는 것과 유사함을 밝히고 그에 따라 王弼이 般若學에 영향을
   받아 현학이론을 제시하였음을 논증하고 있다. pp.99-123 참조.

圖'라고 표현하듯이 숙청과 전란의 연속이었다. 그런데 아이러니하게도 이 시기에 불교는 중국의 일반 민중들에게 깊게 받아들여져 비약적으로 교세를 형성하게 되었다. 그것은 정치적 혼란과 끊임없는 전란으로부터 불교가 제시하는 '피안彼岸'의 가르침에 귀의하려는 경향 때문이었는지도 모르겠지만, 조위曹魏 시기 중국 최초의 승려인 주사행朱士行이 국가로부터 공인을 받고, 공식적으로 중국인들의 출가가 허용되어 수많은 승려들이 출현했으며, 현학의 작용으로 불교의 교의가 민중에게 설득력을 얻게 된 것에 기인했다고 하겠다.

이상으로 불교의 초기 전래 과정을 간략하게 살펴보았는데, 불교가 중국에 전래된 것은 바로 한 무제에 의해 서역과의 교통로가 열리고, 교역이 이루어지면서 자연스럽게 전래되었지만, 동한에 이르러서야 정치적인 필요에 의해 황권의 관심을 끌게 되었고, 적극적으로 받아들여졌다고 할 수 있다. 그는 제자백가의 사상 가운데 통치이념으로 역할을 했던 법가와 도가, 유가의 사상들이 한계를 노정하게 됨으로써 새로운 통치이념의 필요했고, 그 모색의 과정에서 불교가 지닌 효용성을 발견했기 때문이라고 하겠다. 따라서 중국불교는 그 초기화에 있어서부터 철저하게 정치권력으로부터 받아들여졌다고 할 수 있다.

Ⅲ. 남북조 황제들의 봉불과 폐불

서진의 몰락으로 관중을 비롯한 북방을 이민족인 '오호(五胡 : 匈

奴, 羯, 鮮卑, 氐, 羌)'에게 내주고 장강長江 이남으로 남하하여 건업(建業
: 현 南京)을 도읍으로 하여 동진東晉을 세우게 되었고, 동진의 몰락
후 송宋·제齊·양梁·진陳의 네 황조가 명멸하는데, 이를 '남조南朝'
라고 한다. 북방에서는 이민족들이 '전량·전조·성한·후조·전
연·전진·후연·후진·서진·후량·남량·북량·남연·서량·
하·북연' 등의 16국이 명멸하다가 다시 '북위北魏·동위·서위·
북제北齊·북주北周'의 4국이 차례로 지배하는데, 이를 '북조北朝'라
고 칭한다. '동진십육국東晉十六國'과 '남북조南北朝' 시기는 중국사에
서도 가장 복잡한 시기이다. 그러나 불교와 정치권력의 관계는
바로 이 시기에 가장 극명하게 발현된다고 할 수 있다.

이 시기는 정치적으로 남방에는 한족漢族이 지배하고, 북방에
는 소수 이민족이 권력층을 이루어 다수의 한족을 지배하는 형태
를 갖고 있었지만, 남북방 모두 불교를 통치이념으로 채택했다고
할 수 있다.

1. 동진東晉의 사문예경沙門禮敬 논쟁

먼저 중국의 정통성을 지니고 있는 동진에 있어서는 서진의
유학을 주로 한 통치에서 뼈저리게 유학에 입각한 통치의 한계를
느껴 불교를 중심으로 한 통치를 채택하였고, 그것이 남조에도
지속되었다고 할 수 있다. 북방의 소수민족을 지배계층으로 하는
16국에서는 통치이념에 있어서 무엇보다도 중화中華에 뿌리를 두
지 않는 것으로부터 찾으려고 하는 경향이 강하였을 것이다. 그
들은 아마 이미 중국에 전래된 것과는 다른 새로운 불교를 부흥
시킴으로서 지배층과 피지배층인 대다수의 중국민족과의 문화적

이질감을 해소하려고 하였을 것이다. 그에 따라 때마침 북방에 유행하던 대승불교 반야학般若學을 적극적으로 받아들였던 것이다. 이러한 예가 바로 구마라집鳩摩羅什을 들 수 있다. 구마라집이 구자 국龜玆國에 있을 때, 전진前秦의 부견苻堅이 여광呂光을 파견하여 모셔 오려 하였다. 여광은 구자국을 정벌하여 구마라집을 모셨지만, 그 사이에 전진이 망하자 여광은 하서河西에 후량後涼을 세워 량주 涼州에 17년 동안 머물게 한다. 다시 후진後秦의 요흥姚興은 여광을 정벌하고 구마라집을 장안長安으로 모시게 된다.9) 이는 16국에서 불교를 통해 통치하고자 하는 대표적인 사례라고 할 수 있다.

  그러나 불교와 정치권력 간의 관계에 있어서는 동진으로부터 불거진다. 불교가 중국에 전래되면서 출가승려[沙門]들은 제왕帝王 들에게 무릎을 꿇지 않고 다만 합장하여 경의敬意를 나타내는 것 이 일반적이었다. 하지만 이는 유가儒家의 강상명교綱常名教의 예법 禮法과 정면으로 모순되어 여러 차례 사문들도 마땅히 제왕에게 무릎을 꿇어 예를 갖추어야 한다는 논쟁이 나타나게 된다. 동진東 晉 시기, 함강咸康 6년(340) 중서령中書令 유빙庾冰은 성제成帝를 대신하 여 종교는 개인적인 문제이고, 황제에 대한 예법은 국가의 문제 이므로 불교의 사문들도 마땅히 궤배跪拜하여야 한다는 조서를 내 리게 된다. 이러한 조서에 대하여 불교신도인 상서령尚書令 하충何充 등은 불교는 도리어 황제를 도와 국가의 안녕을 기원하며, 사문 이 황제에게 예의를 다하지 않아도 성세聖世를 이루므로 사문이 황제에게 속세의 예경을 갖추지 않아도 된다는 반박의 상소를 올 리게 된다. 이에 몇 차례의 논쟁이 일어났으나 결국은 사문이 황

---

9) [宋]志磐,『佛祖統紀』卷26(大正藏49, p.267a), [元]念常,『佛祖歷代通載』卷7(大 正藏49, p.527a) 등에 이러한 내용이 상세히 나온다.

제에 대하여 궤배를 해야 한다는 조서는 철회되었다.[10]

하지만 원흥元興 원년(402) 태위太衛 환현桓玄은 다시 자신의 정치적 목적을 위하여 사문의 예경 문제를 일으키게 된다. 그는 당시 조정의 핵심기관인 팔좌八座의 중신들에게 먼저 그 문제를 논의한 후, 『여팔좌논사문경사서與八座論沙門敬事書』라는 글에서 사문들이 존재할 수 있는 까닭은 왕도王道에 의지하는 바이고, 따라서 왕후王侯들의 은혜를 받고 있으니 마땅히 예경을 해야 한다는 것이다. 이에 여산廬山 혜원慧遠이 적극적으로 참여하게 된다. 혜원은 우선 환현의 논리를 인정하고, 세속에서 불교를 신앙하는 사람은 마땅히 왕에게 예경해야 하지만, 출가 사문들은 과거세로부터의 업業을 끊고 삼승三乘의 도를 닦으므로 부모의 은혜를 저버려도 불효가 아니며 군주에게 예경하지 않아도 불경不敬이 아니고, 출가 사문이 도를 완성한다면 그 은혜는 널리 세계에 미치니, 그것은 왕도와 일치함을 밝히고 있다. 이때의 논쟁은 상당히 장기적이고 많은 사람들이 참여하지만 최종적으로는 환현과 혜원의 서신을 통한 논쟁으로 귀결되고, 또한 혜원은 이를 정리하여 '멸불滅佛'을 염려하여 『사문불경왕자론沙門不敬王者論』 5권을 편집한다. 환현은 자신의 정치적 목적인 황제의 지위에 오르자 원흥 2년에 사문은 제왕에게 예경할 필요가 없다는 조서를 내리게 된다.[11] 이로부터 남조에 이르도록 사문은 제왕에게 예경하지 않는다는 원칙이 지

---

10) [宋]志磐, 『佛祖統紀』 卷36(大正藏49, p.339c), [元]念常, 『佛祖歷代通載』 卷6 (大正藏49, p.520c) 등에 이러한 내용이 상세히 나온다.

11) 이러한 내용은 [梁]僧祐의 『弘明集』 卷12에 실린 『桓玄與八座書論道人敬王事(并 八座答)』, 『桓玄與王令書論敬王事(并王令答往反八首)』, 『廬山慧遠法師答桓玄論沙 門不應敬王者書一首(并桓玄書二首)』, 『桓玄詔沙門不復敬天子并卜嗣之等(答往反五 首)』, 『廬山慧遠法師與桓玄論料簡沙門書一首(并桓玄教一首)』 등의 문헌에서 상 세하게 나타나 있다.

켜졌고, 혜원이 주석하던 '여산'은 정치적 '무풍지대'로서 남게 되었다.

2. 북조北朝의 국가 예속과 폐불廢佛

반면에 북방에서는 상황이 달랐다. 『위서魏書』 '석로지釋老志'에 따르면, 당시 북방 승려들의 지도자인 법과法果는 "태조는 밝고 뛰어나 불도佛道를 좋아하시니, 곧 지금의 여래如來와 같다. 따라서 사문은 마땅히 예의를 다하여야 한다[太祖明睿好道, 即是當今如來, 沙門宜應盡禮]"고 하여 황제를 부처님의 화신으로 대하고 있음을 알 수 있다.[12] 이러한 상황은 북위가 439년 북방을 통일하고 '승관僧官제도'를 확립시키면서 더욱 굳어진다. 즉, 불교가 철저히 황권 아래 복속된 것이다. 남북조 시기에 황권에 의한 두 차례의 법난이 모두 북조에서 발생한 것은 이러한 정교관계와 무관하다고 할 수 없을 것이다.

북위의 도무제道武帝를 비롯하여 명원제明元帝, 효문제孝文帝와 선무제宣武帝 등 역대의 황제들은 모두 정치적 필요와 개인적 신앙으로 불교를 중시하였고, 거대한 불사佛事를 일으킨다. 그러나 명원제의 아들인 태무제(太武帝 : 재위 423-451)에 이르러서는 상황이 달라진다. 그도 즉위 초에는 불교를 신앙했지만, 효문제·선무제·태무제에 이르는 3조朝의 신하 최호崔浩와 그와 결탁한 도사道士 구겸지寇謙之의 영향으로 점차 도교를 신앙하게 된다. 그에 따라 태무

---

12) 『魏書·釋老志』, 『正史佛教資料類編』(ZS1, p.5a), "初, 法果每言, 太祖明睿好道, 即是當今如來, 沙門宜應盡禮, 遂常致拜. 謂人曰 : 能鴻道者人主也, 我非拜天子, 乃是禮佛耳."

제의 시광始光 원년(424) 북위의 수도인 평성平城에 도관道觀을 건립하게 하는 등, 적극적으로 도교를 옹호하는 정책을 펼친다. 태연太延 4년(438), 태무제는 최호와 구겸지의 건의를 받아들여 50세 이하의 모든 사문은 환속하라는 조칙을 내린다.

440년에 이르러 태무제는 '태평진군太平眞君'으로 개원改元하는데, 이는 분명히 도교를 국교화하고자 하는 황제의 의도를 드러낸 것이라고 할 수 있다. 태평진군 5년(444), 태무제는 왕공王公 이하 일반 서민들에게 사문에게 공양을 금지시키는 조칙을 내리고, 당시 승가의 지도자인 현고玄高, 혜숭慧崇 등의 승려들을 살해한다. 태평진군 7년(446), 관중지방에서 개오蓋吳의 반란이 일어나자 태무제는 친히 정벌에 나선다. 장안長安에 이르러 사찰에 병장기를 숨긴 것을 발견하고, 태무제는 모든 불상과 도형 및 경전을 남김없이 불사르고, 승려를 모두 묻어버리라고 명한다.13) 이러한 결과, 혜교慧皎의 『고승전高僧傳』에 따르면, 북위에 단 한 명의 승려도 존재하지 않았다고 한다.

태무제에 의한 법난으로 북위의 불교는 일시적으로 타격을 입게 되지만, 문성제의 노력에 의하여 빠르게 회복되고, 결과적으로 북조의 불교는 오히려 태무제 이전보다 더욱 발전하게 된다.

북위 말년에 정치적으로 문란해지고, 동위·서위의 양국으로 분열되는 등 북조의 정치 상황은 상당히 복잡하게 전개된다. 서위를 이은 북주北周의 무제武帝에 이르러 불교는 다시금 폐불의 상황을 맞게 된다. 무제는 즉위 초에는 불교를 신앙했지만, 이후 그는 유가儒家를 더욱 중시했다. 당시 불교의 사원과 승려의 수가 날

---

13) 『魏書·釋老志』에 상세히 기록하고 있으며, [宋]志磐, 『佛祖統紀』 卷38의 '太武帝'(大正藏49, p.354a-b)에 이러한 내용을 상세히 기록하고 있다.

로 증가하여 국고의 수입이 점차 감소하여 국가경제가 위협을 받을 상황이었다. 그때, 환속한 위원숭衛元嵩은 나라를 다스림에 불교는 적합하지 않으니 사원과 승려의 수를 감하라는 상조를 올리게 된다. 이로부터 무제는 불교의 탄압을 위하여 여론을 조성하고자 천화天和에서 건덕建德년간에 이르기까지 일곱 차례에 걸쳐 문무백관과 승려, 도사를 소집해 유불도儒佛道 삼교의 선후를 논하게 된다. 그러나 그 과정에서 매번 불교는 도교와의 논쟁에서 이겨 빌미를 찾을 수 없게 되자 무제는 건덕 3년(574) 5월, 불·도 양교를 금지하고, 경전과 불상을 모두 없애며, 승려와 도사를 모두 환속하고, 사원과 도관의 재산을 몰수하여 왕공王公에게 하사하라는 조칙을 내리게 된다. 또한 6월에 무제는 '통도관通道觀'을 설치하여 불교와 도교의 명사 120명을 선발하여 '통도관학사通道觀學士'라고 칭하여 불교와 도교의 명맥만을 남게 하였다. 건덕 6년(577), 북제北齊를 멸하여 다시금 북방을 통일한 무제는 북제의 영토에도 불교를 금하는 조칙을 내리게 되고, 그에 따라 북방의 수많은 사원들이 훼손되고, 많은 수의 승려들이 남방으로 피신하기에 이른다.14)

무제에 의한 법난은 표면적으로는 유가를 중시함으로부터 불·도 양교를 폐한 것이지만, 그 이면에는 당시 북주 사찰의 수가 3만여 곳을 넘었고, 승려들의 수가 200만에 달하여 전 인구의 1/16에 해당할 정도로 지나치게 비대해져 국가의 경제를 위협할 정도에 이르렀던 것이 더욱 커다란 원인이라고 할 수 있다.

북조의 태무제와 무제에 의한 법난에는 여러 원인이 존재하고

---

14) 『魏書·釋老志』에 상세히 기록하고 있으며, [宋]志磐, 『佛祖統紀』 卷38의 '武帝'(大正藏49, p.358a-c)에 이러한 내용을 상세히 기록하고 있다.

있었지만, 한편으로는 불교가 황권에 예속되어 있었기 때문에 비롯된 것이라고 할 수 있다. 그것은 남조 역시 끊임없이 유·불·도의 삼교가 치열하게 쟁론을 벌이고 있었고, 사원과 승려의 규모 역시 북조와 비슷하여 국가경제를 위협할 정도가 되었지만 북조에서와 같은 법난은 발생하지 않았기 때문이다. 더욱이 무제가 폐불을 단행하면서 "제왕은 여래이고, 왕공은 바로 보살[帝王卽是如來, 王公卽是菩薩]"[15)이라는 논리를 내세우고, 그렇기 때문에 나라를 살리기 위해서는 불교를 폐하여도 된다는 논리를 펼치고 있음은 그를 증명하고 있다고 하겠다.

후대에 '삼무일종三武一宗의 법난'으로 칭해지는 법난 가운데 나머지 2개의 법난 역시 북방을 중심으로 나타난다. 당말唐末에 무종武宗에 의하여 회창會昌연간에 발생한 법난과 오대五代의 난세에 이르러 다시 북방의 후주後周 세종世宗에 의한 법난이 그것이다. 이러한 '삼무일종'의 법난이 모두 북방을 중심으로 발생하니, 북방의 불교는 완전히 쇠퇴하기 시작하였고, 중국불교의 주도권은 남방으로 이전되었다. 후대에 나타나는 천태종이나 선종 등의 중요 종파들이 모두 남방으로부터 출현하고 있음은 이와 결코 무관할 수 없는 것이다.

3. 양무제의 불교정책

한편 남조에서도 역시 황제를 중심으로 불교가 흥성하게 된다. 그러나 남조의 정치적 상황은 안정되지 못하여 송·제·양·

---

15) [唐]道宣, 『廣弘明集』卷10, 『周高祖巡鄴除殄佛法有前僧任道林上表請開法事』(大正藏52, p.155a)

진의 대부분의 황제들은 단명하지만, 양무제(梁武帝 : 464-549)의 통치 기간(502-549)이 가장 길다. 따라서 양무제는 안정된 통치 가운데 '불심천자佛心天子', '보살황제' 등으로 칭해질 정도로 다양한 불사佛事를 일으켰고, 불법에 귀의한 중국 역대 황제 가운데 가장 유명하다. 그에 따라 후대에 '달마대사와의 문답', '부처님께 헌화한 공덕으로 얻은 황제 자리' 등 양무제와 관련된 다양한 전설이 부가되었다. 따라서 남조의 황권과 불교와의 관계를 고찰하는 대표적인 사례로서 양무제의 진면목을 고찰하고자 한다.

양무제의 본명은 소연蕭衍으로 본래 도교道敎를 신봉하던 가정에서 태어났다. 그의 부친 소순蕭順은 바로 제齊의 황제인 고제高帝의 가까운 친척으로 시중侍中, 위위衛尉 등의 고관을 지냈다. 소연은 어려서부터 유·도 양가에 뛰어난 재능을 보여 호조戶曹의 관리를 맡았으며, 황제를 수행하여 군대를 이끄는 등 다양한 능력을 보였다. 특히 북위의 효문제孝文帝가 친히 군대를 이끌고 제나라를 침공하자 소연은 뛰어난 전략으로 북위의 군대를 패퇴시켰다. 이러한 공로로 명제明帝의 신임을 받아 소연은 태자중서자太子中庶子에 임명되었다. 그 후 명제가 병사하여 그의 아들이 황제에 올랐으나 무능하고 성격이 잔인하여 수많은 대신들을 살해하자 소연은 군사를 일으켜 황제를 가두고 스스로 대사마大司馬의 관직을 맡아 국가의 전권을 쥐게 되었다. 소연은 대권을 탐하지 않았지만 그의 친한 벗이었던 침약沈約과 범운范雲이 문무백관을 설득하고, 결국 칭제건원을 하여 양梁의 무제武帝로 등극하게 된다. 아이러니한 사실은 그를 황제에 등극하게 해준 최대의 공로자인 침약과 범운을 결코 중용하지 않았다는 것이다.

이러한 양무제의 즉위 과정을 볼 때, 그는 학문적으로 뛰어났을 뿐만 아니라 용병과 정치 역시 탁월한 능력을 지니고 있었음을 알 수 있다. 양무제는 황제에 즉위한 후, 제나라의 전철을 밟지 않도록 하기 위해 치국治國에 전념하였다. 현존하는 자료로는 양무제가 불교에 귀의하게 된 직접적인 이유를 찾을 수 없지만, 즉위한지 3년(504)에 양무제는 불교를 통치이념으로 선포한다. 『광홍명집廣弘明集』 권4에 게재되어 있는 양무제의 「이노담 도교 법을 버림의 조칙[捨事李老道法詔]」이라는 글에는 "내세에는 동진으로 출가하여불교의 가르침을 널리 펼쳐 함께 성불하고자 함[願使未來生世童男出家, 廣弘經教化度含識同共成佛]"과 "올바른 법에 들어 기나긴 윤회의 고통을받을지언정 노자老子의 가르침에 의지하여 잠시 생천生天함을 즐기지 않을 것[寧在正法中長淪惡道, 不樂依老子教暫得生天]"이라는 강한 의지가 엿보인다.16)

이렇게 불교에 귀의한 양무제는 그로부터 불교 공부에 심취하였으며, 천람天覽 18년(519)에는 드디어 종산鐘山 초당사草堂寺의 혜약慧約으로부터 황제의 지위에도 불구하고 삼배의 예를 올리며 보살계菩薩戒를 수지하게 된다. 이는 도교를 버리고 불교에 귀의한다는선포를 한 지 15년이 경과한 때의 일이다. 이로부터 양무제는 스스로 '보살황제'라고 칭하였으며, 신하들이 공문서를 상주할 때에황제를 '황제보살'이라고 표기하였다.

양무제는 보살계를 수지한 이후, 철저하게 계율을 지켰으며, 결코 오신채와 육식을 하지 않았다. 당시 일부 승려들이 계율을지키지 않는 상황을 목도하고 양무제는 「단주육문斷酒肉文」이라는글에서 "모든 승니僧尼가 만약 여래의 옷을 걸치고 여래의 행동을하지 않는 자는 승려의 이름을 빌린 것에 지나지 않으며, 도적과다름이 없다. 이와 같이 행하는 자는 불제자의 나라에서 하나의

---

16) [唐]道宣, 『廣弘明集』 卷4, 梁武帝, 『捨事李老道法詔』(大正藏52, p.112a)

백성이므로 황제의 권력으로 그 죄를 묻겠다"[17]라고 하였다. 남조는 혜원慧遠의 『사문불경왕자론』으로부터 북조와는 다르게 황권으로 불교에 개입하지 않지만, 계율을 지키지 않는 승려는 일반 백성과 다르지 않으므로 그 죄를 묻겠다는 단호한 입장을 보이고 있는 것이다. 여기에서 양무제의 불교에 대한 입장을 짐작할 수 있다.

양무제의 불교에 대한 신앙은 사찰의 건립으로 나타난다. 그는 부모와 명승을 위하여 광택사光宅寺, 개선사開善寺, 동태사同泰寺, 대경애사大敬愛寺, 지도사智度寺, 동행사同行寺 등 수많은 명찰을 건립하였으며, 그렇게 건립한 사원들의 운영을 위하여 막대한 재물의 보시를 아끼지 않았다. 심지어 조정의 관료들에게도 재시를 강요하는 형국이었고, 백성들에게도 역시 재시를 분담케 하였다. 양무제의 신앙은 또한 '사신공양捨身供養'으로도 나타났다. 관련된 기록에 따르면 527년, 529년, 546년, 547년 등 네 차례에 걸쳐 짧을 때는 4일, 길게는 37일 동안 국정을 모두 버리고 동태사로 들어가 황제의 옷을 벗고 승복을 입고서 사찰의 허드렛일을 하였다. 결국은 모든 관료들이 동태사의 동문에 모여 국정을 돌봐달라고 몇 번이고 청하고, '일억만전一億萬錢'으로 봉속奉贖해야 비로소 궁전으로 돌아오곤 하였다.[18] 이러한 결과 민생은 점차로 피폐해졌다.

또한 양무제는 불교에 귀의한 이후 다양한 대규모의 법회를 개최하였다. 특히 수많은 고승들을 초청하여 경전을 강독하는 법회를 좋아했다. 점차로 양무제는 스스로 불교에 대한 연구를 계

---

17) [唐]道宣, 『廣弘明集』 卷26, 梁武帝, 『斷酒肉文』(大正藏52, p.297c) "諸僧尼若被如來衣不行如來行, 是假名僧, 與賊盜不異. 如是行者猶是弟子國中編戶一民. 今日以王力足相治問."
18) [宋]志磐, 『佛祖統紀』 卷37(大正藏49, p.350b)

속하여 말년에는 친히 교의에 대하여 강설했다. 이러한 그의 강설은 점차 대규모로 진행되었다. 기록에 따르면 533년 2월에 친히 7일 동안 강설했는데, 황태자를 비롯하여 문무백관과 승려, 심지어 외국의 사절까지 포함하여 무려 30여만 명이 참여했다고 한다. 이는 황제라는 특수한 신분 때문이기도 했지만, 어려서부터 이미 뛰어난 학자로서 인정받았던 양무제가 불교의 교의에 대하여 새로운 이론들을 제시하였던 까닭도 있었다. 양무제는 초기에는 삼론학三論學에 깊은 관심을 갖고서 당시 유명한 고구려 승랑僧朗에게 귀의하였다. 그러나 후기에는 점차로 '열반불성론'에 몰두하기 시작한다. 그것은 당시 남방에는 여산 혜원의 '신불멸론神不滅論'으로부터 전개된 '법성론法性論'이 크게 유행했고, 다른 한편으로는 '법성론'이 전통적인 중국사상과 통하는 바가 있기 때문이다. 양무제가 제창한 불성론은 바로 '진신론眞神論'인데, 이는 분명하게 혜원의 '법성론'을 계승한 것이다. 혜원은 '법성의 실유實有'를 제창하여 그로부터 '열반'과 '성불'을 설명하고 있는데, 양무제 역시 참다운 '신神'이 바로 성불할 수 있는 근거라고 주장했다. 혜원과 양무제의 이러한 이론들은 중국불성론의 성립에 중요한 역할을 담당한다. 후대에 정립된 중국불성론의 입장에서 본다면 과도기적인 성격이 농후하지만, 당시에는 가장 새롭고 뛰어난 이론이었기 때문이다.

양무제는 무엇보다도 불교가 유·도 양가와 본질적으로 다르지 않다고 보았다. 당시 외래 종교인 불교의 흥성으로 인하여 전통사상인 유·도 양가와의 심각한 대립관계를 초래하였다. 이러한 상황에서 양무제는 유교는 윤리도덕을 지키게 하며, 도교는 지나치게 득실을 따지지 않게 하고, 불교는 극락세계로 이끌어주고 있으며, 그 근원은 모두 같다는 '삼교동원三敎同源'설을 제창하였고, 공자·노자·석가를 '삼성三聖'으로 받들었다. 그에 따라 그는 비록 황제에 등극한 후, '도교를 버리고 불교를 받듦'을 표방하였지만 실제적으로는 결코 도교와 유교를 버리지 않았다. 특히 양무제는 당시 유명한 도사 도홍경陶弘景과 밀접한 관계를 유지하여 국가의 모든 중대사를 그와 논의하여 결정하였으므로 세상에서는 도홍경을 '산중의 재상'으로 칭할 정도였다.

이러한 양무제의 입장은 후대에 '삼교일치'의 원형으로 평가를 받기도 하지만, 역대로 세속적 권력의 유지를 위한 통치술의 일환으로 불교를 이용하였다는 비판을 받게 하는 빌미를 주었다. 실제적으로 양무제는 '불심천자', '황제보살'이라는 명칭과는 다르게 여러 차례 군대를 일으켜 침략을 하였고, 자신의 황제 자리를 지키려 많은 살생을 일으켰다. 이러한 양무제의 행적에 대하여 『자치통감自治通鑑』의 저자인 사마광司马光은 양무제를 '유·도 양교뿐만 아니라 불교에 있어서도 용서할 수 없는 죄인'으로 묘사하고 있다. 선종의 전설로 거의 사실처럼 받아들이고 있으며『벽암록』의 제1칙에도 등장하는 '달마대사와 양무제의 문답'은 바로 이 점을 선禪적으로 비판하는 것으로 이해할 수 있다.

양무제의 최후는 그의 화려했던 일생에 비한다면 너무도 비참하였다. 548년 동위東魏로부터 양무제에게 투항한 후경侯景이 반란을 일으켰고, 그 이듬해에 후경의 군대에 포위되어 처량하게 굶어 죽고 말았다. 이는 어쩌면 자신의 권력을 유지하기 위하여 불교신앙을 이용하였던 것에 대한 무서운 업보가 아니었을까 한다.

이상으로 북조와 남조 황제들의 봉불과 폐불을 고찰하였는데, 남조나 북조의 황제들이 불교를 신봉한 이유는 기본적으로 개인적인 신앙심도 있었겠지만, 그보다는 철저하게 통치에 필요했기 때문이라고 보는 편이 더욱 설득력을 가진다고 하겠다. 그렇기 때문에 북조에서는 두 차례에 걸쳐 '폐불'을 단행했던 것이고, 남조의 대표적인 '보살황제'도 사실상 '보살행'을 했던 것이 아니라 자신의 권력을 유지하고 민중을 착취하는 수단으로 불교의 신앙을 이용했던 것이라고 할 수 있다. 어쩌면 양무제가 불교에 대하여 깊이 연구했던 이유는 바로 자신이 '세간世間과 출세간出世間'의 양계兩界에 있어서 실질적인 황제임을 증명하고자 했던 것이 아닐까 하는 의구심조차도 든다.

IV. 수隋·당唐대의 불·유·도 삼교정립

1. 수문제의 불교 부흥과 관방불교화

중국 천하가 남·북조로 나뉘어 여러 나라가 명멸하던 3백 년에 가까운 분열기를 종식시킨 것은 수隋를 건국한 문제文帝이다. 그는 북주를 멸하고 이어 남조의 진을 병합하여 역사상 세 번째로 중국을 통일시켰다. 후한시대 위·촉·오 삼국으로 분열한 것으로부터는 4백여 년 만의 일이다. 후대의 역사가들은 문제의 통치를 '개황開皇의 치治'라고 평가한다. 이는 비록 대운하 건설과 고구려 침공의 실패 등 몇 가지 실책이 있었지만, 문제의 치세는 중국인들에게 몇백 년 만에 안정을 가져다주었음을 평가하는 말이다. 문제는 또한 '황제보살'로 자칭했던 양무제와 유사하게 스스로 '보살계제자菩薩戒弟子'[19]라고 칭할 정도로 불교를 신봉하였으며, 또한 수많은 불사를 일으켰고, 나아가 중국불교의 발전에 있어서 중요한 사상적 작용을 일으킨다. 그에 따라 중국불교사에서는 양무제와 수문제를 '양대兩大 황제보살'이라고 칭한다.

문제는 본명이 양견(楊堅 : 541~604)으로, 기록에 따르면 동주(同州 : 현재 陝西省 大禮縣 일대) 반야니사般若尼寺에서 태어나 어려서 비구니 지선智仙이 양육하였는데, 지선은 그를 '금강불괴'의 의미를 지닌 '나라연那羅延'으로 칭했다고 하고, 13세에 비로소 속가로 돌아갔다고 한다. 이러한 까닭으로 황제에 즉위한 이후 자주 신니(神尼 : 지선)에게 "내가 황제가 된 것은 부처님의 은혜 때문이다"라고 말했다고 한다. 그리하여 천하의 모든 사리탑에 신니 지선의 형상을 새기도록 명했으며, 개황開皇 13년(593)에 이르러 문제는 천하에 "제자가 옛날에 삼보三寶에 적을 두고 있었던 인연으로 현재 천년 동안 운이 창성할 국가의 틀을 마련했다"라고 선포한다.20) 이로부터 문제의 불교적 반연과 불교에 대한 신심을 충분히 짐작할 수 있다.

수나라의 역사서인 『수서隋書』에 따르면, 문제는 즉위 초년인 개황 원년(581)에 주周 무제武帝의 폐불(573~577)로 인한 회복을 위해 "출가를 원하는 사람이 있다면, 바로 그 수를 헤아려 비용을 제공하고, 경전과 불상 등을 마련하라. 경사京師와 병주幷州, 상주相州, 락주洛州 등의 커다란 도읍에는 관리들로 하여금 모든 경전을 사경하게 하여 사찰에 보관토록 하라"고 명령한다. 또한 "천하의 사람들에게 보고 배울 수 있도록 민간에 불경을 육경六經의 수십 배가 되도록 비치하라"고 조서를 내렸다.21) 이는 무엇보다도 불교를

---

19) [宋]志磐, 『佛祖統紀』 卷37(大正藏49, p.352c) "稱菩薩戒弟子皇帝."
20) [宋]志磐, 『佛祖統紀』 卷37 '文帝'條 참조(大正藏49, p.359b)
21) 『隋書』 卷35, 『經籍志』

통하여 국가를 통치하고자 하는 의도가 담긴 것으로 해석할 수 있고, 이로부터 민간에 불교신도의 폭넓은 증가를 가져오게 하였다.

문제는 개황 5년(586) 법경法經법사를 모셔 대흥전大興殿서 보살계를 수지하였고, 또한 그 다음 해에 담연曇延을 청하여 가르침을 받고 팔관재계八關齋戒를 수지한다. 이러한 과정을 통하여 점차 문제는 깊이 불법에 매료되어 스스로 '호법거사護法居士'를 자임하게 된다. 또한 문제는 무제의 폐불을 통하여 사찰과 탑의 건립이 일반 민중의 교화에 중요한 작용을 한다는 것을 깊이 인식하여 수많은 사찰과 탑을 건립하게 된다. 도선道宣의 『석가방지釋迦方志』 권2의 통계에 따르면, 문제의 재위 20년 동안에 "새로운 사찰의 건립이 3792소, 사경寫經이 46장藏 3853부部 132086권, 조상造像이 106560구軀"22)라고 한다. 이러한 수치는 수대隋代의 불교를 크게 부흥시키는 기본적인 작용을 했음을 분명하게 확인할 수 있게 해 준다. 특히 이러한 사찰의 건립이 주로 북방에서 이루어졌음은 주 무제의 폐불 이후 남방으로 넘어간 중국불교의 주도권을 어느 정도 회복하는 데 결정적인 작용을 했던 것이다.

그런데 문제의 이러한 노력은 당시 사회적인 문제가 되었던 유랑민에 대한 정책과 깊은 관련이 있다고 하겠다. 남북조 말기에는 잦은 전란으로 인하여 대량의 유랑민이 발생하였고, 특히 북조 말기에 이르러서는 이미 커다란 문제로 대두하였다. 이 문제를 해결하기 위하여 균전均田·수전授田 등의 정책을 실시하였고, 또한 모병하여 군대에 편입시켰다. 그러나 전란의 상황은 군대에 편입되는 것을 원하지 않는 사람들이 많았고, 또한 적은 농토와 과중한 세금은 땅을 받아 양민으로 전향하려는 사람을 적게 했

---

22) [唐]道宣, 『釋迦方志』 卷2(大正藏51, p.974c)

다. 그 가운데 많은 수의 사람들이 출가를 원했으나 국가에서 그 수를 통제하기 때문에 국가의 인정을 받지 못하는 사도승私度僧의 숫자가 대량으로 늘게 되었다. 이러한 사도승 가운데 심산유곡에서 참다운 수행을 하는 승려들도 적지 않았지만(후에 禪宗 4祖로 추앙되는 道信선사도 사도승 출신임), 많은 수가 무리를 지어 민간을 떠돌면서 여러 가지 폐해를 일으키고, 심지어는 반도叛徒로 화하는 경우도 있었다. 수나라의 건국 초에 이러한 사도승의 문제가 여전히 존재하고 있었다.

개황 10년(590) 담천曇遷의 건의로 문제는 "모든 사도私度 승니僧尼들의 출가를 허용"한다는 조서를 내리게 되었고, 이 조서는 바로 효력을 발휘하여 『속고승전續高僧傳』에 따르면 사도의 승니 50여만 명이 동시에 수계하였다고 한다. 그에 따라 필연적으로 수많은 사찰들을 필요로 하게 되었고, 이에 따라 문제는 여러 곳에 관립의 사찰들을 세웠던 것이다.23)

문제는 불교의 교학에 대하여 장안長安을 중심으로 한 교화의 기구로서 당시 모든 학파의 유명한 학승을 초빙하여 '오중五衆'을 세운다. '오중'은 열반중涅槃衆·지론중地論衆·대론중大論衆·강율중講律衆·선문중禪門衆의 다섯을 말하는데, 각각의 '중'에는 또한 '중주衆主'를 설정하고 있다. 열반중은 『열반경』을 중심으로 하고 또한 불성론을 주로 논하는데, 중주로는 법총法聰·동진童眞·선주善胄 등을 삼았다. 지론중은 주로 『화엄경』을 중심으로 하고, 중주로는 혜천慧遷·영찬靈璨 등이다. 대론중의 '대론'은 『대지도론』을 가리키며 주로 『대품반야경』을 중심으로 하고, 중주로는 법안法彦·보습寶襲·지은智隱이다. 강율중은 계율을 주로 하며 중주로는 홍

---

23) [唐]道宣, 『續高僧傳』卷18 '曇遷傳'(大正藏50, pp.572c-574b)

준洪遵 등이다. 선문중은 수정修定을 위주로 하며 중주로는 법응法應 등이다. 이러한 '오중'은 이후 종파로서 전개되는 중요한 작용을 한다. 이외에 문제는 개황 12년(592) '오중'과 유사한 교화의 조직으로서 다시 '이십오중二十五衆'을 건립하는데, 전국에서 뛰어난 고승 25인을 모셔 '중주'로 삼고 있다. 이러한 '오중'과 '이십오중'의 교화기구는 불교를 국가의 통치권 내로 흡수하려는 의도를 담고 있는 것이라고 하겠다.24) 이는 바로 승관僧官을 설정하여 불교를 황권에 복속시킨 북조의 전통을 이은 것이라고 할 수 있다. 수문제의 출신이 바로 북조이므로 어쩌면 당연한 결과라고 하겠지만, 이로부터 중국불교는 철저히 국가권력에 종속되게 된다.

사상사의 입장에서 보자면 문제가 중국을 다시 통일한 이후, 남·북으로 크게 양분된 불교의 교학을 통일할 필요성이 나타날 것이다. 실제적으로 이러한 작업은 문제의 아들이고 후에 양제煬帝로 즉위하게 되는 양광(楊廣 : 569-618)이 극진하게 모시는 천태 지의(智顗 : 538-597)대사에 의하여 실현된다고 하겠다. 양제는 비록 친부인 문제를 모살하고 황제의 자리에 올랐지만, 역시 독실한 불교신자였다. 특히 지의대사와 깊은 인연을 맺고 있어 문제 재위시절에 '지자智者대사'의 시호를 추숭하게 된다. 지의대사는 당시 "남방에서는 세 부류, 북방에서는 일곱 부류, 뜻으로 세분하면 수많은 종류가 있었다[南三北七, 義成百家]"고 칭해지는 수많은 교상판석教相判釋을 종합하고, 당시 유행하였던 제반 불교학설을 법화法華와 반야般若사상을 중심으로 통합하여 천태학을 제창했다. 이러한 지의대사의 천태학은 바로 남·북으로 양분된 불교학 통섭의 필

---

24) [隋]費長房, 『歷代三寶紀』卷12(大正藏49, p.101c), [唐]道宣, 『續高僧傳』권7(大正藏50, p.482b) 등 참조.

요에 의해 출현한 것이라고 하겠다.

그런데 문제는 불교만을 중시한 것은 아니었다. 이는 황제로서 국가를 통치함에 있어서 유교와 도교를 무시할 수 없는 입장도 있었지만, 실제적으로 문제가 수를 건국할 때 도사 초자순焦子順의 도움을 받아 목숨을 구한 적도 있어 황제에 즉위한 직후 그를 위하여 '오통관五通觀'을 세우고, '천사天師'로 삼아 자주 국사를 의논했다고 한다. 또한 유교도 역시 숭상하여 정치윤리의 기본관념으로 삼았으며, '태학太學'을 설립하여 유학을 교육하게 했다. 이러한 유·불·도를 함께 존중하는 문제의 태도는 남·북조의 황제들의 기본적 입장이었으며, 불교가 전래되어 중국화 되는 과정에서 자연스럽게 출현한 과정이라고 하겠다. 그에 따라 문제의 시기에 이사겸李師謙, 왕통王通 등에 의하여 '삼교일치론' 등이 본격적으로 대두되었다.

2. 당대唐代의 삼교정립三敎鼎立

고구려 침공의 실패로 불교를 중심으로 한 '삼교정립'을 이룩한 수조隋朝는 단명하였고, 수 문제의 총신이었던 이연李淵이 당조唐朝를 세웠다. 당대에 들어서면서 남북조 이래 중국사상에 있어서 주도적 역할을 하였던 불교는 다시금 유·도 양교의 치열한 도전에 직면하게 된다. 더욱이 황가皇家의 성이 노자(老子 : 李老聃)와 같다는 인식으로 당 황실은 도교에 호의적인 태도를 갖게 되었고, 도교의 인물들이 주요 관직에 대거 참여하게 되었다. 그에 따라 도교가 비약적으로 발전한다. 그에는 당 황실과 같은 종성이라는 원인도 있지만, 위진·남북조 시기에 '불도지쟁佛道之爭'을 거치면서 불교의 교의를 자신의 것으로 소화하여 그 종교와 철학적 체계를 갖추게 된 것에 보다 근본적인 원인이 있다고 할 수 있다. 특히 남북조시대에 육수정陸修靜, 도홍경陶弘景 등의 걸출한 도사들에 의해 도장道藏이 체계적으로 정리되고, 다시 성현영成玄英에 의하여 불교의 반야학般若學을 완벽에 가깝게 흡수하여 도교에 고도의 철학적인 새로운 세계를 열어서, 불교가 맡아왔던 통치사상을 대신할 역량을 갖추게 되었던 것이다.

이러한 입장에서 도교는 거세게 불교를 비판하기 시작한다. 그러나 중국불교 역시 천태종, 삼론종과 화엄종 등의 종파가 출현하면서 교의 등 여러 가지 측면에서 비약적인 발전을 이루어 도가의 도전에 의연히 대치할 역량을 갖추게 되었다. 그러면서 당시의 불교사상가들, 특히 『파사론破邪論』의 저자 법림(法琳 : 572-640), 『내덕론內德論』·『정사론正邪論』의 이사정(523-588), 『중설中說』의 왕통(王通 : 580-617) 등 뛰어난 승속의 종장들이 나타나 황권에 의해 불교가 침탈됨을 막아내었다. 그런데 이들이 불교의 호법을 위하여 제시했던 것은 바로 불교와 유·도 양교가 모두 본질적인 가르침은 일치하고, 각각 통치에 서로 다른 효용성이 있음을 강조하는 것이었다. 이는 외래사상인 불교가 중국에 처음 전래되면서부터 강조한 것이고, 바로 전대의 수의 문제 역시 불교를 신앙하지만, 또한 '삼교일치'의 기치를 내걸었던 것이다.

한편으로 당의 황권에서는 위진·남북조의 역사를 통하여 불·유·도 삼교가 정립하고 있음이 통치에 필요하다는 분명한 인식을 하게 된다. 또한 도가에 못지않게 불교의 교의를 흡수한 유가에서 친불교적인 양숙梁肅, 이고李翱, 류종원柳宗元, 류우석劉禹錫 등의 고위관료층에 있는 유학자들이 등장해 불교를 외호하였기에 당대에서는 불·유·도 삼교가 '정립鼎立'할 수 있었다고 하겠다.

  그러나 당말에 도교로 말미암아 다시 폐불이 발생하니, 그것은 바로 무종武宗에 의하여 회창會昌연간에 발생한 법란이다. 이른바 '회창법란'이라고도 칭하는 이 법란은 무종이 도교를 신봉하여 개성开成 5년(840) 조귀진趙歸眞 등 81명의 도사를 불러 황궁에 도관道觀을 설치하면서부터 비롯된다. 회창 2년(842)에 승려 가운데 계행戒行이 바르지 못한 자는 재산을 몰수하고 환속시키는 조칙으로부터 4년 오대산五臺山을 위시하여 모든 절의 순례를 금지하고 사액賜額이 없는 절은 폐쇄하고 곳곳의 승려는 환속시키는 등 연속으로 행해진 일련의 폐불정책은 당대 불교에 거의 치명적인 타격을 입히게 된다.25) 『자치통감资治通鉴』 권248에 따르면, 장안과 낙양에는 오직 2개의 사찰만 남기고, 각 사찰에는 30인의 승려만이 거주하게 하며, 절도사와 관찰사가 다스리는 곳과 각 주州에는 1개의 사찰만을 남기며, 불상과 불구는 돈이나 농기구로 만들었으며, 이로 인하여 전국적으로 4600여 사찰이 폐쇄되었으며, 26만 명의 승려가 환속 당하였고, 15만 명의 환속된 승려에게 양세호兩稅戶라는 조세를 부담시켰다고 한다. 이러한 회창법란은 한창 전성기를 맞이한 중국불교에 커다란 타격을 주게 되었다. 그나마 다행인 것은 당시 번진(藩镇 : 節度史)들이 권력을 장악하고 있는 몇몇 지방은 그 피해가 거의 없었다 한다. 그러나 이 법란으로 인하여 중국불교의 발전은 그 방향이 크게 전환된다. 그것은 선종禪宗의 흥기라고 할 수 있다. 사원의 토대와 경전 등의 불전이 소멸된 상황에서는 여러 종파 가운데 '불립문자不立文字, 견성성불見性成佛'의 기치를 거는 선종이 가장 피해를 덜 보았다고 할 수 있기 때문이다.

---

25) [宋]志磐, 『佛祖統紀』 卷49 '武宗'條 참조(大正藏49, pp.385c-386b)

수대는 남북조와 틀을 같이하여 여전히 불교를 중심적인 통치이념으로 놓았지만, 보다 확고하게 국가, 즉 황권의 통제 하에 두었으며, 또한 점차로 '삼교일치'의 기치가 본격적으로 나타난다. 당대에 들어서면서 황실에서는 같은 종성이라는 이유로 비록 도교를 중시하지만, 통치에 있어서 불교와 유교의 필요성을 또한 명확하게 인식하여 안정적인 '삼교정립'을 이루어 낸다. 그것은 통치자들의 입장에서 어느 한 교에 치우치면, 여러 문제가 발생함을 여실하게 인식했기 때문이다. 그럼에도 중국불교는 다시 무종과 오대五代의 후주後周 세종世宗에 의한 두 차례의 '폐불'을 맞게 된다. 이러한 현상은 다양한 설명이 가능하겠지만, 무엇보다도 봉건전제국가체제에서 국가권력이 황제와 황실로 집중되는데 그 원인이 있다고 하겠다.

V. 나가는 말

불교가 중국에 전래된 것은 서역과의 교역을 통한 자연스러운 일이지만, 불교가 본격적으로 받아들여진 것은 최고 권력층인 황권에 의하여 민중에 강제로 이식된 것이라고 하겠다. 그것은 전국시대로부터 출현했던 중국의 대표적인 '경세'사상인 법가와 도가, 유가 등이 모두 대제국의 통치에 한계를 노정했기 때문이다. 이러한 불교 전입의 초기화는 결국 최고 국가권력인 황권과 불가분의 관계를 형성할 수밖에 없었던 것이고, 중국불교의 역사는 황조의 명멸과 밀접한 관계를 가진다고 하겠다.

본고에서는 이러한 국가권력과 불교의 관계를 통사적으로 고찰하였다.

동한의 황실과 황제의 적극적인 불교 수용으로부터 위진·남북조에서의 불교를 통한 통치와 폐불, 그리고 수·당대의 삼교정립에 이르기까지 통사적으로 고찰하였는데, 이를 통하여 전체적인 중국불교와 국가권력과의 관계를 엿볼 수 있다고 하겠다.

중국에서 역사적으로 끊임없이 '내성외왕內聖外王'의 기치를 세운다고 해도 사실상 그것은 결코 실현될 수 없는 '가치'적 주장일 뿐이다. 실제적으로 황제들이 '보살황제', '황제보살', '보살계제자', '호법거사'를 제창해도 결국 본질적으로는 권력을 유지하려는 집정가였다고 할 수 있다. 물론 양무제나 수문제가 행한 외형적인 불교교세의 확장을 부정하는 것은 아니지만, 결코 본질적으로 불교의 궁극적인 이상을 실현하고자 노력했다고는 보이지 않는다. 이는 '내성외왕'과 마찬가지로 가치적 주장일 수밖에 없는 것이라고 하겠다. 그러나 고대나 지금이나 불교교단이 국가권력을 무시할 수는 없는 현실적인 측면이 있다. 다양한 정책들 속에서 구조적으로 피해를 볼 수도 있기 때문이다. 그러나 북조의 법과法果처럼 권력에 지나치게 결탁한다면 '폐불'의 상황도 발생할 수 있는 여지가 있다고 하겠다. 불교와 정치권력의 관계는 이른바 '불가근不可近, 불가원不可遠'이라는 시쳇말처럼 '중도中道'를 유지함이 마땅한 것이 아닐까 한다.

3. 근현대 일본의 국가권력과 종교

원영상 동국대학교 불교문화연구원 연구교수

약 력

원영상

원광대학을 졸업하고, 일본 쿄토京都 불교대학에서 일본불교 사상 연구로 석·박사학위를 취득했다. 현재는 근대 일본불교와 민족주의 및 군국주의와의 관계를 심층적으로 연구하고 있으며, 또한 한국, 중국의 근대불교를 비교학적 관점에서 연구하고 있다. 주요 저술로는 『동아시아불교, 근대와의 만남』(공저),『근대 동아시아의 불교학』(공저)이 있으며, 역서로는 『일본불교사 : 근대』(공역)가 있다. 대표적인 연구논문으로는 『往生伝の研究 : 平安期から江戸期への展開』(박사학위 논문), 「근대일본의 군국주의 정책과 불교계의 수용」, 「한중일 삼국 근대불교의 민족의식에 대한 비교연구」, 「일본불교의 영장靈場과 성지순례문화 연구-근대의 종교상황에 이르기까지」, 「소태산 박중빈의 재가주의 불교운동과 민족주의」, 「일련주의의 불법호국론과 국체론-타나카 치가쿠田中智學의 논리를 중심으로」 등이 있다. 현재 원불교 교무, 동국대학교 불교문화연구원 연구교수로 재직 중이다.

Ⅰ. 들어가는 말

　일본의 근대에 있어 국가권력과 종교의 관계는 한마디로 국가에 종교가 예속되어 가는 과정으로 볼 수 있다. 시기적으로 볼 때, 근대국가 설립 과정에서 근대 제정일치의 국가 형성을 목표로 한 시기, 이후 입헌군주제 국가헌법의 제정과 전쟁을 통해 군국주의 노선을 확립해간 시기, 그리고 치안유지법과 종교단체법의 제정을 통한 종교 통제의 단계적인 과정 속에서 군국주의가 절정에 달하는 시기로 볼 수 있다.

　돌이켜 보면 이러한 과정은, 이미 근대국가의 형성기에 제사장 격인 천황을 정점에 위치시키기 위한 일련의 조치로부터 예상될 수 있는 것이었다. 이후 일본의 근대는 천황을 보루로 한 국가체제 아래에서 끊임없는 제국주의의 전쟁 수행을 통해 국가의 지속적이고 강압적인 통치가 강화되었으며, 결국은 이루 헤아릴 수 없는 자국민과 이웃 국가의 민중의 희생을 치르고 나서야 1945년 패망으로부터 전승국의 하나인 미국의 주도 하에 비로소 현대적 국가체제를 새롭게 갖추지 않을 수 없었던 것이다. 일본의 실질적인 종교의 자유는 이로부터 시작된다고 해도 과언이 아니다. 그러나 주지하다시피 야스쿠니신사[靖国神社]의 문제[1]나 소위 평화

---

1) 이 문제는 근현대 일본의 종교와 국가의 관계를 현실적이며 상징적으로 보여주는 것으로 현재가 과거의 역사적 유산을 고스란히 떠안고 있는 일본사회가 해결해야 할 무거운 책무 중의 하나로 볼 수 있다.

헌법 제9조의 비무장 조항2)을 둘러싼 논쟁은 근대와 현대의 역사적인 해석을 둘러싼 논쟁으로 볼 수 있으며, 일본의 현재는 여전히 과거와 깊이 연동되어 있음을 알 수 있다.

본 주제는 일본의 이러한 국가권력과 종교와의 관계를 근현대적 시각에서 들여다보기 위한 것이다. 이웃 일본의 사례는 일본 국내에만 한정된 문제가 아님을 알 수 있다. 주변 국가에 대한 식민지화의 과정에서 일본국내의 상황은 그대로, 혹은 변형되어 식민지 현지에 이식되기도 하였다. 그 전모에 대해서는 각계에서 지속적으로 연구 중이지만 여전히 미진한 면이 많이 남아 있다고 본다. 이러한 면에서 본 논문 또한 근대일본을 중심으로 한 동아시아 근대종교사의 일면이 정리되는 데 작은 도움이 되었으면 한다. 아울러 파행된 일본근대 정신사의 한 측면을 들여다봄으로써 최근 활발히 전개되고 있는 근현대 한일관계사 연구에도 일익을 담당했으면 한다.

Ⅱ. 메이지유신기의 제정일치정책과 종교

에도막부(江戶幕府, 1603-1867) 시기는 본말사本末寺제도와 단가檀家제

---

2) 전후에 완성된 일본 헌법의 제9조는 '1. 일본 국민은 正義와 秩序를 기조로 한 국제평화를 성실히 希求하고, 國權의 발동인 전쟁과 武力에 의한 위협 또는 무력의 행사는 국제분쟁을 해결하는 수단으로써 영원히 放棄한다. 2. 전항의 목적을 달성하기 위해 陸海空軍 그 외의 전력은 이를 保持하지 않는다. 국가의 交戰權은 이를 인정하지 않는다'라는 내용이다. 이처럼 전쟁의 포기, 戰力을 소유하지 않음, 그리고 교전권의 불인정에 관한 일련의 조항을 둘러싸고 일본 국내의 논쟁은 현재 뜨겁게 진행 중이다.

도의 확립으로 인해 불교가 국가에 예속된 하나의 하부기관으로
전락되었다. 이어 근대의 전환점인 메이지유신明治維新기에는 폐불
훼석廢佛毀釋3)을 초래한 유신정부의 신불분리神佛分離정책에 의해 불
교계는 피폐해지고, 자타에 의한 개혁의 바람을 맞이하지 않을
수 없었다. 폐쇄된 일본이 19세기 중반부터 시작된 서양의 압력
을 계기로 근대적 개방의 길을 걷지 않을 수 없었던 상황에서 일
본은 먼저 국가적 정체성을 확립하지 않을 수 없었고, 이를 위해
먼저 불교를 배제하고 국민 통합을 위한 천황 중심의 제정일치국
가의 확립을 목표로 하였던 것이다.

　　사실 근대국가에 대한 연구가 보여주듯 근대 민족주의는 상상
의 공동체라고도 할 수 있는 것이다.4) 일본의 근대는 기반이 허
약했던 기존의 천황제를 부활시켜 정교하게 만들어진 근대 민족
주의와 결합시키고 이를 국민정신 통합을 위한 구심점으로 삼았
던 것이다. 유신의 해인 1868년 신불분리를 목표로 한 신기관神祇
官재흥의 포고에서는,

---

3) 廢佛毀釋에 대한 자료(辻善之助·村上專精·鷲尾順敬 編, 『新編·明治維新神仏分離
　　史料』 第1-4卷, 東京 : 名著出版, 2001.8.)에 의하면, 이는 유신정부의 신불분
　　리 정책에 의한 고의적인 사실이었음을 드러내고 있다. 이를 파헤친 논문은 국
　　내에서는 윤기엽의 『폐불훼석과 메이지 정부』(『佛敎學報』45집, 동국대학교 불교
　　문화연구원, 2006.8.)가 있다. 또한 기독교에 대해서 에도막부도 그러했지만
　　신정부 하에서 극심한 탄압을 받았다. 예를 들면 메이지 유신의 해인 1868년
　　에는 우라가미(浦上)의 기독교인 3천 명을 검거하여 유죄로 처리하였다.
4) Benedict Anderson 지음, 윤형숙 옮김, 『상상의 공동체-민족주의의 기원과
　　전파에 대한 성찰-』, 나남출판사, 2002.6. 참조할 것. 이에 관해서는 졸론
　　「한중일 삼국 근대불교의 민족의식에 대한 비교연구」(『韓國禪學』21호, 한국
　　선학회, 2008.12.30.) 주1)에 상세히 기술되어 있다. 예를 들면 Prasenjit
　　Duara는 근대의 민족적 아이덴티티의 형태와 내용은 공동체에 관한 기억된
　　역사적 서사와 국민국가 체제의 제도화된 담론 간의 타협의 산물이다
　　(Prasenjit Duara 지음, 문명기·손승희 옮김, 『민족으로부터 역사를 구출하
　　기』, 삼인출판사, 2004.9. p.116)고 한다.

왕정복고王政復古는 진무창업神武創業의 시원에 바탕 하여 이루어진 것
이므로, 제정일치祭政一致의 제도를 회복함5)

이라고 한 것처럼 명백히 제정일치의 방침을 내걸고 이를 바탕으
로 한 국가체제를 정비하기 시작했다. 이러한 국가 목표는 먼저
이를 수행하기 위한 기관의 설립에서부터 시작되었다. 그리고 전
통적인 신도의 비종교화를 성공적으로 이끌어 내고, 이를 통해
근대적 제정일치의 완성을 보게 되었다. 먼저 이러한 국가주도의
전략부터 살펴보기로 한다.

유신정부는 1869년 위의 포고와 더불어 신기관을 설치하였다.
이 신기관은 고대 율령제律令制 하에 기능했던 천황의 직접적인 통
치기관이었다. 이와 더불어 여기에 신직神職을 소속시키고 선교사
宣敎師로 임명, 유신대도惟神大道6)로서 국민 교화를 하도록 하여 신
도국교화정책을 추진하였다.7) 그러나 신도 자체가 불교와 같은
포교나 교화를 통한 전통을 지니지 못했기 때문에 현실화될 수는
없었다. 이에 1871년에는 이 신기관을 신기성神祇省으로 고쳐 최고
정무기관인 태정관太政官의 한 성으로 격을 낮춤과 동시에 전통적
인 교단불교를 활용하기 위한 교부성敎部省을 두었다. 이 교부성의
관할하에 교도직敎導職을 두어 신관과 승려 등을 각 직급에 두고
국민 교화에 활용하였다.

이를 기반으로 1872년에는 교칙敎則 3조를 두어 천황제 국가의
성립에 대한 정당성을 국민들에게 가르치도록 하였다. 이 3조는,

---

5) 歷史学研究会 編,『日本史資料 : 近代』, 岩波書店, 1997.7. p.81.
6) 神代 그대로라는 뜻으로 神話에 바탕한 고대국가 체제를 근대 권력구조로 치
환하고자 하는 의도가 들어 있음을 알 수 있다.
7) 柏原祐泉 지음, 원영상·윤기엽·조승미 공역,『일본불교사 : 근대』, 동국대
학교출판부, 2008.8. p.55.

1) 경신애국의 뜻을 명심하여 지킬 것, 2) 천리인도를 명확히 할 것,
3) 황상皇上을 받들어 조정의 뜻을 준수하도록 할 것8)

이었다. 불교계 종파 연합에서는 신도와 불교와의 사이에 균형을 두기 위해 대교원 설립을 추진, 정부의 허가를 받았다. 그러나 이러한 불교 측의 노력에도 불구하고 신관 대부분이 교도직을 차지하고 단가檀家에게도 교칙 3조를 강제로 설하게 함으로써 불교계의 비판을 받게 되었다.

정토진종의 서본원사파 시마지 모쿠라이(島地黙雷 : 1838–1911)는 1872년 3조교칙 건백서를 제출하여 이에 대한 부당함을 역설하고 자파가 대교원으로부터 분리하도록 하였다. 당시 서양에서 견문을 넓힌 시마지나 오우치 세이란(大內靑巒 : 1845–1918)은 이 문제를 비로소 정교분리의 관점에 서서 보기 시작했다9)고 할 수 있다. 이를 계기로 마침내 1875년에는 신불합동의 교원은 물론 대교원 자체도 폐지되기에 이르렀다. 물론 신도 측에서는 이에 대신하는 신도사무국을 설치하여 그 활동을 계속하였다. 이는 근대적인 신도의 포교사무국이라고 할 수 있는 것이다.

신도국교화정책은 여기에서 새로운 길을 모색하지 않을 수 없었던 것이다. 말하자면 신도를 불교와 동일한 선상의 종교로 취급, 이에 대한 국가적 지원의 한계를 노출시켰던 것으로 볼 수 있다. 이에 대한 유신정부의 정책 전환이 시작된 것도 이 시기라고 볼 수 있다. 전통적으로 신도는 불교와 더불어 신불습합神佛習合10)

---

8) 앞의 책, p.57. 이는 유신정부의 신정국가 추진에 대한 국민정신을 진작시키기 위한 것으로 신도계는 물론 불교계에서는 이러한 정책에 동조하는 각종의 주석서가 잇달아 나왔다.
9) 池田俊英 編,『日本仏教の歴史 : 近代』, 東京 : 校成出版社, 1996. pp.64–65.
10) 고대일본에 불교가 정착해 가던 시기에는 불본신종(佛本神從)의 사상이 주를

의 단계를 거쳐 공존해 온 것도 사실이다. 이러한 조화는 근세에 이르러 신도 측이 신도우위설을 전개하는 한편, 천황을 모본으로 하는 국체론國體論의 등장과 고의적인 폐불훼석의 과정을 통해 무너지게 되었다. 이러한 일련의 역사적 과정을 놓고 본다면 근세 막부 통제하의 불교가 신정부 주도로 일관되게 국가권력 아래에 놓이게 되었던 것이다.[11] 이러한 과정 위에 국가신도는 국민의 생활 속으로 침투해 들어가기 시작하였다.

카시와하라 유센[柏原祐泉]이 지적하듯이, 1871년 5월 태정관의 포고에서 '신사의 의례는 국가의 종사宗祀로서 일인 일가의 사유로 해서는 안 되는 것은 물론이며'라고 한 것에서 신사는 국민 전반의 경신숭조敬神崇祖, 보본반시報本反始의 장이 된 것으로써 신도를 비종교화하고 신교信敎의 자유를 초월한 전 국민의 의무로서 배사拜祀가 강제되기에 이른 출발점이 된 것이다.[12] 오랜 역사에서 국민의 생활 관습과 함께 내려온 신사의 전통이 유신정부에 의해 국가적 관리 하에 들어가고, 의례마저 국가의 통제 하에 치러지게 된 것이다.[13]

이루고 이후 근세에 이르러 신본불종(神本佛從)의 사상이 대두되었다. 이에 대해서는 菅原信海編『神仏習合思想の展開』(東京 ： 汲古書院, 1996.1.)를 참고할 것.

11) 특히 천황제를 중심으로 전개된 근세 國體論에 대해서는 졸론 「국체론(國體論)과 일본 근대불교학」(『佛敎學報』49집, 동국대학교 불교문화연구원, 2008. 8.)을 참조할 것.

12) 柏原祐泉, 앞의 책. p.63.

13) 이 시기 불교의 종파는 7종(天台, 眞言, 淨土, 禪, 眞宗, 日蓮, 時宗)으로 통합되고, 1884년에는 관장위임제의 확립을 통해 국가의 조직적인 통제를 받았다. 신도 교파와 불교 각종에는 관장을 1인씩 두고, 각종 행정의 최고 책임을 지게 하였다. 관장은 종단법, 교규, 사원에 관련된 법률 등을 정부의 중추기관 내무성(內務省)의 장관인 내무경(內務卿)의 실질적인 인가를 받아서 임명되었다.

특히 당시 국가의 의례를 살펴보면, 1873년 국가가 지정한 신도와 천황에 관한 국가적 경축일, 즉 국경일은 10개 정도가 된다. 원시제(元始祭, 1월 3일), 신년연회(新年宴會, 1월 5일), 코메이 천황제(孝明天皇祭, 1월 30일), 기원절(紀元節, 2월 11일), 진무 천황제(神武天皇祭, 4월 3일), 신상제(神嘗祭, 9월 11일과 10월 17일), 천장절(天長節 : 천황탄생일)의 8일과 1878년에 춘추에 거친 피안일彼岸日을 각 황령제皇靈祭로 추가하여 총 10일이 되었다.14) 이러한 경축일은 근대국가에 의한 국민에 대한 시혜로서 작용하였으며, 이러한 국경일을 통한 경축의례의 한 중심에는 천황이 늘 자리하고 있었다.

여기에는 이를 뒷받침하는 신사의 체계화도 이루어져 모든 신직은 신관으로서 관료화가 되었고, 전국의 신사를 7개의 격을 붙여 신궁, 관폐사, 국폐사, 부현사, 향사, 촌사, 무격사로 정하였으며, 특히 이세신궁伊勢神宮은 전국 신사의 본종, 총본사로 하였다.15) 타카시의 말대로 본래 에도시대에 비정치적인 민간신앙의 중심지였던 이세신궁은, 이제 황실과 국가가 신대神代와 융합하는 머나먼 과거로부터 생성되었다는 공식 견해를 뒷받침하는 시각적 표상이 된 것이다.16) 이에 대해 아마 토시마로 또한 각종 제사를 통해서 천황에게 충성을 다하도록 국민들을 순치시키는 것

---

14) 앞의 책, p.64. 타카시 후지타니(Takashi Fujitani) 또한 1878년 6월부터 1927년까지 지켜진 10개의 국경일을 제시하고 있다(Takashi Fujitani 지음, 한석정 옮김, 『화려한 군주-근대일본의 권력과 국가의례』, 이산, 2003. 11. p.35).

15) 柏原祐泉, 앞의 책. p.64. 이세 신궁은 내궁과 이궁으로 이루어져 있는데 내궁은 아마테라스 대신(天照大神)을, 외궁은 토유케 대신(豊受大神)을 모신다. 특히 후자는 오곡을 관장하는 농경신으로서 근세에는 농민에게도 수용되어 이세신앙 집단이 늘고 집단 참배도 이루어졌다. 이세 신궁은 패전 후 국가로부터 분리되어 신사본청에 속하는 하나의 종교 법인이 되었다.

16) Takashi Fujitani 지음, 앞의 책. p.42.

이 그 목적이었다고 보고 있다.[17)

국민 교화를 위해 민간신앙적인 요소인 신사와 나라奈良시대로부터 내려온 소위 천황의 전통성, 여기에 근대적 의미의 국가 지정 국경일을 통합한 국민의례의 표본이 확립됨으로써 근대적 시민의 종교를 비롯한 의식의 자유는 점점 제한되어져 갔다. 1945년 패망 때까지 국민의 머릿속에 천황교天皇敎라고 하는 주술적인 이미지를 창출하여 이에 복종하도록 하였던 것이다. 이러한 주술로부터 풀려나기까지 헤아릴 수 없는 희생이 뒤따랐음은 과거사에서 보듯 주지의 사실인 것이다.

III. 군국주의 노선과 신교의 자유

1. 제국헌법과 신교의 자유

근대일본에서 종교의 자유 혹은 신교의 자유[18)에 관해 가장 먼저 다루어야 할 문제는, 근대국가의 법률적 시스템을 갖추어 가는 시기인 만큼 근대적 첫 헌법인 대일본제국헌법(이하 제국헌법이

---

17) 阿満利麿 지음, 정형 옮김,『천황제국가 비판』, 제이엔시, 2007.11. p.108.

18) 근대일본에서 종교의 자유(宗敎の自由, Freedom of religion)보다 신교의 자유(信敎の自由, Freedom of belief)라는 말을 쓴 것은 서구 및 서구사상의 영향에 의한 것으로 보인다. 이러한 문제와 더불어 일본근대불교학 및 종교학과의 관련에 대한 연구는 大谷榮一의 「近代日本佛教史研究の方法論」(『佛教學報』50호, 동국대학교 불교문화연구원, 2009.2.)을 참조할 것. 본 논에서는 양쪽 의미의 지향성이 같다고 보고 함께 쓰도록 한다.

라고 한다)에 대해 언급하지 않을 수 없다. 메이지유신에 의해 실질적인 국가체제를 갖추는 데 핵심이 된 제국헌법은 1889년에 선포된다. 1945년 패전 후의 폐지 및 개정 때까지 일본 근대역사의 정점에서 일본사회의 지표 역할을 한 것이 바로 이 헌법인 것이다. 제국헌법은 메이지유신 이후 민권운동기를 거쳐, 정변기에 정권을 잡은 자들에 의해 주도면밀한 과정을 거친 후, 추밀원樞密院의 심의를 거쳐 1889년 2월에 발포되었다. 그 내용은 천황을 통치권의 총수로 하는 가운데 정부 관리의 임명, 관제의 제정, 육해공군의 총수이자 편제·병력 수의 결정, 선전포고·강화조약의 체결, 긴급 시의 법령 발포, 내정·외교의 천황대권의 인정, 헌법개정의 발의권을 포함한 거의 모든 국가의 통치 영역에 걸쳐 천황의 재가를 얻어 실행하도록 하고 있다. 먼저 제1장 천황조를 보자면, 이는 총 17조[19]로 구성되어 있는데 핵심인 7조까지의 내용은 다음과 같다.

제1조 대일본제국은 만세일계萬世一系의 천황이 이를 통치한다. 제2조 황위는 황실전범皇室典範이 정한 것에 의해 황남자손皇男子孫이 이를 계승한다. 제3조 천황은 신성하므로 이를 침범할 수 없다. 제4조 천황은 국가의 원수로서 통치권을 총람總攬하고, 이 헌법의 조규條規에 의해 이를 행한다. 제5조 천황은 제국의회의 협찬을 통해 입법권을 행한다. 제6조 천황은 법률을 재가裁可하고 그 공포 및 집행을 명한다. 제7조 천황은 제국의회를 소집하고 그 개회, 폐회, 정회 및 중의원의 해산을 명한다.[20]

---

19) 이는 스이코(推古) 천황의 섭정으로 고대국가의 기반을 세운 쇼토쿠 태자(聖德太子)의 17조 헌법을 연상하게 한다.
20) 『大日本帝国憲法』, 東京 : 東京出版, 1889. pp.7-8.

　이러한 제국헌법 초안 작성에는 이토 히로부미(伊藤博文 : 1841-1909), 이와쿠라 토모미(岩倉具視 : 1825-1883), 이노우에 이와시(井上毅 : 1844-1895) 등이 관여했는데, 결국 이토의 헌법 구상이 최종적으로 확정되기에 이르렀다. 그는 독일식의 입헌제도의 영향을 받아 군주제 아래에서 입법부와 행정부가 균형을 취하는 군주입헌체제를 완성시켰다.[21] 그는, 헌법 제1조 천황의 통치에 대해 다음과 같이 언급했다.

> 삼가 생각하노니 신조개국神祖開國 이래 때로는 성쇠가 있었다 할지라도, 또는 세상에 치란治亂이 있었다 할지라도 황통일계皇統一系의 보조寶祚의 흥륭은 천하와 더불어 무궁하였다. 본조本條는 처음부터 입국立國의 대의를 들어 우리 일본제국은 일계의 천황에 의거하여 시종始終하며, 고금을 통해 영원히 항존하여 하나는 있어도 둘이 있을 수 없는 바 항상 변함이 없음을 나타내며, 이로써 군민의 관계를 만세에 밝힌다.[22]

　이처럼 이토는 헌법의 근본 구조를 천황의 만세일계를 기반으로 그 정통성을 삼고자 했음을 알 수 있다. 그는 '천황을 우리 일본제국의 군주이자 주권자'[23]로 보고 제정일치를 통해 국민의 정신을 통합하고자 했던 것이다. 이는 일본 근대사회의 저변에서 요구했던 많은 논의와 요구 중에서 특히 자유민권의식을 폄하하고자 하는 일면을 지니고 있었다.

　이러한 사전 작업에 있어 천황에 대한 모독은 불경죄로 다스

---

21) 이에 관해서는 최근 연구된 방광석의 『근대일본의 국가체제 확립 과정 -이토 히로부미와 '제국헌법체제'-』(혜안, 2008.4.)를 참조할 것.
22) 伊藤博文, 『憲法義解』, 東京 : 東京新報社, 1889. p.13.
23) 앞의 책. p.10.

리도록 이미 1880년에 공포되고 성문화되어 있었다. 천황이나 황족, 황릉에 대한 불경의 행위는 최고 중형 금고 5년에 해당되어 자유민권운동[24]에 대한 방패 역할을 하였다.[25] 이처럼 천황은 신성한 존재로 국가의 이름으로 보호하게 되었으며, 종교 또한 신도와의 관계로부터 배제되기 시작했다. 이토는 메이지 헌법 초안을 심의하는 과정에서 또한 다음과 같이 언급했다.

> 우리나라에 있어서는 종교라고 하는 것, 그것은 힘이 미약해서 하나라도 국가의 기축이 될 만한 것은 없다. 불교는 한번 흥륭의 세력을 떨치고 상하의 인심을 묶었다 할지라도 지금에 이르러서는 이미 쇠약 일변도에 있다. 신도는 조종朝宗의 유훈에 바탕하여 그것을 조술祖述하고 있다 하더라도 종교로서 인심을 귀향시키는 힘은 결여되어 있다. 우리나라에 있어 기축으로 삼아야 할 것은 황실밖에 없다. 이를 통해 이 헌법 초안에 관한 한결같은 뜻에 이점을 활용하고, 군권君權을 존중하여 성안되어야만 하므로 이를 속박하지 않도록 노력하였다.[26]

이토는 여기에서는 신도를 과거의 것으로 보고, 천황을 정체政體의 주축으로 보고 있지만, 이는 천황을 통치의 근거로 두기 위한 전략적 언설에 불과함을 알 수 있다. 실제 근대국가의 권력의 장에 들어온 신도는 천황이 법적인 치외법권의 존재로 확립된 후, 국민 모두의 정신을 그 안에 포섭하기 시작하였다. 실질적으

---

24) 1870년대부터 중반 천황제 정치에 의한 관료제의 근대화에 반대한 운동인 자유민권운동은 사회 각 분야에서 천부인권론을 필두로 전제주의 반대, 국민의 저항권, 혁명권에 이르기까지 총체적인 민권의식에 대한 전반적인 확산이 이루어지기도 하였다.
25) 歷史学研究会 編, 앞의 책. pp.194-195.
26) 春畝公追頌会 編, 『伊藤博文伝』中, 東京 : 原書房, 1970. pp.65-66.

로 천황의 신권神權을 확립함에 따라 비록 입헌군주제의 형식과 정당정치에 의한 의원내각제를 기반으로 하고 있다 하더라도 앞에서 언급했듯이 최종적으로는 입법·사법·행정의 무소불위의 권력이 천황에게 주어져 있음을 알 수 있다. 이러한 점은 종교의 자유에 대한 조항 제28조를 통해 암시하고 있음을 알 수 있다.

> 제28조 일본신민은 안녕질서를 방해하지 않거나 신민다운 의무에 위배하지 않는 한에 있어서 신교信敎의 자유를 가진다.[27]

여기에서 신민의 안녕질서와 신민다운 의무라고 하는 것은 천황의 신성불가침성과 국가가 정한 규율을 침해하거나 벗어나지 않는 것을 의미한다. 이로 인해 결국, 유신정부 수립 후에 이루어진 불교와 기독교에 대한 탄압 외에도 헌법 제정을 전후로 한 종교계의 탄압은 특히 신도계 신종교 계열로도 확산되는 계기가 되었다.

그리고 이러한 천황의 신격화를 위해 천황숭배의 논리를 국민교육의 현장에서 철저히 주입시켜갔음을 알 수 있다. 그 가운데 대표적인 것이 교육칙어敎育勅語이다. 이는 제국헌법 발포의 다음 해인 1890년에 이루어졌는데 국민의 사상적 지표로써 아래로부터 국민의식을 일률적으로 통제하고, 전제국가의 통치를 자율적으로 받아들이도록 하는 정서적이고 사상적인 기반을 조성하는데 크게 기여하게 되었다.

> 내가 생각하건대 우리 황실의 선조들이 나라를 일으킨 일이 먼 옛날로 이를 세운 덕은 깊고 두터운 것이었습니다. 우리 신민臣民은 충과

---

27) 『大日本帝国憲法』, 東京:東京出版, 1889. p.11.

효의 도를 통해 만민이 마음을 하나로 하고 세상을 살아가는 데에 그 미美를 이루어 왔는데 우리 국체國體의 영예로써 교육의 근본도 또한 그 가운데 있습니다. (중략) 언제나 헌법을 중시하고 법률에 따라 만약 비상사태가 나면 공을 위해 용감하게 봉사하여 이처럼 천하에 유례없는 황실의 번영을 위해 진력해야만 합니다. 이것들은 단지 여러분들이 우리의 충실하고 선량한 신민이라는 것뿐만이 아니라 여러분의 선조가 남긴 훌륭한 전통을 반영해 가는 것입니다.(이하 생략)28)

이처럼 제정일치를 향한 유신정부의 선언은 마침내 국민 교화의 장으로 확대되고 있음을 알 수 있다. 천황제는 근세에까지만 해도 중세로부터 시작된 무사정권에 의해 유명무실한 위치였는데 갑자기 천황을 수반으로 하는 정통성과 이를 바탕으로 한 근대국가의 연원을 『고사기古事記』와 『일본서기日本書紀』의 신화에 두고 이를 역설하고 있다. 또한 근대국가는 고대의 신국神國에 연원하였으므로 이를 주지의 사실로 받아들이도록 하고 있다. 본격적인 국가의 정체성에 해당하는 국체國體에 대한 언급은 이를 의미한다.29) 국체는 천황과 천황제, 전제국가, 신도의 국가적 의례, 충효와 국가윤리, 상명하달의 통치체제 등을 포괄하는 절대적인 상징으로 군림하며 이에 대한 어떠한 비판이나 비난을 하지 못하도록 하였다. 눈여겨볼 것은 비상사태, 즉 국내의 정변이나 국외의 전쟁 등의 상황에 일사분란하게 움직여야 하는 보이지 않은 힘으로 칙어가 국민 개개인에게 세뇌되어갔다는 점이다. 이는 이후의 청일, 러일, 중일전쟁은 물론, 태평양전쟁에 이르기까지 하나의 통치술로써 완벽하게 기능하였다. 교육칙어에 대한 교육은

---

28) 今泉定介,『教育勅語衍義』, 東京:普及舍, 1891. pp.1-2.
29) 國體에 대한 근세·근대의 흐름은 졸고 「국체론(國體論)과 일본 근대불교학」(『佛教學報』49집, 동국대학교 불교문화연구원, 2008.8.)을 참조할 것.

선포된 그 해의 문부성령 소학교령 시행규칙의 교과 및 편제에서
이를 교육의 근간으로 삼게 하고 있다.

> 제2조 수신修身은 교육에 관한 칙어의 취지에 바탕하여 아동의 덕성
> 을 함양하고 도덕의 실천을 지도하는 것으로써 요지要旨로 한다.[30]

> 제5조 일본역사는 국체의 대요를 알게 하고 겸하여 국민다운 지조를
> 함양하는 것을 요체로 한다. 일본역사는 건국의 체제, 황통의 무궁,
> 역대 천황의 성업, 충량현철忠良賢哲의 성업, 국민의 무용武勇, 문화의
> 유래, 외국과의 관계의 대요 등을 배우도록 하여 국초國初로부터 현
> 재에 이르기까지의 역사를 알게 한다.[31]

고 하여 메이지유신 이후 공교육으로부터 배제된 다른 종교교육
에 대한 고려는 뒤로 한 채, 비로소 제국헌법의 기반 위에 천황제
신도국가체제 교육이 이루어지게 되었다. 1891년 우치무라 칸죠
(内村鑑三 : 1861~1930)의 교육칙어에 대한 예배 거부는 이러한 교육에
대한 반발로 널리 알려져 있다.[32] 일본 국민에 의해 먼저 경험된
이러한 교육 방식이 뒤에 일제강점기 조선에서도 똑같이 반복됨
을 경험하게 된 것은 당연한 수순이었다. 종교의 국가적 의미는
이제 하나의 단일화된 신도로 귀결되었다. 불교와 기독교는 이러
한 국체론을 자기 검열을 위한 스스로의 방식으로 해석하여 모범
을 보이지 않으면 안 되었던 것이다. 소위 불교의 전시교학은 이
렇게 하여 탄생된 것이다. 대표적으로 정토진종의 진속2제론眞俗二
諦論은 이를 여실히 보여준다.[33] 종교의 자기통제는 물론 전쟁 수

---

30) 佐藤敬三郎編, 『小学校令施行規則』, 新潟 : 佐藤幸也, 1900, p.11.
31) 앞의 책. p.13.
32) 무교회주의를 신념으로 지닌 우치무라 칸죠가 제1고등중학교 교원으로 있
　　을 때의 일로 이 여파로 그는 교직에서 추방당했다.

행의 이념적인 도구로 전락하기 시작한 것이다.[34] 더불어 근대의
종교의 자유는 국체론적 자유, 말하자면 포교나 선교는 하되 전
제국가의 통치체제를 벗어난 활동은 일체 금지되었다고 할 수 있
다. 다음은 구체적으로 어떻게 국가가 종교를 통제했는가에 대해
알아보고자 한다.

2. 종교단체법의 제정과 종교 탄압

일본이 국내의 정치적 향방에 따라 군국주의 노선이 본격화
된 것은 소위 15년 전쟁[35]의 시기라고 할 수 있다. 1930년대 초
중일전쟁과 1940년대 초반 태평양전쟁을 일으킴으로 인해 일본
은 국내적으로 국민의 정신세계를 확고하게 통제하지 않을 수 없
는 지경에 이른 것이다. 물론 타이쇼 데모크라시大正デモクラシー[36]

---

33) 이에 대해서는 조승미의 『근대 일본불교의 전쟁 지원－정토진종의 역할을
중심으로－』(『佛教學報』 46호, 동국대학교 불교문화연구원, 2007.2.)에 자
세히 연구되어 있다.

34) 제국헌법시기로부터 일본은 실질적인 전시체제를 갖추고 전쟁에 임하게 된
다. 그 속에서 신도인 단가를 전쟁터로 내보내는 데 앞장서 수행한 교단은
다름 아닌 불교 자신이었다. 이에 대해서는 졸론 「천황제 국가의 형성과 근
대불교의 파행」(『불교평론』 28·29 합본집, 현대불교신문사, 2006.12.)을
참조바람.

35) 이는 일본역사학자들이 쓰는 용어이다. 이 말과 패전이라는 용어에 주의할
점은 먼 과거사처럼 인식하는 듯한 것과 일본의 타자에 대한 일방적인 가해
를 은폐한 채 중립적인 용어를 통해 근현대사를 해석하고 있다는 점이다.
필자는 부득이 사용하게 될 경우, 이러한 비판인식을 거쳐서 쓰고 있다.

36) 러일전쟁(1904-1905) 후 大正 시기(1910년대에서 20년대 중반) 국민들의
정치·사회·문화적인 면에서의 민주적인 요구가 분출된 시기. 정치적 민
주주의 운동을 필두로 노동 및 농민 운동, 차별 철폐, 여성해방운동 등 다양
한 민권, 인도주의 운동 등으로 확산되었지만 민주적인 제도의 정착으로 연
결되지 못하고 보수적인 정당정치의 한계에 부딪혀 결국 우경화와 군국주

를 통해 어느 정도 민심이 분출되기도 했지만, 결국 군국주의자
들에 의해 시도된 법적인 절차를 통해 서서히 통제되고, 특히 종
교 분야에 있어서는 천황주의에 반하는 어떠한 입장도 봉쇄되기
에 이르렀다. 대표적인 입법이 치안유지법과 종교 단체법이다.
여기서는 이러한 일련의 과정과 이로 인한 종교 탄압의 실례를
들어 보기로 한다.

일본이 군국주의로 이행해 가는 시기는 본격적으로 청일전쟁
(1894-1895)과 러일전쟁(1904-1905)을 겪으면서 점차 국가에 의해 사
회적인 통제가 가해지는 시기로 볼 수 있다. 이는 사상은 물론 종
교에 대한 탄압을 위한 입법의 과정을 통해 점차로 실현되어져
갔다고 볼 수 있다. 이 과정은 법령으로 체계화되어 가는데 특히
치안경찰법과 치안유지법, 국가총동원법, 종교단체법이 차례대
로 입법되어져 갔다고 하는 점이다. 본론과 관련한 종교단체법의
제정에 이르기 전에 먼저 치안경찰법과 치안유지법과 전시 하의
국가총동원법에 대해 간략히 보기로 한다.

1900년에 제정된 치안경찰법은 치안 입법으로 민간인의 사찰
에 특히 이용되었는데 노동운동, 정치운동 및 농민운동과 같은
사회운동에 대한 탄압에 효과적으로 활용되었다. 이를 통해 집회
결사의 허가와 금지 및 해산권, 공무원, 종교인, 여성, 미성년자,
학생 등의 정치결사 가입 금지, 노동자, 소작인의 단결과 쟁의 행
위 금지 등 국민의 기본권을 무제한적으로 제한하였다. 국내적으
로는 경찰국가로서의 기능을 패전 때까지 관철시킨 악법이었던
것이다. 종교계에 있어서는 정치와의 관계를 단절시키는 데 주효
했다고 볼 수 있다.

의의 정책으로 넘어갔다.

다음으로 전체 7조항으로 된 짤막한 내용의 치안유지법은 1925년에 제정되어 1928년 및 1941년 2차례에 걸쳐 개정되었다. 물론 그 내용은 점점 강화되었다. 이 법은 보통선거법제정과 동시에 입법되었는데 타이쇼 데모크라시의 기운과 함께 이를 통제하기 위한 수단으로 이루어졌음을 알 수 있다. 고양되는 정치의식을 치안경찰법으로는 효과적으로 억누를 수 없음을 보여주고 있다. 제1조에는,

국체를 변혁하거나 또는 사유재산 제도를 부인하는 것을 목적으로 한 결사의 조직 또는 그 뜻을 알고 가입하는 자는 10년 이하의 징역 또는 금고에 처한다. 전항의 미수범은 이를 처벌한다.[37]

는 조항을 두었는데 제2조 이하는 국체에 반하는 행위나 자본주의의 근본인 사유제를 부정하기 위한 협의, 선동, 소동, 폭행 등에 관련된 처벌 조항을 내세운 것이다. 국체와 관련해서는 무한대의 해석이 가능했으므로 모든 사상에 대한 검열이 비로소 가능해진 것이다. 법 제정 후에는 사유재산을 부정하는 공산당원이나 사회주의자에 대한 탄압에 이용되었다. 이후 점차로 그 범위를 넓혀 종교인이나 자유주의 사상가들에게까지 확대되었다. 긴급칙령으로 이루어진 첫 개정에는 사형 또는 무기징역으로까지 처벌 조항을 두었다. 두 번째 개정 때는 예방구금제를 두어 1931년의 사상범보호관찰법과 쌍을 이루어 형기만료자나 기소유예자까지 구속하였다. 사회현상에 대한 종교인의 자유로운 발언을 철저히 봉쇄하게 된 것은 재론의 여지가 없다.

---

37) 古田正武 述, 『治安維持法 : 警察教養資料』第１編, 東京 : 警察講習所学友会, 1925. 후반부 p.1.

국가의 이러한 사상통제책을 바탕으로 전시의 국가총동원법이 제정되고 전쟁에 모든 물자와 인력을 동원할 수 있게 되었다. 1937년 중일전쟁이 일어나고 다음 해인 1938년에 제정된 전체 36조의 이 법은 전시체제의 국민을 국가가 효과적으로 관리, 동원하기 위한 것이었다. 제1조에는,

> 본 법에 있어 국가총동원이라고 하는 것은 전시(전쟁에 준하는 사변의 경우를 포함한 이하의 그것과 같음)에 국방목적달성을 위해 국가의 전력을 가장 유효하게 발휘하도록 인적 및 물적 자원을 통제 운용하는 것을 말한다.[38]

고 하는 법령의 정의를 통해 이미 이 법이 전쟁 수행을 위한 것임을 밝히고 있다. 이를 기반으로 1939년 국민 징용령을 필두로 수많은 칙령이 제정되었다.[39] 또한 1940에는 국민동원체제의 중핵인 대정익찬회大政翼贊會를 결성하여 수상을 총재로 하여 지방의 촌락에 이르기까지 파시즘 권력의 전위조직을 구성했다.[40]

바로 이러한 시기와 맞물려 종교단체법도 제정된다. 1939년에 제정된 종교단체법이 바로 그것이다. 하지만 이는 오래전부터 계획된 것으로 입법되지 못한 것은 법령화에 난항을 겪었기 때문이었다. 1899년 귀족원 의회에 53조의 종교법안이 정부에 의해 처음으로 상정되었지만 대일본불교동맹회를 비롯 불교 측의 여러

---

38) 歷史学研究会編, 『日本史資料 : 現代』, 東京 : 岩波書店, 1997.4. p.85.
39) 이 외에도 자금과 관련된 자금운용령, 중요산업단체령, 기업정비령 등 물적 자원에 대한 국가적 관리, 동원에 대한 법령 등이 만들어졌다.
40) 이 외에도 1941년의 국방보호법, 1941년의 언론, 출판, 집회, 결사에 대한 임시검거법, 전쟁범죄처벌특례법, 1942년의 전시형사특별법, 전시민사특별법을 정하고, 마침내 1945년에는 일본 본토의 전쟁을 상정한 결전비상조치요강, 전시긴급조치법, 의용병역법 등을 통해 최후의 수단까지 동원하였다.

단체에 의한 반대로 부결되었다.[41] 치안유지법 제정 2년 후인 1927년 130조의 종교법안이 상정되었지만 이번에는 기독교 측의 강한 반발로 무산되었다.[42] 이 법안은 다시 종교단체법안으로 수정되어 1929년에 제국의회에 제출되었다. 그러나 여전히 종교단체의 설립에 대해서는 문부대신의 인정을 받지 않으면 안 되었으므로 이 조항으로 인해 반대에 부딪혔다. 하지만 정부에서는 종교 통제를 위한 지속적인 조사사업을 벌였다. 만주 침략이 개시된 1931년까지 문부성하의 종교제도조사회, 내무성하의 신사제도조사회 등을 통한 종교법안의 기초안이 계속 마련되었던 것이다.

마침내 국가총동원법이 제정된 다음 해인 1939년에는 대륙 침략의 전쟁 수행을 통한 국민 통제 하에 총37조의 종교단체법이 제정되고, 다음 해에 실시되었다. 결국 시대적인 분위기를 타고 다시 감독관청과 주무主務대신에 의해 통제를 받도록 제정된 것이다. 제16조에는,

> 종교단체 혹은 교사教師가 행하는 종교의 교의의 선포, 혹은 의식의 집행 또는 종교상의 행사가 안녕질서를 방해하거나 신민으로서의 의무에 위반할 때는 주무대신主務大臣은 이를 제한하거나 금지하고, 교사의 업무를 정지하거나 종교단체의 설립 인가를 취소할 수 있다.[43]

고 하여 국가질서를 빌미로 종교단체의 인가 취소를 언급하고 있

---

41) 柏原祐泉, 앞의 책. pp.179-182.

42) 1차 때에는 사원과 교회를 사설회사처럼 私法 상의 법인격으로 두고 간섭도 엄격하게 한 것 등에 대한 반발이었으며, 2차 때에는 문부대신이나 지방장관의 권한 하에 종교의 통제가 이루어 진 것 등에 대한 반발이었다(井上恵行,『宗教法人法の基礎的研究』, 第一書房, 1969.5. p.216, p.225).

43) 앞의 책. p.559.

다. 이전의 종교법안이나 종교단체법안보다도 국가에 의해 종교의 자유를 더욱 심하게 제한하고 있는 것이다. 제3조에서는 교파나 종파, 교단의 설립에 대해서는 주무대신의 인가를 얻도록 하고 있음은 물론, 관장이나 교단통리자의 취임에 관해서도 인가를 얻도록 하고 있다. 이는 종교가 국가의 완전한 통제 하에 놓이게 되었음을 의미한다.

바로 종교단체법이 실시된 1940년 불교의 56파는 13종 28파로, 기독교는 2개 교단으로, 교파신도는 13교파로 통합되는 운명을 맞이하였다. 태평양전쟁을 목전에 둔 해에는 이미 군부가 모든 실권을 쥐고 있었으므로 신도 자체도 전쟁을 위한 하나의 도구에 불과했던 것이다. 제5조에는,

> 교파, 종파, 또는 교단은 주무대신의 인가를 얻어 합병, 또는 해산할 수 있다.[44]

고 한 것에 근거한 것이다. 이러한 법령의 의미는 다른 국민 통제의 법령과는 다르게 종교교단의 협력을 얻는 데 가장 효과적으로 이용되었음을 알 수 있다. 불교계는 물론 기독교 및 여타 신종교교단은 이미 군국주의에 대한 암묵적인 추종과 자발적인 전쟁 수행의 길을 걷고 있었다. 소위 황도불교皇道佛教는 이러한 시기의 불교의 모습을 말한다. 이러한 불교와 더불어 기독교, 신도는 연합으로 전시종교보국회를 조직, 자체교단별로 전시종교교화지도원을 두어 전쟁에 협력하도록 하고, 전선에는 종교 선무반宣撫班을 파견하여 군인들의 전쟁을 돕도록 하였다.

---

44) 앞의 책. p.556.

이와 더불어 정부에 협력하지 않는 교단은 무자비하게 탄압하였다. 치안유지법 제정(1925) 전후의 중요한 종교 탄압 사례는 무수히 많이 있는데 신종교에 대한 탄압 사례는 데쿠치 에이지出口榮二의 조사에 의하면 다음과 같다.[45]

1928, 1938년 혼미치ほんみち 교단에 대한 1, 2차의 탄압, 마찬가지로 1921, 1935년의 대본교大本敎에 대한 두 차례의 탄압, 그리고 1931년 이와테현岩手県에서 숨어서 신앙하는 염불자들에 대한 탄압은 물론 1936년에는 종교계에 대한 집중적인 탄압이 이루어졌는데 신정용신회新政龍神會, 히토노미치ひとのみち, 천진교天津敎, 대일본관음회에 대한 탄압이다. 이 해에는 불교사회주의단체인 신흥불교청년동맹에 대한 대대적인 탄압이 이루어지기도 했다. 1939년에는 일본 등대사燈臺社에 대해서는 물론, 1941년에도 대대적인 탄압이 이루어졌는데 어국교禦國敎, 여래교, 대자연천지일지대신교大自然天地日之大神敎, 무교회기독교, 예수기독지신약교회에 대한 탄압이 이루어졌다. 1942년에는 대일교大日敎, 일본성교회, 쿄메きょめ교회, 본문불립강승천本門佛立講勝川본부에 대한 탄압, 1943년에는 창가학회創價学会의 전신인 창가교육학회와 제7일기독교재림단, 1945년에는 성공회, 해리스토 정교회에 대한 탄압이 이루어졌다.

이 외에도 기성교단에 대한 탄압과 신앙의 자유와 관련되어 검거, 투옥된 사례는 이루 헤아릴 수 없다. 이에 대해서는 생략하기로 한다.[46]

---

45) 出口榮二의 「近代日本における信教の自由と宗敎弾圧」(『社会科学討究』27(3), 早稲田大学アジア太平洋研究センター, 1982.7. p.160)을 참조하였다.

46) 이에 관해서는 졸론 「전시체제의 종교탄압과 불교계의 저항」(『韓國禪學』16호, 한국선학회, 2007.3.)을 참조할 것.

이러한 탄압과 더불어, 종교단체법의 제정 이전에 이루어진 국가신도체제 내에서의 국체론적인 종교의 자유는 결국 이후에는 파시즘 국가의 전쟁 수행을 그대로 받아들일 수밖에 없는 구조와 한계를 가지고 종교 자체도 파멸의 길을 걷지 않을 수 없었던 것이다. 진정한 종교의 자유는 완전히 박탈당한 채 오히려 전쟁의 도구 그 자체가 되어버린 비극을 겪게 된 것이다.

Ⅳ. 패전 후의 정교분리와 그 현실

이러한 전전戰前의 종교단체법과 법령 등은 1945년 패전 후에 연합국최고사령부에 의해 폐지되었다. 그러나 각종 종교단체로부터 종교법인의 재산 보전 등의 이유로 바로 폐지되지 않고 같은 해 12월 칙령으로 만들어진 종교법인령으로 대체할 때까지 남아 있었다. 또한 이 법은 1951년 총89조로 된 종교법인법이 제정될 때까지 한시적인 법안으로 기능하게 되었다. 종교법인령은 지속적으로 개정을 거듭하여 종교의 설립, 합병, 해산 등에 대한 법적인 규정을 두고 지금까지 그 역할을 하고 있다.[47]

종교의 자유는 신헌법에 보장되었는데, 패전 후, 일본은 맥아더사령부의 지휘, 감독하에 103조로 이루어진 소위 평화헌법을

---

47) 뒤에서 언급하겠지만 종교법인법의 개정에 대한 우려의 목소리도 있다. 예를 들어 종교단체인 創価学会의 公明黨을 통한 정치 참여는 신앙 상 이념의 문제이므로 문제가 없다고도 보지만 정략 상 이러한 정치단체에 특권을 부여하는 것은 헌법 위반으로 보기도 한다(洗建,「宗教法人法の精神とその改正問題」,『宗教学論集』제19집, 駒沢宗教学研究会, 1996.7. p.65).

제정하여 명기하게 되었다. 신헌법은 1946년 11월에 제정되고, 이듬해 5월에 시행되었다. 전문의 일부를 보자면,

일본 국민은 정당하게 선거된 국회의 대표자를 통해 행동하고, 우리들의 자손을 위해 제 국민과의 협화協和에 의한 성과와 우리나라 전국토에 걸쳐 자유가 가져온 혜택을 확보하여, 정부의 행위에 의해 다시 전쟁의 참화가 일어나는 일이 없도록 결의하고, 여기에 주권이 국민에 있음을 선언하며 이 헌법을 확정한다. (중략) 일본 국민은 항구의 평화를 염원하고, 인간 상호의 관계를 지배하는 숭고한 이상을 깊이 자각함으로써 평화를 사랑하는 제 국민의 공정과 신의를 신뢰하여 우리들 안전과 생존을 보지保持하기로 결의했다. 우리들은 평화를 유지하고, 전제專制와 예종隸從, 압박과 편협을 지상으로부터 영원히 제거하려고 노력하는 국제사회에 있어 명예로운 지위를 점하고자 생각한다. 우리들은 전 세계의 국민이 한결같이 공포와 결핍으로부터 벗어나 평화 안에서 생존할 권리를 가질 것을 확인한다.[48]

로 되어 있는데, 평화라고 하는 단어가 여기에만 무려 4번이나 반복됨을 알 수 있다. 전쟁의 참화에 대한 평화가 강하게 희구되었음을 보여주고 있는 것이다. 전쟁의 책임이 명백히 정부에 있음을 알 수 있도록 하고, 이를 방지하기 위해 국가의 주권이 국민에게 있음을 밝히고 있다. 이처럼 전후의 상황은 비록 패전국의 입장에서 타의에 의한 것일지라도, 일본이 진정으로 평화를 원하는 민족으로 발돋움하기를 바라는 입장에서 헌법이 제정되었음을 알 수 있다.

천황과 관련된 모든 조항에서 천황의 정치 참여는 배제되었고 이를 구체적으로 제7조에 10항목으로 밝혀 놓았다. 마지막 조항

---

48) 五味文彦・高埜利彦・鳥海靖 編,『日本史研究』, 山川出版, 1998.9. p.466.

에는 의식을 행하는 것을 금지하고 있다. 이러한 것은 근대 천황제와 국가신도와의 관계에서 이루어진 국가의례의 집전자로서의 기능을 차단하고 있는 것으로 볼 수 있다. 말하자면 종교의례에 관여하지 못하도록 하고 있는 것이다. 그러나 여전히 문제가 되고 있는 제1조의

> 천황은 일본국의 상징이며 일본 국민 통합의 상징으로서 그 지위는 주권이 있는 일본 국민의 총의總意에 바탕한다.[49]

라고 하는 부분이다. 천황제를 살려둔 이 부분은 여전히 천황의 존치 유지가 법적으로 보호받게 된 것이다. 이를 위해 헌법이 제정되던 해 1월 1일에는 천황의 인간선언이 발표되었다. 천황의 조서詔書 형식을 띠고 있는데, 그 내용 중에는,

> (상략) 그렇지만 짐은 이들 국민과 함께 있다. 항상 이해를 함께하고 행불행을 나누어 가지고자 한다. 짐에게 이들 국민과의 사이의 유대는 시종 상호의 신뢰와 경애에 의해 묶여지고, 단지 신화와 전설에 의해 생기는 것은 아니다. 천황으로서 현인신이며, 또한 일본 국민으로서 다른 민족에게 우월한 민족으로 더욱 세계를 지배해야 한다는 운명을 가지고 있다는 가공의 관념에 바탕해 있는 것도 아니다. (하략)[50]

라고 하는 대목이 바로 천황이 과거 신격화되었음을 반성하는 부분임을 알 수 있다. 그러나 이러한 인간선언은 천황제의 폐지나 천황의 전쟁 책임을 면하기 위해 해외를 향한 효과를 의도한 것

---

49) 앞의 책.
50) 歷史学研究会 編, 앞의 책. p.162.

이다.[51] 이렇게 볼 때, 비록 인간적인 존재로서 천황을 인정한다고 하더라도 전통과 관련해 천황제의 유지는 시대적인 상황에 따라 항상 문제를 원점으로 돌릴 수 있는 개연성을 지니고 있음을 알 수 있다. 중세의 시작인 12세기 무렵부터 발흥한 무사정권은 그 권력의 정당성을 천황으로부터 늘 부여받았던 것이다. 한편 이러한 탈정치적 및 탈종교적인 천황론의 기반 위에 평화헌법은 종교의 자유조항을 보다 강화하고 있다. 이 헌법의 종교 관련 조항은 다음과 같다.

> 제14조 1. 모든 국민은 법 아래에서 인종, 신조, 성별, 사회적 신분 또는 문벌門閥에 의해 정치적, 경제적 또는 사회적 관계에 있어 차별되지 않는다.
> 제20조 1. 신교信敎의 자유는 어떠한 사람에 대해서도 이것을 보장한다. 어떠한 종교단체도 나라로부터 특권을 받거나, 또는 정치상의 권력을 행사해서는 안 된다. 2. 어떠한 사람도 종교상의 행위, 축전祝典, 의식 또는 행사에 참여하는 것은 강제되지 않는다. 3. 나라 및 그 기관은 종교교육 그 외의 어떠한 종교적 활동도 해서는 안 된다.
> 제21조 1. 집회, 결사 및 언론, 출판 그 외 일체의 표현의 자유는 이것을 보장한다.
> 제89조 공금 그 외의 공적인 재산은 종교상의 조직 혹은 단체의 사용, 편익, 혹은 유지를 위해, 또는 공적인 지배에 속하지 않는 자선, 교육 혹은 박애의 사업에 대해, 이것을 지출하고, 또는 그 이용에 공여해서는 안 된다.[52]

여기에서는 헌법상의 정교분리에 해당되는 내용을 읽을 수 있

---

51) 五味文彦·高埜利彦·鳥海靖 編, 앞의 책. p.163.
52) 앞의 책.

다. 제14조는 법 아래에서의 평등으로 종교적 신념으로 차별받지 못하도록 하고 있다. 또한 제20조 신교의 자유조항은 근대일본의 경험이 반복되지 않도록 명문화한 것으로 볼 수 있을 것이다. 종교상의 행위, 축전, 의식이나 행사에 참여하는 것을 자유로 하는 가운데도 국가나 중앙 또는 지방의 국가기관 혹은 공공단체에 의한 종교교육이나 종교적 활동을 금지하고 있는 것이다. 그 외 제21조에서는 집회, 결사, 표현의 자유를 통해 종교적 집회에 대한 보장을 하고 있다. 그리고 제89조는 공적인 재산의 지출 및 이용의 제한에 관한 조항으로 종교가 합목적적으로 운영되도록 하고 있다. 이러한 것은 근대의 불행했던 경험을 충분히 살린 것으로 볼 수 있다.

여기서 문제가 되는 것은 과연 국가가 관여하지 않은 개별종교가 정치에도 참여할 수 있는가라는 문제다. 이 점에 있어서는 현재 일본의 정당마다 다른 의견을 가지고 있으나 기본적으로 종교의 정치 참여는 배제되어서는 안 된다고 하는 점이다. 창가학회53)로부터 태동된 공명당公明黨과 같은 종교단체에 의한 정치 활동은 현실적으로 허용하고 있는 것이 그 예라고 할 수 있다.

하지만 창가학회가 하나의 정당을 지원하는 것은, 정교일치政敎一致로써 헌법에 위반된다고 보는 견해와 종교단체의 정치 활동을 배제해서는 안 된다고 하는 견해는 현실을 둘러싼 문제로 늘 의견이 분분하다. 후자에 있어서는 신앙을 배경으로 하는 정치활동을 금지한다면 제21조 표현의 자유조항에 위배 되어 정치활동의 자

---

53) 創価学会는 1930년에 牧口常三郎와 戸田城成가 창립한 법화신앙과 민간신앙에 바탕한 신종교이다. 1950-1960년대 비약적인 발전을 이루고, 1964년에는 公明黨을 설립했다.

유를 뺏는 것이 되기 때문이다. 일단 종교의 반전, 평화 문제를 생각할 때, 신교의 자유가 앞서는 것으로도 볼 수 있는 점은 현대 민주국가에서는 다수가 인정하고 있음을 알 수 있다. 또한 국가가 종교 활동을 판별하기 위해서는 종교법인의 활동을 검열해야 하는데 이럴 경우 과거와 같은 종교 통제가 이루어지므로 불가하다고 보기도 한다. 따라서 종교단체가 지지하는 정당이나 후보자가 정권을 획득하거나 각료가 되는 것은 문제가 되지 않는다고 보기도 한다.54)

그러나 일본 사회당이나 공산당과 같이 정교분리에 대한 엄격한 잣대를 지닌 정치단체는 전자의 입장에서 제20조 1항에 대한 해석을 통해 창가학회와 공명당의 관계를 부정적으로 보고 있다. 즉 종교단체의 정치적 참가에 대한 권리는 인정하지만 신자를 정치에 이용한다고 하는 점과 이로 인해 신자의 민주주의적 자유가 빼앗긴다는 점을 비판하고 있다.55)

이처럼 이 논쟁은 정치와 종교의 분리에 관한 정교분리 원칙과 어떠한 종교단체도 정치상의 권력을 행사해서는 안 된다라고 하는 제20조 신교의 자유조항에 관한 해석과 깊은 관련이 있다. 또한 전전戰前의 문제와 관련하여 야스쿠니신사의 문제56)는 첨예한

---

54) 이러한 입장은 창가학회의 정치 활동을 옹호하는 쪽의 논리이다. 예를 들어 桐ヶ谷章의 「宗敎団体の政治活動―政敎分離原則の意味」(『東洋学術研究』34-1(134), 東洋哲学研究所, 1997.4. pp.68-69)를 들 수 있다.

55) 이러한 언급은, 예를 들어 日隈威德의 「宗敎の自由政敎分離の重要性―宗敎決議の立場と今日の創価学会公明党」(『前衛』622호, 日本共産党中央委員会, 1992. 8. p.140)에 잘 드러나 있다.

56) 1869년 내전인 무진(戊辰)전쟁의 전몰자를 위해 메이지정부에 의해 세워진 토쿄 초혼사(東京招魂社)가 그 기원이다. 이후 러일전쟁으로부터 태평양 전쟁에 이르기까지의 군인과 민간인을 포함한 전몰자를 합사, 현재 약 246만 명이 모셔져 있다. 여기에는 강제로 끌려간 식민지 국민들이 들어 있어 여

대립각을 세우고 있다. 근대처럼 이 신사를 국가가 관리하는 문제는 해소되었지만, 근대국가의 부(負)의 유산으로 여전히 국민적 정서 속에서 기능하고 있음을 볼 때, 현대와 과거는 여전히 공존하고 있음을 본다. 이러한 문제에 대한 논의는 지면 관계상 다음의 기회로 미루기로 한다.

V. 나가는 말

이렇게 일본의 근대와 현대를 관통하는 국가와 종교의 자유에 대한 역사의 흐름을 짚어 보았다. 총체적으로 본다면, 국가와 종교에 관한 근대의 문제는 여전히 현대일본에 유산되어 있음을 알 수 있다.

현대일본의 종교적 지형은 근대 이후에 보다 복잡해졌으며, 전통과 혁신의 양면을 공유한 채 다양한 시공간 상의 활동을 지속하고 있다. 여기에 시비 이해를 바탕으로 하는 국가 운영의 변화와 인간의 삶이 계량화되는 자본주의화의 물결로 민중의 삶은 여전히 종교에 의존하는 형태를 띠고 있다. 새로운 형태의 종교가 끊임없이 생성과 사멸을 거듭하며 일본사회의 정신적 세계의 지형을 세포 분할하고 있는 것도 그 하나로 볼 수 있다.

전히 문제가 되고 있음은 주지의 사실이다. 신사의 대제일인 4월 22일과 10월 17일 예대제(例大祭) 때에는 여전히 천황의 칙서가 내려진다. 1945년에 연합군총사령부의 지시로 국가신도의 지위를 잃고 하나의 종교법인이 되었다. 물론 가장 큰 문제는 A급 전범 합사와 더불어 최근 정치인들의 끊이지 않는 참배가 늘 국제문제로 비화되고 있다는 점이다.

 불교와 국가권력, 갈등과 상생

　과연 국가는 과거와 같이 국민의 이름으로 유무사시를 막론하고 종교의 자유에 간섭할 수 있을까를 생각하면 여전히 미지수라고 할 수 있다. 최근의 야스쿠니신사 참배를 둘러싼 일본 국내외의 관심과 여론의 향방은 이러한 문제를 상징적으로 보여주고 있다고 해도 과언이 아닐 것이다. 세계의 한정된 자원을 둘러싼 국가적 이익이 충돌할 때, 이를 기회로 새로운 형태의 일본민족주의의 출현을 예상할 수도 있을 것이다. 과연 그럴 때, 종교와 정치와의 결합을 이미 경험하고 있는 일본의 입장에서는 종교의 인간에 대한 고유한 관심이 제 기능을 발휘할지도 알 수 없다.

　그러나 이렇게 과거를 훑어봄으로 인해 많은 교훈을 얻고 있는 것만은 사실일 것이다. 수백만의 국민을, 특히 종교의 이름으로 자신의 신도를 전쟁터로 내몬 비종교적인 경험의 기억은 오히려 미래에 커다란 하나의 방어막이 될 수 있을 것으로 본다. 이러한 일본 국내의 국가권력과 종교의 자유문제는 역시 일본만의 문제가 아니라 주변국에게도 예나 지금이나 국제 관계의 중요한 변수인 만큼 이를 예의 주시할 필요가 있음을 느낀다.

4. 종교와 그 개념적 타자

종교와 정치의 관계를 중심으로

장석만 충간문화연구소 소장

약 력

장석만

서울대학교 인문대학을 졸업하고, 동 대학원 석·박사 과정을 수료(철학박사)했다. 관심 분야는 한국 근대 종교 및 한국인의 죽음에 대한 태도에 관한 것이며, 최근 논문으로 「한국의 두드러진 자살 풍경 : 한국 노인의 자살」, 『철학과 현실』 2009년 가을호, 「병원의 장례식장화와 그 사회적 맥락 및 효과」, 『종교문화비평』 제16호, 2009년 9월, "The Conceptual Formation of the "Secular" in Colonial Korea: Anti-Religious Discourse and the Establishment of the Principle of Separation Between Religion and Politics in 1920–1930s Korea"(발간 예정) 등이 있다. 현재 한국종교문화연구소 이사, 옥랑문화재단 내 꼭두문화연구소 소장, Ruhr-Universitaet Bochum, Research Fellow(International Research Consortium: Dynamics in the History of Religions between Asia and Europe)로 재직 중이다.

Ⅰ. 들어가는 말 : 정교분리 원칙의 이해를 위해

교회와 국가의 분리[separation of church and state]라는 것과 종교와 정치의 분리[separation of religion and politics]라는 것이 종종 같은 의미로 사용되기도 하지만, 서로 지칭하는 층위가 다른 것이다. 교회와 국가의 분리가 종교단체와 국가권력 사이에 제도적 구분 및 상호 간섭의 엄격한 제한을 나타내는 반면, 종교와 정치의 분리는 각 영역의 개념적 한계를 명확하게 규정하고, 영역의 자율성을 준수하는 것이 함축되어 있다. 종교와 정치의 분리는 교회와 국가의 분리를 포괄하면서 각각이 상대방 영역을 왜 침범해서는 안 되는지 그 규범적 근거를 제시한다. 따라서 원칙이라는 말로 그 권위가 정당화되고 있다.

대한민국 헌법 제20조에 규정되어 있는 "모든 국민은 종교의 자유를 가진다. 국교는 인정되지 아니하며, 종교와 정치는 분리된다"는 내용은 바로 종교와 정치의 분리 즉 정교분리가 절대적 규범으로 작용하고 있음을 보여준다. 이런 헌법이 제정되어 있는 한, 대한민국의 모든 구성원은 행위와 사고의 범위를 이 원칙에서 벗어나지 않게 주의해야 한다. 하지만 동시에 이와 같은 정교분리가 어떤 의미를 지니고 있으며, 어떤 역사적 과정을 거쳐 우리의 규범으로 작용하게 되었는지 살펴보는 것 또한 필요하다.

흔히 정교분리를 거론하면서 두 가지 다른 유형을 든다. 하나는 종교에 호의적인 것이고, 다른 하나는 적대적인 것이다. 미국의 정교분리가 전자라면, 프랑스의 경우는 후자이다. 즉 호의적인 정교분리가 정치가 종교에 간섭하는 것을 차단하여 종교 영역을 보호하기 위한 것인 반면, 적대적인 정교분리는 종교가 정치에 개입하는 것을 막아서 정치 영역을 보존하려는 것이다. 하지만 이런 유형 구분은 정교분리의 현상을 기술하는 한 가지 방식에 불과하다. 보다 깊이 정교분리가 지닌 의미를 파악하기 위해서는 그것이 놓여있는 보다 포괄적인 맥락과 그것이 규범화되어 지금에 이르게 된 과정을 살펴보아야 한다. 첫째 서구에서 종교와 정치의 분리가 나타나게 된 배경 및 전개 과정을 이해하는 것이 필요하다. 그리고 둘째 한국에서 그것이 정착하게 된 맥락도 이해할 필요가 있다. 하지만 이 두 가지 과정을 파악하기 위해서는 서구에서 '세속[secular]'이라는 영역이 어떤 맥락에서 형성되어 왔는지 살펴봐야 한다. 왜냐하면 '세속'과 '종교[religious]'는 각자가 서로의 타자적 영역으로 자리 잡으면서 필수불가결한 짝을 이루어 한 세트로 형성된 것이며, 정치는 바로 이 '세속' 영역의 주요한 부분을 이루며 소속되어 있기 때문이다.

Ⅱ. 서구에서 '세속' 영역의 위치

계몽주의시대가 핵심적 메타포로 삼고 있는 '빛'은 그 이전 시대의 '어둠'을 강조하며, 그 대조적인 효과를 나타내기 위해 주장된 것이다. 중세시대와 어둠, 그리고 근대와 빛의 연결 쌍은 늘 근대성의 내러티브와 함께 동반한다. 이런 내러티브에서 당연하게 주장되는 점은 종교와 초자연의 영역이 쇠퇴하고, 과학적 이성이 지배하게 될 것이라는 것이다. 세속화의 명제는 바로 이런 근대성의 내러티브를 압축시켜 놓은 것이다. 어떤 곳에서건 탈주술화, 합리화라는 최종 목적지는 이미 정해져 있으며, 얼마나 빠른 코스와 속도로 가는가 하는 것만이 저마다의 맥락에 달렸다고 보는 것이다. 통상적인 세속화 모델에서는 세속의 영역이 점점 확대되는 반면, 종교의 영역은 그만큼 축소된다고 보아, 세속과 종교의 영합零合 관계를 상정한다. 최근에는 고전적 세속화 명제의 현실 적합성에 의문을 제기하면서 재해석을 요구하는 다양한 시도가 제기되고 있지만, 세속과 종교 영역 사이의 긴밀한 상호성이 부인되지는 않는다. 왜냐하면 두 영역은 각자가 성립하기 위해서는 반드시 상대방이 필요하기 때문이다. 『오리엔탈리즘과 종교』를 저술한 리처드 킹은 두 영역의 긴밀한 연관성에 대해 다음과 같이 언급한다.

> '종교적'이라는 범주와 '세속적'이라는 범주는 서로 의존적이다. 두 영역은 각자 자율적이고 독자성을 지니고 있다고 주장하지만, 양쪽이 의미론적으로 서로 의존하고 있기 때문에 끊임없이 불안정하게 된다. 양쪽은 모두 자신의 정체성과 규정성을 서로에 의지한다. "세속 대對 종교"의 논쟁을 계속해서 가능하게 만드는 것은 바로 양자의 이러한 상호의존성이다. 더구나 이런 양분법은 문화적으로 특정한 분류양식이다. 물론 몇백 년 동안 유럽인들은 이런 분류를 성공적으로 수출하였다. 그래서 협소한 구미의 지적 지평을 벗어난다고 해서, 이론적인 가능성을 소진하지는 않을 것이다.[1]

---

1) Richard King, "Response to Reviews of Orientalism and Religion," *Method & Theory in the Study of Religion*, 14, 280.

중세 유럽에서 세속을 가리키는 용어였던 '세큘럼saeculum'은 기독교사에서 타락과 최후의 날 사이의 기간을 나타냈다.[2] 그 용어는 구원 이전과 이후와는 구분되는 것으로, 그 사이의 이 세상을 가리키는 것이었다. 이 시기에 종교와 세속의 개념은 가톨릭교회 안에서 한편으로 세상일에 관여하지 않고 수도에 전념하는 수도승, 다른 한편으로 은둔 대신에 이 세상에서 업무를 맡은 성직자를 나누어 가리켰던 것도 이런 의미의 맥락을 지닌다. 이는 저 세상에서의 구원을 지향하는 쪽과 이 세상에서 교회질서를 지키며 의례를 행하는 쪽으로 구분될 수 있었고,[3] 마치 불교교단의 이판승과 사판승의 구분과도 비슷한 것이었다.

하지만 16세기에 교회 자체로부터 벗어나는 뜻으로 변화하기 시작하여, 30년 종교전쟁 및 1648년 베스트팔렌조약 이후에는 교회재산이 왕의 소유로 전환되는 것을 가리키게 되었다. 1789년 프랑스혁명 때, 교회재산이 공화국의 재산으로 귀속되는 것은 그런 맥락과 연관되어 있다.[4]

19세기 이후에는 오늘날 통용되는 의미처럼 신이나 초자연에 의존하지 않고 이루어지는 순전히 자연적인 인간 행위의 영역을 나타내는 것으로 성격이 바뀌어서 초자연적 신념의 영역과 대립

---

2) Talal Asad, "Comments on Conversion," *Conversion to Modernities: The Globalization of Christianity*, Peter van der Veer(ed.) New York and London: Routledge, 1996, p.267.

3) Timothy Fitzgerald, "Encompassing Religion, Privatised Religions and the Invention of Modern Politics," *Religion and the Secular: Historical and Colonial Formations*, Edited by Timothy Fitzgerald, London and Oakville: Equinox, 2007, pp.220-221.

4) Elizabeth Shakman Hurd, *The Politics of Secularism in International Relations*, Princeton and Oxford, Princeton University Press, 2008, p.13.

하게 되었다.5) 이제 일상의 현실적 삶이 영위되며, 과학적인 합리성이 관장하는 현세적 세상과 그와는 전혀 다른 종교적 세상이 분명하게 나누어지게 된 것이다. 세속의 영역은 물질적이고 현실적인 세상이고, 인간 주체는 그에 대한 외적이고 객관적인 관찰을 통해 과학적 법칙을 '발견'하고 축적한다. 주체와 객체 사이의 연결은 주체가 거리를 두고 냉정하게 객관적 지식을 추구하면서 이루어진다. 인간 주체는 물질적인 세계를 관찰하고, 그 지식을 통해 이용하면서 그 세계를 지배한다. 반면 종교적 세계는 물질적인 것이 아니라 정신적이고, 외적인 것이 아니라 내적인 것으로, 그리고 객관적인 것이 아니라 주관적인 것으로 간주된다. 종교 영역이 개인의 내면에 관계되는 것으로 여겨지게 된 것도 이러한 구분법이 지속적으로 영향력을 행사한 결과이다. 그리고 이와 같이 종교가 개인의 사적인 내면성에 소속되는 것으로 여겨지면서, 종교 영역의 보편적 성격이 확보되었으며, 종교의 내면성과 보편성의 측면은 더욱더 상호 강화하는 방향으로 나아가게 되었다.

한편으로 초자연적, 비합리적이고, 정신적이며, 내면적인 종교 영역, 그리고 다른 한편으로 자연적, 합리적이고, 물질적이며 외면적인 세속의 영역으로 이분화된 근대 서구의 에피스테메는 계몽주의시대를 거치면서 근대 서구의 핵심적 세계관으로 정착하였고, 서구사상의 전파와 함께 전 세계로 이식되었다. 내용은 서로 상반되지만, 이 세속과 종교의 영역은 서로 떨어질 수 없다. 왜냐하면 서로가 상대를 여집합(餘集合, complementary set)으로 요청하기 때문이다.

---

5) Talal Asad, Ibid.

세속 영역으로부터 일군의 핵심적 근대 개념이 출현하는데, 사회, 민족, 국가, 문명, 문화, 경제 등과 같은 개념들이 그런 것이다. 세속주의에 관한 날카로운 연구로 유명한 탈랄 아사드Talal Asad는 이런 맥락에서 민족에 대해 언급하고 있다.

> 민족 혹은 국민이라는 것은 '이 세상'이라는 독특한 세계에 속해 있다고 간주되어야 한다. 물론 세속적 민족주의가 상정하는 '이 세상'은 이데올로기적으로 만들어진 것이다. 베네딕트 앤더슨이 지적한 대로, 민족주의는 고도의 추상적인 시공간 개념을 사용하여 특정한 이야기를 한다. 그 이야기는 민족이라는 것이 하나의 자연적이고 자명한 단위이며, 구성원들이 모두 공통된 경험을 나누고 있다는 것을 말한다. 여기서 내가 강조하고 싶은 것은 중세 기독교 세계관이 근대 세속주의에 의해 붕괴되면서 두 세계로 나누어지게 되었다는 점이다. 하나는 우리가 사회적 존재로서 '현실적'으로 살아가고 있는 확증確證적 사물의 세계이고, 다른 하나는 우리의 상상력 안에서만 존재하는 종교적 세계이다. 계몽주의적 세속주의의 교리는 근대적 집단표상과 프랙티스의 구조에 근본적 변화를 야기하였다.6)

물론 이와 같은 근대적 개념군에서 정치 개념이 빠질 수 없다. 이렇게 보면 정치와 종교의 관계는 우리가 흔히 생각하는 것보다 훨씬 더 심층적인 연관성을 지니고 있으며,7) 근대역사에서 주변화되었다고 여겼던 종교 영역이 훨씬 더 핵심적인 역할을 행하고 있다는 것8)을 알 수 있다.

---

6) Talal Asad, "Religion, Nation-State, Secularism," *Peter van der Veer and Hartmut Lehmann (eds.)*, Nation and Religion: Perspectives on Europe and Asia, Princeton, New Jersey: Princeton University Press, 1999, pp.186-187.

7) *Ibid.*, p.192.

8) Jean Comaroff, "Missionaries and Mechanical Clock: An Essay on

Ⅲ. 서구에서 종교와 정치의 관계

　　서구에서 세속 영역의 근대적 형성은 서구 역사의 맥락에서 배태된 것으로 종교 개혁, 근대국가의 형성, 근대 자본주의, 그리고 근대 과학혁명이라는 네 가지 요인이 복합적으로 작용하여 나타난 것이다.[9] 이 세상과 저 세상이라는 전前 근대 서구 유럽사회의 분류체계는 이러한 역사적 과정을 거치면서 자연과 초자연의 영역이라는 근대적 분류로 바뀌었고, 자연의 영역은 다시 주체의 주관적 영역과 합리적 사고의 객관적 영역으로 나누어지게 되었다. 여기에서 종교가 속한 곳은 초자연 및 주관적인 영역이다. 서구 근대성의 구조에 바탕을 둔 세속주의(secularism)는 세속 영역의 확장을 정당화하고, 권위를 부여하는 역할을 하는 것이다.

　　정치와 종교의 관계는 세속이라는 영역이 전제되어야 성립할 수 있다. 그리고 세속 영역의 정당화 기능을 하는 세속주의는 정치와 종교의 관계에 대해 어떤 관점을 갖고 있는가에 따라 두 가지로 구분할 수 있다. 하나는 정치와 종교를 서로 적대적으로 보는 관점으로, 정치에서 종교를 전적으로 배제해야 함을 역설한다. 계몽주의적인 종교 비판 및 반反종교적인 태도에서 이런 입장이 가장 분명하게 나타난다. 또 하나는 종교를 정체성 추구와 집단 통합의 근원이 되는 것으로 간주하는 것으로, 이 경우에 종교는 정치적인 갈등을 일으키는 주요 원인을 제공하는 것이다.[10]

Religion and History in South Africa," *The Journal of Religion*, Vol. 71, No. 1, 1991.

9) Jose Casanova, "Secularization, Enlightenment, and Modern Religion," "Private and Public Religions," *Public Religions in the Modern World*, Chicago and London: The University of Chicago Press, 1994, pp.25-26.

2008년에 사망한 새뮤얼 헌팅턴Samuel P. Huntington의 '문명 충돌론'이 그 대표적인 것이다.

서구 역사에서 한편으로 가톨릭교회의 최고 성직자인 교황 다른 한편으로 황제나 귀족 사이의 권력 갈등 및 타협은 수시로 나타났다. 교황이 황제를 지배한 적도 있었고, 종속되어 있던 때도 있었다. 가톨릭교회가 현실적으로 강력한 권력을 가지고 있는 한, 이런 밀고 당김은 계속 일어났으며, 쌍방 간에 균형을 이루려는 노력도 행해졌다. 교황이 정신적인 검劒을, 황제나 영주는 세속적인 검을 분담한다는 '두 개의 칼[two sword]'교의敎義나 천상왕국과 지상왕국을 철저하게 분리하여 법률적 정치적 권력를 지상의 왕국에 귀속시키는 '두 개의 왕국[two kingdom]'교의가 그런 것이다. 이와 같은 타협은 가톨릭과 개신교 세력이 치열하게 각축을 벌인 30년 전쟁(1618-1648)으로 전환점을 맞이하였다. 1648년의 베스트팔렌 조약으로 한편으로 근대 국가체제의 성립이 시작되었고, 다른 한편으로 서구의 종교자유의 문제가 중요하게 부각되었다. 베스트팔렌 조약에서 두드러진 이 두 가지 측면은 새롭게 정치와 종교의 관계를 정초定礎하였다. 존 로크(John Locke : 1632-1704)가 주장한 종교자유 및 종교 관용은 베스트팔렌 조약 이후에 변화된 핵심 성격을 잘 반영하고 있다.

로크는 신학적 색채가 있던 초기의 입장을 버리고, 종교 갈등의 문제를 신학적으로 풀 것이 아니라 비종교적인 원칙을 세움으로써 해소하려고 노력하였다. 그는 통치자가 개입해도 정당한 행위와 그럴 자격이 없는 행위를 신학적 용어에 의존함이 없이 구분할 수 있도록 원칙을 제시하였다. 그것은 바로 생명, 신체, 재

---

10) Elizabeth Shakman Hurd, *Ibid.*, p.23.

산에 해를 입히는 행위가 아닌 한 통치자가 개입할 수 없다는 원리이다. 이런 위해 행위는 누가 보더라도 명백하게 나타난다. 이런 객관적 사실은 정치적 판단의 영역이 된다. 그러나 그렇지 않은 영역은 정치적으로 개입할 수 없다. 그래서 주관적 의식의 영역인 종교는 정치와 별도의 영역을 차지할 수밖에 없다. 이런 입장은 종교적 차이성에 관용으로 이끌어지고, 문화적 다양성을 긍정하는 자유주의 이론에 귀결된다.[11]

여기서 주목할 만한 점은 정치가 객관적 사실의 영역, 그리고 종교는 주관적 의식意識의 영역으로 간주되었다는 것이다. 정치가 공적인 영역에 속한 반면, 종교는 사적인 영역에 속하며, 더욱더 종교의 사적 영역화가 진전될 것이라는 종교 사사화(私事化, privatization)의 주장은 이런 관점에 비롯되는 것이다. 서구에서 세속주의가 영향력을 확대하면서, 정치와 종교를 분리시키고 각각의 영역을 공과 사에 할당하는 관점도 더욱 규범화하고 확산해갔다.

이와 같은 세속주의의 구도에서 '종교 고유의 영역'은 정치의 영역 즉 국가의 본래 영역과 분명하게 분리되어 있는 것이다. 만약 개인적이고 사적인 차원에 머물러 있어야 할 종교가 정치의 영역에 개입할 경우에는 심각한 위험이 야기된다고 여긴다. 서구에서 세속주의는 19세기 이후 자신의 문명을 나타내는 주요한 지표가 되었다. 서구문명의 초기 지표였던 기독교와 함께 세속주의는 서구문명의 필수불가결한 부분으로 인식되었고, 점차 그 세력을 확대하였다. 그래서 비非서구지역에 서구문명을 이식시키고자 할 때, 종교와 정치의 분리는 필수과목 가운데 하나가 되었다. 서구는 정교분리가 잘 이루어진 반면, 비서구는 정치와 종교가 마

---

11) Talal Asad, "Comments on Conversion," *op. cit.*, p.268.

구 뒤섞여 있다고 보는 것이 당시 서구인의 일반적인 관점이었고 지금까지도 상당한 영향력을 행사하고 있다. 예컨대 민족국가 혹은 국민국가를 보는 관점에도 이 점이 잘 나타난다. 즉 서구의 민족국가는 세속적인 반면, 아시아의 민족국가는 종교적이거나 잡종적인 것, 즉 종교적인 것과 정치적인 것이 뒤섞여 있다고 간주하는 사례가 그런 것이다. 따라서 비서구 지역에서 지배권을 확립한 서구인들은 정치와 종교가 혼란스럽게 섞여 있는 상태 대신에 종교와 정치가 서로 간섭함이 없이 분리되도록 만들기 위해 노력하였다. 신앙의 자유와 선교의 자유에 대한 주장은 그런 프로젝트를 가동하기 위한 핵심 요소였다.

Ⅳ. 한국에서 종교와 정치의 관계

종교의 자유에 대한 주장은 서구 세력이 비서구 지역에 침투하면서 우선적인 요구사항으로 제시하는 것이다. 하지만 조선 정부가 이런 요청을 그동안 천주교와 갈등해온 관계의 관점에서 해석하고, 강한 의혹을 품고 있다는 것을 알고 있던 국가들은 통상조약을 맺을 때, 종교자유에 관한 주장을 내세우지 않았다. 1886년 프랑스와 수호통상조약을 체결할 때는 상황이 달랐다. 프랑스는 종교의 자유 중에서도 선교의 자유를 확보하고자 애를 썼다. 조선정부는 그동안 천주교도들은 조선왕조의 핵심적 체제 이데올로기였던 조상제사를 거부하면서 정면으로 도전하는 자세를 보여 왔기 때문에 프랑스의 종교로 간주한 천주교에 대해 경계를 늦추지 않았다. 그래서 선교 활동의 자유를 보장하는 항목을 조약문에 명문화하려는 프랑스 측과 이에 대한 조선정부의 완강한 반대는 서로 평행선을 달렸다. 그러다가 프랑스인이 자유로이 왕래하며 '교회教誨'를 할 수 있게 한다는 구절을 삽입하도록 합의하였다. 여기서 '교회'라는 것은 가르침을 나타내는 일반적인 뜻이었으나 프랑스 측은 이를 선교 자유의 승낙으로 받아들였다. 이 구절에 대해 서로가 자기에게 유리하게 해석한 것 때문에 이후 조선정부와 프랑스 혹은 천주교 측은 적지 않게 대립하였다. 그리고 이런 갈등은 시간을 두고 일련의 교민조약教民條約 체결을 통해 서로의 영역에 간섭하지 않는 방향으로 정리되었다.

조선정부와 심각한 갈등을 빚은 천주교와는 달리 후발 주자로서 19세기 후반부터 선교를 시작한 개신교는 정치에 대한 불간섭을 주장하며 천주교와의 차별성을 강조하였다. 1901년 9월 장로교공의회에서 채택된 결의문은 개신교회가 정치에 관여하지 않겠다는 것을 확인한 것이다. "우리 목사들은 대한 나라 일과 정부 일과 관원 일에 대하여 도무지 그 일에 간섭하지 아니하기를 작정한 것이오…교회가 나랏일 보는 데가 아니오, 또한 나랏일은 간섭할 것도 아니오."[12] 이런 결의문은 개신교회가 정치권력에 대항할 뜻이 없음을 적극적으로 밝힌 것이다. 하지만 개신교의 3·1운동 참여는 이런 경향과는 반대되는 것이었다. 3·1운동에 적극 참여하여 총독부 권력에 저항하였던 개신교는 이후 정치 참여를 금기시하고, 이른바 종교의 '순수성을 지키는' 방향으로 매진하였다.

---

12) 이만열, 「개신교의 전래와 일제하 교회와 국가」, 『국가권력과 기독교』, 한국기독교사회문제연구원 편, 민중사, 1982, p.140.

개신교의 영향력이 강해질수록 정교분리의 주장도 널리 퍼졌고, 총독부 권력도 문명 국가의 관점임을 내세우며 정교분리를 확산시키려고 노력하였다. 하지만 당시에 정교분리는 아직 '원칙'이라는 헤게모니를 얻은 상태가 아니었다. 문명의 근본에 종교가 자리 잡고 있으므로 종교가 정치의 바탕이 되어야 한다는 주장도 강력하게 존재했다. 예컨대 유교를 개혁하여 국권회복운동의 이념으로 사용하거나 유교를 종교화하려는 시도가 있었다. 또한 유교가 아니라 개신교가 국교의 자리를 차지해야 한다는 주장도 제기되었다. 하지만 이런 관점은 근대국가에서 국교國敎 체제가 부적합하다는 주장이 강해지면서 주변부로 밀리고 말았다.

일제 총독부는 3·1운동을 통해 종교 세력이 지닌 위험성을 더욱 강하게 느끼게 되었다. 한반도 안의 종교 세력이 한국인의 정신적 구심점과 같은 위치를 차지하고 있다고 여겨 위협을 느꼈기 때문이다. 총독부의 정교분리 정책은 일제에 도전할 수 있는 종교 세력을 원천적으로 차단하는 효과를 노린 것이다. 총독부는 정치와 종교의 경계선을 절대화하고, 이 경계를 넘는 종교를 탄압하고 유사類似종교화하여 배제하는 것을 기본으로 삼았다.

3·1운동 이후 한반도 안의 종교는 정치의 영역에 점점 더 거리를 두는 방향으로 진행했다. 정치의 핵심 영역이 민족국가의 수립과 유지와 관련되는 것이라면, 한반도 안에서는 정치적 의지를 표현하는 것이 위험한 일이었다. 다만 '문화'를 통해 총독부 권력을 거슬리지 않는 범위에서 민족 단위의 통합을 이루는 것만이 허용되었다. 종교는 문화의 영역에 포함되기는 했지만, 문화의 중심은 문학 및 예술이 차지했으므로, 변방에 머물러 있을 수밖에 없었다. 1920년대 사회주의 세력의 종교 비판 및 반反종교운동이 치열해지면서, 종교 진영은 이에 적극적으로 대항하였고,

그 과정에서 종교의 정치 참여는 더욱 금기시되었다.

총독부의 정교분리 정책이 강력하게 전개되면서, 이를 역이용하여 총독부의 종교 간섭을 배제하고자 한 움직임도 일어났다. 한용운의 정교분리론이 그 예이다. 그는 1911년의 사찰령이 지닌 부당성을 주장하면서 사찰령이 불교와 정치의 유착을 조장하기 때문에 폐기되어야 한다[13]고 주장했다. 또한 일제 말기 신사참배 강요에 대해 개신교 측이 이를 거부한 주요 논리 가운데 하나는 정교분리의 원칙이었다.[14]

해방 후의 정교분리 주장은 미국문화의 영향과 함께 개신교 세력의 득세를 주된 배경으로 하였다. 그래서 미국식의 우호적인 정교분리 성향이 상당 부분 내포되어 있기도 했다.[15] 그러나 정교분리의 주장을 주로 국가권력이 제기했다는 점에서 미국의 상황과는 다른 것이었다. 박정희 정권 치하에서 정교분리 원칙은 독재 권력에 대항하는 소수 종교 세력의 부당함을 홍보하는 데 주로 이용되었다. 이 시기 정교분리에 관한 이론적 작업이 직접 혹은 간접으로 기독교의 영향권 안에서 이루어진 것도 이런 배경을 가지고 있다. 정교분리를 보는 관점은 크게 엄격한 분리를 주장하는 쪽과 상대적인 구별을 주장하는 쪽으로 나눌 수 있다. 전자는 루터의 두 왕국설의 신학적 정당성을 내세우면서 기독교의 3·1 운동 참여 및 10월 유신에 대한 기독교의 찬반 개입 모두를 강하게 비난[16]하였다. 후자는 엄격한 분리의 문제점을 지적하면

---

13) 장석만, 「만해 한용운과 정교분리원칙」, 『불교평론』 제8호, 2001.
14) 이진구, 「신사 참배에 대한 조선 기독교계의 대응 양상 연구」, 『종교학연구』 제7집, 서울대학교 종교학연구회, 1988, p.105.
15) 최종고, 『국가와 종교』, 현대사상사, 1983, p.178.
16) 김의환, 「교회와 국가」, 『신학지남』 9월호, 1974, pp.3-4.

서 독재 권력의 정당화와 정치 외면의 경건주의를 모두 비판하였다.[17] 정교분리에 관한 이런 관점은 기독교교단 측에서 국가권력과 갈등관계에 놓이자, 이로 인해 야기되는 현실적인 문제에 대처하기 위해 나타난 것이라고 볼 수 있다.

그동안 정교분리 원칙은 정권과 유착관계에 있는 종교집단일수록 더욱 강력하게 주장하였다. 자신들은 그 정권을 위해 조찬기도회와 구국기도회처럼 노골적으로 홍보를 일삼으면서도 정권의 부당성을 외치는 것은 정교분리 원칙에 위배된다고 강조하였다. 하지만 종교적 극우세력이 주장하는 이른바 좌파 정권이 들어서자, 그들은 그 정권에 대한 혐오감을 드러내기 위해 공공연하게 정치집회를 열고 스스로 금과옥조로 삼던 정교분리 원칙을 버리게 되었다.[18]

2008년 드디어 고대하던 이명박 정권이 세워지자, 이 정권의 종교적 위호 세력은 공공연하게 정치 활동에 개입하였고, 신조어 '고소영' 내각의 핵심 부분을 담당하게 되었다. 이제 그들에게 정교분리 원칙이라는 것은 현실 적합성이 결여된 것으로 간주되며, 단지 사문화된 레토릭에 불과한 것으로 여겨지고 있는 형편이다. 이런 상황에서 이명박 정권의 종교편향성을 강하게 비판하면서 정교분리의 원칙을 지키라고 주장하는 목소리가 나오고 있다. 권위를 인정받고 있는 '원칙'의 담론으로서의 정교분리가 서로 상반되는 세력에 의해 동원되고 있는 것이다.

---

17) 나학진, 「정교분리에 대한 신학적 고찰」, 『교회와 국가』, 한국기독교문화진
  흥원, 1988, p.189.
18) 장석만, 「주류 개신교집단의 군사문화적 '소양'」, 『아웃사이더』 13호, 2003,
  pp.126-132.

V. 나가는 말

정교분리 담론의 효과는 정치와 종교가 서로 다른 영역으로 구별되어 개념화된다는 것이다. 정치와 종교 영역은 서로 구별되지만 긴밀하게 상호 연관되어 있다. 정교분리가 '원칙'으로 권위화되면, 이 담론에서 상호의존적인 측면은 감추어지고, 구별되는 측면만이 부각된다.

정치는 국가의 영역 안에서 영위되는 것이다. 국가는 개인의 다양한 이해관계가 충돌하는 사회 영역과의 관계 속에서 스스로의 성격과 위치를 마련한다. 국가는 사회에서 일어나는 여러 가지 갈등을 통제하기 위해 권력을 위임받은 존재이고, 국가권력은 이 위임의 정당성을 내세우며 배타적인 권력을 행사한다.

근대성의 세속 영역에서 국가의 이런 권력 행사에 대해 도전할 수 있는 세력은 찾아보기 힘들다. 하지만 세속 영역이 만들어질 때, 그 거울 역할을 하는 종교 영역은 여기에서 예외가 될 수 있다. 종교 영역은 세속 영역의 밖에 자리 잡고 있거나 세속 영역 안에 들어와 있더라도 세속 영역의 주변에 있어서 국가권력으로부터 쉽게 벗어날 수 있기 때문이다. 원심력이 작용하는 종교 영역의 이런 성격으로 인해 종교는 국가의 정치 영역에 강력하게 이의를 제기할 수 있는 잠재력을 지닌다.

세속 영역의 권력이 종교의 위험성을 차단하기 위해 고안한 장치는 종교를 '보호구역화' 하는 방법이다. 종교와 정치의 영역을 각각 분리시키고 그 속성을 고정화하여 규범화할 수 있다면 종교의 일탈 가능성을 차단할 수 있기 때문이다. 이런 전략은 종교 영역이 정치권력과 대등한 위치를 얻게 된다는 점에서 종교

쪽도 불만이 없는 선택이었다. 공적인 영역을 정치에 양보하지만, 그 대신 사적인 영역을 종교가 가져올 수 있는 것이다.

19세기 후반기에 조선에 도입된 정교분리의 관점은 서구인이 문명의 지표로 간주한 것이었다. 그들은 이를 조선이라는 비서구 지역에도 반드시 관철해야 한다고 여겼다. 신앙의 자유와 선교의 자유를 확보하는 것은 서구인 자신뿐만 아니라, 비서구인들도 문명의 혜택을 입도록 하는 것이기 때문이다. 하지만 조선의 경우에 종교가 개인의 사적인 주관적 의식의 영역이 되지는 않았다. 정치의 영역을 민족국가(혹은 국민국가)로 대표되는 집단 아이덴티티의 유지와 관리가 이루어지는 곳이라고 한다면, 조선 혹은 한국의 종교는 결코 정치의 영역과 동떨어져 존재하지 않았다. 서구의 역사적 상황에서 필요했던 개인의 사적 공간은 당시 조선 혹은 한국에 절실하게 요청되는 항목이 아니었다. 다만 종교 세력과 정치 세력 사이에 일정하게 타협하여 상호지분을 인정해주자는 것만이 우선적으로 필요한 것이었다. 정치와 종교의 분리를 원칙으로 내세우는 것은 그만큼 분리하기가 어렵다는 것을 반증하는 것이다. 최근 세계 곳곳에서 정교분리 원칙의 보편적 규범성이 동요하고 있다. 그동안 정교분리가 '원칙'의 지위를 누리면서 지녀왔던 절대성의 후광이 점차 사라지고 있는 것이다. 이럴 때일수록 정교분리 원칙을 하나의 권위적 담론으로 활용하는 데 그치지 말고, 정교분리 원칙이 우리에게 어떻게 수용되었고, 정착되어 왔는지 그 과정과 맥락을 면밀하게 살피는 것이 시급해지고 있다.

5. 정교분리, 종교를 떠난 종교의 마지막 흔적

이창익 한신대학교 학술원 연구교수

약 력

이창익

　서울대학교 종교학과를 졸업하고 동 대학원에서 「시간과 죽음의 상관성에 대한 연구」라는 논문으로 석사학위를, 「조선 후기 역서의 우주론적 복합성에 대한 연구 : 역법과 역주의 관계를 중심으로」라는 논문으로 박사학위를 취득하였다. 저서로는 『종교와 스포츠』, 『사람들은 왜 종교를 믿을까?』가 있다. 논문으로는 「엘리아데와 차이의 해석학 : 종교의 영도 Ⅱ」, 「호모 사케르와 신체 구경꾼 : 성형수술의 종교적 맥락을 찾아서」, 「인지종교학과 숨은그림찾기」, 「자연주의적 종교연구와 종교학의 죽음」, 「죽음의 연습으로서의 의례 : 이중 장례식의 구조와 의미」 등이 있다. 서울대, 세종대, 아주대에서 강의를 했으며, 현재 한신대학교 학술원 연구교수로 재직 중이다.

Ⅰ. 들어가는 말 : 역사적 산물로서의 정교분리

정치와 종교의 관계라는 문제는 인간의 역사만큼이나 오래된 문제이다. 우리는 역사를 통해서 한때는 종교와 정치의 경계선이 존재하지 않을 정도로 이 둘이 서로 혼재되어 있었다는 것을, 그리고 한때는 종교와 정치가 서로를 멀리하고자 온갖 노력을 다하기도 했다는 것을 알고 있다. 그런데 다시 오늘 이 자리에서 정치와 종교의 문제를 이야기하고자 하는 것은 정치와 종교의 관계에 대한 근대적 규범처럼 등장하는 정교분리라는 표현의 역설적인 정체성을 밝혀보기 위해서이다. 많은 사람들이 막스 베버Max Weber의 '세계의 탈마법화'라는 표현을 인용하면서, 우리가 사는 공적 세계가 종교라는 마법으로부터의 해방에 의해 성취되었다고 말한다. 이로 인해 공적 세계의 순수성을 보존하기 위해서는 가능한 한 공공의 영역에서 '종교적인 것'을 멀리해야만 한다는 주장까지도 나오는 것이다. 종교는 합리성이 가까이해서는 안 되는 비합리성의 블랙홀이라고 생각하기 때문이다. 물론 베버에게 탈마법화는 '구원의 테크닉으로서의 주술'을 제거한다는 것을 의미했다.[1] 그러나 정교분리는 주술의 제거뿐만 아니라 '종교가 없는 영역의 가능성'에 대한 추구를 의미한다고 말할 수 있다. 일차적

---

1) Marcel Gauchet, *The Disenchantment of the World: A Political History of Religion*, trans. Oscar Burge, Princeton: Princeton University Press, 1997, p.3.

으로 정교분리는 종교를 주변화하고 예외적인 것으로 만들기 위한 전략에서 나온 것이다. 다시 말해서 종교는 근대적인 국가 구성을 저해하는 일차적인 요인으로 취급받았던 것이다.

세속화라는 말로 표현되는 근대사회의 특징은 크게 두 가지로 요약된다. 첫째는 근대세계에서 종교적 믿음과 실천이 쇠퇴하고 있다는 것이고, 둘째는 공적 영역으로부터 종교가 후퇴했다는 것이다. 특히 두 번째 특징으로 인해서 공적 영역에서 우리의 모든 제도는 종교적인 중성화를 지향했을 뿐만 아니라, 공적 영역이 종교적 정체성을 표출해서는 안 된다는 요구까지도 담게 되었다.2) 그런데 문제는 여전히 공적 영역 안에 종교가 존재하고 있다는 사실이다. 근대정치에서 종교라는 것은 정치 안에 있지만 정치 안에 있어서는 안 되는 어떤 것을 의미하지만, 역으로 종교는 정치 밖에 있는 것이면서도 정치 안에 있고자 하는 어떤 것일 수밖에 없다. 그러므로 근대의 풍경 안에서 종교는 기이한 역설적 형상을 취하고 있다. 양심과 사적 영역에 국한되어야 할 종교가 공적으로 물화되어 존재하고 있기 때문이다. 그러므로 양심에 맡겨진 종교의 자유는 종교에 대한 한 가지 오해에서 비롯된 것이라 할 수 있다. 왜냐하면 종교가 신앙이나 믿음에 의해 정의될 수 있다는 주장은 종교에 대한 유대-기독교적 정의에 따른 것이기 때문이다. 신앙이란 마음 안에서 인격적인 신과 직접적으로 교감하는 것을 가리키는 말이다. 그래서 엘리아데는 신앙[faith]이라는 종교적 범주의 발견이야말로 유대-기독교 전통이 종교사에 도입한 신석기시대 이후의 최대의 새로운 요소라고 평가했던 것이다. 신앙은 숭배의 내면화를 지향하며, 이로 인해 종교적 경험

---

2) Charles Taylor, "Foreword" to Marcel Gauchet, *op. cit.*, p. ix.

과 정신적 힘을 강조할 수밖에 없다.[3] 이러한 맥락에서 우리는
헌법의 종교 정의 방식을 비판적으로 바라보아야 한다. 헌법은
역사적인 산물이지 건드릴 수 없는 신성한 것이 아니다. 근대의
헌법 해석이 성서 해석과 닮았다는 것은 굳이 지적할 필요조차
없다. 그러므로 헌법 구성의 역사성에 주목할 때 우리는 헌법 자
체에 스며들어 있는 유대-기독교적 전제를 좀 더 투명하게 볼 수
있을 것이다.

근대정치가 인간 권력의 절차적 구성을 통해 이루어진다면,
종교는 신적이거나 초자연적인 권력에 근거하여 인간을 지배한
다. 그러므로 정치와 종교는 처음부터 대립적인 전제조건에서 출
발하는 셈이다. 종교는 정치 안에 있지만 정치 밖에 있고자 하는
역설의 실체일 수밖에 없기에 항상 문제가 될 수밖에 없다. 근대
세계 속에서 종교는 정치 공간과는 대조되는 일종의 예외 공간을
구성하고 있다. 그리고 범례가 항상 예외에 의해 힘을 얻듯이, 정
치 역시 종교라는 예외적 존재에 의해 힘을 얻게 된다. 공적 영역
외부에서의 종교의 존재는 항상 정치의 종교적 성격을 은폐하는
알리바이로서 기능하기 때문이다. 그러나 조르조 아감벤이 칼 슈
미트를 끌어들이면서 이야기하듯 예외는 항상 규칙에 의해 배제
됨으로써 예외가 되며, 예외를 설정할 수 있다는 사실이야말로
규칙의 가장 강력한 힘이기도 하다. 예컨대 주권자는 법률을 통
해 절차에 의해 선발되지만, 역으로 계엄령을 선포함으로써 법률
을 정지시킬 수 있는 힘을 가지고 있다. 그러므로 유일하게 법률

---

3) Mircea Eliade, "Power and Holiness in the History of Religions," *Myths,
Dreams and Mysteries: The Encounter between Contemporary Faiths
and Archaic Realities*, trans. Philip Mairet, London: Harvill Press,
1960, p.143.

밖에 설 수 있는 자가 바로 근대국가의 주권자이다.4) 칼 슈미트
는 『정치신학』에서 "주권자란 예외를 결정하는 자"라고 말한다.5)
그러므로 주권자의 인공적인 절대성은 끊임없이 신의 초월적인
절대성을 모방한다. 칼 슈미트가 근대정치의 신학적 전제에 주목
했던 것도 이 때문이다. 주권자의 면책특권이나 사면권 역시 그
러한 측면을 반영한다고 할 수 있다. 그러므로 근대정치 체제가
종교, 특히 기독교를 모방하여 형성된 것이 사실이라면, 왜 정치
가 종교를 밀어내고 종교의 자리를 대신하려 했는지를 알 수 있
게 된다. 종교와 정치는 서로 다른 방향을 지향하는 경쟁적 관계
에 있기 때문이다.

근대세계에서 종교는 가장 정교하게 조율된 권력 구조의 형태
를 취할 수밖에 없다. 종교는 '인간적인 것'과 '타자적인 것'을 구
분하기 위한 근대의 정치 전략의 구성물이기 때문이다. 종교적인
경험과 비종교적인 경험을 구분하는 일, 법적으로 종교를 정의하
는 일, 종교를 내면적 신앙의 문제로 치환하여 심리학적으로 정의
하는 일은 모두 근대사회를 구성하는 권력 구조의 산물이다. 이때
초월과 신성과 궁극을 이야기하는 종교는 역으로 인간을 부정적
으로 다시 정의하는 데 이용된다. 인간은 종교 아닌 것이기 때문
이다.6) 근대사회에서 종교는 완벽하고 유일한 구원의 테크닉일

---

4) Giorgio Agamben, *Homo Sacer: Sovereign Power and Bare Life*, trans.
   Daniel Heller-Roazen, Stanford: Stanford Univ. Press, pp.15-29.
5) Carl Schmidt, *Political Theology: Four Chapters on the Concept of
   Sovereignty*, trans. George Schwab, Chicago & London: The Univ. of
   Chicago Press, p.5.
6) Gary Lease, "The History of "Religious" Consciousness and the Diffusion
   of Culture: Strategies for Surviving Dissolution," *Method and Theory
   in the Study of Religion 21 (2009)*, pp.130-132.

수 없다. 적어도 겉보기에 정치와 종교는 구원이라는 문제에 있
어서 상호 경쟁적이기 때문이다. 물론 우리가 구원을 육체의 구
원과 영혼의 구원으로 이분하여, 육체는 정치의 소관으로, 영혼
은 종교의 소관으로 넘길 수도 있다. 그리고 실제로 헌법에 명시
된 정교분리와 종교자유라는 갈등적 원리가 그러한 영육 이분법
의 구도 속에서 설정된 것도 부인할 수 없는 사실이다. 근대 입헌
주의 정부는 국가와 사회의 구별에 기초를 두고 있다. 그리고 특
히 영혼과 관계되는 문제는 국가의 일이 아니라고 주장한다. 존
로크John Locke는 『관용에 관한 편지』(1689)에서 국가와 사회의 구
별 토대는 몸과 영혼의 구별이라고 말하고 있다.[7] 그러므로 로크
의 입장에서 볼 때 국가는 영혼의 구원에 관계되는 일을 해서는
안 되는 것이다. 이처럼 우리는 서구 입헌주의의 시작점에서부터
정치와 종교가 인간을 육체와 영혼으로 분할하여 지배하려 했다
는 것을 알 수 있다. 다른 의미에서 이것은 입헌주의 자체의 종교
적 기원이라고 할 만한 그런 것이다.

　정교분리는 '공적 공간의 종교적 중성화'를 의미한다. 그러나
근대종교는 끊임없이 공적 공간을 침해하고 지향하면서도, 역으
로 종교적 공간은 공적 공간이 아니라고 주장해야 하는 역설에
빠져 있다. 종립학교와 종교단체에 대한 과세나 세금 공제의 문
제, 공립학교에서의 기도와 예배 과목의 문제, 특정 종교에 의한
공공자금과 공공재 활용의 문제 등은 항상 종교가 지닌 애매한

7) Harvey C. Mansfield, Jr., "The Religious Issue and the Origin of
Modern Constitutionalism," in Robert A. Goldwin & Art Kaufman
(ed.), *How Does the Constitution Protect Religious Freedom?*,
Washington D.C.: American Enterprise Institute for Public Policy
Research, 1987, p.3.

위상 때문에 생겨난다. 종교의 이러한 모습은 근대세계 속에서
더 이상 종교가 모든 사람의 신념과 양심에 내맡겨질 사항이 아
니라는 것을 말해준다. 대한민국 헌법 제20조 1항은 '종교자유'를
규정하고, 2항은 '국교 불인정'과 '정교분리'를 규정하고 있다. 또
한 제11조 1항은 '종교적 신앙에 의한 차별의 금지' 역시 규정하
고 있다. 그리고 이러한 헌법 조항에 대한 해석 역시 분분했다.
많은 이들이 정교분리를 '종교의 정치적 중립'이나 '종교에 대한
정치적 불간섭'이나 '국가에 의한 종교교육과 종교 활동의 금지'
나 '국가에 의한 특정 종교의 우대와 차별의 금지' 등으로 해석했
다. 그러나 우리는 정교분리가 일차적으로 공공 영역으로부터의
종교의 제거였다는 사실을 유념해야 한다. 물론 이렇게 제거된
종교는 다시 새로운 권력이 되어 정치 안으로 회귀한다. 그러므
로 종교는 근대정치의 종교적 성격을 은폐하는 장치가 된다.

근대사회 속에서 종교는 예외 상태의 존재로 취급받길 원한
다. 흔히 이야기하듯, 근대사회에서 정교분리는 '공적 영역에서
의 종교의 제거'와 '사적 영역으로의 종교의 유폐'를 위한 원리이
다. 그러므로 정교분리의 문제는 정치의 영역으로부터 종교를 제
거하고, 이를 통해서 종교를 비정치적 영역에 할당해야 한다는
것을 주안점으로 삼는다. 정교분리라는 말은 애초의 의도에 비하
자면 굉장히 소극적인 표현이라는 것을 알 수 있다. 그런데 '분
리'라는 이러한 소극적인 표현이 이제 여러 가지 큰 문제를 야기
하고 있는 것처럼 보인다. 근래에는 정치 쪽이 아니라 오히려 종
교 쪽에서 정치를 향해 정교분리를 외치는 기현상을 종종 목격하
기 때문이다. 물론 이때의 정교분리는 '종교에 대한 정치적 불간
섭'이나 '종교들에 대한 정치적 중립성'이라는 의미를 갖고 있다.
마치 정치가 종교에 관여하지 못하게 하는 마법이라도 되는 것처

럼 정교분리의 주문이 사용되고 있는 것처럼 보인다. 또한 정교분리는 대통령이나 공직자가 개인의 종교적 성향을 공적으로 표현하는 것에 대한 비난의 원리로서도 기능한다. 그러나 이것 역시 정치의 탈종교화에 대한 주장이기보다는 '종교차별 금지'에 대한 주장일 뿐이다. 종교는 정치의 탈종교화를 결코 원하지 않을 것이기 때문이다. 그러므로 정교분리는 다종교 사회에서 정치가 특정 종교를 두둔하거나 보호해서는 안 된다는 '종교적 중립성의 요구'에 가깝다. 그렇다면 국가는 육체적, 물질적, 경제적 복지의 문제에 매진하고, 종교는 영혼과 구원의 일에 매진한다면, 모든 문제가 다 해결될 것인가?

한국 사회에서 종교문제는 여전히 뜨거운 감자처럼 취급받는다. 종교라는 주제는 누구도 건드리고 싶지 않은 그저 피하고 싶은 어떤 것으로 여겨진다. 설령 종교문제를 건드리더라도 이것은 스캔들로 비화되기 쉽다. 그러므로 종교는 항상 침묵과 스캔들이라는 극단적인 상황에 존재한다. 하지만 종교라는 그물망이 우리 사회 곳곳에 퍼져 있고, 나아가 종교가 만들어내는 차별이 계속해서 우리에게 문제를 일으키고 있는 지금, 우리가 다시 정교분리 문제를 이야기한다는 것은 어떤 의미를 지니는 것일까? 이제 우리는 더 이상 정교분리를 도덕률로 만들어서는 안 된다. 왜냐하면 정교분리라는 모토 자체가 역사적 산물이며, 나아가 필연적으로는 해체되어야 할 역사적 현상이기 때문이다. 아도르노와 호르크하이머의 이야기를 빌자면, 한때는 계몽의 산물이었던 정교분리가 이제는 신화가 되어 버렸다고 말할 수 있다.[8] 그렇다면

---

8) 테오도르 아도르노·M. 호르크하이머, 『계몽의 변증법』, 문학과지성사, 2001을 참조.

우리에게 가장 먼저 요청되는 것은 정교분리의 신화를 탈신화화하는 작업일 것이다. 그러한 연후에 비로소 우리는 정교분리의 신화 외부에서 정치와 종교의 관계를 새롭게 모색해야 한다. 정교분리 밖에서 종교는 어떻게 생존할 수 있을 것인지, 정교분리 없이 존재하는 종교의 모습이 어떠할 것인지, 그리고 어떠해야 하는지를 물어야 하는 것이다. 지금의 시기가 바로 그러한 탈신화화의 적합한 출발점일지도 모른다.

Ⅱ. 서구 정교분리론의 철학적 기원

근대 입헌주의는 토머스 홉스Thomas Hobbes에 그 기원을 두고 있다. 『리바이어던』(Leviathan, 1651)에서 홉스는 공동선이나 덕의 고양을 중시하는 아리스토텔레스적인 입헌주의와 결별한다. 홉스의 주권자는 신민의 영혼을 위해 아무것도 할 필요가 없다. 주권자는 철학자도 사제도 아니다. 그러므로 영혼은 국가의 소관 사항이 아니다. 종교나 신학은 유토피아나 에덴동산 같은 이상적인 상태를 모델로 하여 구성된다. 그러나 홉스의 입헌주의는 정반대의 전제에서 출발한다. 홉스는 만인의 만인에 대한 투쟁이 벌어지고, 인간이 서로에게 늑대가 되는 자연 상태를 가정한다. 홉스의 인간은 자연 상태에서 영혼의 구원이나 완성을 지향하지 않는다. 중요한 것은 오로지 자연 상태에서 생존하는 일이다. 그리고 이러한 상태에서 인간의 영혼은 허영심에 가득 차 있고, 쓸데없는 문제로 서로와 투쟁하는 경향을 지닌다.

홉스에게는 종교 역시 이러한 자연 상태를 해소하지 못한다. 현실화되지 않는 종교적 이상의 차이로 인해 인간이 영원히 투쟁 상태에 놓일 것이 빤하기 때문이다. 자연 상태는 전쟁과 평등의 상태이다. 누구도 다른 사람 위에 있지 않으며, 동등한 자기 보존의 권리를 가지고 있다. 자연 상태에서는 모두가 모든 것에 대한 권리를 지닐 뿐만 아니라, 성스러운 것도 없고, 신도 다른 인간도 존중의 대상이 아니다. 그러므로 누구도 타인에 대해 자연적인 우월성을 주장할 수 없다. 바로 여기에서 생겨나는 것이 홉스의 자연법(natural law)이다. 죽음에 대한 공포로 인해서 인간은 평화를 추구하게 되고 주권자에게 모든 권리를 양도하게 된다. 그리고 이때 국가라는 리바이어던이 만들어지게 된다. 이처럼 홉스의 이야기에서는 영혼의 문제가 등장하지 않는다. 그는 정치학의 토대를 성서에서가 아니라 자연 상태에서 찾았던 것이다.[9] 그러나 홉스는 '종교의 자연적인 씨앗'의 존재를 인정하며, 기독교가 주권자에게 봉사할 가능성을 열어둔다. 또한 주권자에게 신민이 절대복종해야 한다는 홉스의 주장 속에서 우리는 홉스가 그리는 근대국가의 종교적 구조를 짐작하게 된다.

국가의 탄생과 관련된 또 다른 논의를 보자. 스피노자Baruch de Spinoza는 『신학적-정치적 논고』(Theologico-Political Treatise, 1670)에서 미신과 계시종교를 비판한다. 그에게 계시종교는 다수를 현혹하는 상상력의 산물일 뿐, 자연적인 지식도 도덕적인 진리도 아니다. 기적은 초자연적 사건이다. 그러나 신의 힘은 무한하기 때문에 우리는 자연적인 것이 무엇이고 초자연적인 것이 무엇인지를

---

9) Harvey C. Mansfield, Jr., "The Religious Issue and the Origin of Modern Constitutionalism," pp.4-8.

알 수 없으며, 따라서 무엇이 기적인지도 알 수 없다. 또한 기적을 모르는 인간에게 신이 기적을 행사할 이유도 없게 된다. 스피노자는 이렇게 기적의 가능성 자체를 부정한다. 스피노자에게는 어떤 것도 다른 것보다 더 자연적인 것일 수 없고, 어떤 것도 다른 것보다 더 섭리적인 것일 수 없다. 그리고 모든 것은 힘을 가진 만큼의 권리를 가진다. 스피노자에게 국가는 단지 사회계약에 따른 것이기보다는 강한 자가 지배한다는 자연적인 공식의 실현일 뿐이다. 스피노자에게는 힘이 권리가 된다. 스피노자에게 민주주의는 힘의 법칙과 일치하는 자연스러운 것이며, 자유에 대한 요구와 평등에 대한 환상의 표현이다.10) 사회계약을 통해 인간은 자신의 힘을 공동체에 양도하지만, 모든 힘을 국가에 양도하지는 않는다. 그래서 언로가 차단된다든지 진실이 범죄로 전락할 때 국민이 주권자에 저항하게 된다는 것이다. 홉스의 인간은 생존권을 제외한 모든 권리를 국가에게 넘겨주지만, 훨씬 많은 것을 자신의 힘 안에 비축한다. 스피노자의 주권자는 종교가 요구하는 경건한 인간이거나 종교적인 인간도 아니다. 국가는 국민에게 믿음을 강제할 수도 없고, 증오하는 사람을 사랑하거나 사랑하는 사람을 증오하게 만들 수도 없다.11) 스피노자에게 국가는 사람들로 하여금 그들의 정신적, 신체적 능력을 안전하게 발휘하게 하는 그러한 자유를 위한 것일 뿐이다. 국가의 목적은 자유이기 때문

---

10) *Ibid.*, pp.9-10.

11) John Christian Laursen, "Spinoza on Toleration: Arming the State and Reining in the Magistrate," in Cary J. Nederman et al. (ed.), *Difference and Dissent: Theories of Toleration in Medieval and Early Modern Europe*, Lanham: Rowman & Littlefield Publishers, Inc., 1996, pp.193-194.

이다.[12]

스피노자는 인간을 합리적인 소수와 비합리적인 다수로 분할하며, 힘이 약한 합리적인 소수가 힘이 강한 비합리적인 다수를 따르는 것이 합리적이라고 말한다. 그리고 스피노자에게 민주주의는 군사적인 힘과 자애심에 의해서 유지된다. 그리고 자애심은 이성에 따른 것이 아니라 신앙의 힘에 의한 것이다. 스피노자에게 종교는 이성과 자유의 적이지만, 자애심에 의해 자유로운 공동체를 유지하는 필수적인 토대이기도 하다. 종교가 없다면 사람들은 이웃을 사랑하기보다는 자신들의 욕망에 충실할 것이기 때문이다. 스피노자의 국가는 무지한 다수가 지배하는 곳이지만, 여기에서도 현명한 소수는 자유로운 탐구와 자유로운 발언을 향유한다. 자유로운 발언과 탐구가 비록 헌법적 권리는 아닐지라도 이것은 결코 차단되어서는 안 되는 어떤 것이다. 스피노자에게 국가와 비합리적 다수는 신체적, 물질적 완성을 목적으로 할 뿐이기에, 이론적 완성이나 도덕적 완성은 국가의 일이 아니다. 예컨대 이론적 완성을 목표로 하는 자는 철학자이다. 대부분의 인간은 세속적인 쾌락을 원하지만, 철학자와 같은 극소수의 인간은 자연의 관조를 원한다. 이처럼 어떤 이는 이론적 자유를, 어떤 이는 신체적 자유를 원한다. 즉 사람들은 서로 다른 형식의 자유를 갈망한다.[13] 이러한 방식으로 스피노자는 국가와 종교를 분리한다. 종교는 그저 국가 안에서 인간들이 자애심을 발휘하게 하는 수단일 뿐이다. 스피노자의 신은 인격적인 신이 아니라 자연주의

---

12) *Ibid.*, p.191.

13) Harvey C. Mansfield, Jr., "The Religious Issue and the Origin of Modern Constitutionalism," p.11.

와 물질주의에 근거한 범신론적 신에 가깝다. 그리고 스피노자에게 종교는 공동체의 평화를 위해 필요한 것일 뿐이다. 스피노자의 국가는 영혼보다는 신체를 위한 것이며, 종교는 국가를 위해 봉사하는 것이 된다. 스피노자에게 종교는 정치적인 보완물이다.

존 로크는 『통치론』(Two Treatises of Government, 1689)의 첫 번째 논고에서 로버트 필머Robert Filmer의 왕권신수설을 공격한다. 필머는 『가부장권론』(Patriarcha, 1680)에서 정치적 권위는 신에게서 나온 것이며, 아담 이래로 아버지로부터 아버지에게로 전해진 것이라고 주장한다. 그러므로 부권은 신의 통치의 현현이며, 정치권력은 부권과 닮아 있다고 말한다. 그러나 로크는 홉스와 스피노자처럼 자연 상태라는 완벽한 자유의 상태를 가정한다. 즉 로크의 정치학은 성서와 신권에 근거하는 것이 아니다. 로크는 자연 상태에서 인간은 의무와 결합된 권리를 보유한다고 말한다. 자기 보존의 권리뿐만 아니라 다른 사람을 보존할 의무 역시 가진다는 것이다. 이처럼 자연 상태에서 인류를 보존하려는 의무가 바로 시민사회에서 입헌정부에 복종하는 의무로 변형된다는 것이다. 그리고 로크의 시민사회는 자연법이 아니라 공표된 법에 의해서 지배된다.14)

종교와 관련하여 로크는 시민종교나 제도종교를 부정하며, 다만 자발적인 성격을 지니는 '종교에 대한 관용'을 주장한다. 홉스와 스피노자에게 종교는 어느 정도 정치적인 성격을 띤다. 그러나 로크는 이전에는 정치적인 것이었던 경제, 교육, 종교를 철저하게 비정치적이고 사적인 문제로 취급한다. 로크의 정부가 종교에 간섭할 수밖에 없는 것은 종교가 정부에 간섭하지 않으리라는

---

14) *Ibid.*, pp.11-13.

것을 보증할 수 없기 때문이다. 정부는 종교에 관용적일 수 있지만 종교는 비관용적인 경향성을 지니고 있기 때문이다. 그리고 종교는 정부를 도구로 삼아 자신을 확장시키려는 경향성 역시 지니고 있다. 정부는 개인에게 부자가 되라고 건강해지라고 강요할 수 없다. 마찬가지로 정부는 영혼의 구원을 개인에게 강제할 수 없다. 인간은 자기를 부정적으로 몰아가는 부정적인 자유에서 만족을 느끼기도 하기 때문이다. 그러므로 로크는 부정의 힘을 긍정적으로 전환시키기 위해서 교육이 필요하다고 보았다.15)

이처럼 홉스, 스피노자, 로크의 입헌주의에서 우리는 종교적 문제에 대한 해결책을 발견할 수 없다. 근대국가는 그 탄생에서부터 종교적인 구조를 지니며, 근대국가는 종교적 구조를 모델로 하여 구성된다. 비록 전담 영역이 점차 영혼과 신체로 분화되기는 했지만, 구원을 놓고 정치와 종교가 경합을 벌이기 시작했던 것이다. 물론 종교는 점차 사적인 영역으로, 그리고 사회적인 영역으로 이관된다. 이러한 검토를 통해서 우리는 서구의 근대국가가 처음에는 종교를 모델로 하여 종교와 경쟁하다가 점차 종교적인 문제를 정치적인 영역에서 지속적으로 제거하였음을 짐작할 수 있다. 국가는 육체의 문제만을 전담할 뿐이지 영혼의 구원에는 관심이 없기 때문이다. 그러나 우리는 근대국가의 이념이 영혼과 육체의 분리라는 종교적 이분법에 기초하고 있음을 역시 확인할 수 있다. 그리고 이것이 바로 정교분리의 원동력이었던 것이다.

그러나 영혼의 문제에만 골몰하는 종교라는 모델은 단지 종교개혁 이후의 프로테스탄티즘에서 파생된 것이다. 종교의 역사에

---

15) *Ibid.*, p.14.

서 우리가 확인하는 종교는 영혼뿐만 아니라 육체에도 관심이 많기 때문이다. 우리는 종교가 사적 영역에만, 영혼의 문제에만 머물 수 없다는 것을 알아야 한다. 종교는 인간에 대한 총체적인 접근이기 때문이다. 그러므로 영혼을 전담하는 종교의 모습은 근대 입헌주의의 종교 모델이 가진 기독교적 기원에서 비롯된 것이다. 이로써 우리는 정치적인 영역에서 지속적으로 영혼을 배제하여, 이렇게 배제된 영혼을 정치 밖에 있는 종교에게 양도하는 그런 정치의 모습을 발견하게 된다. 이를 다른 말로 바꾸면, 국가는 '신체의 정치학'을 전담하고, 종교는 '영혼의 정치학'을 전담한다고 말할 수 있다. 그러므로 정교분리는 정치에서 영혼을 제거하는 법적 기술일 뿐이다.

그러나 우리는 정치가 종교를 이용하려 한다는 것뿐만 아니라, 종교가 부단히 정치를 이용하려 한다는 것 역시 알아야 한다.[16] 그러므로 정부가 종교들을 균형 있게 배려한다는 식의 '종교차별금지법'의 제정이 중요한 것은 아니다. 오히려 정치가 종교에 의해 얼마나 쉽게 왜곡될 수 있는지, 그리고 정부가 어떻게 종교의 도구가 될 수 있는지를 명확히 인식하는 것이 더 중요할 것이다. 정교분리는 정치가 특정 종교의 요구에 따라 우리의 영혼을 구제하려 하는 것을 막기 위한 것이며, 역으로 종교가 정치를 종교적 선교의 수단으로 삼는 것을 막기 위한 것이다. 따라서 우리는 정교분리가 정치와 종교의 상호 불신에서 시작된 것이라는 것을 알아야 한다. 마치 민주주의가 신뢰가 아니라 불신을 구

---

16) Frederick S. Lane, *The Court and The Cross: The Religious Right's Crusade to Reshape the Supreme Court*, Boston: Beacon Press, 2008 을 참조.

조화함으로써 원활히 기능할 수 있는 것처럼 말이다. 민주주의는 아무도 믿어서는 안 된다는 원리, 즉 철저한 불신만이 합리성을 보증한다는 원리에 기반하고 있다.

Ⅲ. 아메리카와 정교분리의 신화

교회와 국가의 분리는 미국 정치 체계의 주요한 구성요소이면서도, 동시에 미국적인 '종교 신화'이다.[17] 많은 다른 국가들이 모방하게 된 미국의 정교분리는 1802년에 토머스 제퍼슨Thomas Jefferson이 댄베리의 침례교 연합회에 보낸 편지의 문구에서 유래한 교회와 국가의 절대적인 '분리의 벽(wall of separation)'이라는 이념을 통해 가장 잘 표현된다.[18] 그러나 미국에서 이론적인 측면과 실천적인 측면 양자에서 정치와 종교의 분리는 거의 이루어진 적이 없으며, 사정은 현재도 마찬가지다. 실제로 17세기에 영국령 북아메리카에 정착했던 유럽인들은 대부분 종교적인 이유로 '종교적 피난처'를 구하기 위해서 대서양을 건넜다. 17세기에 유럽에서는 아직 프로테스탄티즘과 가톨릭의 타협점이 만들어지지 않았다. 그러므로 아메리카로 이주한 이들은 유럽에서는 수용되

---

17) N.J. Demerath Ⅲ, "Religious Capital and Capital Religions: Cross-Cultural and Non-Legal Factors in the Separation of Church and State," *Daedalus*, 1991 Summer, p.21.
18) James H. Hutson, *Religion and the Founding of the American Republic*, Hanover & London: Univ. Press of New England, 1998, p.93.

지 않았던 방식으로 신을 숭배하고자 했으며, 이러한 종교적 신념에 근거하여 1776년에 미국이라는 나라가 만들어졌다. 이러한 미국의 기원적 성격은 20세까지 지속되었으며, 1922년에 영국 작가인 체스터튼G. K. Chesterton은 미국을 "교회의 영혼을 가진 나라"라고 부르게 된다.[19)]

17세기에 영국에서는, 영국의 종교개혁이 완전하지 못한 것이며, 영국국교회에서 로마가톨릭의 잔재를 모조리 청산해야 한다고 생각했던 극단적인 성격의 프로테스탄트 세력이 있었는데, 이들을 보통 청교도[Puritans]라고 불렀다. 이들 가운데 소수는 영국교회의 타락을 이유로 1620년에 메이플라워를 타고 미국 매사추세츠 주의 플리머스를 향해 출발한다. 그리고 이들이 후대의 미국 역사가들에 의해서 과장되게 재평가되면서 미국 건국신화의 일부가 된다. 영국교회를 내부에서 개혁하고자 했던 대다수 청교도의 시도가 실패로 끝나면서 청교도 세력은 코와 귀가 잘리고 이마에 낙인이 찍히는 등의 박해를 받게 된다. 그래서 결국 1642년경에 약 2만여 명의 청교도가 신세계의 뉴잉글랜드와 서인도 제도 등으로 이주하게 된다. 1643년에 뉴잉글랜드의 청교도들은 자신들이 예수 그리스도의 왕국을 건설하고 복음을 향유하기 위해서 아메리카에 왔다고 선언한다. 그들은 교회를 세웠으며, 그들의 모든 법률은 성서에 입각한 것이었다. 결국 뉴잉글랜드는 청교도를 위한 '종교식민지'였다. 그리고 이들은 아메리카 인디언을 개종시키기 위해 열정적인 노력을 기울였으며, 인디언 이단자에게 어떤 종교적 관용도 베풀지 않았다. 그들에게 시민사회는 아메리카의 종교적 단일성을 위해 봉사해야 하는 것일 뿐이었다.

---

19) *Ibid.*, p.3.

그들의 '성서 공화국'에서는 종교적 통일성을 저해하는 분파나 타락한 자의 목은 가차없이 부러졌다. 퀘이커교도, 장로교도, 침례교도는 뉴잉글랜드의 매사추세츠 밖으로 추방을 당했다.[20]

또한 종교적 괴짜들의 거주지였던 로드아일랜드라든가, 네덜란드령 브라질을 포르투갈이 점령하면서 종교 박해를 피해 도망친 유대인들의 거주지였던 뉴암스테르담(뉴욕)이라든가, 퀘이커교도가 거주하던 뉴욕 남부와 펜실베이니아는 미국 전체가 종교적 피난처였다는 것을 보여준다. 1652년에 영국에서 조지 팍스George Fox를 중심으로 결성되었던 퀘이커교도는 특히 양성평등을 주장하고, 모든 사람의 내부에 있는 그리스도의 빛만으로도 구원이 가능하다고 함으로써, 성서의 권위를 약화시키고 목사와 성례전을 부정했기 때문에, 많은 다른 교파를 분노하게 만들었다. 퀘이커교도는 사탄과 적그리스도의 추종자로 비난받았다. 1680년경에 1만 명의 퀘이커교도가 영국에서 투옥되고 243명이 감옥에서 고문 등으로 죽게 되었다. 1670년대에 그들은 미국의 뉴저지에 정착하게 되고, 1685년에는 펜실베이니아로 약 8천 명의 퀘이커교도가 이주하였다. 1682년에 퀘이커교도 윌리엄 펜(William Penn : 1644-1718)은 지역의 법률에 종교자유를 기입하는 통치 헌장을 만들게 된다. 펜은 종교자유를 정부와 종교의 단절로 이해했다.[21] 그리고 펜실베이니아는 1세기 후에 정부에 의해 지지되는 국교의 확립을 반대하는 사람들을 위한 기준점 역할을 했다.[22]

---

20) *Ibid.*, pp.4-8.
21) Timothy L. Hall, *Separating Church and State: Roger Williams and Religious Liberty*, Urbana & Chicago: Univ. of Illinois Press, 1998을 참조.
22) *Ibid.*, pp.8-11.

윌리엄 펜은 유럽의 박해받는 종파들에게 펜실베이니아가 신앙과 신념에 따라 자유롭게 신을 숭배할 수 있는 종교자유의 장소일 뿐만 아니라 풍요로운 삶을 살 수 있는 곳이라는 선전 운동을 펼치기 시작했다. 1683년에는 독일에서 재침례파인 메노파교도들[Mennonites]이 왔고, 몇 년 후에는 스위스 베른에서 투옥되어 짐승처럼 대우받던 메노파교도들이 왔으며, 이후에는 독일 침례교 형제단[Dunkers], 슈벵크펠트 파[Schwenkfelders], 모라비아 파[Moravians]가 속속 들어왔다. 그리하여 18세기 초에 펜실베이니아는 '추방된 종파들의 피난처'가 되었다.[23] 또한 장미십자회원이 이끌었던 한 종파는 지복천년으로 안내할 '황야의 여인'을 기다리며 동굴에서 살았고, 그 외에도 유토피아적 공동체뿐만 아니라, 원시 기독교를 실천하면서 교회가 아니라 집과 헛간에서 모임을 갖는 종파나, 동쪽을 향한 채 얼굴까지 물속에 넣어 침례를 행하는 종파, 돼지고기를 금지하고 할례를 행하면서 유대교적 방식을 따랐던 종파 등이 있었다. 그러나 1720년대가 되면서 개혁교회와 루터교회의 독일인들이 급증하게 되고, 이들이 버지니아 주와 남북 캐롤라이나 주로 퍼져 나가면서 강력한 종교적 신앙을 전파했다.

또한 펜실베이니아의 남쪽 메릴랜드 주에서는 영국에서 배척받던 로마가톨릭교도들이 정착했다. 그리하여 아메리카에서는 유럽에는 존재하지 않던 종교에 대한 일반적인 관용이 존재하게 되었다. 그러나 1640년대에 영국에서 시민전쟁이 발발하자 메릴랜드 주를 프로테스탄트들이 장악하게 되고 가톨릭 지도자들은 영국으로 추방당했다. 1649년에는 가톨릭의 권위를 재확립하는 관용법이 제정되면서 어떤 정통 기독교인도 박해받지 않을 것을

---

23) *Ibid.*, p.12.

규정하지만, 삼위일체 반대론자는 사형에 처한다는 규정을 담게 되었다. 그러나 1654년에 프로테스탄트가 관용법을 폐지하고, 가톨릭교도와의 전쟁에서 승리하면서, 로마가톨릭교를 불법화하고, 예수회의 재산을 약탈하고, 모든 사제를 추방하고, 몇몇 가톨릭 신자를 교수형에 처했다. 1669년에 가톨릭교도가 전체 인구의 10분의 1 정도에 그치게 되면서, 1640년대와 1650년대의 이러한 갈등은 가톨릭의 쇠퇴로 귀결되었다. 그리고 1689년 명예혁명에 의해 영국에서 국교회(성공회)가 법적으로 공인되면서 메릴랜드 주의 가톨릭교도는 비국교도로 전락하게 된다. 종교적인 사람들보다는 사업가들이 거주했던 버지니아 주에서도 종교는 정착지를 지배하는 강력한 추진력이었다. 그들은 스스로를 군사적인 프로테스탄트라고 생각했다. 버지니아에는 로버트 헌트Robert Hunt 같은 유명한 설교자가 있었고,24) 알렉산더 휘테이커Alexander Whitaker는 인디언에게 선교를 해서 포카혼타스Pocahontas라는 유명한 인디언 여자를 개종시켰다. 토머스 데일(Sir Thomas Dale, d. 1619)은 스스로를 십자군이라 생각했으며 식민지를 군법으로 다스렸다. 교회에 출석하고 교리문답에 참여하는 것을 거부하는 사람은 처형되거나 갤리선으로 보내졌다. 하원의원[House of Burgesses]이 1691년에 설립되자 교회 출석과 안식일 준수를 명하는 종교법이 제정되었다. 뉴잉글랜드와 마찬가지로 버지니아의 청교도들은 국가가 법률로 하나의 진정한 종교를 부과해야 한다고 생각했다. 1640년대에 버지니아 교회가 점차 영국 국교화됨에 따라서 종교적 단일성을 위해서 청교도 설교자들을 추방하는 노력이 이루어졌다. 1659년부터 버지니아는 뉴잉글랜드에서처럼 반-퀘이커교도 법률을

---

24) *Ibid.*, pp.15–17.

제정했으며, 식민지를 떠나지 않는 교도를 사형에 처할 수도 있었다. 이처럼 17세기 아메리카를 지배했던 것은 다름 아닌 종교였다.25)

많은 이들이 18세기에 들어서면서 미국에서 종교가 점차 힘을 잃었고, 1735-1745년의 대각성 운동[Great Awakening]으로 종교가 일시적으로 부흥했다가 다시 침체기를 맞이했다고 설명한다. 그러나 18세기 미국에서 종교는 여전히 큰 생명력을 유지하고 있었다. 영국국교회의 입장에서 볼 때만 식민지는 퀘이커교, 장로교 등으로 들끓는 타락한 곳이었다. 그리고 퀘이커교도나 청교도는 조상들의 신앙심에 비해 자신들이 타락했다는 자성운동을 벌이고 있었다. 또한 여성들의 신앙심은 18세기에 증가세에 있었던 것으로 보이며, 목사 없이 농장이나 헛간에서 행해지는 사적인 숭배가 식민지 전체에 퍼져 있었다. 독립선언 무렵에는 25만 명 정도의 스코틀랜드와 아일랜드의 장로교도들이 북아일랜드에서 아메리카로 건너왔다. 그리고 그들은 17세기 뉴잉글랜드의 청교도에 못지않은 종교적 열정을 가지고 있었다. 18세기 초에는 영국국교회의 권한을 강화하기 위해서 뉴욕, 메릴랜드, 남부 캐롤라이나와 북부 캐롤라이나에 세금으로 교회가 세워졌다. 그리고 600명의 목사가 영국의 외국복음전도단[Society for the Propagation of the Gospel in Foreign Parts]에 의해 아메리카로 보내졌다.26)

1700년과 1780년 사이에, 영국국교회는 111개에서 406개로, 침례교회는 33개에서 457개로, 회중교회는 146개에서 749개로, 독일과 네덜란드의 개혁교회는 26개에서 327개로, 루터교회는 7

---

25) *Ibid.*, p.18.
26) *Ibid.*, pp.19-24.

개에서 240개로, 장로교회는 28개에서 475개로 증가했으며, 전체 인구의 74.7%에서 80%가 정기적으로 교회에 출석했다. 그리고 대각성운동은 종교 개혁의 순수성으로 돌아가고자 하는 '복음주의[evangelicalism]'라는 미국의 종교적 양식을 창조했다. 복음주의는 죄와 회심을 중시하고 지옥 불[hellfire]에 대한 묘사를 통해 대중에게 '성스러운 폭력'을 가하는 종교적 양식을 취했다. 조지 화이트필드(George Whitefield : 1714-1770)의 종교 광고, 연극적 퍼포먼스, 메시지의 단순화, 비교파적인 설교는 20세기의 텔레비전 전도에까지 이어지는 미국의 독특한 설교 방식을 만들어냈다.27)

그리고 18세기에는 감정을 이용하는 대각성운동을 비난하면서 종교와 계몽주의를 결합하려는 움직임도 있었다. 이러한 계몽적인 종교적 자유주의 혹은 합리적 종교는 이신론[Deism]이라고 불리는데, 이것이 19세기에는 유니테리언 교파가 된다. 워싱턴, 제퍼슨, 아담스, 프랭클린, 해밀턴 같은 미국 건국의 아버지들이 모두 여기에 속해 있었다. 그러나 18세기 아메리카는 종교적 단일성을 주장하는 정통주의의 압력을 받고 있었기 때문에, 미국의 건국의 아버지들은 자신들의 신앙을 은폐했다.28) 그리고 18세기에는 침례교와 장로교가 복음주의 운동을 통해서 영국국교회의 많은 신자들을 흡수해 버렸다. 또한 1730년대에 영국교회의 개혁운동으로 존 웨슬리(John Wesley : 1703-1791)에 의해 창시된 감리교회가 1774년 이후에 미국의 부흥회를 이끌었다. 감리교는 1780년에

---

27) *Ibid.*, pp.24-29.

28) 존 아담스(John Adams)와 토머스 제퍼슨(Thomas Jefferson)의 유니테리언적 신념에 대해서는 다음 책을 참조하라. Jonathan Z. Smith, *Drudgery Divine: On the Comparison of Early Christianities and the Religions of Late Antiquity*, Chicago: The Univ. of Chicago Press, 1990, pp.1-35.

106개의 교회를, 1790년에는 712개의 교회를 만들었다. 부흥 운동으로 인해 19세기 초에는 침례교, 장로교, 감리교가 미국의 가장 큰 세 개의 교파가 되었다. 1740년에 미국의 가장 큰 세 교파는 영국국교회, 퀘이커교, 회중교회였지만, 이들은 대각성운동으로 인해 쇠퇴하게 되었다. 그리고 복음주의가 향후 미국 종교의 주된 세력으로 부상하게 되었다. 19세기 전반부에 복음주의는 미국의 종교생활을 완전히 지배하게 되었다.[29]

어떤 학자들은 대각성운동의 종교적 힘이 미국독립혁명(American Revolution : 1775-1783)과 관계가 있다고 말한다. 보스턴의 서부교회의 목사였던 조너선 메이휴(Jonathan Mayhew : 1720-1766)는 1750년에 독재자에 대한 저항은 영예로운 기독교인의 의무라고 말했으며, 1777년에 장로교 목사였던 에이브러햄 케텔터스Abraham Keteltas는 영국과 싸우는 것은 어둠의 왕에 대항하는 것이라고 말했다. 그리고 성직자들은 당시의 정치적 상황을 성서적 맥락에서 이야기함으로써 독립전쟁에 직접적인 영향을 주었다. 그리고 독립이 가까워지자 모든 교파의 설교자들은 영국을 요한계시록 13장에 나오는 야수로 묘사했다. 그래서 어떤 역사가는 미국독립혁명을 '서구 세계의 마지막 종교 대전쟁'이라고까지 불렀던 것이다. 또한 영국이 아메리카에 주교를 파견할 것이라는 예상이 미국의 성직자들에게 이전 세기의 유럽에서의 종교 박해를 떠올리게 했다. 많은 목사들이 국가 입법과 헌법 제정 회의에 참가하였고, 장로교 목사이며 프린스턴대학의 총장이었던 존 위더스푼(John Witherspoon : 1723-1794)을 포함하여 3명의 목사가 대륙회의에 참여했다. 위더스푼은 독립선언서의 서명자이기도 했다. 그리고 미국독립혁명은

---

29) James H. Hutson, *op. cit.*, pp.30-35.

미국 신학에 천년왕국운동의 분위기를 고양시켰다. 영국의 압제에서 미국인을 해방시킨 신이 이제 미국 공화국의 땅 위에서 천년왕국을 준비하고 있다는 믿음이 퍼졌던 것이다. 이러한 분위기는 특히 제퍼슨이 대통령이 되면서 미국의 미래에 대한 낙관적인 전망을 형성했다.[30]

미국의 대륙회의(1774-1789)는 새로운 국가에서 종교적 실천을 고무하기 위해서 엄청난 에너지를 쏟아 부었다. 1774년부터 1789년까지 대륙회의의 장관이었던 찰스 톰슨(Charles Thomson : 1729-1824)은 그리스어 성서를 영어로 번역하기 위해서 공직에서 물러났다. 미국 최초의 헌법인 미국연합규약[Articles of Confederation]의 초고를 썼던 존 디킨슨(John Dickinson : 1732-1808)은 마태복음 주석서를 쓰기 위해서 은퇴했다. 대륙회의의 의장이었던 엘리아스 부디노트(Elias Boudinot : 1740-1821)는 은퇴 후인 1816년에 미국성서협회 최초의 회장이 되었다. 역시 대륙회의 의장이었던 헨리 로렌스(Henry Laurens : 1724-1792)와 존 제이(John Jay : 1745-1829)도 열렬한 신자였고, 존 제이 역시 1821년에 미국성서협회 회장이 되었다. 대륙회의 첫 번째 임무는 1775년 6월 12일에 5주 후인 7월 20일을 국가의 공식적인 단식일로 정하는 것이었다. 그리고 정치적인 정보 역시 주 당국을 통해 교회로 전달되어 목사가 예배 후에 교인들에게 읽어주었다. 대륙회의는 일종의 계약신학[covenant theology]을 통해서 단식일과 감사일을 공포했는데, 계약신학은 신과의 계약을 위반하여 죄를 지을 때 국가에 환란이 닥친다는 주장을 담고 있었다. 그리하여 대륙회의는 국민적인 죄로 인해 신이 전쟁을 통해 징벌을 내리고 있기에, 국가적인 종교개혁을 통해서 "순수하고 더럽

---

30) *Ibid.*, pp.37-47.

혀지지 않은 종교가 보편적으로 지배하기를" 염원하였다. 이로 인해서 우리는 대륙회의가 어떻게 기독교적인 언어로 정치 신학을 전개하였는가를 짐작할 수 있다.

심지어 존 디킨슨의 미국연합규약 초고에는 모든 미국인이 교회에 나가야 하며, 교회에 정기적으로 출석하는 한 그의 종교적 자유가 보호될 것이라는 규정이 담겨 있다. 또한 당시의 전쟁 규약에도 군대의 종교 교육에 관한 조항이 담겨 있다. 성서 읽기는 부도덕을 치유하는 해독제였다. 그러므로 영국과의 관계 악화는 성서 부족의 공포를 몰고 왔고, 급기야 1782년에 로버트 에이켄(Robert Aitken : 1734-1802)이 구약과 신약 성서를 사비로 준비한다는 것을 알고 대륙회의가 북아메리카 최초의 영어 성서 출간을 후원하게 되었다. 대륙회의는 종교를 후원하는 광범위한 활동을 전개했고, 시민과 군대를 위한 성직자를 임명했고, 군대의 비기독교적 행위를 처벌했고, 기독교의 전파를 위해 공적 토지를 제공했다. 대륙회의와 당시의 대중은 종교를 지원하는 것이 국가 정부의 의무라는 모호한 신념을 가지고 있었으며, 심지어 성스러움이 세속적인 행복을 위해 필요할 뿐만 아니라, 좋은 정부는 종교를 필요로 한다는 내용을 담은 조례까지 만들게 된다.[31]

1776년에 독립이 선언되면서 미국에서 국가와 교회의 관계는 많은 주 정부에서 문제가 되었다. 왜냐하면 아직까지는 순수하고 때 묻지 않은 종교를 위해 국가가 재정적 후원을 해야 하는 것처럼 보였기 때문이다. 많은 이들은 교회와 국가의 관계가 좋은 사회를 만드는 유일한 방법이라고 생각했지만, 이것은 차후에 수정헌법 제1조[First Amendment]가 명시하는 '종교의 자유로운 행사'와

---

31) *Ibid.*, pp.49-58.

어긋나는 것이었다. 그리하여 버지니아, 매사추세츠 등에서는 종교를 남용하지 않으면서도 주 정부가 종교를 이용하는 방법, 종교자유를 침해하지 않으면서도 종교를 지원하는 방법 등에 대한 해결책이 논의되었다. 로드아일랜드, 뉴저지, 펜실베이니아, 델라웨어처럼 하나의 교파에 국교의 자리를 주지 않았던 주들은 종교에 대한 논쟁에서 침묵했다. 그러나 종교가 국교화되었던 주들에서는 불협화음이 생겨났다. 회중교회가 지배하던 뉴잉글랜드, 영국국교회가 지배하던 메릴랜드와 남쪽 주들이 그러했다. 국교화를 지지했던 이들은 종교에 대한 주의 지원이 훌륭한 공공정책이라는 생각을 포기하려 하지 않았으며, 이들 지역에서 이차적인 지위에 머물던 교파들은 주와 종교의 분리를 원했다.

국가가 교회를 후원해야 한다고 주장하는 이들은 종교가 시민사회의 위대한 접착제라고 주장하면서, 시민정부의 번영을 위해서는 종교가 필수적이라고 주장했다. 그들은 기독교가 공화국의 강력한 기반이며, 종교가 없다면 덕이 사라지고, 덕이 없다면 자유가 사라지고, 공화국도 존속할 수 없다고 주장했다. 보상과 처벌의 미래 상태에 의한 기독교적 교리가 신자에게 내면화될 때, 이것이 인간의 법률보다는 훨씬 효과적으로 사회적 행동의 원천이 될 것이라고 생각했던 것이다. 그리하여 1777년의 조지아 주 헌법은 종교를 대신하여 조세를 징수하는 것을 허용했으며, 1785년에는 비록 시행되지 않았지만 종교세의 부과를 허용하는 법률을 통과시켰다. 1778년의 남부 캐롤라이나 헌법은 기독교의 프로테스탄트 종교가 국교로 제정되었다고 선언했다. 1776년의 메릴랜드 헌법은 입법기관에게 기독교를 위해 과세할 권한을 주었다. 1776년 이후에 세금으로 유지되는 종교를 만들기 위한 노력이 가장 활발했던 곳은 매사추세츠와 뉴잉글랜드 인근, 그리고 버지니아였다. 그러나 독립이 되면서 종교의 국교화에 대한 반대 움직임이 확산되었다. 국교회 반대자들은 동료 시민들의 종교적 차별을 더 이상 묵인하지 않았다. 그래서 입법자들은 일반적인 종교세를 부과하되 자기가 선택한 교회에 세금을 지불하는 방안을 고안했다. 무신앙자는 공적 교육을 위해 세금을 쓸 수 있었고, 유대인과 터키인은 세금이 면제되었다. 주가 믿음이나 종교적 실천을 강제하지는 않았기 때문에, 이러한 일반 과세 법률이 종교자유를 보증하는 주 헌법, 즉 권리장전(수정헌법 제1조-10조)을 위반하지는 않는 것으로 생각되었다.

매사추세츠, 코네티컷, 뉴햄프셔에서 종교를 위한 일반과세법이 제정되고, 메릴랜드와 조지아에서는 일반과세법이 통과되었지만, 버지니아에서는 일반과세법 통과가 실패했다. 이러한 반대는 침례교도와 자유주의자의 합작품이었다. 버지니아 침례교도는 교회가 국가로부터 재정적 도움을 받는 것을 혐오했다. 그러나 미국 침례교도는 안식일의 성스러움을 유지하는 법률, 시민들을 교회에 출석하도록 강제하는 법률, 사회에 기독교적 도덕성을 부과하는 법률에 찬성했다. 심지어 그들은 기독교인, 특히 프로테스탄트만이 공직을 유지하는 것을 허용하는 법률에도 찬성했다. 그리하여 침례교의 세력이 강했던 펜실베이니아와 델라웨어에서는 모든 공직자가 신약과 구약에서 받은 신의 영감을 고백해야 한다는 조례가 통과되었다. 침례교도는 경건, 종교, 도덕성이 사회에 필요하다는 것에 대해서도 공감했다. 그러나 침례교는 역사적으로 국가와 종교가 분리될 때 종교가 가장 번성했다는 입장을 가지고 있었다. 종교를 내버려두는 것이 종교를 위해 가장 좋다는 것이다. 침례교도는 꾸준히 미국의 세속적 쾌락, 이를테면 도박, 춤, 안식일 오락의 추방을 위해 노력했고, 열렬한 기도와 신앙을 고무했다. 즉 침례교도에게는 영혼의 구원이 첫 번째이고, 선한 시민의 창조는 다만 종교의 부산물이었다.[32]

　제임스 매디슨James Madison과 토머스 제퍼슨은 종교의 비국교화를 주장했다. 매디슨은 종교의 국교화가 오히려 종교적 진리의 발전을 저해한다고 생각했다. 그러나 토머스 제퍼슨은 이신론적 입장을 지니고 있었고, 공화국 시민의 덕과 도덕성을 계발하기 위해서 버지니아에 세속적인 공립학교 체계를 확립함으로써 종교의 사회적 기능조차도 제거하려 했다. 1777년에 제퍼슨이 쓴 「종교자유를 확립하기 위한 법률안」은 모든 형태의 정부 지배로부터 정신을 해방시키고자 했다. 그는 "물리학이나 기하학에 대한 우리의 견해와 마찬가지로 우리의 시민권도 종교적 견해에 의존하지 않는다. 인간의 견해는 시민 정부의 대상도 아니고, 그 사법권 아래 있지도 않다. 진리는 위대하며 스스로에게 맡겨질 때 승리한다"라고 쓰고 있다. 매디슨이 이끈 연합조직이 1786년에 제퍼슨의 법률안을 통과시켰다. 이는 주로 복음주의 진영의 지지로 인해 가능했는데, 복음주의 측은 국가가 종교를 매수하는 것을 반대했지만, 국가에서 해방된 교회가 이신론을 패퇴시킬 것이라고 주장하면서 제퍼슨과는 다른 기대를 품고 있었다. 그리고 후에 법학자들은 버지니아 과세 논쟁에 대한 제퍼슨의 견해를 취하면서 이를 수정헌법 제1조의 국교화 금지 조항의 지침으로 이용했고, 이것이 공적 영역에서 세속주의를 가져올 것이라고 해석했다. 그러나 제퍼슨은 1790년대에 '종교'와 '종교가 공적생활에 대해 갖는 관계'에 대한 자신의 관점을 바꾸게 되며, 대통령 재임 시절에는 종교적 이념에 대해 강력한 상징적인 지지를 제공했다.[33]

32) *Ibid.*, pp.59-70.

　1787년 5월에는 일군의 젊은 지도자들이 필라델피아에서 모여 4개월에 걸쳐 연방헌법[Federal Constitution]을 만들어냈다. 1789년에 벤자민 러시Benjamin Rush는 존 아담스에게 "많은 경건한 사람들은 지고 존재의 이름이 새로운 헌법의 어느 부분에서 언급되었기를 바란다"라면서 불평을 했다. 또한 몇 년 후에 티모시 드와이트Timothy Dwight는 "우리는 헌법에 신에 대한 어떤 승인도 없다는 것을, 우리에 대한 신의 자비나 심지어 신의 존재에 대한 어떤 인정도 없다는 것을 발견했다"라고 말한다. 특히 '헌법의 아버지'라 불리는 제임스 매디슨은 1781년의 단식일 선언문을 썼던 일원이었지만 헌법회의에서는 완전히 신을 망각한 것처럼 보였다. 그렇다면 필라델피아에서 갑자기 집단적인 배교 행위가 이루어졌던 것일까? 1787년 6월 28일에 벤자민 프랭클린은 그의 동료의원들이 신을 망각하고 있다고 비난하는 연설을 했다. 그러나 영국과의 전쟁 당시의 위기 상황에서는 신에 대한 기도가 중요했지만, 헌법 제정 당시에는 상황이 많이 달라져 있었다. 그리고 전쟁 당시에는 종교문제를 예민하게 다룸으로써 사람들을 분열시켜서는 안 되었다. 그러나 종교세 같은 일반과세법에 대한 논쟁을 통해서 정치인들은 종교에 간섭하는 것보다 위험한 일은 없다는 인식을 하게 되었으며, 종교문제의 분열적인 힘을 자각하게 되었다. 새로운 헌법에 적힌 유일한 종교 조항은 제6조에 있는 공직 임명을 위한 종교적 심사 금지 조항뿐이었다.[34]

　미국연합규약뿐만 아니라 연방헌법은 종교 영역에서 국가가 권력을 행사하는 내용을 표명하지 않았지만, 이로 인해 대륙회의

---

33) *Ibid.*, pp.70-74.
34) *Ibid.*, pp.75-77.

가 종교를 후원하는 일을 그만두지는 않았다. 연방헌법 제정 후에도 입법자들은 교회를 '양육하는 아버지[nursing fathers]'의 역할을 그만두지 않았고, 공적 이익을 위해 종교를 지원할 작은 권력은 있다고 생각했다. 그러나 새로운 헌법에는 국민의 시민적, 종교적 자유를 가지고 야심적인 정치가들이 '정치적 실험'을 할 가능성을 배제하는 내용이 없었다. 그래서 토머스 제퍼슨, 조지 메이슨George Mason 같은 정치가들은 권리장전[Bill of Rights]이 헌법에 더해져야 한다고 주장했다. 이로 인해서 1788년 7월에 버지니아 비준 회의에서는 "어떤 특수한 종파나 단체도 다른 것들을 배제한 채 선호되거나 국교화되어서는 안 된다"라고 규정하는 일련의 헌법 수정안을 발의했다. 침례교도들도 버지니아의 대표자인 제임스 메디슨에게 동일한 탄원을 했다. 1789년 6월에 연방정부에 의한 종교적 편애를 막기 위해서 매디슨은 권리장전을 통해서 "어떤 국가종교도 국교화되어서는 안 된다"는 주장을 했고, 차후에 수정헌법 제1조에서는 국가종교에서 '국가[national]'라는 말이 빠진 채 "의회는 종교의 국교화에 관한 어떤 법률도 만들지 않아야 한다"라고 명문화되었다. 그러나 국교화 조항과 관련하여 매디슨이 본래 의도했던 것은 기독교 교파 가운데 특정 교파를 지원하여 국교화해서는 안 된다는 것이었다. 그러므로 매디슨은 대통령 재임 시절에 제퍼슨처럼 비차별적인 방식으로 기독교를 후원할 어느 정도의 권리를 정부가 가지고 있다고 생각했던 것이다.[35]

1789년에 연합의회[Confederation Congress]는 "종교, 도덕성, 지식이 좋은 정부와 인류의 행복을 위해 필요하다"는 북서조례[Northwest Ordinance]를 시행했고, 군대와 해군에게 기독교 도덕성을 부과하

---

35) *Ibid.*, p.78.

는 입법을 역시 통과시켰다. 그리고 다른 교파 출신의 두 명의 의회목사가 임명되었다. 1789년 9월 25일에 권리장전을 승인한 후에, 의회 의장이었던 엘리아스 부디노트는 대통령으로 하여금 기도를 위한 공식적인 감사일을 선포하도록 하자는 제안을 했고, 항상 종교적 신앙의 중요성을 강조했던 초대 대통령 조지 워싱턴George Washington은 1789년 11월 26일을 감사의 날로 선포했다. 제2대 대통령인 존 아담스 역시 워싱턴과 비슷한 종교적 입장을 가지고 있었다. 제3대 대통령인 토머스 제퍼슨은 "내 이웃이 신이 스물이라고 말하거나 신은 없다고 말한다고 해서 그것이 나에게 어떤 해도 끼치지 않는다. 그것이 나의 주머니를 터는 것도 아니고 나의 다리를 부러뜨리는 것도 아니다"라는 상당히 유연한 입장을 취했다. 그러나 최근 학자들의 주장에 의하면 제퍼슨은 1793년경에 조셉 프리스틀리Joseph Priestley의 『기독교 타락의 역사』를 읽고 유니테리언파 기독교로 개종하게 되었다. 그는 그가 받아들이기 힘들거나 이해하기 어렵다고 생각했던 기독교의 가르침이 사제들의 날조에 의한 것이라는 프리스틀리의 주장을 받아들였다. 사제들이 그리스도의 본래적인 메시지에 다른 것을 추가하거나 원래의 메시지를 왜곡했다는 것이다. 프리스틀리에 따르면 그리스도의 진정한 메시지는 단순하고 탈신비화된 도덕성의 체계일 따름이었다. 이때부터 제퍼슨은 성서 연구에 심취하여 복음서로부터 예수의 진정한 말을 여과하는 작업에 몰두하였다. '순수하고 단순한 기독교'를 복원하려는 노력을 통해서, 제퍼슨이 1804년에 백악관에서 예수의 진정한 말을 담은 46쪽의 편집본인 『나사렛 예수의 철학』을 완성했으나, 이 책은 지금 유실되고 없다. 은퇴 후에 그는 보통 '제퍼슨 바이블'이라고 알려진 『예수의 생애와 도덕』을 편집하는데, 이것은 라틴어, 그리스어, 프랑스어, 영어의 4개 국어 신약성서를 참조하여 그가 예수의 말을 간추린 것이다. '제퍼슨 바이블'은 도덕적인 교훈집이었으며, 그는 누구와도 이 편집본을 공유하지 않았다.[36]

1800년에 정부가 워싱턴으로 옮겨가자마자 국회의사당에서의 교회 예배가 시작되었다. 이러한 현상은 워싱턴에 교회가 많아진 1850년대까지 지속되었다. 그리고 남북전쟁[Civil War] 이후인 1865-1868년부터 의회는 워싱턴 최초의 회중교회가 주일학교와 교회 예배를 위해 의사당을 사용하게 했다. 그런데 후대의 어떤 법률 이론에 따르면, 당시는 공적 자산에서의 종교 활동을 금지하는 수정헌법 제14조가 통과되던 시점이었다. 그러나 종교적 기획을 위한 모금 운동이 의회 예배에서 벌어지기도 했다. 그리고 장로교, 감리교, 영국 국교회, 퀘이커교뿐만 아니라 여성 설교자를 포함하여 모든 교파의 목사들이 의회에서 설교를 했고, 심지어 침례교도, 스웨덴보르그주의자[Swendenborgian], 로마가톨릭 주교까지도 의회에서 설교를 했으며, 의회가 유니테리언파 의회목사를 선출하여 설교를 하게 했을 때는 반대 운동이 벌어지기도 했다. 그렇다면 어떻게 정교분리에 대한 제퍼슨의 주장과 목사의 의회 연설이 공존할 수 있었을까? 또한 제퍼슨은 국회의사당의 예배에서 해군 군악대가 연주를 하도록 허가했다. 또한 육군성과 재무부 역시 감독교회(미국 성공회)와 장로교를 비롯해 모든 교파의 예배를 위해 사용되었다. 육군성과 재무부의 예배는 성례전을 거행함으로써 의사당 예배보다 더 종교적인 측면을 드러냈다. 또한 제퍼슨 재임기에는 대법원에서도 교회 예배가 이루어졌다. 토머스 제퍼슨 시절에 일요일마다 워싱턴에서는 국가가 교회가 되었다.

---

36) *Ibid.*, pp.79-84.

이러한 모습은 1802년 댄베리의 침례교 연합회에 보낸 편지에서 교회와 국가의 '분리의 벽'을 주장했던 제퍼슨과는 배치되는 다른 측면을 보여준다. '분리의 벽'이라는 은유는 대법원이 수정헌법 제1조의 국교 금지 조항을 요약한 표현으로 빈번히 인용했던 구절이다. 1947년에 대법원은 "벽은 높이 견고하게 유지되어야 한다. 우리는 가장 작은 침해조차도 승인할 수 없다"라고 선언했다.[37]

그러나 제퍼슨은 다른 많은 저술에서 종교를 훈육하는 국가의 권력을 인정했으며, 이로 인해서 그가 국가의 모든 사법권에 대해서가 아니라 연방정부의 활동에 대해서만 '분리의 벽'을 적용할 것을 의도했다는 주장이 제기되기도 한다. 침례교에 보낸 편지에서 제퍼슨은 그가 왜 감사일과 단식일을 선포하지 않는지를 설명했다. 제퍼슨에게는 국가의 종교적 의식일을 선포하는 것이 국민에게 단일한 종교적 실천을 부과하는 과거의 전제적 기획이었다. 그러나 제퍼슨은 공적 자산, 공적 시설, 공적 인물이 교회 예배 같은 차별 없는 종교행사에 동원되는 것은 지지했다. 제퍼슨은 단식일과 감사일을 포기하는 대신, 의회의 교회 예배에 정기적으로 참석하여 그에게 가해지는 비난을 피하고자 했던 것으로 보인다. 그러므로 제퍼슨 역시 그의 전임자들과 크게 차이나는 종교적 태도를 지니고 있지는 않았다. 심지어 제퍼슨은 재임 시절에 9-10개의 지역 교회에 재정적 후원을 했다. 그는 감독교회와 침례교회에 건축기금을 기부하기도 했다. 그는 칼뱅주의 교리를 혐오했음에도 불구하고 장로교회에 기부를 했다. 제4대 대통령인 제임스 매디슨은 워싱턴과 아담스의 초기 정책으로 돌아가서, 1812년과 1815년 사이에 네 번 감사일을 선포했으며 복음주의적

---

37) *Ibid.*, pp.84-92.

성향을 내보이기도 했다.[38]

1800년부터 남북전쟁까지의 19세기 전반기는 침례교도와 감리교도 등에 의한 신앙부흥운동의 시기였다. 엄청나게 많은 부흥회가 열리면서 이 시기에 복음주의는 국가교회 혹은 국가종교의 형태를 취했다. 특히 1790년 이후에 국가 전체에 걸쳐서 종교적 재생 운동이 벌어졌다. 그러나 1790년 무렵은 유명 인사들이 기독교를 가차 없이 공격하는 책을 출간한 시기이기도 했다. 에단 엘렌Ethan Ellen은 1784년에 『인간의 유일한 신탁, 이성』이라는 책을, 그리고 토머스 페인(Thomas Paine : 1737-1809)은 1794년에 『이성의 시대』라는 책을 출간했다. 특히 페인의 책은 동정녀 수태를 비웃고, 사탄에 의한 예수의 유혹을 비웃으면서, 기독교 신앙의 근본 요소를 노골적으로 조롱했다. 정통 교인들에게 페인의 책은 무신앙의 상징이었고, 무신론적인 프랑스혁명의 사악한 영향력이 담긴 책이었다. 심지어 어떤 뉴잉글랜드인은 유럽의 비밀단체인 바이에른의 일루미나티교파[Bavarian Illuminati]가 교회와 정부를 전복시킬 목적으로 미국에 전초기지를 세우고 있다고 생각했다. 티모시 드와이트는 그들이 미국의 아들들을 볼테르의 사도로 만들고, 장 폴 마라Jean Paul Marat의 기병으로 만들 것이며, 미국의 딸들을 첩으로 만들 것이라고 외쳤다.[39]

존 아담스의 재임 시절에는 주요한 부흥회들이 동부와 서부의 끝에서 시작되어 반대 방향으로 확산되었다. 제2차 대각성 운동 [Second Great Awakening]이 1797년에 코네티컷에서 시작되어 빠르게 뉴잉글랜드로 퍼졌고, 1802년에는 오하이오 북동쪽에 도달했다.

---

38) *Ibid.*, pp.93-97.
39) *Ibid.*, pp.99-100.

서부의 부흥회는 1800년 여름에 켄터키의 가스파르 강에서 시작하여, 1801년에는 동쪽으로 북부 캐롤라이나에 이르렀고, 1803년경에는 남쪽 해안 전체를 휩쓸었다. 그러나 동부의 뉴잉글랜드의 부흥회는 60년 전에 사라진 냉정함을 유지했다. 외침, 몸의 뒤틀림, 난폭한 열정, 눈물, 흐느낌이 없는 예의바른 것이었다. 예일대학에서는 1800년에서 1840년대까지 15번의 부흥회가 연달아 열렸다. 그러나 서부의 켄터키의 부흥회는 오순절을 환기시키면서 정신적 자극을 주는 것이었다. 예컨대 서부 장로교 복음주의자인 제임스 맥그리디(James McGready : 1758–1817)는 지옥의 불과 유황의 호수를 강조하면서 전율과 공포를 자극했다. 또한 서부에서는 장로교, 침례교, 감리교가 나란히 공지에서 군중들에게 설교를 했다. 중요한 것은 교파가 아니라 '새로운 탄생'을 경험했는지의 여부였다. 서부의 부흥회는 첫 번째 대각성 운동과 별반 다를 게 없었다. 차이라면 첫 번째 대각성 운동의 청중이 보통 도시에서 왔던 것에 비해서, 켄터키와 변경 지역의 두 번째 각성 운동에서는 먼 거리에서 짐마차를 타고 온 청중들이 며칠간 가족이 먹을 식량을 구비하여 왔다는 것이다. 1801년에 버번 카운티의 케인 릿지에서 열린 가장 크고 유명한 켄터키의 부흥회 캠프에는 2만5천 명이 모여들었고, 장로교, 침례교, 감리교의 18명의 목사들이 부흥회를 이끌었다. 제1차 대각성 운동에서처럼 흥분과 신체적 징후들이 관찰되었고, 사람들이 손을 비틀고 땅에 드러누웠다. 사람들은 악마를 몰아내기 위해서 구르고 개처럼 짖었으며, 경련을 일으키며 비명을 질러댔다. 이로 인해서 보수주의자들은 부흥회를 성적 난교의 장이라고 비난했으며, 이후에 장로교와 침례교는 공지 캠프에서 열리는 부흥회를 포기했다.40)

그러나 감리교는 부흥회를 켄터키 동쪽으로 남부 해변에서까지 지속적으로 열어서 1802년에는 만 명 이상이 참여하는 부흥회가 조지아와 남부 캐롤라이나에서 열렸다. 감리교의 부흥회는 동북쪽으로 확산되어 1808년에는 뉴욕에서, 이후에는 필라델피아, 발티모어, 프로비덴스에서 주요한 부흥회가 열렸다. 그리고 감리교는 동부 도시에서 보다 냉정한 양식의 뉴잉글랜드 부흥운동과 만나게 되었다. 도시의 하층민들은 감리교 부흥회에 이끌려 손뼉을 치고 비명을 지르고 발을 동동 굴렸다. 도시 지역에서 성공을 거둔 감리교는 연장된 기도, 이름을 부르면서 개인을 위해 기도하는 것, 예배에 여자들을 참여시키는 것 같은 영적 기술을 도입했다. 이렇게 부흥운동에 의해서 1830년에는 복음주의가 기독교 교파의 주도권을 잡게 되었다. 당시에는 침례교와 감리교가 가장 큰 교파를 형성했고 장로교가 세 번째 자리를 차지했다. 감리교는 1780년에는 만 명이 채 안 되었지만, 1820년에는 25만 명으로, 1830년에는 50만 명으로, 1844년에는 백만 명이 넘는 신자와 3,988명의 순회설교자와 7,730명의 지역설교자를 두게 되었다. 그러나 장로교는 서부 부흥회에 대한 입장의 차이로 인해서 여러 교파로의 분열을 겪게 된다. 또한 감리교와 침례교는 제2차 대각성 운동으로 인해서 1815년경에는 각각 4만 명에 달하는 흑인 신자를 얻게 되었다. 그리고 흑인 감리교 감독교회가 만들어져서 1846년경에는 그 신자가 17,375명에 달했다. 몰몬교[Mormons] 역시 부흥회의 시기에 생겨났다. 몰몬교회, 즉 말일성도예수그리스도교회는 조셉 스미스(Joseph Smith : 1805-1844)에 의해 창건되었으며, 기독교와는 다른 미국의 독자적인 종교로 자리 잡으면서, 유타주에서 주요한 미국 종교로 발전했다.[41]

---

40) *Ibid.*, pp.100-105.

　　1740년대의 부흥운동과 19세기 초반의 부흥운동의 차이점은 정치적 의식에 있었다. 19세기 복음주의자는 설교자의 역할과 정치적 활동가의 역할 사이에서 어떤 모순도 느끼지 않았다. 그들은 복음의 종교가 시민 자유의 초석이며, 순수한 기독교의 확산에 비례하여 시민 자유가 증진하고, 프로테스탄트 기독교의 교리가 시민 자유의 유일한 보루라고 생각했다. 그들은 종교뿐만 아니라 종교 부흥회가 공화국 정부의 보존을 위해 필요한 것이라고 생각했다. 기독교는 미국인의 도덕성을 연마하는 훈육의 장치였다. 1803년에 루이지애나를 획득하고 도시가 성장함에 따라서 부흥운동에 대한 도전적인 분위기가 만들어졌다. 그리하여 복음주의는 도시의 타락을 치유하기 위해서 '영혼의 개종'에서 '시민의 창조'로 목표를 확장하게 되었다. 우리는 여기에서 정치가 되는 종교의 모습을 보게 된다. 많은 자선단체들이 창설되어 복음주의의 연합전선을 형성했다. 개종을 목표로 했던 1826-1827년경의 가장 큰 6개 단체들은 미국교육협회, 미국외국선교회, 미국성서협회, 미국주일학교연합회, 미국소책자협회, 미국가정선교협회이다. 미국소책자협회는 처음 10년 동안 3천 5백만 권의 소책자와 서적을 발행하여 배포했고, 미국주일학교연합회는 1836년에만 7천 3백만 쪽의 문헌을 배포했으며, 미국성서협회는 1826년경에 매년 30만 권의 성서를 발행했으며, 미국가정선교협회는 1831년경에 현장에서 활동하는 463명의 목사를 보유했다.[42]

　　1810-1830년경에 미국 정부는 점차 종교에 대한 재정적 후원을 중단했다. 뉴잉글랜드의 주들은 19세기 초반에 점차 재정적 지원

---

41) *Ibid.*, pp.105-107.
42) *Ibid.*, pp.108-111.

을 폐지했고, 매사추세츠에서는 1833년에 종교에 대한 세금 지원을 중단했다. 이때부터 시민정신의 도덕적 토대는 사적 조직과 교회의 몫으로 돌아갔다. 자선단체와 교회는 그들 작업의 애국주의적 차원을 자랑스러워했다. 이제 기독교는 교회와 나라를 위한다는 이중적 임무, 즉 복음주의와 애국주의로 무장하게 된다. 성서는 애국주의와 경건의 종합을 위해 이용되었고, 사도 바울과 예수 그리스도는 애국자였다는 주장까지 나오게 되었다. 그리고 선교적 부흥운동도 그러한 애국주의를 지지했다. 그리하여 장로교 목사였던 리먼 비처(Lyman Beecher : 1795-1863)는 "바위 위에 우리 제국의 토대를 놓을 동일한 관점, 감정, 관심을 생산"해야 한다고 주장했다. 매디슨 역시 4개의 큰 종파들이 정부의 통치 아래에 있는 미국의 시민사회를 결합시키는 접착제여야 한다고 말했다. 19세기 초에 기독교는 미국정부의 헌법이나 권력이 미치지 않는 곳에서 국가의 통일성을 창조하고 국민성을 형성하는 역할을 맡았다. 영혼 구제는 곧 공화국의 구제였다. '종교와 애국주의의 연합'은 21세기까지도 이어지는 미국 기독교의 특징이며, 근대적인 정교분리의 이념적 결론이기도 했다.[43]

1830년대에 찰스 코핀Charles Coffin과 알렉시스 드 토크빌Alexis de Tocqueville은 지난 2세기 동안 미국에서 종교가 했던 역할에 대해서 논평했다. 1833년에 찰스 코핀은 미국이 왜 복음주의와 부흥운동에 개방적이었는가를 설명한다. 그는 가나안 이후로 미국만큼 종교의 성스러운 목적을 위해 결집된 나라는 없었으며, 미국만큼 많은 기도를 드리고 종교적 번영의 토대를 구축한 선조도 없었으며, 미국만큼 종교적 부흥으로 두드러지는 나라도 없었다

---

43) *Ibid.*, pp.111-113.

고 말한다. 1835년에 『미국의 민주주의』를 출간한 토크빌은 미국 여행 동안에 모든 곳에서 미국이 번영하기 위해서는 종교와 애국주의가 결합해야 한다는 복음주의적 신화와 만나게 되었다.[44]

Ⅳ. 나가는 말 : 정교분리의 탈신화화, 그리고 종교를 떠난 종교

　17세기 중반에서 19세기 초반까지 미국의 정교분리의 역사를 살펴보면서, 우리는 처음에는 종교가 정치를 대신하는 종교국가로 출발했던 아메리카가 정치적 영역의 분화로 인해 서서히 정교분리의 과정을 겪게 되는 현상을 관찰하였다. 미국은 시작부터 수많은 종교들이 각축하는 '종교들의 백화점'이었으며, 종교에 의한, 종교를 위한, 종교의 국가로서 출발했기 때문이다. 그러나 미국의 상대적 특수성에도 불구하고, 미국은 근대국가가 겪었던 정교분리 과정의 전형적인 모습을 가장 극적으로 보여준다. 미국에서는 처음에는 종교가 정치를 대신했고, 이후에는 정치와 종교의 교집합을 통해 미묘한 긴장 관계가 형성되었고, 마지막에는 종교가 정치화되었다. 이러한 추이는 정교분리의 역사가 겪는 전형적인 과정을 보여준다. 정교분리는 인간을 육체와 영혼, 생명과 죽음으로 분할하여, 각각을 국가와 종교가 분할하여 지배하는 구조를 취하고 있었다. 그러나 정치가 '신체의 정치학'으로 만족

---

44) *Ibid.*, pp.113-114.

했던 데 비해서, 종교는 '영혼의 정치학'에 만족하지 못했다. 종교는 항상 모든 것이 되고자 하는 가장 총체적인 제국주의적 경향을 노정하기 때문이다.

한편으로, 우리는 국가가 영혼이라는 골치 아픈 문제를 종교에 양도하는 과정을 보게 된다. 이로 인해서 국가는 '영혼이 배제된 신체'만을 철저히 지배하는 구조를 심화시키게 된다. 국가는 미셸 푸코Michel Foucault나 조르조 아감벤이 말하는 '신체의 정치학' 혹은 '생명의 정치학'을 전담하게 된다. 그러므로 근대국가가 양심이나 종교 같은 영혼의 문제에 관여하는 순간, 국가는 자신의 한계를 드러내게 된다. 미국의 수정헌법 제1조는 결국 종교와 정치를 분리하되, 종교는 자유롭게 알아서 하라는 식의 무책임한 모습을 보여줄 수밖에 없다. 미국의 예에서 보듯이, 정교분리의 조항은 미국 정치사에서 거의 선언적인 수준에서만 지켜졌을 뿐이다. 물론 정부가 종교에 대한 재정적 후원을 중단하는 방향을 취한 것은 사실이다. 그러나 미국 정부는 종교가 '복음주의'와 '애국주의'를 통해서 정부의 일을 대신하는 현상에 속수무책이었다. 결국 공적 영역에서 종교를 배제하려는 노력은 정부만의 것이었을 뿐이고, 종교는 공과 사의 영역을, 신체와 영혼을 넘나들며 종횡무진 자신의 의도를 관철시켰다. 종교는 본래 정치뿐만 아니라 세상의 모든 것을 종교적인 것으로 변화시키는 데 골몰한다. 그러므로 정교분리는 사실 국가로부터의 종교의 제거보다는, 종교가 삶의 모든 영역 곳곳에 스며드는 것을 도왔다고 할 수 있다. 정치로부터 종교를 제거하려 하면 할수록 종교는 스스로 정치가 되었다. 아마도 이것이 정교분리의 일차적인 역설일 것이다.

다른 한편으로, 우리는 종교가 국가로부터의 제재 없이 자유롭게 '영혼의 정치학'에 몰두하는 모습을 보게 된다. 우리는 미국이라는 나라의 기독교적 기원을 충분히 살펴볼 수 있었다. 국교 금지와 종교 행사의 자유를 규정하는 미국 수정헌법 제1조는 처음에 각 주에 대한 적용에서 반대에 부딪히게 되었고[45], 결국 1868년의 수정헌법 제14조에 의해 점차 각 주로 확대 적용되기 시작했다.[46] 그러나 한 가지 중요한 점은 미국의 정교분리 논의가 주로 기독교 교파를 위한 것이었다는 사실이다. 미국의 정교분리는 처음부터 기독교 교파들의 연합과 통일성이라는 토대에서 구축된 것이다. 물론 여기에는 정치적 목적이 깊게 배어들어 있다. 하지만 보다 중요한 것은 서로 다른 기독교 교파들의 동등성을 확립함으로써, 정교분리가 기독교 세계의 '보이지 않는 통일성'에 일조했다는 점이다. 적어도 우리는 기독교의 생명력이 교파 분열에 있다는 것을 인정해야 한다. 기독교의 무수한 교파는 기독교의 부단한 자기 부정의 사례들이다. 그리고 이러한 끊임없는 자기 부정성이야말로 기독교를 죽지 않고 살아 있게 하는 힘이었다. 기독교는 이단을 통해 성장한 종교였다. 미국의 예에서 우리는 정교분리가 철저하게 기독교 내부의 종교전쟁을 막기 위한 자구책이었다는 것을 알 수 있었다.

그러나 도입부에서 이야기한 것처럼, 여기에서 우리는 정교분리의 함정을 보게 된다. 그것은 인간이 신체와 영혼으로 구분되어 관리될 수 있다는 이분법적 환상이다. 우리가 '정교분리의 신화'를 이야기해야 하는 것도 바로 이 대목에서이다. 정교분리는

---

45) Francis Graham Lee, *All Imaginable Liberty: The Religious Liberty Clauses of the First Amendment*, Lanham, New York, London: Univ. Press of America, Inc, 1995를 참조하라.

46) 池圭喆, 「政敎分離의 解釋과 適用基準: 美國의 國敎禁止條項을 중심으로」, 『한일법학연구』9, 1990, pp.72-73.

정치와 종교가 분리 가능할 뿐만 아니라 국가가 종교문제를 해결할 수 있다는 환상을 유지시킨다. 그러나 미국의 경우에 수정헌법으로 인해 미국 대법원이 지속적으로 종교재판소로 전락해 버렸다는 사실 역시 염두에 둘 필요가 있다. 이 글에서 우리가 주장하고자 한 것은 바로 정치와 종교의 관계에 대한 해법이 아마도 '정교분리 외부'에 있을 것이라는 사실이다. 정교분리는 정치와 종교의 벽을 설정하여 종교문제를 해결하려는 노력이지 결코 그 해답은 아니다. 또한 정교분리는 종교를 과소평가하는 신화일 뿐만 아니라, 정치를 과대평가하는 신화이기도 하다.

마르셀 고세는 기독교를 두고 '종교를 떠나기 위한 종교[a religion for departing from religion]'라고 말한다. 다시 말해서 기독교는 '종교의 끝의 종교'이다. 마르셀 고세는 종교의 시대가 끝났다고 말하면서, 우리가 이제 종교적인 인간 이후의 인간에 대한 학문을 전개해야 한다고 주장한다.[47] 그에 따르면 종교의 잔류물은 이제 우리의 사유 과정, 상상력, 자기[self]의 문제에서 나타난다. 우리의 사유는 부단히 가시적인 것과 비가시적인 것의 구분에서처럼 현실세계를 이분법에 의해 분할한다. 이때 비가시적인 것에 대한 주장이 바로 종교적인 유물이라는 것이다. 마찬가지로 우리의 상상력은 사물이 우리가 생각하는 것보다 훨씬 두껍다고 가정한다. 사물의 깊이 어딘가에 성스러움이 자리하고 있다고 생각한다는 것이다. 상상력이란 결국 감각되지 않은 사물의 깊이에 대한 것이다. 또한 근대사회처럼 개별화가 심해질수록, 인간은 자기의 문제에 직면하게 된다. 인간은 자기를 보존하고 정당화하려 하기

---

47) Marcel Gauchet, *The Disenchantment of the World: A Political History of Religion*, p.200.

도 하고, 고통의 근원인 자기를 제거하고자 하기도 한다. 이것이 바로 근대인이 만나는 '자기의 역설'이다. 고세에 따르면, 이러한 문제로 인해서 인간은 '종교 없는 세계'에서 종교로 개종하게 된다. 그러나 근대종교 안에는 종교가 없다. 이처럼 종교의 종말은 사유, 상상력, 자기의 문제 같은 종교의 대체물만을 남겼을 뿐이다. 바로 이러한 맥락에서 고세는 종교의 끝을 이야기한다.

근대세계에서 종교와 정치의 분리는 결국 정치의 종교화와 종교의 정치화로 귀결될 수밖에 없다. 왜냐하면 이러한 구도 속에서 종교는 그저 근대의 비합리성을 은폐하기 위한 역설과 모순의 비밀창고로만 기능하기 때문이다. 종교가 정치의 알리바이가 되는 것도 이 때문이다. 그러므로 정치와 종교의 분리는 사실 정치와 종교의 비밀스러운 공모를 위한 장치일 뿐이다. 정치에서 종교를 몰아내면 몰아낼수록 정치는 '종교의 역습'을 받게 된다. 그러나 우리는 정교분리의 탈신화화를 통해서 역으로 '정치의 종교적 구조'와 '종교의 정치적 구조'를 노출시킬 수 있었다. 근대세계에서 종교의 끝은 정치이며, 정치의 시작은 종교이다. 그러므로 이러한 구도 속에서는 모든 종교가 결국 정치신학이 된다. 우리는 정교분리가 기독교, 즉 고세에 따르면 '종교를 떠나기 위한 종교'의 유산이라는 사실을 기억해야 한다. 기독교는 종교의 자리를 떠나 정치뿐만 아니라 세속으로 스며들어 파편화되었다. 그래서 고세에게 기독교는 '종교를 떠난 종교'가 되었다. 그러므로 정교분리는 '종교를 떠난 종교'의 마지막 흔적일 수밖에 없다. 정교분리는 종교가 종교로 존재하지 않을 때의 종교의 존재를 위한 것이다. 더 구체적으로 정교분리는 기독교가 더이상 종교로 존재하지 않을 때의 기독교의 존재를 위한 것이다. 이 글에서 정교분리가 철저히 기독교적 유산이라는 것을 강조하는 것도 이 때문이다. 중요한 것은 정교분리의 신화를 해체할 때라야 우리가 바로 그 텅 빈 지점에서 종교와 정치의 관계 문제를 새롭게 정립할 수 있을 것이라는 사실이다. 심지어 우리는 정교분리가 '존재하지 않는 종교'를 존재하게 하는 법적 허구라고 주장할 수도 있다. 그렇다면 '종교의 끝'에서 종교는 무엇을 해야 하는가? 우리의 물음은 여기에서 시작된다.

6. 서양종교의 유입과 종교갈등

이진구 한국종교문화연구소 연구실장

약 력

이진구

서울대학교 종교학과 및 동 대학원을 졸업(Ph. D)했다. 주요 논문으로는 「해방 이후 종교자유 담론의 전개양상」, 「최근 한국사회의 종교정당 출현과 그 의미」, 「현대 한국종교의 정치참여 형태과 그 특성」, 「해방 이후 종교법인법 제정을 둘러싼 논쟁」, 「한국 근대 개신교에 나타난 자타인식의 구조」, 「종교와 과학의 관계에 대한 한국 개신교의 이해」 등이 있고, 저서로는 『아메리카나이제이션』(공저), 『현대사회에서 종교권력, 무엇이 문제인가』(공저), 『종교와 시민공동체: 자원봉사, 참여, 신앙』(공저) 등이 있다. 현재 호신대 초빙교수로 재직 중이며 한국종교문화연구소 연구실장으로 활동하고 있다.

Ⅰ. 들어가는 말

얼마 전부터 우리 사회에서는 종교편향, 종교차별, 종교갈등
과 같은 용어들이 자주 등장하고 있다. 특히 최고 통치자로부터
하급 공무원에 이르는 공직자들의 종교편향이 심각하다는 지적
이 제기되어 왔다. 이를 계기로 '종교차별금지법' 제정의 필요성
에 관한 논의가 등장하였다. 종교차별금지법 제정은 종교의 자유
를 침해할 수 있다는 주장에 밀려 입법화되지는 못했지만 이러한
요구는 국가공무원 복무규정의 개정으로 반영되었다. 2008년 개
정된 국가공무원 복무규정 제9조 2항에 의하면 "공무원은 직무를
수행함에 있어서 종교 등에 따른 차별 없이 공정하게 업무를 처
리해야 한다"라는 규정이 있다. 이러한 사회적 움직임은 현재 우
리 사회가 종교문제로 인해 심각한 갈등을 겪고 있음을 보여주는
동시에 이 문제의 해결을 위한 대안 모색이 시급히 요청된다는
것을 의미한다.

현재 우리 사회에서 공직자의 종교편향 및 종교차별과 관련하
여 가장 많이 언급되는 종교는 개신교이다. 개신교 신앙을 지닌
공직자들이 종교편향과 관련하여 자주 논란의 대상이 되고 있다.
개신교인 공직자들은 자신들의 행위가 개인적 차원의 신앙활동
이며 헌법이 보장한 종교자유의 정당한 행사라고 항변하고 있지
만 다른 사람들의 눈에는 종교편향으로 보이는 것이다. 특히 그
동안 조용했던 불교계가 이 문제를 심각하게 제기하고 있어 우리

사회가 자칫 '종교갈등'의 차원을 넘어 '종교전쟁'의 국면으로 치달게 되는 것은 아닌지 우려하는 사람들이 많다.

본고에서 말하는 종교갈등은 종교 간의 갈등만을 의미하는 것은 아니다. 종교 갈등은 종교를 둘러싸고 나타나는 사회적 갈등을 모두 포함하는 개념이다. 예를 들면 어떤 종교가 유입되어 해당 사회의 가치체계나 관습, 문화 등과 충돌하거나 갈등하는 경우 종교갈등의 범주에 포함된다. 요컨대 종교갈등은 종교집단과 종교집단 사이의 갈등만이 아니라 종교와 국가권력, 종교와 시민사회, 종교와 이데올로기, 종교와 전통문화 사이의 갈등을 포함하는 광의의 개념이다.

이러한 의미를 지닌 종교갈등은 한국사에서 매우 오랜 역사를 지니고 있지만 이 글에서는 개항기를 중심으로 논의를 전개한다. 오늘날 한국 사회 종교갈등의 뿌리는 개항기에 형성되었기 때문이다. 개항기 한국사회에 서양종교가 유입되면서 전통적 종교지형이 급속하게 재편되고 그러한 과정에서 종교갈등이 나타나기 시작한 것이다. 따라서 이 논문에서는 서양종교 즉 기독교의 3대 전통에 속하는 가톨릭, 개신교, 동방정교회가 한국 사회에 유입되는 경로와 그 과정에서 종교갈등이 어떠한 모습으로 빚어졌는가를 추적한다. 개항기 한국 사회의 종교갈등의 경로와 양상을 추적하는 이러한 작업은 오늘날 우리 사회의 종교갈등을 진단하고 그 해법을 모색하는 데 하나의 실마리로 작용할 수 있을 것이다.

Ⅱ. 천주교의 유입과 종교갈등

기독교의 3대 전통 중 한국 사회에 최초로 들어온 것은 로마 가톨릭교회이다. 조선후기에 해당하는 18세기 후반 서양종교의 하나로서 천주교가 처음 모습을 드러낸 것이다. 그러면 당시 조선 사회는 어떠한 상황에 있었으며 당시의 종교지형은 어떠한 특성을 지니고 있었는가?

주지하다시피 조선왕조는 유교를 국가의 공식 이념으로 삼고 전 사회 영역을 성리학적 이데올로기로 다스리는 '유교국가'였다. 따라서 성리학 이외의 이념이나 이데올로기, 사상, 신앙 등은 공적 차원에서는 억압되고 배제될 수밖에 없었다. 재야 지식인 사회에서 영향력을 발휘하던 노장사상과 불교, 양명학은 '이단'으로 규정되고 서민층에서 널리 신봉되는 민간신앙은 '음사淫祀'로 규정되어 척결의 대상이 되었다. 요컨대 조선왕조는 정통/이단, 정학正學/사학邪學의 이분법에 근거하여 성리학만을 공적 영역에 배치하고 그 이외의 모든 사상과 이념, 신앙은 사적 영역으로 배치하였던 것이다.

조선시대의 승려와 무당이 '팔천八賤'의 범주에 포함되고 이들의 도성 출입이 금지된 것은 이러한 유교적 공사 이분법의 산물이다. 한국불교사 서술에서 등장하는 '산중불교'와 '산간불교', 한국 민중종교사 서술 속에서 등장하는 '도불습합道佛習合'과 '무불습합巫佛習合' 등은 공적 영역에서 퇴출당한 불교, 도교, 무교巫教의 사회적 존재 형태를 가리키는 용어들이다. 이처럼 조선시대의 종교지형은 성리학이 공적 영역을 독점하면서 중심축을 형성하고 그 변방에 양명학, 노장사상, 불교, 무교 등이 사적 영역으로 존재

하는 모습을 취하고 있었다.[1]

18세기 후반 가톨릭이 유입되면서 전통적 종교지형에 변화가 생겼다. 이단 및 사학의 범주에 천주교가 새로 추가되었기 때문이다. 그런데 천주교는 당시까지의 이단 사설들과는 조금 다른 성격을 지니고 있었다. 양명학, 노장, 불교, 무교 등은 이단 혹은 음사로 간주되어 공적 영역에서 배제되기는 하였지만 물리적 탄압의 대상은 아니었다. 그런데 천주교는 이단 사설로 간주되었을 뿐만 아니라 조선왕조에 의해 대대적인 탄압을 받아 수많은 신자들의 목숨이 희생되었던 것이다. 이는 한국 역사에서 그 유래를 찾아볼 수 없는 매우 희귀한 사례이다. 따라서 천주교의 유입 및 수용 과정을 심층적으로 파악할 필요가 있다.

천주교는 처음부터 사학 집단으로 규정된 것은 아니다. 초기 천주교 공동체는 '서학西學'이라 불린 새로운 학문에 관심을 가진 유학자들의 강학講學 모임에서 시작되었다. 당시 정치권에서 소외된 남인 계열에 의해 주로 수용된 서학은 '실학'의 한 부분으로 존재하고 있었다. 조선후기의 실학자들은 유학의 세계를 전면 부정한 것이 아니라 성리학의 개혁을 목표로 삼았다. 즉 실학은 유학의 폐기가 아니라 '개신유학'을 지향한 것이다. 따라서 실학의 한 흐름으로 존재하던 서학은 유학과 충돌하지 않고 공존할 수 있었다.[2]

당시에 소개된 서학서 중에 가장 대표적인 책은 마태오 리치(Matteo Ricci, 利瑪竇)의 『천주실의天主實義』이다. 이 책은 천주교와 유교

---

1) 조선시대의 종교문화와 종교지형의 개관을 위해서는 황선명, 『조선조 종교사회사연구』, 일지사, 1985 참조.
2) 조선후기 실학사상의 흐름을 파악하기 위해서는 금장태, 『한국실학사상연구』, 집문당, 1987 참조.

를 대립 관계가 아니라 보완 관계로 파악하는 '보유론補儒論'의 입
장에 서 있었으며 유교의 조상 제사를 수용하였다. 따라서 초기
천주교 공동체는 유일신 신앙에 서 있으면서도 조상 제사를 지냈
다. 더구나 초기 천주교회는 서양 선교사의 포교 활동이 아니라
강학 모임을 통해 형성된 자발적 신앙공동체였다. 따라서 초기
천주교회의 지도자들은 세계 가톨릭교회와 관계없이 독자적으로
의식을 거행하고 성직을 임명하면서 교회를 운영하였다. 한국천
주교회사에서는 이러한 초기 교회의 모습을 '가성직假聖職제도'라
고 부른다. 이처럼 초기 천주교회는 조상 제사와 가성직제도로
특징지어졌다.

그러나 이러한 제도와 신앙은 오래 지속되지 못했다. 중국의
주교를 통해 가성직제도가 교회법에 어긋나며 조상 제사는 유일
신 신앙에 위배된다는 사실이 알려지게 되었기 때문이다. 가성직
제도는 곧 폐지되었다. 그러나 조상 제사 문제는 초기 천주교 공
동체에 커다란 파문을 일으켰다. '천주교 신앙'과 '조상 제사'가
양립 불가능하게 된 상황에서 천주교인들은 서로 다른 입장을 보
였다. 윤지충尹持忠과 권상연權尙然으로 대표되는 소수의 천주교인들
은 신앙을 위해 제사를 포기하였다. 이들은 부모의 신주를 태우
고 제사를 폐지하였다. 그러나 대부분의 양반층 천주교인은 신앙
을 포기하고 제사를 선택하였다. 효의 근간이 되는 제사를 인정
하지 않는 신앙은 받아들일 수 없었던 것이다. 따라서 이들은 스
스로 '배교'의 길을 선택했다.

이처럼 조상 제사 문제로 초기 천주교 공동체에서 양반층이
대거 탈락하자 교회의 주축 세력은 민중층으로 교체되었다. 양반
층과 달리 서민층은 조상 제사의 의무로부터 상대적으로 자유로
운 계층이었다. 따라서 이들은 조상 제사 문제 때문에 신앙을 포

기할 필요가 없었다. 이제 천주교회는 조상 제사를 전적으로 거부하는 자들의 모임이 되었으며 이는 천주교를 '무부무군無父無君'의 사학邪學집단으로 낙인찍는 결정적 계기가 되었다. 이때부터 천주교는 대대적인 탄압을 받으면서 '지하신앙'으로만 명맥을 유지하게 되었다. 오늘날 천주교가 초기 역사를 '순교의 피'를 흘린 '박해의 역사'로 기억하는 것은 이 때문이다.3)

천주교는 지하신앙의 시기에 신앙의 합법화를 획득하기 위해 여러 방안을 강구하였다. 서구열강의 무력을 빌려 천주교에 대한 탄압을 종식시키려는 방안은 그중 하나였다. 저 유명한 '황사영 백서黃嗣永帛書' 사건이 그것이다. 신유교난辛酉教難(1801) 당시 황사영이 토굴 속에서 북경 주교에게 쓴 장문의 편지 속에는 서양의 군대를 동원하여 조선의 왕을 위협하면 천주교신앙 금지 조치가 풀릴 수 있을 것이라는 내용이 들어 있었다. 이 백서가 발각되면서 천주교에 대한 탄압은 더욱 강화되었다.

기해교난己亥教難(1839) 시기에 등장한 정하상의 『상재상서上宰上書』(1839)는 천주교가 유교적 인륜을 무시하는 사학의 무리가 아님을 호소하는 호교론적 문서였다. 그렇지만 이러한 시도 역시 조선왕조에 의해 받아들여지지 않고 천주교에 대한 탄압은 지속되었다. 조선 후기 천주교가 당한 가장 큰 교난은 대원군 집정 하에 일어난 병인교난丙寅教難(1866)으로서 약 8천여 명의 교도가 새남터에서 희생되었다.

병인교난은 천주교회를 초토화시켰지만 이 사건을 계기로 천

---

3) 천주교에서는 조선왕조에 의한 탄압을 '박해'라는 용어로 표현하고 있지만 조선조의 입장에서는 사학의 무리를 척결하는 것이 의무였다. 따라서 이 논문에서는 중립적 의미로 '교난(教難)'이라는 용어를 사용한다.

주교는 신앙의 자유에 한 발짝 다가가게 되었다. 병인교난으로
인해 서양 제국주의의 조선 침략이 시작되었기 때문이다. 병인교
난 당시 처형된 프랑스 신부들의 죽음에 대한 책임을 물어 프랑
스 군대가 강화도를 침략하는 병인양요(1866)가 일어났고, 상선 제
너럴셔먼호 사건에 대한 책임을 물어 미국 군대가 강화도를 침략
하는 신미양요(1871)가 이어서 일어났다. 당시 프랑스와 미국 군대
는 국내 사정으로 일단 철수하였지만 얼마 뒤 조약 체결의 형식
으로 국내에 상륙할 수 있었다.

조미조약(1882)을 시작으로 서구 열강과 조선정부 사이에 조약
이 잇달아 체결되었다. 외국과의 조약은 서양인들의 입국을 허용
하면서 그들의 종교가 유입될 수 있는 통로를 마련하였다. 물론
그 통로가 쉽게 열린 것은 아니다. 조선정부는 조약 체결 이후에
도 서양종교의 유입에 대해서는 엄금의 태도를 취했다. 서양 제국
과의 조약 체결에 앞서 일본과 체결한 강화도조약(1876)에서 '기독
교의 허용'을 '아편의 허용'과 같은 선상에서 취급할 만큼 서양종
교에 대해서는 철저한 금지의 태도를 취했던 것이다.4) 그러나 중
국과 일본의 역사적 경험에서 이미 증명되었듯이 일단 개항이 된
후에는 서구 기독교의 유입을 막을 수 없었다.

서양종교의 선교 활동 합법화에 결정적 계기를 제공한 것은
프랑스와 체결한 조불조약(1886)이다. 프랑스정부는 미국이나 영
국 등의 서구 제국과는 달리 자국 선교사의 포교 활동을 적극 지

---

4) 당시 조선 측 협상 대표였던 신헌은 '기독교의 선교 금지'와 '아편의 수입
   금지'를 같은 조항에 묶어 조약문에 포함시키려고 시도하였다. 이 요구는 조약
   문에는 포함되지 못했지만 일본 측 협상단 중의 한 사람이 다른 문서에 서명
   하는 방식을 취해 수용되었다. 류대영, 『개화기 조선과 미국 선교사: 제국주의
   침략, 개화자강 그리고 미국선교사』, 한국기독교역사연구소, 2004. p.145.

원하였다. 프랑스가 다른 국가들보다 상대적으로 늦게 조약을 체결한 것도 조약문에 가톨릭 포교의 허용 조항을 마련하기 위한 것이었다. 조선정부와의 집요한 협상 과정을 통해 프랑스정부는 조약문에 '교회敎誨'라고 하는 모호한 문구를 삽입하는 데 성공하였다.5) 당시 조선정부는 이 용어를 학문이나 언어를 '가르치다'는 단순한 의미로 해석하였지만 프랑스 선교사들은 이 문구가 선교의 자유를 보장하는 것이라고 해석하였다. 조불조약 이후 프랑스 선교사들이 승복을 벗어던지고 공개적 선교 활동에 나선 것은 바로 이 조항에 근거한 것이다.

'교회'라고 하는 용어에 내재한 모호성은 마침내 '교안敎案'이라고 하는 실제적 차원의 사회적 갈등을 불러 일으켰다.6) 프랑스 선교사들은 조불조약이 선교 활동의 자유를 보장했다고 주장하면서 적극적 선교 활동에 나선 반면, 조선정부와 민중은 천주교를 여전히 사학의 무리로 간주하고 있었다. 따라서 조불조약 이후 정부, 지방관리, 천주교인, 선교사, 주민들이 복잡하게 얽히면서 서로 충돌하는 교안이 전국 각지에서 빈발하였다. 이 시기에 등장한 교안이야말로 서구종교의 유입이 초래한 종교갈등과 사회적 갈등의 핵심이다. 따라서 이하에서는 천주교의 유입과 더불어 발생한 교안을 중심으로 살펴본다.

---

5) 조불조약 9조 2항은 다음과 같은 내용으로 되어 있다. "敎誨或學習語言文字格致律例技藝者"

6) 1616년 중국 남경에서 일어난 천주교 탄압에 대해 연구자들이 '南京敎案'이라 지칭하면서 교안이라는 용어가 처음 사용되었다고 한다. 이 용어는 동양 각국에서 탄압을 받던 서양 종교들이 합법화되어 가는 과도기에 발생한 교인들과 민중 사이의 갈등과 분쟁을 외교적 절충으로 해결한 사건이라는 역사용어이다. 우리나라의 경우에는 개항기에 《황성신문》 등에서 이 용어를 사용하였다. 이원순, 「조선말기 사회의 對西敎 문제 연구: 교안을 중심으로」, 『역사교육』 15집, 1973 참조.

〈교안 발생 원인별 분석표〉[7]

분류시기		1886-1895	1896-1906	총계
정치	조약	1	3	4 (1.4%)
	행정	19	16	35 (11.5%)
	법률	7	9	16 (5.2%)
	소계	27	28	55 (18.0%)
경제	금전	16	21	37 (12.0%)
	토지	10	46	56 (18.4%)
	토지 관리	2	5	7 (2.3%)
	세금	1	16	17 (5.6%)
	채무	2	4	6 (2.0%)
	전곡	3	4	7 (2.3%)
	가옥	1	2	3 (0.9%)
	소계	35	98	133 (43.6%)
사회	묘지	3	13	16 (5.2%)
	외국 반대	20	3	23 (7.5%)
	행패	17	38	55 (18.0%)
	치사	2	7	9 (2.9%)
	소계	42	61	103 (33.8%)
문화	전통문화	0	5	5 (1.6%)
	교육	1	3	4 (1.3%)
	동학	0 (4)	0	0 (0.0%)
	개신교	0	4 (4)	4 (1.3%)
	불교	0	1	1 (0.3%)
	소계	1 (4)	13 (4)	14 (4.6%)
총계		105 (34.4%)	200 (65.6%)	305 (100%)

---

7) 장동하, 『개항기 한국사회와 천주교』, 가톨릭출판사, 2005, p.454.

교안이 빈발한 시기는 1886년 조불조약 체결에서부터 1906년까지 약 20년간이다. 천주교 교회사가 장동하의 조사에 의하면 이 시기에 천주교와 관련된 교안은 총 305건이다.

도표가 제시하듯이 당시 발생한 교안의 내용은 매우 다양하지만 경제적 문제와 사회적 문제가 대부분을 차지하고 있다. 토지, 금전, 세금, 채무를 둘러싼 경제적 갈등이나 묘지, 폭력 및 치사, 선교사의 총기 사건. 외국인 반대와 같은 사회적 갈등이 대부분이다. 전통문화와의 충돌이나 다른 종교와의 충돌은 상대적으로 많지 않다.[8]

교안과 관련하여 주목해야 할 사항의 하나는 교안의 주체이다. 1895년을 경계로 교안의 주체가 변하고 있다. 1895년 이전에는 천주교인이 피해자가 되는 사건이 많은 반면, 그 이후에는 천주교인이 가해자가 되는 사건이 많다. 조불조약 체결 이후 10여 년간은 외국인과 서양종교에 대한 전통적인 사고 즉 척사위정론과 양이론洋夷論의 태도가 향촌사회에 여전히 강하게 남아 있었고 천주교의 힘이 아직 강하지 못했다. 그래서 이 시기에는 관과 민이 천주교인을 공격하는 사건이 빈발하였으며 특히 1894년 동학농민운동 기간에는 농민군에 의한 교회 공격 사건이 다수 발생하였다.[9]

1890년대 후반부터는 천주교회의 세력이 관과 민을 압도하게 된다. 따라서 천주교회의 폐해가 극에 달하면서 민중이 집단적으로 교회 측과 대립하는 현상이 나타났다. 강경포교안(1899), 제주교안(1901), 해서교안(1902) 등 교안 가운데 가장 두드러지는 사안들이

---

8) 천주교와 전통문화의 갈등 5건, 천주교와 개신교의 갈등 4건, 천주교와 불교의 갈등 1건이 보고되고 있다. 장동하, 『개항기 한국사회와 천주교회』, 가톨릭출판사, 2005, p.454.
9) 박찬승, 「한말 교안과 교민조약」, 『교회사연구』 27호, 2006, p.65.

이 시기에 발생하였다. 이 시기에 천주교인이 가해자로 등장하는 것은 청일전쟁과 갑오개혁 이후 중화론적 세계관의 영향력이 급격하게 쇠퇴하고 서구문명의 힘이 부각되면서 천주교의 교세가 확장되었기 때문이다. 서구문명의 위력이 증가하고 그것의 후광으로 서양종교인 천주교의 위상이 높아짐으로써 민중이 대거 천주교회로 찾아들어 간 것이다. 이들이 천주교 선교사와 교회의 힘을 빌려 자신들의 ‘세속적 이익’을 달성하려고 했던 것이고 그 과정에서 주민을 공격하는 사건이 빈발하였던 것이다.

천주교인이 가해자로 등장하여 향촌사회에서 주민들의 재산을 탈취하거나 폭행을 가하는 ‘민폐民弊’를 ‘교폐敎弊’라고 부른다. 당시 프랑스 선교사들은 천주교인의 ‘민폐’에 대해 객관적이고 공정한 태도를 취하기보다는 일방적으로 교민의 편에 서는 경우가 많았다. 선교사들은 교인들의 민폐를 시정하기보다는 자신들의 치외법권과 영사재판권을 이용하여 교인들의 이익을 일방적으로 옹호하였던 것이다. 당시 향촌사회에서 선교사들의 힘은 관官의 힘을 압도하는 경우가 많았다.

생계를 위해 천주교에 입교한 ‘모식신자(謀食信者, rice Christian)’들은 선교사의 힘을 빌려 과거에 자신들이 당했던 것을 앙갚음하거나 보복하는 경우가 많았다. 선교사들은 교세 확장이 우선적 과제였기 때문에 이러한 문제에 대해서는 심각하게 생각하지 않았다.

이처럼 당시 교인들이 외국인의 힘에 의지하여 자신들의 세속적 이익을 도모하는 현상을 ‘양대인洋大人 자세藉勢’라고 불렀는데 이는 해체기에 접어든 조선왕조의 무기력과 서구문명의 위력이 교차하면서 나타난 현상이다. 선교사들은 조선 민중의 ‘양대인洋大人 의식意識’을 교세확장의 수단으로 활용하였다. 그들은 자신들의 배후에 프랑스 공사관과 프랑스 정부가 있음을 강조하면서 선교 활동을 하였던 것이다. 특히 지방에 파견된 선교사들은 지방관들을 직접 상대하지 않고, 서울의 프랑스 공사에게 사안을 보고함으로써 중앙정부가 지방관에게 압력을 가하게 하는 방법을 사용하기도 하였다.

이처럼 교인이 선교사의 힘을 빌리고 선교사는 프랑스 공사와 정부의 힘을 빌리는 현상은 천주교의 '사회세력화'를 의미한다. 한편 프랑스 정부와 공사관은 교안에 개입하여 문제를 해결하고 그 과정에서 자국의 경제적 이권을 확보하고 증대시키는 모습을 보여주기도 하였다. 이처럼 조불조약 이후 등장한 교안은 '약자의 종교'였던 천주교가 '강자의 종교'로 등장하는 과정에서 산출된 종교갈등이자 사회갈등이었다.

조선정부와 천주교는 교안이 초래하는 사회적 갈등을 해결하기 3차례에 걸쳐 협약을 체결하였다. 첫 번째는 〈교민조약敎民條約〉(1899)으로서 조선교구장 뮈텔Mutel 주교와 내부內部 지방국장 정준시鄭駿時 사이에 체결된 약정이다. 전문 9개조로 된 이 약정은 선교사는 행정에 관여할 수 없고 지방관리는 선교사의 활동에 관여할 수 없다는 일종의 '정교분리' 원칙을 표방하였다. 그러나 이 약정에도 불구하고 교안은 그치지 않았다.

1901년 제주도에서 발생한 제주교안은 수백 명의 교민과 평민이 살해되는 결과를 낳았다. 이 사건의 발발에는 여러 요인이 얽혀 있지만 당시 제주도의 천주교인들이 중앙에서 파견된 봉세관과 결탁하여 도민島民들에 대한 징세를 담당할 뿐 아니라 기존 경작권을 탈취하기도 하는 등 교폐를 많이 일으킨 것이 주요 요인이었다. 따라서 도민들이 봉기에 대거 참여하여 반천주교적 민란으로 확산되었다. 이 사건을 해결하기 위해 체결된 협정이 〈교민화의약정敎民和議約定〉(1901)이다. 이 협정은 천주교인을 질시하는 도민들의 태도에 대해서도 지적하였지만 천주교인들의 교폐에 강조점을 두고 있다.

1904년에는 〈선교조약宣教條約〉 혹은 〈교민범법단속조례教民犯法團束條例〉로 불리는 협정이 프랑스 공사와 대한제국의 외교 담당 기관인 외부外部 사이에 체결되었다. 교민조약이나 교민화의약정과 달리 이 조약은 프랑스정부와 조선정부의 공식 대표가 체결하였다는 점에서 더욱 권위를 지니고 있었다. 이 조약은 전년도에 발생한 해서교안(1903)을 해결하기 위해 체결된 것으로 보이는데 교회와 국가 사이의 엄격한 분리를 다시 한 번 강조하고 있다.

이처럼 천주교는 조불조약의 '교회教誨' 조항을 통해 게토화된 '지하신앙'에서 벗어나고 1890년대 후반 이후에는 민중 사이에 확산된 '양대인 의식'과 '양대인 자세'에 힘입어 급격한 교세 확장을 이룰 수 있었다. 그러나 이 시기 천주교의 교세 확장은 '교폐'와 '교안'을 동반하는 사회세력화의 모습을 취함으로써 당대 한국 사회의 갈등을 심화시키는 요인으로 작용하였다. 교안이 끝나는 1900년대 후반부터 천주교는 개신교의 도전을 받게 되며 결국에는 후발 주자에 의해 교세가 추월당하게 된다.

Ⅲ. 개신교의 유입과 종교갈등

개신교는 천주교보다 한 세기 늦은 19세기 후반의 한국 사회에 유입되었다. 천주교가 '프랑스의 종교'로 들어온 반면, 개신교는 '미국의 종교'로 들어왔다.[10] 1882년 조미조약을 계기로 입국

한 미국 선교사들은 초기에는 '교사'나 '의사'의 자격으로 교육사
업과 의료사업에 종사하였다. 조불조약의 체결 이전까지는 '직접
선교' 즉 한국인을 대상으로 하는 직접적 전도 활동이 금지되어
있었기 때문이다. 그런데 학교와 병원으로 대변되는 근대 문명을
이용한 '간접선교'는 개화노선을 취한 조선정부만이 아니라 지식
층과 민중으로부터도 적극적 환영을 받았고 이는 개신교의 선교
활동에 매우 유리한 발판이 되었다.

개신교는 '박해의 시대'가 사실상 종료된 이후에 들어왔기 때
문에 천주교처럼 '순교의 피'를 흘릴 필요가 없었다. 그렇다고 해
서 한국 사회로부터 저항을 전혀 받지 않은 것은 아니다. 선교 초
기에는 향촌사회에서 종종 탄압을 받았다. 가장 대표적인 것이
교회사가들이 말하는 '평양기독교인 박해 사건'이다. 이 사건
은 1894년 5월 평양에서 일어난 것으로서 지방관에 의한 개신교
신자 탄압 사건이다.

당시 평양감사였던 민병석은 서양세력과 서양종교에 대해 매
우 적대적인 태도를 지니고 있던 인물이었다. 그는 외국인 선교
사들을 쫓아내고 싶었지만 서양 열강과 맺은 조약으로 인해 그러
한 행위가 불가능하다는 것을 잘 알고 있었다. 따라서 그는 서양
에 대한 적대감을 한국 개신교인들을 체포, 구금하는 방식으로
표출하였다. 평양감사에 의해 한국인 신자들이 구금되었다는 소
식을 들은 선교사들은 영미 공사관을 통해 조선정부에 즉각적으
로 항의하였다. 결국 민병석은 외국 공사관의 압력을 받은 중앙
정부의 명령에 의해 개신교인들을 모두 석방하지 않을 수 없었

---

10) 장석만, 「근대문명이라는 이름의 개신교」, 『역사비평』 1999년 봄호, pp.255-
    268.

다. 이 사건으로 조선 정부는 500불의 배상금을 물고 사건 관련 책임자를 처벌해야만 했다. 이 사건을 계기로 개신교는 민중들에게 '힘의 종교'로 비쳤다.[11]

선교 초기의 개신교가 한국 사회에서 해결해야 할 가장 우선적인 과제의 하나는 천주교와의 관계였다. 개신교와 천주교는 동일한 기독교 전통에 속하지만 태생적으로 경쟁 관계에 있는 종교로서 서구사회에서 이미 격렬한 갈등을 겪었다. 따라서 천주교가 선점한 종교지형에서 후발주자인 개신교가 자신의 발판을 구축하기 위해서는 차별화 전략이 요청되었다. 초기부터 개신교는 천주교를 비판하는 선교 전략을 취하였다. 천주교는 정치에 개입하는 종교인데 비해 개신교는 정치에 관심을 두지 않으며, 천주교는 국법을 어기는 종교인 반면 개신교는 국법을 철저하게 지키는 종교라는 '차이의 정치학'을 발동시켰다. 이는 조선후기 천주교가 국가권력과 충돌하는 과정에서 당한 '수난의 역사'를 반복하지 않기 위한 개신교의 담론전략의 산물이다.

이처럼 초기 개신교는 천주교를 끊임없이 경계하면서 선교 활동에 임했다. 그러한 과정에서 천주교와 물리적 충돌을 동반하는 갈등에 휩싸이기도 하였다. 대표적인 것이 '진고개 사건'이다. 이 사건은 1894년 개신교 신자 5명이 종현성당(현 명동성당) 신축 현장에 갔다가 천주교인들과 다투는 과정에서 폭력이 발생한 사건이다. 이 사건을 처리하는 과정에서 천주교의 뮈텔 주교와 개신교의 아펜젤러 선교사는 날카롭게 대립하였다. 아펜젤러는 이 사건의 본질을 개신교인들이 천주교인들로부터 봉변당한 사건으로 규정하고 천주교계의 대표인 뮈텔 주교에게 항의 서한을 보냈다.

---

11) 김승태, 『한국기독교의 역사적 반성』, 다산글방, 1994, p.295.

이 서한에는 천주교인을 "마귀의 종 되기를 즐겨하는 자"라는 극단적 표현이 들어 있었다. 한편 뮈텔 주교는 당시 개신교인들이 무기를 소지하고 있었다는 점을 강조하면서 이를 성당 침해 사건으로 규정하였다.[12]

천주교와 개신교 사이의 갈등은 교안으로 표출되기도 하였다. 1902년 5월에 일어난 신환포교안이 대표적인 예이다. 몇몇 천주교인이 교당을 세우기 위해 개신교인들에게 '사통私通'을 돌려 건축기금을 강요하였는데 개신교인들이 불응하자 이들을 감금하고 구타한 사건이다. 개신교 측이 소송을 제기하여 해주 감영이 천주교인 6명을 체포하였는데 당시 천주교 신부였던 르각Le Gac이 개입하여 이들을 풀어주고 말았다. 그러자 개신교 선교사 헐버트가 이 문제를 공개적으로 거론하고 천주교 측을 비난하였다.[13] 이에 천주교 측은 개신교 측과 대한제국을 비난하면서 문제의 시비를 가리기 위한 양측 간의 회담을 제안하였다. 그러나 개신교 측은 이를 거부하고 해주 감영에 소송을 제기하는 동시에 《황성신문》에 사건 내용을 게재하였다. 천주교 측은 《황성신문》을 찾아가 기사 내용을 취소하지 않으면 명예훼손죄로 고소하겠다고 항의하였다.[14] 당시 천주교 측은 해주지방의 탐관오리들이 자신들의 잘못을 호도하는 한편 천주교 교세를 약화시키기 위해 이 사건을 기독교 사이의 싸움으로 호도하고 있다고 주장했다.[15]

'우질牛疾사건'으로 알려진 것도 신환포에서 일어난 천주교와 개신교 사이의 충돌 사건이다. 어떤 개신교인의 소가 갑자기 죽

---

12) 최석우, 『한국천주교의 역사』, 한국교회사연구소, 1982, pp.248-249.
13) *The Korea Review*, vol. 3, 1903. p.27.
14) 《황성신문》, 1902.12.13.
15) 한국교회사연구소편, 『황해도천주교회사』, 한국교회사연구소, 1984, p.91.

었는데 옆집에 있던 천주교인의 소도 따라 죽었다. 그러자 그 천주교인은 세력 있는 천주교인들을 동원하여 소 값의 배상을 개신교인에게 요구하였다. 개신교인이 그 요구에 불응하자 수없이 구타하였다. 이 사실이 중앙에 보고되자 서울 외부外部에서는 사건의 전말을 조사하고 사태를 수습하려고 하였다. 그러나 천주교인들이 소환에 응하지 않고 프랑스 공사관도 부당한 재판에 응할 수 없다고 주장하였다. 결국 같은 해 프랑스 공사 플랑시가 직접 중재에 나서 사건이 겨우 무마되었다.

이처럼 개신교와 천주교의 경쟁과 갈등은 물리적 폭력을 동반한 충돌만이 아니라 '문서논쟁'으로 나타나기도 하였다. 양측의 논쟁은 16세기 종교개혁 당시 서구 가톨릭과 프로테스탄트 사이의 교리 논쟁을 거의 그대로 재현하였다. 천주교와 개신교는 각각 상대방의 교리를 비판하는 문서와 책자를 발간하여 배포하였다. 개신교는 교황제도를 비롯하여, 성인 및 마리아 숭배, 연옥설, 사제의 독신제도 등이 모두 성서적 근거를 지니지 못한 중세 교회의 발명품에 불과하다고 비판했다. 이에 대해 천주교는 가톨릭 교리의 정당성을 옹호하는 동시에 개신교의 성서 번역이 자의적 왜곡으로 가득하며 개신교는 교회 분열을 일삼는 '열교裂教'라고 비판하였다.16)

양측의 문서논쟁은 종교개혁자 루터에 대한 평가를 둘러싸고 절정에 달했다. 천주교 측은 '마귀의 종된 음란한 자', '방탕한 놈', '미친 놈', '길가의 소똥버러지 같은 위인' 등의 원색적 용어를 사용하면서 루터를 혹평하였다. 가톨릭 측 자료에 의하면 루터는

---

16) 자세한 것은 신광철, 『천주교와 개신교의 만남』, 한국기독교역사연구소, 1997 참조.

신과 맺은 서약을 깨고 수녀와 결혼하였을 뿐만 아니라 종교개혁의 동기 자체가 사적 욕망에서 기인한 것이다.[17) 이에 대해 개신교는 루터를 "국권을 농락한 교황마귀 세력의 암흑세계를 혁파한 혁명가로서 동양 제1의 성현인 공자와 같은 위인"이라고 칭송하였다.[18) 결국 이러한 양측의 논쟁은 누가 '진짜 기독교'인가를 둘러싼 논쟁이었다. 개신교는 자신이 '참 기독교'임을 내세우면서 선교 현장에서 주도권을 장악하고자 한 것이다.

초기 개신교의 경쟁 상대는 천주교만이 아니었다. 유교, 불교, 도교, 민간신앙과 같은 전통적 종교만이 아니라 동학, 증산교, 대종교와 같은 민족종교들 역시 개신교의 경쟁자로 등장하였다. 개신교는 초기부터 '구습 타파'와 '우상 타파'의 기치 하에 전통문화와 전통종교를 비판했다. 전통의 수용보다는 전통의 타파를 내세웠던 것이다. 이러한 과정에서 종교갈등이 빚어졌던 것이다.

선교 초기에 개신교 선교사나 한국 개신교인들에 의한 불교 비판 혹은 불교 모욕 사건이 발생하곤 하였다. 1893년 미국 북장로교 선교사였던 무어(F. Moore)는 북한산의 한 사찰에서 불상을 훼손하였다. 그는 주지와 대화하는 와중에 불상이 우상임을 증명하기 위해 불상 하나를 쳐서 넘어뜨렸다. 후일 주지가 이 사실을 정부에 알려 미국 공사가 사태를 진정시키기 위해 나서야 했다. 무어 선교사는 고종 황제에게 전도하기 위해 개인적 편지를 보내기도 했다. "참신을 예배하고 거짓 우상을 버릴 것"에 관한 소책자를 동봉하여 편지를 보냈던 것이다. 조선인이라면 상상할 수도 없는 행위를 한 것이다. 조선정부의 강력한 항의를 받은 주한 공

---

17) 한국기독교사연구회, 『한국기독교의 역사I』, 기독교문사, 1989, p.236.
18) 한국기독교사연구회, 앞의 책, p.236.

사는 무어에게 주의 조치를 주었다.[19]

어떤 개신교인은 절에 가서 불교에 대한 노골적 비판을 하기도 하였다. "형제들아 저것은 다 쓸데없는 우상이니 섬기면 점점 죄를 더 지으려니와 독일무이하신 진신과 그 아들님 예수 그리스도를 믿은즉 오늘날까지 부처 섬기던 죄까지라도 다 사하심을 얻으리라. 형제들이 방장지옥에 결박지어 갇힌 것을 보니 참 답답하도다. 지옥은 곧 절이오 죄는 곧 부처라."[20]

불상을 훼손하거나 불교를 비난하는 이러한 행위들은 젊은 선교사와 그러한 선교사들의 영향을 받은 초기 개신교 지도자들의 지나친 전도열, 미신을 타파하겠다는 서구의 이성주의, 기독교 유일신론, 타종교를 정복하려는 기독교 승리주의, 타종교 상징에 대한 몰이해 등이 복합되어 나타난 행동이었다.[21]

천주교는 조상 제사 거부로 인해 초기에 수많은 교인이 희생되었지만 개신교의 경우는 상황이 달랐다. 국가와 유교가 분리되어 가는 상황에 있었기 때문에 국가권력은 조상 제사를 거부하는 개신교인들을 탄압할 수 없었다. 초기 개신교인들은 조상 제사를 거부할 경우 문중이나 가족으로부터 관계가 단절되는 상황을 맞이하기는 하였지만 목숨이 희생되지는 않았던 것이다. 오히려 그와 반대되는 현상이 나타나기도 하였다.

1920년 8월 27일, 경북 영주군 문정리에 사는 한 여인이 시어머니의 상을 당하여 아침 저녁으로 상식上食을 지성으로 받들던 중, 남편이 기독교를 믿게 되어 상식을 금하자 남편과 이 문제로

---

19) 옥성득, 「무어의 복음주의 선교신학: 불상 파괴 사건과 황제 알현 요청 서신 사건을 중심으로」, 『한국 기독교와 역사』, 19호, 2003, p.43.
20) 『조선그리스도인회보』, 1897.9.1.
21) 옥성득, 앞의 글, p.42.

언쟁을 한 후, 남편의 불효한 죄과를 자신의 목숨으로 대속하리
라 하고는 시어머니의 신주를 뒷동산에 매안한 후 부근 냇물에
가서 투신자살한 사건이 발생하였다.22)

이 사건이 보도되자 당시 YMCA 총무 이상재李商在, 감리교 목
사 양주삼, 유교 측의 김윤식金允植, 장덕수張德秀 등이 《동아일보》
지면을 매개로 열띤 논쟁을 벌였다. 조상 제사가 우상숭배인가
아닌가의 논쟁이었다. 같은 개신교인이었지만 양주삼은 조상 제
사를 우상숭배로 반대했고 이상재는 효의 차원에서 조상 제사를
수용하였다. 이처럼 개신교 내에서는 조상 제사에 대해 서로 다
른 입장이 공존하고 있지만 오늘날까지도 조상 제사 거부의 입장
이 주류를 차지하고 있다.

개신교의 타종교에 대한 인식에는 나름의 분류 체계가 작동하
고 있다. 초기 개신교는 유교를 윤리(도덕), 불교를 철학, 민간신
앙을 미신, 민족종교(천도교, 대종교 등)를 유사종교, 그리고 천주교를
가짜기독교의 범주로 배치하였다. 유교의 조상 제사와 불교의 예
불은 우상숭배의 범주에 포함되었다.23) 이는 개신교만이 참된 종
교의 범주에 포함된다는 인식론에 근거한 것이다. 이러한 인식론
이 작동하는 한 한국 사회에서 다른 종교 및 전통문화와의 관계
는 분명한 한계를 지닐 수밖에 없고 이것이 오늘날 한국 사회에
서 개신교가 종교갈등의 한복판에 서 있는 주요한 배경이 된다.

---

22) 《동아일보》, 1920년 9월 1일자.
23) 이진구, 「근대 한국 개신교의 타종교 이해: 비판의 논리를 중심으로」, 『한
    국기독교와 역사』 제4집, 1995, pp.131-160.

Ⅳ. 러시아 정교회의 유입과 종교갈등

1884년 조로朝露조약이 체결되면서 외교관 및 군인을 비롯한 러시아인들이 입국하기 시작하였다. 1894년 청일전쟁으로 일본의 세력이 급격히 부상하자 러시아는 독일과 프랑스를 끌어들여 일본의 세력을 견제하는 '삼국간섭'을 시도하였다. 삼국간섭 이후 러시아의 세력은 점차 증가하여 마침내 친러파 정권이 득세하게 되었다. 을미사변으로 명성황후가 시해된 이후 고종은 공포에 시달리게 되었고 이때 친러파 세력이 고종을 러시아 공사관으로 피신시키는 사건이 발생하였다. '아관파천'으로 알려진 이 사건은 당시 러시아의 막강한 위상을 반영하는 상징적 사건이다. 당시 러시아는 절영도 조차租借 요구, 한로은행 설치, 재정고문과 군사교관 등의 파견을 통해 막강한 경제적 정치적 이권을 장악하였다.24)

그러나 러시아의 독주를 견제하는 열강과 자주권의 강화를 요구하는 독립협회의 활동에 의해 고종은 경운궁으로 돌아와서 황제즉위식을 거행하였다. 대한제국의 성립 이후 정부는 러시아의 각종 이권을 박탈하는 여러 조치를 취했다. 이로 인해 러시아의 위세는 점차 약화되었지만 1904년 러일전쟁에서 패할 때까지 러시아의 영향력은 상당하였다.

이 시기에 한국에 주재하는 러시아인들과 러시아인으로 귀화한 한국인들을 위해 러시아 정교회가 들어왔다. 러시아 공사관에 임시 교당을 마련한 정교회는 서울만이 아니라 지방으로까지 전

---

24) 신승권, 「아관파천과 러시아의 동아세아 정책」, 『한국정치외교사논총』 제18집, 1998, pp.175-203.

교 활동을 확대시켰다. 이 과정에서 러시아 정교회를 둘러싼 사회적 갈등이 빈발하였다. 대표적인 것이 '정길당 사건'이다.

이 사건은 중청도 지역에서 정길당貞吉堂이라 불리는 러시아 국적의 한인 여성이 주동이 되어 주민들에게 행패를 부린 사건이다.[25] 정길당은 이 사건이 일어나기 6년 전에 한국에 입국하여 남편 및 그의 아들과 함께 충청도 임천 지역으로 옮겨 왔다. 이 사건은 유생들이 법부에 소장을 제출함으로써 알려지게 되었으며 외교문제로까지 비화되었다.

당시 유생들이 고소한 주요 내용을 보면 1)황제가 자신을 "내 몸처럼 대접하라"고 했다고 하면서 황제의 칙교를 사칭함 2)러시아 복장을 입고 러시아의 부인인 것처럼 사칭한 것 3)정교회 선교사라고 주장하면서 무리를 불러 모은 것 4)도적의 무리를 모아 백성들을 살해한 것 등이다.[26] 그러면서 그의 죄가 사형에 해당한다고 주장하고 있다.

이 사건은 《제국신문》과 《황성신문》 등에 여러 차례 보도되었다. 따라서 정부는 러시아와의 갈등이 생겨날 수 있다고 보고 외교적 차원에서 이 문제의 진상을 규명하고 대처 방안을 모색하려고 했다. 러시아 공사관은 조사를 벌인 후 정길당은 러시아 국적을 지니고 있지만 주모자격인 나머지 인물들은 러시아인도 아니며 러시아 정교회와 아무런 관련을 갖고 있지 않다고 대답했다. 단지 정길당이 호조를 분실한 채 내지를 여행한 것이 법

---

25) 정길당의 부친은 40년 전 러시아로 입국하여 러시아 국적을 지니게 되었고 정길당은 '고베라'라는 이름의 러시아인이 되었는데 그 후 한국으로 입국하여 활동하였다. 이만열, "한말 러시아 정교의 전파와 그 교폐 문제", pp. 443-444

26) 〈법부소장〉 45책 문서번호 17281, V. 25 청원소; 이만열 p. 424에서 재인용.

에 저촉되었다고 보고 그녀를 1개월간 감금하는 조치로 사건을 마무리하고자 하였다. 그리고 한 달 뒤에는 영사재판권을 통해 그녀를 무죄 방면하였다.[27] 이 사건의 실체는 다소 모호한 감이 있지만 당시 러시아 정교회가 러시아의 힘을 배경으로 한국 사회에서 천주교의 교폐를 방불케 하는 교폐를 자행했음을 잘 보여준다.

V. 나가는 말

지금까지 기독교의 3대 전통인 가톨릭, 개신교, 정교회가 18세기 후반 이후 한국 사회에 시차를 두고 들어와 선교 활동을 하는 과정에서 종교갈등과 어떠한 관련을 맺고 있는지 살펴보았다. 천주교의 경우는 초기에는 조상 제사 거부로 인해 사교의 무리로 간주되어 지하신앙으로 잔존하였지만 개항기에는 서구 제국주의를 배경으로 한 선교사의 '힘'에 편승하여 강력한 '사회세력'으로 부상하였으며 한국 사회에 수많은 '민폐' 즉 '교폐'를 끼치는 종교의 모습을 보여주었다. 그러나 일제강점기 치하인 1930년대 후반에는 신사 참배 문제와 관련하여 정치적 맥락이 작동하기는 하였지만 조상 제사를 허용하면서 전통문화와 조화하는 방향을 취하였으며, 1960년대 이후에는 제2차 바티칸공의회의 정신을 따라 토착화 신학과 종교 간 대화의 길을 적극 모색해 오고 있다.

러시아 정교회의 경우는 러일전쟁으로 선교사들이 철수하면서

---

27) 이만열, 앞의 글, pp.426-433.

그 맥이 단절되었다. 1917년 러시아혁명으로 강력한 타격을 입은 러시아 정교회는 지하교회로 명맥을 유지해 가야만 하는 상황이었기에 한국 선교에 나설 수 없었다. 해방 이후에는 같은 동방정교회에 속하는 그리스 정교회가 러시아 정교회를 대신하여 선교 활동을 펼쳤다. 그리스 정교회는 초기부터 한국기독교교회협의회에 회원교단으로 가입하여 교회일치 운동을 전개하고 있다. 1990년대 초 소련의 붕괴에 따른 러시아의 부활 이후 러시아 정교회가 다시 한국에 들어와 선교 활동을 시작하였다. 따라서 현재 한국에는 기독교의 3대 전통의 하나인 정교회를 대표하여 그리스 정교회와 러시아 정교회가 함께 선교 활동을 펼치고 있다. 이 교회들은 가톨릭이나 개신교에 비해 교세가 워낙 작기 때문에 사회적 영향력은 크지 않지만 다른 기독교 교파들 및 다른 종교들과의 대화 및 공존을 모색하고 있는 것으로 보인다.

개신교의 경우는 미국의 보수적인 선교사들이 전해준 근본주의 신학과 신앙의 영향으로 초기부터 전통문화 및 전통종교와 조화로운 관계를 맺기보다는 배타적이고 정복주의적인 태도를 취했다. 특히 개신교의 공세적인 선교 활동은 한국 사회의 갈등과 분열을 심화시키는 요인으로 작용해 왔다. 불상 훼손, 장승 파괴, 단군상 파괴와 같은 사회적 갈등의 중심에는 항상 개신교가 자리잡고 있다. 물론 개신교계 전체가 사회갈등과 종교갈등에 연루된 것은 아니다. 개신교계의 진보진영은 교회 개혁과 더불어 이웃종교들과의 평화 공존을 지향하는 종교 간 대화운동에 적극적이다. 그러나 한국 개신교의 압도적 다수를 차지하는 보수진영은 교회 성장과 교세 확장에만 관심을 가질 뿐 이웃종교와의 연대나 대화에 여전히 소극적이다. 개신교가 이러한 태도를 고수하는 한 한국 사회의 종교갈등과 사회갈등은 해소되기 어려울 뿐만 아니라 개신교의 존립 자체에도 부정적 효과를 초래할 것이다. 따라서 개신교는 기존의 선교관과 선교 태도를 비판적으로 성찰하면서 이웃종교와 함께 보다 성숙한 한국의 종교문화를 건설하는 데 적극 동참해야 할 것이다.

7. 일제의 종교정책과 불교

김순석 한국국학진흥원 유교문화박물관장

약력

김순석

고려대학교 사학과를 졸업하고, 동 대학원에서 「조선총독부의 불교정책과 불교계의 대응」이라는 주제로 박사학위를 받았다. 한림대학교 부설 태동고전연구소를 수료하고, 독립기념관 연구원, 고려대학교 강사, 순천향대학교 강사 등을 역임하였다. 저서로는『백년 동안 한국 불교에 어떤 일이 있었을까』,『불교정화운동의 재조명』(공저),『불교근대화의 전개와 성격』(공저),『일제시대 조선총독부의 불교정책과 불교계의 대응』외에 다수가 있다. 논문으로는「백학명의 선농일치와 근대 불교개혁론」,「한국 근대 불교계의 민족인식」,「이승만 정권의 불교정책」,「대한불교조계종과 한국불교태고종의 성립과정」외에 다수가 있다. 현재 한국국학진흥원 한국유교문화박물관장으로 재직 중이다.

Ⅰ. 들어가는 말

　　일제의 종교정책이 본격적으로 연구되기 시작한 것은 그리 오래되지 않는다. 특히 불교사에 있어서는 더욱 그렇다. 종교정책은 정권이 지향하는 정책 전반에 포함되는 것이라서 종교 부분만 따로 떼어서 논의하기 어렵다. 그렇기 때문에 종교정책은 전반적인 통치체제의 틀 속에서 이해되어져야 한다. 일제의 종교정책을 논한다는 것은 일제의 통치정책 전반을 이해한다는 것이 전제되어야 한다. 종교정책이라고 하면 불교뿐만 아니라 모든 종교를 포괄하는 것이므로 논제의 범위가 매우 광범위하다. 제한된 지면 안에서 일제 시기의 모든 종교정책을 논하기는 어렵다. 그런 까닭에 본고는 시기별로 불교정책의 변화를 제시할까 한다.

　　일제강점기 불교정책에 관한 연구는 많지가 않다. 그 까닭은 연구자가 적은 것이 하나의 원인이 되겠다. 또 다른 이유는 일제시대 불교사가 주로 친일적이라는 잘못된 선입견 때문이기도 하다.[1] 김광식은 일제강점기 불교사에 대한 본격적인 연구의 시작은 1990년대 초반으로 보고 있다. 그는 1990년대 초반 이전에도 근대불교사에 관한 연구가 없었던 것은 아니지만 개설적·교양적 측면이 강하였다고 한다. 1990년대 초반 이후부터 역사학·불교학·종교학·철학 분야에서 연구 성과가 나오기 시작하였다고

---

1) 이러한 선입견은 임혜봉의 『친일불교론』(민족사, 1993)의 발간으로 더욱 구체화되었다.

한다. 뿐만 아니라 교단 및 사찰에서도 근현대불교사에 관심을 가지기 시작하였으며 각종 학술행사가 열리기 시작하였다고 한다.[2] 일제강점기 불교정책사 연구에 처음으로 주목한 사람은 정광호였다. 그는 식민지 시기 일본불교의 유입으로 인한 불교계의 변화에 주목하였다. 일련의 연구[3]를 통하여 나타난 그의 논지는 일제의 불교정책은 회유책과 통제책을 병행하였다는 것이다. 그는 일제의 종교정책을 기독교와 같은 종교에 대해서는 상당한 주목과 함께 때로는 탄압까지 하면서도 불교정책에 있어서만은 우대까지 하는 정책을 취하였다고 한다. 그는 일제가 종교정책을 수행하는 데 있어 불교계도 일조一助가 되어 주기를 기대하였지만 교단의 자율적 발전을 봉쇄하는 방향으로 진행되었다고 한다. 필요하니까 우대와 아울러 지위는 높여 주되 거기에는 필연적으로 총독을 정점으로 하는 강력한 통제가 따랐다고 한다.[4] 정광호의 연구는 일제강점기 전반을 아우르지 못하고 있으며 1910년대 「사찰령寺刹令」(이하 「 」 표 생략) 분석에 머무르고 있다. 그런 까닭에 그의 연구는 일제강점기 전체상을 이해하기는 어려운 면이 있다. 일제

---

2) 김광식, 「근대불교사 연구의 성찰 : 회고와 전망」, 『민족불교의 이상과 현실』, 도피안사, 2007, pp.539-540.

3) 일제의 불교정책에 관한 연구는 다음의 논저들을 참고할 수 있다.
정광호, 「일제의 종교정책과 식민지 불교」, 『한국사학』 3집, 한국정신문화연구원, 1980.
______, 「메이지 불교의 Nationalism과 한국침략」, 『인문과학연구소 논문집』14, 인하대학교, 1988.
______, 「寺刹令의 공포와 식민지 불교」, 『近代韓日佛敎關係史研究』, 인하대학교출판부, 1994.
김순석, 『일제시기 조선총독부의 불교정책과 불교계의 대응』, 경인문화사, 2003.
한동민, 『'寺刹令' 體制下 本山制度 研究』, 중앙대학교 박사학위 논문, 2005.

4) 정광호, 『近代韓日佛敎關係史研究』, 인하대학교출판부, 1994, pp.82-83.

의 불교정책사를 본격적으로 연구한 것은 김순석이다. 그는 개항기부터 일제의 패망에 이르기까지 조선총독부의 불교정책을 검토하였다. 그의 주된 논지는 시기에 따라 약간의 변화가 있기는 하지만 일제의 불교정책은 초기부터 말기까지 통제가 강화되는 방향으로 진행되었다고 한다. 이에 대한 불교계의 반응은 친일과 항일적인 모습으로 나타난다고 한다.[5] 김순석의 연구 또한 일제의 전반적인 정책 속에서 불교정책을 이해하지 못하고 불교사에 치우쳐 있다는 한계를 지니고 있다. 김순석에 이어 일제의 불교정책을 연구한 한동민은 일제의 불교정책을 중앙에 교단을 조직하고 그를 통해 통제하는 형식을 취하였다고 한다. 총독부는 불교계 보호라는 미명 아래 사찰령을 통한 불교계의 신민화를 강요하였다고 한다. 한동민의 연구 역시 일제강점기 전반의 불교정책을 검토하지 못하였고 사찰령을 분석하는 데 머무르는 한계를 노정하였다.[6] 본고는 이와 같은 연구 성과를 바탕으로 일제의 종교정책을 세 시기로 나누어서 검토하고자 한다. 다시 말하자면 1910년부터 3·1운동이 발발하는 1919년까지를 '법령 제정을 통한 통제기'로 보고, 3·1운동 이후부터 1937년 7월 일본이 침략전쟁을 도발하기 전까지를 문화정책을 표방한 회유기로 본다. 중일전쟁 발발부터 일제의 패망까지는 일제가 불교계를 '전쟁 참여를 강요한 동원기'로 보고자 한다.

---

5) 김순석, 앞의 책.
6) 한동민, 앞의 논문, 『'寺刹令' 體制下 本山制度 研究』.

Ⅱ. 법령 제정을 통한 통제기(1910-1919)

일제강점기 조선에서 일제의 불교정책은 침략을 합리화하고 그에 저항하는 조선인의 민족의식을 회유하는 데 두어졌다. 기본적인 노선은 조선불교의 발전을 도모한다는 것을 명분으로 내세운 회유책이었지만 언제나 감시를 통한 통제책이 작용하고 있었다.[7] 총독부는 1910년 조선을 강제로 병합하고 이듬해 6월 3일자로 사찰령[8]을 공포하였다. 이어서 7월 8일자로 「사찰령시행규칙寺刹令施行規則」(이하「 」표 생략)[9]을 발표하였다. 사찰령과 사찰령시행

---

7) 김순석, 「조선총독부의 '사찰령' 공포와 30본사 체제의 성립」, 『한국사상사학』 제18집, 2002, pp.499-500.

8) 『朝鮮總督府官報』 제227호(1911.6.3.)인 「寺刹令」의 내용은 다음과 같다.
제1조 사찰을 병합 이전하거나 또는 폐지하고자 하는 때는 조선총독의 허가를 받아야함. 그 基址나 또는 명칭을 변경하고자 하는 때도 같음.
제2조 사찰의 기지 및 伽藍은 지방장관의 허가를 받지 않으면 傳法・布敎・法要執行 및 僧尼 止住의 목적 이외에 사용하거나 또는 사용하게 할 수 없음.
제3조 사찰의 본말관계・승규・법식 기타의 필요한 사법은 각 본사에서 정하여 조선총독의 허가를 받아야 함.
제4조 사찰에는 주지를 두는 것을 要함.
제5조 사찰에 속하는 土地・森林・建物・佛像・石物・古文書・古書畵 기타의 귀중품은 조선총독의 허가를 받지 않으면 처분하지 못함.
제6조 前條의 규정에 위반하는 자는 2년 이하의 징역이나 또는 5백만원 이하의 벌금에 처함.
제7조 本令에 규정하는 것 외에 사찰에 관하여 필요한 사항은 조선총독이 정함.
부칙 본령을 시행하는 기일은 조선총독이 정함.

9) 『朝鮮總督府官報』 제257호(1911.7.8.) 「寺刹令施行規則」의 내용은 다음과 같다.
제1조 주지를 정할 방법・주지의 교체 절차 및 그 임기 중 사망하거나 기타의 사고로 인하여 결원이 발생한 경우에 寺務 취급 방법은 사법 중에 이것을 규정함.
제2조 左에 揭한 사찰 주지의 就職에 대하여는 조선총독의 인가를 받아야 함.
京畿道 廣州郡 奉恩寺, 水原郡 龍珠寺, 楊州郡 奉先寺, 江華郡 傳燈寺, 忠淸北道 報恩郡 法住寺, 忠淸南道 公州郡 麻谷寺, 全羅北道 全州郡 威鳳寺, 錦山郡 寶石寺, 海

규칙의 주요 내용은 사찰 본래 목적인 포교와 신앙활동을 제한하
는 법이었다. 이 법령은 사찰에서 재산을 처분하기 전에 관청의
허가를 받게 하는 것으로 사찰의 재산권 행사를 제한하는 법이었
다. 사찰령은 새로운 사찰의 창건에 관한 조항을 명시하지 않음
으로써 교세 확장을 제한하고 기존 사찰을 규제하기 위해서 제정
된 법이었다. 사찰령은 일본 문부성이 1898년 제14회 제국의회에
제출한 「종교법안宗教法案」10)을 참조하여 만들어졌다. 「종교법안」
은 메이지유신[明治維新] 이후 천황제와 국가신도의 위상을 강화하는
과정에서 모든 종교를 통치정책에 순응시키기 위하여 입안되었
다. 제14회 제국의회에 상정되었으나 통과되지 못하였다. 「종교

南郡 大興寺, 長城郡 白羊寺, 順天郡 松廣寺, 順天郡 仙巖寺, 慶尙北道 大邱府 桐華
寺, 永川郡 銀海寺, 義城郡 孤雲寺, 聞慶郡 金龍寺, 長鬐郡 祇林寺, 慶尙南道 陜川郡
海印寺, 梁山郡 通度寺, 釜山府 梵魚寺, 黃海道 信川郡 貝葉寺, 黃州郡 成佛寺, 平安
南道 平壤府 永明寺, 順安郡 法興寺, 平安北道 寧邊郡 普賢寺, 江原道 杆城郡 乾鳳
寺, 高城郡 楡岾寺, 平昌郡 月精寺, 咸鏡南道 安邊郡 釋王寺, 咸興郡 歸州寺.
제3조 前條의 인가 신청서에는 주지가 될 자의 신분, 연령 및 수행 이력서를
첨부하여야 함.
제4조 주지의 임기는 3년으로 함. 단, 임기가 만료된 후 재임은 무방함.
제5조 주지가 범죄 기타 부정한 행위가 있을때나 또는 직무를 태만한 때는
그 취직의 인가를 취소할 수 있음.
제6조 전조에 의하여 인가가 취소된 자는 사법에 정하는 바에 의하여 일제
사무를 인계하고 일주간 이내에 그 사찰을 퇴거하여야 함.
제7조 주지는 사찰에 속한 토지·삼림·건물·불상·석물·고문서·고서
화·범종·經卷·佛器·佛具 기타 귀중품의 목록서를 만들어 주지직에 취임
한 후 5개월 이내에 조선총독에게 제출하여야 함.
제8조 제7조의 신고를 아니한 자는 오십 원 이하의 벌금이나 또는 구류에
처함. 6조의 규정에 위반한 자도 같음.
부 칙 본령은 사찰령을 시행하는 날로부터 시행함. 각 본사에서는 본령을 시
행한 후 5개월 이내에 사법의 인가를 신청하여야 함.
본령을 시행할 즈음에 주지 없는 사찰은 본령을 시행 후 3개월 이내에 주지
를 정하고 그 인가를 신청하여야 함.
10) 戶村政博, 『神社問題とキリスト教』, 新敎出版社, 1976, pp.397-400.

법안」은 이후에도 몇 차례에 걸쳐 상정되지만 번번이 부결되다가 1939년에 가서 「종교단체법宗敎團體法」이라는 이름으로 통과되었다. 종교법안이 부결되었던 이유는 헌법 정신에 위배되고, 국가의 종교 간섭은 시대착오라는 반론에 부딪혔기 때문이었다. 총독부는 본국에서 실행이 불가능하였던 법안을 조선에서 시행하였다.[11] 사찰령과 사찰령시행규칙은 불교계가 전개하는 중요한 사안에 대하여 사전에 총독부의 허가를 받도록 규제한 법령이었다. 사찰령의 시행을 두고 불교계는 찬반 양론으로 분열되었다. 찬성하는 측은 대개 교단지도부인 본사 주지들이거나 관변 지식인층들이었다. 반대하는 측은 재야의 지식인들로 이들은 교단과 불교계에 실질적인 영향력을 행사하기에는 많은 한계가 있었다.

사찰령을 찬양한 본사 주지들의 반응 가운데 대표적인 것들을 살펴보면 다음과 같다. 1915년 초대 30본산연합사무소위원장을 지냈던 수원 용주사龍珠寺 주지였던 강대련姜大蓮은 다음과 같이 사찰령을 인식하였다. "고려 말에 전래된 주자학朱子學의 영향으로 불교는 무부무군無父無君의 종교로 인식되어 깊은 산속으로 구축驅逐되어 인민人民을 접촉할 기회를 가질 수 없었다. 1911년 사찰령이 공포됨에 따라서 조선불교는 정부의 보호를 받는 은덕을 입어 다시 중흥의 기회를 맞이하였다"라고 하였다.[12] 1917년 30본산연합사무소위원장을 역임하였던 통도사 주지 김구하金九河는 이러한 반응을 보였다. '명치 사십사년(明治 四十四年, 1911)에 재가裁可를 입어 조선총독부의 사찰령 7조가 반포된 이래로 선교양종禪敎兩宗 30본산本山이 차례로 사법寺法을 시행하야 사무事務의 질서가 정제整齊되

---

11) 김순석, 앞의 책, pp.43-45.

12) 姜大蓮, 「佛敎擁護會와 法侶의 覺悟」, 『朝鮮佛敎叢報』 제4호,(1917.9.), pp.22-23.

고 재산의 보호가 엄밀嚴密하야 조선 사찰에 일반 승려는 국가의 특은特恩을 감명感銘하며 종교의 균권均權을 향수하지 않는가. 그렇다면 금일 승려는 이것에 대하야 만일萬一을 보답하려면 무엇으로써 급무를 위爲할까 하면 강학講學과 포교布敎의 이자二者에 재在하다 하노니'13)라고 하였다. 김구하는 사찰령이 시행된 이래로 30본산이 사법을 제정함으로써 사찰재산을 보호할 수 있게 된 것으로 이해하였다. 이러한 반응은 이 밖에도 여러 곳에서 찾을 수 있다. 30본사 주지들은 사찰령을 불교계를 회생시키는 양약으로 인식하였다.

사찰령을 반대한 글은 찾기가 어려운 실정이다. 왜냐하면 그 당시는 모든 출판물이 발간되기 전에 사전 검열을 받아야 했기 때문이다. 사찰령을 시행하면서 정무총감이 9월 18일자로 각도 장관에게 발송한 다음과 같은 관통첩官通牒에서 반응을 짐작해 볼 수 있다.14) '사찰령은 조선 사찰의 퇴폐를 방지하고 그 유지 존속을 보호하기 위해 해당 단속을 위한 취지를 발하였으나 왕왕 지방을 배회하며 무설誣說을 유포하는 사람들이 있다. 심함에 이르러서는 사찰령은 조선 사찰의 권리를 빼앗아 승려를 박멸하려 한다고 하여 조선 승려로 하여금 의구심을 야기惹起시키는 자도 있다'라고 나타나 있다.15) 사찰령이 조선 사찰의 권리를 빼앗고, 승려를 박멸하려 한다라는 말이 유포될 정도로 불교계 내부의 반발이 거세었음을 알 수 있다. 일제강점기 항일승려였던 한용운韓龍雲은 문탁文鐸·김호응金浩應 등과 1914년 조선불교회를 창립하여 30

---

13) 金九河, 「謹告諸方」, 『朝鮮佛敎叢報』 제2호(1917.4.), pp.1-3.
14) 『朝鮮總督府官報』 제318호(1911.9.18.).
15) 위와 같음.

본산 주지의 통솔을 받지 않고 불교 발전을 도모하는 단체를 만들었다.[16] 이 단체는 각 본산 주지들과 의견이 충돌되었다. 이렇게 되자 조선불교회는 불교동맹회로 이름을 바꾸어 지방의 각 절에 있는 청년들을 상경하게 하여 비밀회합을 가졌다.[17] 그러나 이러한 움직임은 일경에 포착되어 한용운은 북부 경찰서 고등계로 소환되어 엄중한 경고를 받았다.[18] 그럼에도 불구하고 한용운은 이에 굴하지 않고 30본산 주지들의 간섭을 받지 않는 불교회 설립에 관한 신고서를 북부경찰서에 제출하였으나 뜻을 이루지 못하였다. 당시 언론은 30본산 주지의 직권 안에서 설립 허가를 신청하여도 인가 여부를 알 수 없는데 30본사 주지의 통제를 받지 않는 단체를 설립한다는 것은 어려운 일이라고 논평하였다.[19]

사찰령 시행에 대한 국외의 반응을 살펴볼 수 있는 자료로는 1919년 3·1운동 이후에 성립된 상해 임시정부는 일본의 조선 통치가 부당하다는 사실을 국제연맹에 호소하는 보고서를 책의 형태로 만들었다.[20] 이 책에 의하면 사찰령은 사찰의 신축을 인정하지 않음으로써 불교계를 고사枯死시키고, 재산을 관유화官有化시킴으로써 자유로운 재산권의 행사를 제한하였다. 나아가서 주지 선출 방식이 전통적인 산중공의제를 무시하고 총독부의 영향력이 강하게 작용하는 방법으로 진행됨으로써 많은 문제의 소지가 내재되어 있음을 지적하였다. 따라서 사찰령과 사찰령 시행규칙이 폐지되지 않으면 불교계의 불만은 종식되지 않을 것이라는 점

16) 《每日申報》 1914.8.15, 〈佛敎會의 歸寂〉.
17) 《每日申報》 1914.8.22, 〈佛敎會의 再燃〉.
18) 《每日申報》 1914.9.5, 〈佛敎同盟會도 禁止〉.
19) 《每日申報》 1914.9.12, 〈佛敎會 又爲退却〉.
20) 李光洙 編, 國際聯盟提出 『朝日關係史料集』, 高大圖書館 影印本, 1982.

을 경고하였다.[21)

　1910년대 초반에 총독부가 실시한 조선의 종교정책은 조선인들을 천황제 국체에 복종할 수 있게 하는 제도적인 기구를 정비하는 것이었다. 1915년 무렵의 종교정책은 사회 안정에 치중하면서 행정기구에 의한 종교단체의 통제책을 확대한다는 것이었다. 이러한 방침은 1915년 8월 「포교규칙布敎規則」 공포에서 구체적으로 드러난다.[22)] 포교규칙은 외국인 선교사와는 양해친화諒解親和를 도모하지만 조선의 교회에 대해서는 통제할 필요가 있다는 판단에서 제정된 것이다. 포교규칙은 기독교의 통제에만 국한된 것은 아니다. 신도神道와 불교佛敎 그리고 필요하다면 총독부가 '유사종교類似宗敎'라고 분류하여 통제와 감시를 강화하였던 민족종교·신흥종교까지도 통제할 수 있는 광범위한 법령이었다.[23)] 총독부는 포교규칙을 공포하면서 1906년 통감부령 제45호로 발표하였던 「종교의 선포에 관한 규칙」[24)]을 폐지하였다. 이 두 법령의 차이점은 종교의 선포에 관한 규칙은 일본 종교 세력들의 포교 활동을 포괄적으로 보장하였다. 포교규칙은 적용 대상 종교의 범위를 확대하였고, 보다 구체적으로 규제를 강화하는 방향으로 재정비되었다.

　총독부는 포교규칙의 제정 목적에 대하여 다음과 같이 밝혔다. '본령은 결코 신교信敎의 자유에 제한을 가하려는 것이 아니고 포교상의 수속을 규정하려는 것이다'라고 하였다. 포교규칙의 실

---

21) 위와 같음.
22) 『朝鮮總督府官報』 제911호(1915.8.16.).
23) 朴相權, 「日帝의 宗敎政策과 韓國宗敎」, 崇山朴吉眞古稀紀念論叢 『韓國近代宗敎思想史』, 원광대학교출판국, 1984, p.170.
24) 宋炳基 編, 『統監府法令資料集』, 국회도서관, 1972, p.234.

시로 사실상 종교 선포에 종사해 온 조선인 및 외국인도 그 선교 행위를 공인받고 한편으로 신고 또는 허가 신청 등의 수속을 받게 함으로써 일시동인一視同仁의 보호 감독을 받게 되었다25)는 것이다. 총독부는 신교信敎의 자유를 제한하려는 의도가 아니라고 하였지만 포교규칙은 조선에 존재하는 모든 종교에 대해서 그 포교자들을 등록하게 하여 통제를 강화하였다.

1910년대 법령 제정을 통한 통제기의 특징은 사찰령과 사찰령 시행규칙 그리고 포교규칙과 같은 법령 제정을 통하여 제도적으로 불교 및 여타 종교를 통제할 수 있는 기반을 만든 시기이다. 이들 법령의 특징은 사상과 양심의 자유를 기반으로 하는 종교 활동 가운데 주요 사안에 대해서 사전에 총독부의 승인을 받게 하는 것이었다. 뿐만 아니라 자격 조건을 갖춘 사람에 한해서 포교사 활동에 종사할 수 있도록 하였고, 자격이 부적당하다고 판단될 때는 변경을 명할 수 있었다. 일제는 이처럼 종교계를 규제하는 법령을 통하여 조선인의 의식을 천황에게 순종할 수 있는 사람으로 만들고자 하였다.

---

25) 『朝鮮總督府施政年報』, 朝鮮總督府, 1915, pp.66-67.

Ⅲ. 문화정책을 표방한 회유기(1920–1937.6.)

1. 1920년대 초반 총독부의 재단법인 설립의 허용

1910년부터 1919년 3·1운동이 발발할 때까지 조선총독부는 법률로 불교계를 통제하였다. 그런데 3·1운동이라는 대규모 한민족의 저항을 경험하고 나서 통치정책을 강압 일면도의 무단통치에서 문화정치라는 형태로 전환하였다. 문화정치는 조선인에게 다소간의 자유를 허용하면서 감시를 강화하는 형태로 나타냈다. 문화정치를 효율적으로 시행하기 위해서 1919년 8월 19일 관제를 개편하여 학무국 내에 종교과를 신설하였다. 당시 학무국은 내무부 소속이었는데 황민화 정책 수행을 위하여 총독 직속으로 승격되었다.[26] 문화정치의 내용에 대해서는 총독부가 자인한 다음과 같은 글에서 잘 나타난다.[27]

> 보통 문화정치라고 일컫지만 반도 통치의 기본 방침에 있어서는 조금도 변한 점은 없다. … 끝내 국헌에 반항하고 병합의 정신에 어긋나는 불령배에 대해서는 추호의 가차없이 단속하는 방침을 추진하는 것이다.

말이 문화정치이지 조선의 민중들이 일상생활에서 받는 일본의 간섭과 지배의 내용은 달라진 것이 없었다. 대내적으로는 조선인의 독립운동을 사전에 차단하고, 대외적으로는 외교 관계를 악화시키지 않고 평화적인 통치가 이루어지고 있는 것처럼 위장

---

26) 《매일신보》 1919.8.14.
27) 朝鮮總督府, 『施政二十五年史』, 1935. pp.314–315.

하는 것이었다. 말하자면 총독부는 조선을 통치하는 전략은 그대로 둔 채 전술만 일부 수정하였을 뿐이다.[28]

종교계에 실시한 문화정책의 내용은 각종 종교단체를 중앙집권화하고 친일파를 대표자로 앉혀서 종교세력의 통제를 용이하게 하는 것이었다.[29] 그 과정에서 민족세력과 친일세력의 갈등을 조장하여 끝내는 친일세력이 주도권을 장악하도록 주변에서 지원하였다. 일제는 3·1운동이 종교계 지도자들에 의해서 발단이 되었음에 주목하였다. 그리고 민족대표 33인의 종교 성분을 분석하여 천도교 15명, 기독교 16명(장로교와 감리교파 포함), 불교 2명이라는 결론을 도출하였다.[30] 이상과 같은 분석에서 종교의 정치 관여가 고질적인 병폐라고 단정한 사이토 마코토[齋藤實] 총독은 정무총감 미즈노 렌타로[水野鍊太郎]와 함께 외국인 선교사와 양해친화諒解親和를 도모하고, 포교규칙布敎規則의 개정, 사립학교규칙 개정, 종교단체의 법인화 허가 등 잇달아 종교에 관한 종무방침을 시달했다.[31] 외국인 선교사와 양해친화諒解親和는 선교사와 연합대회를 개최하는 형태로 나타났다. 일본의 조선 통치가 야만적인 것이 아니며, 평화적으로 진행되고 있으며, 조선의 경제 발전에 기여하는 것처럼 선전하였다.[32] 포교규칙 개정의 요지는 포교에 관한 수속의 간이簡易를 주지主旨로 하되 계출屆出 사항은 최저한도에 그치게 한다. 본칙에 부대附帶하는 벌금형을 삭제하고 새로 교회당과 설교소, 강의소가 안녕질서를 교란할 염려가 있다고 인정

---

28) 한국기독교역사연구소, 『한국기독교의 역사』, 기독교문사, 1998, p.43.
29) 강동진, 『일제의 한국침략정책사』, 한길사, 1984. p.168.
30) 金素眞, 『韓國獨立宣言書硏究』, 國學資料院, 1999. p.93.
31) 朝鮮總督府, 『朝鮮の統治と基督敎』, 1921. pp.14-20.
32) 한국종교문화연구소 , 『한국종교와 종교학』, 청년사, 2008, pp.232-233.

될 때는 관리자에 대하여 사용을 금지한다[33]는 형태로 나타났다. 서양세력이 배후에 있는 기독교와는 친밀함으로 도모하되 어디까지나 일제가 용인하는 한도 내에서 규제를 완화하였다. 신설된 종교과는 완화된 법령에 따라 종교계의 통제를 완화하되 감시와 감독은 강화한다는 것이었다.

이러한 지침에 따라 1920년 사이토 총독이 본국에서 받은 문서「조선의 민족운동에 대한 대책」가운데 '종교적 사회운동'에는, 불교에 관한 대책이 구체적으로 6개 항목으로 제시되어 있다.[34] 그 요지는 30본사를 통괄하는 총본산을 두어 불교계의 중앙집권체제를 꾀하고, 친일파를 종교계의 지도자로 내세운다는 것이었다. 총독부의 이러한 방침은 조선인 가운데 대표적인 친일파와 재조선 일본인 가운데 유력자들을 모아서 조선불교단[35]이라는 재단법인을 만드는 형태로 나타났다. 조선불교단의 설립 목적은 조선에 있어서 불교의 진흥 보급을 도모하고, 인심을 교화 선도하며, 민중의 복지를 증진하는 것으로 한다. 이 두 가지 항목

---

33) 《동아일보》 1920.4.7. 〈布敎規則改正, 安寧秩序 害치면 敎會堂 使用禁止〉.
34) 『齋藤實文書』 제9권, 「朝鮮民族運動ニ 對スル 對策案」, 高麗書林, 1990, pp. 143-151.
　　1) 사찰령을 고쳐 경성에 30본산을 통할하는 總本山을 세우고 중앙집권화를 꾀한다.
　　2) 總本山의 官長에는 친일주의자를 세운다.
　　3) 불교진흥촉진단체를 만들어 총본산의 옹호 기관 노릇을 시킨다.
　　4) 진흥촉진단체는 본부를 경성에 두고 회장을 거사(居士) 중 친일주의자 덕망이 높은 사람으로 채운다.
　　5) 이 단체의 사업을 일반 인민의 교화, 죄인의 감화, 자선사업 기타로 한다.
　　6) 총본산·각본산·불교단체에 상담역으로 인격있는 內地人을 둔다.
35) 조선불교단에 대해서는 다음 논문을 참고할 수 있다.
　　김순석, 「조선불교단연구」, 『한국독립운동사연구』제9집, 1995.
　　＿＿＿, 「1930년대 전반기 재조선 일본 불교계의 동향」, 『한국독립운동사연구』 제12집, 1998.

이외에도 필요에 따라서 부대사업으로서 교육자선 기타 사회사업을 행할 수 있도록 되어 있었다[36]. 결국 이러한 문화단체의 설립은 총독부의 방침에 따라 친일파를 양성하고, 민족운동 계열의 단체를 분열시켜 무력화시키는 형태로 나타난다. 이러한 정책은 총독부가 1920년대 조선불교계가 추진한 재단법인의 설립 과정에서 잘 나타난다. 총독부가 종교계에 재단법인의 설립을 허용한 것은 종교단체의 사회적 신용을 높여주는 효과가 있었다. 하지만 보다 근본적인 목적은 종교단체를 합법적으로 관리하겠다는 데 있다. 종교계의 재산에 대하여 법인 설립을 인가할 경우 해당 법인은 당해 연도의 수입과 지출을 비롯한 주요한 활동 사항을 관할 관청에 보고할 의무가 있다. 그리고 법인이 해산될 경우에 법인의 재산은 국고로 귀속되기 때문에 총독부의 입장에서는 나쁠 것이 없었다. 1920년대 불교계의 재단 설립 과정을 살펴보면 자주적 성격이 강하였던 총무원 계열과 어용적 성격이 강하였던 교무원 세력으로 양분되어 갈등을 거듭하게 된다. 결국은 교무원 세력이 중심이 되어 전국의 30본사들이 참여하는 재단법인 조선불교중앙교무원이 탄생하게 된다.

1920년대 조선불교계의 상황은 1920년 6월에 비교적 자주성이 강한 조선불교청년회가 창립되었다. 이어서 1921년 12월에는 조선불교청년회원 가운데서 비교적 소장파들로 구성된 불교유신회가 발족하였다. 불교유신회원들은 불교계의 당면 과제들을 해결하는 데 있어 승려 계층에 국한시키지 않고 일반 불교도들까지 참여해야 한다고 주장하였다. 불교유신회는 모든 불교도들이 참여하여 자주적이고, 민주적인 방법으로 의사를 결집할 것을 제안

---

36) 『朝鮮總督府官報』 제3847호(1925.6.13.).

하였다. 나아가서 유신회원들은 일제가 조선불교계를 장악하였던 악법인 사찰령 철폐운동을 전개하는 등 자주적인 면모를 보였다. 불교청년회와 불교유신회의 자주 세력들이 단일 통제기관인 총무원總務院을 설립하였다. 당시 총무원에 가담했던 10본산으로는 통도사通度寺·해인사海印寺·범어사梵魚寺·기림사祇林寺·석왕사釋王寺·백양사白羊寺·송광사松廣寺·봉선사奉先寺·위봉사威鳳寺·건봉사乾鳳寺를 들 수 있다. 이러한 움직임에 대해서 조선총독부의 지시를 받은 본산 주지들을 중심으로 1922년 5월 26일과 27일 양일에 걸쳐 본산 주지 회의를 개최하였다. 이 회의에서 본사 주지들은 기존의 총무원 체제를 부정하고 새로운 통일기관인 '조선불교교무원朝鮮佛敎敎務院'의 설립을 결의하였다. 이 결의는 총무원에 가담한 10본산들의 주지들이 퇴장한 가운데 60만원의 재단법인을 만드는 것으로 결말이 났다.

총독부는 조선불교중앙교무원을 1922년 12월에 재단법인으로 승인하였고, 1923년 11월에 일본인을 고문으로 앉혔다. 이후에도 총무원과 교무원은 갈등을 거듭하다가 결국 1924년 1월에 재단법인 조선불교중앙교무원으로 통합되었다. 재단법인 조선불교중앙교무원의 설립 목적은 '조선불교의 발전을 도모하기 위해서 종교 및 교육사업을 시행하고, 조선 사찰 각 본말사의 연합을 도모하기 위함'이었다.[37]

민족주의 진영과 어용세력이 갈등을 거듭하다가 민족진영 세력이 무력화될 수밖에 없었던 것은 통치권력이 어용세력을 옹호하고 지원하였기 때문이다. 이러한 현상은 일제강점기 치하에서 민족주의 노선이 겪을 수밖에 없었던 현실이었다. 결국 총독부가

---

37) 위와 같음.

취한 불교정책의 궁극적인 목표는 불교가 조선 통치에 기여하도
록 해야 한다는 것이었다.

2. 사상통제책으로써 심전개발운동의 전개

일제는 1931년 만주사변을 일으켜 만주를 점령하고 만주국을
건설하고 나서 준전시체제에 돌입하고, 중국 대륙 진출을 본격화
하기 시작하였다. 일제는 1932년 상해사변을 일으켰고, 1933년
에는 국제연맹에서 탈퇴[38]하는 등 국제사회에서 고립을 면치 못
하였다. 때마침 제기된 천황기관설[39]로 인하여 일본 사회는 국
체를 명징明徵해야 할 필요성을 느꼈다. 일본 내각은 국체명징이
라는 과제를 해결하기 위하여 3만 엔이라는 예산을 투입하여 연
구를 진행하였다. 일본 정신을 작흥하고, 국체관념을 함양시키기
위해서 '교학쇄신협의회敎學刷新協議會'라는 새로운 기관을 신설하기
로 결정하였다.[40] 조선총독부는 국체관념 연구를 위하여 권위자
와 협력하여 중등학교 역사교과서를 개정하는 데 6천 엔의 예산
을 투입하여 연구를 시작하였다.[41]

---

38) 손정목, 「朝鮮總督府의 神社普及·神社參拜 강요정책에 관한 연구」, 『한국기
　　독교와 신사참배문제』, 한국기독교사연구소, 1992, p.261.
39) 천황기관설은 1935년 귀족원 의원으로 칙임되었던 미노베 다쓰끼찌(美濃部
　　達吉)가 주장한 학설로 종래 신격화되어 있던 천황을 하나의 통치기관으로
　　보아야 한다는 학설이다. 이 학설로 이하여 일본 의회뿐만 아니라 귀족원까
　　지도 강경대응을 주장하였기 때문에 일본 정부로서도 미노베의 서적을 발
　　매 금지 처분을 내렸다. 미노베는 결국 귀족원 의원을 사임하지 하지 않을
　　수 없었다. 高橋行八郎·永原慶二·大石嘉一郎 編, 車泰錫·金利進 譯, 『日本近
　　代史論』, 지식산업사, 1992, pp.301-302.
40) 《경성일보》, 1936.2.21.
41) 《경성일보》, 1936.3.21.

1931년 6월 제6대 조선총독으로 부임한 우가키 가즈시게[宇垣一成]는 부임 인사차 7월 2일 천황을 배알한 자리에서 다음과 같은 조선 통치 방침을 전하였다. 그것은 소위 '내선융화[內鮮融和]'에 관해서 크게 진척될 수 있도록 노력하는 것과 조선인에게 적당하게 빵을 주는 회유책을 사용한다는 것이었다. 다시 말하자면 정신생활 및 물질생활의 양 방면에서 조선인을 안정시키는 것을 우선과제로 실행하겠다는 것이었다.[42] 빵을 주는 회유책은 농촌진흥운동이었고, 정신적인 안정을 주는 것이 심전개발운동이었다. 심전개발운동은 조선인의 일본에 대한 저항심을 순화시켜 천황에게 순종하는 충량한 황국신민으로 육성하기 위한 정신통제책의 일환이었다.[43]

일제가 심전개발운동을 통해서 궁극적으로 얻고자 하였던 것은 조선인을 일제의 정책에 순응하게 하고 천황에게 충성을 다하는 충량한 황국신민을 만드는 데 있었다. 심전개발은 단순히 외형적인 생활의 개선이 아니었고 생활의 근저가 되는 올바른 신념을 주는 것이 아니면 안 된다. 따라서 이것은 당연히 종교와 밀접한 관계를 가지는 것이다[44]라고 하였다. 심전개발운동은 조선민중들에게 건전한 신앙심을 함양시키기 위해서 창안되었던 것이다. 총독부는 여러 종교 가운데서도 불교에 주목하였다. 그 까닭은 불교는 많은 잠재 신도들을 가지고 있는 종교이지만 승려들의 자질이 저하되어 있다고 판단하였다. 그래서 조선총독부는 승려들의 지위를 상승시켜주고, 정책적으로 부흥운동을 지원해 준다면

---

42) 宇垣一成, 『宇垣一成日記』 みすず書房, 1988. p.801.
43) 宮田節子, 앞의 논문, p.217.
44) 津田榮, 「心田開發の根本的用意」, 『朝鮮』 제250호(1936.3.).

심전개발운동의 목적을 무난히 달성할 수 있다고 보았다. 조선총독부는 심전개발운동을 효율적으로 실천하기 위하여 여러 차례 종교간담회를 개최하였다. 뿐만 아니라 민중의 신앙심 배양을 중심 의제로 토론을 벌이면서 다양한 의견 수렴과정을 거쳤다.[45] 이러한 과정을 거쳐서 총독부가 내린 결론은 조선민중의 신앙심을 함양시키기 위해서는 기존의 종교를 활용한다는 것이었다. 기존 종교란 신도神道·불교佛敎·유교儒敎·기독교基督敎 등을 신앙의 대상으로 한다는 것이었다. 총독부는 이러한 종교를 이용하여 조선민중들을 순화시키고자 하였다. 궁극적인 목적은 모든 종교 위에 일본의 국가신도를 상정하고 신도를 조선민중들에게 보급하여 황국신민으로 만드는 것이었다.[46]

심전개발운동은 강연회·강습회·간담회 등을 통하여 다양하게 전개되었다. 심전개발운동에는 조선불교계의 명사들이 참여하였고, 특히 일본 유학생들을 여름 방학 기간에 활용하였다. 이들은 전국을 순회하면서 심전개발운동이 오늘, 여기 이 시점에 왜 필요한가를 강연하였다. 재단법인 조선불교중앙교무원은 법인 차원에서 후원을 아끼지 않았다. 1935년 7월 28일에 재경在京 주지들이 재단법인조선불교중앙교무원에 모여서 우가키 총독이 성명聲明하고 주창한 심전개발사업에 대하여 전조선불교도를 총동원시켜서 이 사업에 진력하도록 촉진 운동 발기회를 열고 심전개발사업에 대한 대강의 윤곽을 토의하였다. 이 발기대회에 참석한 승려는 용주사 주지 강대련姜大蓮, 봉은사奉恩寺 주지 강성인姜性仁, 범어사 주지 오리산吳梨山, 화엄사 주지 정병헌鄭秉憲, 월정사 주지 이종

---

45) 『朝鮮』 제239호(1935.4.), p.104.
46) 『朝鮮』 제249호(1936.2.), 「心田開發施設に關する件」, pp.105-106.

욱李鍾旭이었다.[47] 총독부는 심전개발운동의 실행 방법으로 종교 각파 및 교화단체가 서로 간에 일치 협력하여 상호연결과 제휴하여 실시할 것을 시달하였다. 각 종교단체는 스스로 신앙심을 증진시킬 시설施設을 강구하여 상호 제휴하여 실시하도록 하였다.[48]

불교계 일각에서는 심전개발운동의 효과를 3년이나 5년의 기간 동안에 수치로 표시하기는 불가능하다고 보는 사람들도 있었다. 따라서 상당히 장기간에 걸치는 계속적 시설이 필요하며, 시설이 불충분하다든가 민심의 동향을 무시하고 대중생활의 실제를 고려치 않을 경우는 전혀 그 효과를 기대할 수 없었다고 보기도 하였다. 문제의 중대성을 감안하여 단순히 총독부에만 일임하지 말고 종교가宗敎家·교육가敎育家·경제가經濟家·사상가思想家·학자學者 등 전국적 일류一流를 집중하여 전조선에 모든 기관을 총동원하여 적극적으로 진출할 것을 주장하는 사람도 있었다.[49] 농촌진흥운동이 자력갱생自力更生을 통한 물질적 방면의 갱생운동이었다면 심전개발운동은 물질적인 갱생운동과 짝을 이루는 정신적 방면의 갱생운동이었다. 불교계는 심전개발운동에 적극적으로 참여하였다. 그 과정에서 불교계의 본사 주지들은 평소 그들이 바라던 총본사 건설에 관한 양해를 총독부로부터 얻어낼 수 있었다. 총본사 설립에 관한 논의는 1935년 7월 재경 본사 주지들이 심전개발사업운동에 진력하기 위해서 회합을 가지고 불교심전개발사업촉진발기회佛敎心田開發事業促進發起會를 발족시켰다.[50] 조선총독부는 식민 통치의 효율성을 기하기 위하여 불교심전개발사

---

47) 『佛敎時報』 제2호(1935.9.1.).
48) 中村進吾, 「心田開發」, 『朝鮮施政發達史』, 朝鮮總督府, 1936. pp.257-260.
49) 『佛敎時報』 제13호,(1936.8.1.).
50) 『佛敎時報』 제2호(1935.9.1.), 「朝鮮佛敎心田開發事業促進發起會」.

업촉진발기회를 불교계의 통일기관 설립을 위한 매개체로 활용하고자 하였다.

회유기에 나타나는 불교정책의 특징은 3·1운동 이후 조선인들의 저항심을 약화시키고, 해외에 일본의 조선 통치가 조선인에게 해롭지 않다는 것을 선전하는 데 초점을 맞추었다. 언론·출판의 자유를 허용하여 신문과 잡지의 발간을 승인하였다. 종교계의 재산을 재단법인화하는 것을 용인하여 종교계 재산 보전의 길을 열어 주었다. 1930년대 들어서는 세계 경제공황의 위기를 극복하는 방안으로 농촌진흥운동을 전개하였다. 이 운동을 정신적으로 뒷받침하기 위해서 심전개발운동을 추진하였다. 심전개발운동의 목적은 조선인으로 하여금 일본 천황에게 순종하는 충량한 신민으로 만드는 데 있었다. 불교계는 심전개발운동에 참여하였으나 이 운동은 총독부에서 종용한 관제운동이었기 때문에 민중들의 자발적인 참여를 기대할 수가 없어 결과적으로 큰 성과를 거둘 수는 없었다.

Ⅳ. 전쟁 참여를 강요한 동원기(1937.7.-1945)

일제는 1937년 7월 중일전쟁을 도발하여 대륙 침략을 감행하고, 이른바 총력전체제로 전환하였다. 총력전체제는 모든 국민들이 천황을 중심으로 일치단결하여 세계 재분할 전쟁에서 승리할 것을 준비하는 체제였다. 그 내용은 자원, 자재, 자금, 노동력을 어떻게 배분할 것인가 하는 물자 조달 체제를 구축하는 것과 함께 사상적으로 통제책을 강화하여 신속한 명령의 전달체계를 확립하는 것이었다.[51] 이 시기 총독부의 불교정책은 교단을 총본산이라는 단일한 체제를 구축하여 전쟁 지원을 효율적으로 지원하는 것에 두어졌다. 총본사 설립은 심전개발운동과 밀접한 관련을 가진다. 총독부는 심전개발운동의 원활한 추진을 위해 각 종교단체에 연락기관을 세울 것을 종용하였다.[52] 총본사 설립에 관한 논의는 1937년 2월 총독부가 31본사 주지들 앞으로 두 가지 사항에 대하여 서면으로 의견을 제출하도록 공문을 시달한 이후부터 본격적으로 진행된다. 두 가지 사항 가운데 첫 번째는 조선불교진흥책朝鮮佛敎振興策에 관한 것이었고, 두 번째는 재단법인 조선불교 중앙교무원 및 중앙불교전문학교에 대한 개선책이었다. 총독부는 이 두 가지 사안에 대해 본사 주지들의 의견을 듣고자 동년 2월 26일과 27일에 걸쳐 총독부에서 회의를 개최하였다.[53] 이 회의에서 총독부는 총본사와 관련된 법규를 불교계에서 먼저 제시하라고 요구하였다. 그리고 총본사의 권위를 불교계가 스스로 갖추고 유지해야 한다고 하면서 불교계의 자주성을 어느 정도 인정하는 태도를 취하였다.[54] 31본사 주지들은 이 회의에 참석하기 전 2월 23일부터 25일까지 사전에 모여서 의견을 조율하였다. 2월 23일 회의는 지방에 있는 주지들이 참석할 수 없었다. 그런 까닭에 회의는 조선불교선교양종총본사 각황사 설립과 중앙불교전문학교의 현상 유지를 주요 내용으로 하는 간부안幹部案에 초점을 맞추어 진행되었다.[55] 31본사 주지들은 24일에 원탁회를 개

---

51) 최원규 엮음, 『일제말기 파시즘과 韓國社會』, 청아출판사, 1988, p.12.

52) 中村進吾, 『朝鮮施政發達史』, 1936, p.257.

53) 崔錦峰, 「三十一本山住持會同見聞記」, 『佛敎』 신2집, 1937. 4, p.11.

54) 위와 같음

최하여 어제 논의하였던 간부안에 대한 의견 교환이 있었다. 이들은 25일에는 총본사 건설안을 가결하는 동시에 기초위원을 선정하였다. 그리고 내일 있을 총독부 회동에 대한 주의사항을 협의하고 휴회하였다.[56] 31본사 주지들은 이 회의에서 중앙에 31본사를 통솔할 수 있는 중앙기관으로써 총본사의 설립이 필요하다는 것으로 의견을 결집하였다.[57] 31본사 주지들은 총독부에서 회의를 마치고 교무원에서 세 차례의 회의를 가지고 이 사안들에 대하여 구체적인 실행 방안들을 협의하였다. 본사 주지회의는 총본사 건설비 및 유지비 40만 원을 1924년 재단법인 조선불교중앙교무원 설립 시에 기금 60만 원을 확보하였던 것과 같은 방법으로 모으기로 결정하였다. 총본사가 총독부의 지시에 따라 설립되었다는 것을 입증할 수 있는 것은 총본사가 인가될 즈음에 조선불교총본사설립위원회가 조직되었다. 그런데 그 위원회의 관할 업무를 처리하는 사무소가 총독부 학무국 소속 사회교육과에 두어졌다. 총본사설립위원회 위원장은 총독부 학무국장 시오바라

---

55) 『불교』 신2집(1937.4.), 「교계소식」, p.59.
    1. 총본산 건설비 10만 원 한도로 하여 금년 내로 완성할 것.
    2. 총본산 유지비 30만 원을 각출할 것.
    3. 명칭은 조선불교선교양종총본산 각황사로 할 것.
    4. 교무원 基地 건물을 총본산 건설에 제공하며 현 각황사는 매각하여 총본산 기지 확충비에 충용함.
    5. 교무원 재단은 총본산 완성 후 該 총본산에 귀속케 함.
    6. 중앙불교전문학교는 당분간 현상을 유지하되 기숙사 및 예과를 신설할 것과 학과목 쇄신과 교원 소질 향상을 도모할 것.
    7. 총본산 실현 援助方法에 대하여 당국에 건의할 것.
56) 『불교』 신제2집(1937.4), 「교계소식」, 이 날 선정된 기초위원은 다음과 같다. 李鍾郁, 林錫珍, 李東碩, 崔英煥, 鄭秉憲, 許永鎬, 權相老, 辛太皓, 姜裕文, 姜性仁, 金法龍, 韓普淳, 朴昌斗, 金包光.
57) 崔錦峰, 앞의 글, pp.10-17.

토키자부로[鹽原時三郎]였고, 2명의 부위원장 가운데 1명은 총독부 사회교육과장이었던 계광순桂珖淳이었고, 나머지 1명의 부위원장은 월정사 주지였던 이종욱이었다.[58] 총본사설립위원회 위원장이 불교계의 승려가 아니고 총독부 학무국장이라는 사실은 총본사 설립에 관한 최고 결정권을 총독부 고위 관리가 가진다는 것이다. 어떤 조직이든지 최고 결정권자의 의사는 존중되기 마련이고, 상당한 비중을 가진다. 이러한 점에서 볼 때 총본사 설립은 총독부의 지시에 의해서 불교계가 움직였다고 보인다. 이 무렵 불교계에서는 종명宗名 개정에 관한 논의가 전개되었다. 1940년 11월 31본사 주지들이 모여서 총본사 건설과 종명 개정에 대한 회의를 열었다. 이들은 종명을 지금까지는 조선불교선교양종이라고 사용해왔지만 제대로 된 명칭이 아니었으므로 조선불교 조계종曹溪宗이라고 개정할 것을 결정하고, 태고사太古寺 사법과 함께 인가신청을 하였다.[59] 1939년 5월 총본사건설사무소는 총본사의 寺名을 태고사로 확정[60]하고, 총독부에 인가를 신청하였다.[61] 총본사의 명칭은 각황사와 태고사를 놓고 논의를 계속하다가 태고사로 확정되었다. 총본사의 명칭을 태고사로 확정한 까닭은 조계종의 법통을 고려말의 태고화상太古和尙과 연결시키고자 한 데서 비롯되었다.[62] 태고사의 인가는 1940년 5월에 확정되었다.[63]

58) 《매일신보》 1940.11.29, 〈불교의 합동구체화〉,

59) 廣田鍾郁, 「各自의 固執을 버리고 全體主義로」, 『불교시보』 제66호(1941.1.15.).

60) 총본산건설사무소, 「총본산건설에 관한 보고」, 『불교』 신제14집(1938.5.), pp.30-37.

61) 『佛敎』 신제22집(1940.3.), 「彙報」, p.43.

62) 金山泰洽(김태흡의 창시개명한 이름), 「曹溪宗旨」, 『불교시보』 제70호(1940.5.1).

63) 『불교』 신제25집(1940.7.), 「휘보」 '總本山認可內示', p.45. 이 기사에 따르면 1940년 5월 6일 鹽原 학무국장이 31본산 주지 대표 이종욱씨를 招致하여

총본사 설립은 중일전쟁이 발발한 이후 원활한 전쟁 수행을 위한 목적에서 진행되었다. 그 까닭은 전시체제가 강화되어가는 과정에서 불교계를 일원적으로 관리할 수 있는 중앙의 통일기관이 필요하다고 인식한 때문이라고 보인다. 총독부는 전쟁을 효과적으로 수행하기 위해 고도국방국가체제로 전환이 필요하였던 것이다. 이러한 필요성에 따라 총독부는 불교계에 총본사를 세울 것을 종용하였다. 총독부가 불교계의 여망을 수렴하여 총본사 설립을 인정하였다는 것은 기만술책이었다. 총독부는 전시체제하에서 31본사들을 통괄하면서 후방 지원을 신속하게 처리할 수 있는 중앙기구를 필요로 하였다. 이러한 필요성은 조계종의 종정宗正에게 종회宗會 의장직議長職을 겸직하도록 한 데서 그 저의를 알 수 있다.64) 총독부는 전쟁을 수행하면서 불교계의 행정권과 입법권을 종정에게 집중시켰다. 이러한 체제는 필요에 따라서 무슨 일이든 신속하게 처리할 수 있었기 때문이었다.

총독부는 총본사가 전국의 본말사를 통괄·지휘 감독하게 하였으나 종정에게 31본사 주지의 임면권이라든지, 사찰 재산 처분권을 인가하는 등 실질적인 권한은 주지 않았다.65) 이것은 총독부가 총본사에 31본사의 관할권을 주어서 불교 발전을 위하여 자율적으로 운영하게 하려는 의도가 있었던 것이 아니고 전쟁 수행을 보다 효율적으로 하기 위한 방편으로 활용하기 위한 것이라고 보인다. 총독부는 전쟁이 격화되어감에 따라 전쟁 수행에 필요한

총본산 인가 문제에 대하여 '총독 및 정부총감의 최후 결재가 끝났다'고 하였다. 그리하여 '총본사 인가는 다만 사무적 수속만 남았으므로 그 실현은 목전의 사실이다'라고 언질하였다고 한다.

64)『조선불교교조계종태고사법』(1941), 태고사법 제6장 종회 제52조.

65) 앞의 책,『조선불교조계종 태고사법』제9조.

물자와 인력을 조선에서 조달하고자 하였다. 이러한 필요성에 의해서 총독부는 행정체계를 일본의 일원화된 체제를 모방하여 능률적으로 통제 감독할 수 있도록 불교계의 관할체제를 재편한 것이었다.[66]

총독부는 1938년 7월 중일전쟁 발발 1주년을 맞이하여 국민정신총동원운동 조선연맹을 조직하면서 불교계도 국민정신총동원운동에 참가할 것을 지시하였다.[67] 이러한 지침을 받은 재단법인 조선불교중앙교무원은 7월 25일자로 31본사 주지들 앞으로 지시사항을 발송하였다. 그 내용은 모든 신도들로 하여금 애국운동에 참가하도록 하라는 것이었다.[68] 중일전쟁이 발발하고 총독부는 종교단체에 적극적인 참여를 강요하였다. 불교계는 '대동아공영권大東亞共榮圈' 건설에 참여하기로 결정하였고 전쟁에 협력할 것을 결의하였다.[69] 종교계의 전쟁 참여는 '종교보국宗教報國'·'총후보국銃後報國'이라는 이름으로 전개되었다. 1938년 3월 4일 칙령 제103호로 공포된 제3차 조선교육령이 공포되었다. 이후 총독부에서 실시하였던 모든 정책에는 '황민화皇民化'라는 말이 사용되었다.[70]

일제는 중일전쟁 이후 조선의 청년들에게 지원병제志願兵制를 실

---

66) 김운태, 앞의 책, pp.464-465.
67) 《매일신보》 1938. 8. 1, 〈十萬의 朝鮮佛教徒 一大 愛國運動展開〉,
68) 위와 같음, 지시사항의 구체적인 내용은 각 말사 또는 포교당에는 천황의 御殿牌를 봉안하고 조석으로 하는 기도에 황군의 무운장구를 기원할 것, 조선옷을 입고 외국품을 사용하지 말고 粗衣粗食 주의를 실천할 것, 고무신 대신 짚신과 미투리를 신고 성냥도 될 수 있는대로 절약하고 부싯돌을 쓸 것, 매월 초하루를 근로보국일로 정하고 수입은 전부 저금할 것 등 11개 조항의 실천항목이었다. 일본은 중일전쟁이 장기화되자 시국의 중대성에 비추어 종교단체의 지위 및 보호감독의 관계를 명확하게 할 필요성을 느꼈다.
69) 柏原祐泉, 『日本佛教史(近代)』, 吉田弘文館, 1990, pp.249-250.
70) 최유리, 앞의 책, p.57.

시할 것을 결정하였다. 지원병제도에서 해결해야 할 과제는 일본 군 내에서 조선인 병사들을 사상적으로 일본인화하는 것이었다.[71] 조선인 병사들이 군대 안에서 조선 이름으로 불리게 된다면 일본 병사들과 이질감을 느끼게 될 것이고, 그것은 전쟁 수행에 결코 이롭지 않다고 판단하였다고 한다.[72] 이러한 문제를 해결하기 위해서 1940년 2월 11일부터 조선인의 창씨개명이 실시되었다.[73] 총본산건설사무소는 창씨개명령創氏改名令이 발표되자 같은 해 6월 17일 시내 각 포교소 담임자를 불러서 창씨개명에 대한 무료상담소를 운영하기로 결의하였다.[74] 31본사 주지들은 1940년 연말까지 모두 창씨개명하였다.[75] 창씨개명은 그 의도가 1942년 5월 일본 각의閣議에서 결정된 조선인에 대한 징병제 실시와 연관이 있다.[76] 창씨개명의 목적 가운데는 조선인이 징집되어 일본군대에 편제되었을 때 조선인의 이름으로 불릴 때 나타나는 군대 내부에서의 이질감을 해소하기 위한 측면도 있었다고 한다.[77]

총독부가 불교계에 총본사를 설립할 것을 지시한 목적은 종래의 31본사 체제 때보다 효율적으로 불교계를 장악하기 위함이었다. 이른바 '황도불교皇道佛敎' 체제를 확립하여 확대되어 가는 전시체제에 불교계가 참여하도록 하기 위함이었다. 황도불교란 조선

---

71) 金英達, 『創氏改名の硏究』, 未來社, 1997. p.16.
72) 宮田節子 著·李熒娘 譯, 『朝鮮民衆과「皇民化」政策』, 一潮閣, 1997, p.120.
73) 김영달, 「창씨개명의 제도」, 정운현 편역, 『창씨개명』, 학민사, pp.41-49.
74) 『불교시보』 제60호(1940.7.15.), 「總本山及市內各布敎所에 創氏改名相談所設置」.
75) 『불교』 신제24집 p.26, 『불교』 신제26집 p.33, 『불교시보』 제59호 (1940.6.15.), 『불교시보』 제60호(1940.7.15.), 『불교시보』 제61호 (1940.8.15.), 『불교시보』 제65호(1940.12.15.)에 31본사 주지들의 창씨개 명 현황이 나타나 있다.
76) 宮田節子 著·李熒娘 譯, 앞의 책, pp.65-66.
77) 위와 같음.

인을 황민으로 만들기 위해서 불교계가 노력한다는 뜻이다. 황도불교의 골자는 존황호국尊皇護國과 국리민복國利民福의 2대 목표를 실천하는 것이지만 실제적인 목적은 불교도들을 전시체제 수행에 동원하고, 물자를 수탈하는 데 있었다.[78] 중일전쟁이 태평양전쟁으로 확대되자 총독부는 불교계를 인력 동원과 물자 조달의 창구로 이용하고자 하였다. 총독부는 불교계에서 논의가 되던 총본사 설립을 불교계의 여망을 실현시켜 주는 것처럼 하면서 실제로는 전쟁 수행을 위해 보다 강력하고 일원적인 통제체제를 구축하였다. 조선불교조계종총본사의 설립을 인가하고, 종정을 선출하게 하였고, 종정으로 하여금 종회의장을 겸직하게 하였다. 이러한 체제는 비상체제였으며 이 비상체제의 이면에는 총독부의 전쟁 수행 방침이 작용하고 있었다. 이러한 방침에 따라 불교계는 지원병제를 찬양하였으며, 창씨개명에도 참여하였다. 뿐만 아니라 국방헌금을 납부하였으며, 금속류 회수령에 동참하여 철鐵·동銅·청동靑銅·황동黃銅으로 된 불구류佛具類를 군부에 헌납하였다.[79]

---

78) 『불교시보』 1943.8.15. 「皇道佛敎의 宣揚과 布敎師養成의 急務」.
79) 『불교시보』 제81호(1942.5.15.), 「조선불교조계종 임시 중앙종회」.

V. 나가는 말

일제 종교정책의 가장 큰 특징은 식민지로부터 경제적인 이득을 얻는다는 것이고, 그러한 목적을 달성하기 위하여 종교계에 취한 정책의 기조는 조선인으로 하여금 정신적으로 일본의 통치정책에 반감을 가지지 않도록 하는 것이었다. 이러한 목적을 달성하기 위하여 총독부는 때로는 강경한 통제책을 쓰기도 하지만 상황에 따라서 회유책을 사용하기도 하였다. 그것이 통제책이든 회유책이든 간에 근본적인 목적은 조선인을 충량한 천황의 신민으로 만들기 위한 일본의 통치정책에 순응시키는 것이었다.

1910년부터 3·1운동이 발발하기 전까지의 불교정책은 각종 법령을 정비하여 통제책의 골격을 갖춘 시기였다. 그러한 법령들은 자유로운 종교 활동을 제한하고, 불교계에서 전개하는 주요한 일을 식민지 통치권력의 사전 승인을 받도록 한 것이었다. 이러한 법령에 대하여 교단 지도부는 환영의 뜻을 밝혔지만 재야 세력은 강력하게 반발하였다. 총독부의 불교정책은 1920년대 들어서 다소 완화되는 모습을 보이기도 하였지만 시기가 지날수록 강화되는 모습으로 나타났다.

1920년대부터 중일전쟁이 발발하기 전까지 일제의 불교정책은 정책의 방향이 문화정책으로 전환되어 다소간의 자유를 허용한 반면에 통제를 강화하고 민족운동 노선을 분열시켜 무력화하는 정책으로 전환하였다. 이 시기의 특징은 종교계 재산을 안정적으로 관리할 수 있도록 재단법인의 형성을 승인해 준 것이었다. 식민지 통치 권력이 재단법인을 승인한 것은 종교계의 위상 강화라는 측면이 있기도 하지만 재단법인의 주요 사안에 대하여 보고를 받게 됨으로 통제가 원활한 측면이 있었다. 재단법인이 설립되는 과정에서 불교계는 자주적인 총무원 측과 어용적 성격이 강하였던 교무원 세력으로 양분되어 갈등을 거듭하였다. 결국 총무원 세력이 무력화되어 교무원에 흡수 통합되는 방식으로 귀결되었다. 이러한 결말이 나올 수밖에 없었던 것은 총독부가 총무원을 탄압하고, 교무원을 후원하였기 때문이다. 1930년대 후반에 총독부가 입안하여 실시한 관제운동이었던 심전개발운동은 일제가 국내외에서 국체명징에 대한 필요성을 느끼게 되자 그 타개책의 일환으로 전개한 운동이었다. 심전개발운동은 조선민중들을 물질적 방면에서 갱생시킨다는 농촌진흥운동을 정신적인 방면에서 지원하는 운동이었다. 이 운동은 총독부의 적극적인 후원으로 전개되었으나 기대한 만큼의 성과를 거둘 수는 없었다. 그 까닭은 조선민중들의 적극적인 참여가 없었기 때문이다.

일제는 1937년 7월 중일전쟁을 도발하고 나서 조선의 종교계에 적극적인 전쟁 참여를 강요하였다. 불교계에 내려진 구체적인 지침은 전몰장병의 위령제를 지내게 하는 것이었고, 전선으로 위문단을 파견하는 것이었다. 뿐만 아니라 종래 31본산제도를 통하여 개별적으로 관리하여 왔던 불교계에 총본사를 설립하라는 지침을 내려서 단일 지도체제로 전환시켰다. 총독부는 총본사로 하여금 모든 신도들에게 국방헌금을 납부할 것을 강요하여 수 차례 국방헌금을 납부하였다. 총독부는 모든 조선인의 이름을 일본식으로 바꾸는 창씨개명을 단행하였으며, 지원병제도를 실시하여 젊은 청년들을 전쟁터로 끌고 나갔다. 뿐만 아니라 전쟁이 말기에 이르러 금속류가 부족하게 되자 불상을 제외한 범종·촛대·바라 등 불구佛具들마저 헌납하도록 강요하였다. 불교계는 교도들에게 헌금을 강요하여 전투기를 헌납하기에 이르렀다. 이 시기

총독부 불교정책의 궁극적인 목적은 일본의 전쟁 승리를 위하여
정신적·물질적인 후원을 이끌어 내는 데 두어졌다. 불교계의 지
도부는 이러한 총독부의 정책에 순응하지 않을 수 없었지만 재야
세력과 항일 승려들은 이러한 속에서도 국내외에서 항일투쟁을
지속적으로 전개하였다.

8. 이승만 정권의 종교정책과 불교정화

이재헌 경원대 강사

약 력

이재헌

서울대학교 윤리교육과를 졸업하고, 한국학중앙연구원 한국학대학원에서 철학·종교를 전공하여 「한국신종교의 삼교합일 유형에 관한 연구—금강대도를 중심으로」라는 논문으로 석사학위를, 「근대 한국불교학의 성립과 종교인식—이능화와 권상로를 중심으로」라는 논문으로 박사학위를 취득했다. 저서로는 『이능화와 근대 불교학』, 『금강대도 종리학 연구론』, 『조계종사 근현대편』(공저) 등이 있다. 논문으로는 「근대 한국 불교 개혁 패러다임의 성격과 한계」, 「권상로의 불교개혁 사상」, 「이능화의 불교학과 근대적 종교인식」, 「근대 한국불교의 타종교 인식」, 「미군정의 종교정책과 불교계의 분열」, 「한국 신종교의 생태담론과 생태사상」 등이 있다. 한국학중앙연구원, 강남대, 한신대, 경원대 등에서 강의를 하면서 고등학교 윤리교사로 재직 중이다.

I. 들어가는 말

해방 이후 한국불교는 비약적인 발전을 할 수 있는 절호의 기회를 맞이하였다. 조선 500년의 억불과 일제강점기 종교정책으로 인해 왜곡된 불교의 모습을 탈피하여 진정 유구한 불교 전통 위에 참다운 자기정체성을 회복하고, 자유로운 민주국가에서 헌법에 보장된 종교의 자유를 향유하며 과거의 화려한 영광을 되찾을 수 있는 기회가 보장되었기 때문이다.

해방 공간 한국불교의 과제는 무엇보다 식민지체질을 극복하고 불교를 혁신하여 정체성을 회복하는 일이었다. 1945년 8월 15일 해방이 되자마자 불과 1주일 만에 구교단 집행부가 퇴진하고 새로운 집행부가 탄생하여 인수인계까지 진행을 하였고, 불교의 자주화와 대중화를 염원하여 각종 개혁 조치를 단행하였으며, 무엇보다도 일제 하 한국불교를 왜곡시킨 최대의 악법인 사찰령 폐지를 미군정에 요구하는 등 발빠른 행보를 이어갈 수 있었던 것은 불교계 전체에 자기 개혁에 대한 여망이 그만큼 컸다는 것을 의미한다.[1]

그러나 이러한 의욕적인 출발에도 불구하고 별다른 성과를 거두지 못하게 된 것은 크게 두 가지 때문이라고 볼 수 있는데, 첫째는 미군정과 그를 계승한 이승만 정권의 노골적인 친기독교정

---

[1] 이 점에 대해서는 졸고, 「미군정의 종교정책과 불교계의 분열」, 『불교정화운동의 재조명』, 조계종출판사, 2008, pp.22-26을 참조할 것.

책과 그에 따른 차별 대우 때문이고, 다른 하나는 불교계 자체의 내분과 갈등 때문이었다. 불교계의 해묵은 보수와 혁신의 대립은 물론, 당시의 냉전적 세계질서에 따르는 좌익과 우익의 대립이 더해졌고, 여기에 식민지체질을 극복한다는 명분하에 친일과 항일 및 비구와 대처의 갈등까지 더해져서 매우 복잡한 양상으로 진행되기에 이르렀다.

물론 불교계의 극심한 갈등이 외부적인 요인, 즉 미군정과 이승만 정권의 차별적 종교정책에 말미암은 것만은 분명한 사실이다. 즉 표면적으로는 자유민주주의의 이상에 따라 종교 활동의 자유를 보장하는 듯하지만, 사실은 대한민국을 기독교화한다는 숨은 의도에 따라 암암리에 불교의 분열과 갈등을 조장한 측면이 있다. 그러나 이러한 차별적 종교정책에 빌미를 제공한 것은 불교계 자체의 허약한 역사인식과 종권 다툼과 같은 내부적 취약성 때문임을 부정하기 어렵다. 여기서는 이승만 정권의 친기독교적 종교정책에 따른 불교계의 피해를 염두에 두면서, 그것의 빌미가 되었던 한국불교 자체의 왜곡된 모습을 불교정화라고 하는 프레임 속에서 살펴봄으로써, 불교와 국가의 관계에 대한 새로운 존재 양태를 모색해 보고자 한다.

Ⅱ. 기독교 중심의 종교정책

해방 이후 미군정과 이승만 정권이 친기독교적인 종교정책으로 대한민국을 건설하려 했던 것은 잘 알려진 일이다. 우리나라

헌법 제20조에는 "모든 국민은 종교의 자유를 가진다"와 "국교는 인정되지 아니하며 종교와 정치는 분리된다"는 내용이 있다. 이 것은 종교의 자유와 정교분리를 천명하고 있는 것이다. 그러나 실제의 종교정책을 들여다보면, 사실은 정교분리라기보다 오히려 공인교公認教제도를 취하고 있다.2) 이러한 공인교제도는 미군정의 기독교 우위의 종교정책에서 비롯되었고, 이승만 정권으로 이어져 기독교가 결국 한국 사회의 지배적인 종교로 자리하게 되었다.

미군정의 기독교우위정책은 불교의 사찰령이나 포교규칙 철폐 에 대한 불교 측의 요구를 묵살한 사실과 일본 종교단체의 재산 즉 적산敵産의 처리과정에서 기독교에 특혜를 준 사실 등에 잘 나 타나 있다.3) 뿐만 아니라 1945년 크리스마스를 국경일로 지정한 점, 기독교계의 요구를 수용해 형목刑牧제도를 만들면서 형무소 교 화사업을 전담하게 한 점, 1947년 서울중앙방송을 통하여 선교 방송을 하도록 한 점, 일요일의 공휴일화를 추진한 점 등은 미군 정의 기독교 편향 종교 의식을 잘 말해준다. 이것은 미군정이 자 신들의 점령 목표 달성을 위해 국내 지지세력 중에서 기독교, 특 히 개신교 세력을 의도적으로 육성하였음을 의미한다. '점령 지 역의 사회관계를 본국의 이해관계에 따라 재편한 후, 자신들의 전략적 목표를 수행해 줄 지원 세력을 국내 지배 세력으로 육성 하여 그들에게 국가권력을 이양하는 것'4)을 기본적 임무로 삼고

---

2) 천주교와 개신교, 그리고 불교를 공인교로 하는 종교정책을 시행하고 있다는 것이다. 이에 대한 자세한 분석은 姜敎求, 「美軍政의 宗敎政策」, 『종교학연구』 제12집, 서울대종교학연구회, 1993, pp.15-42을 참조할 것.
3) 허명섭, 「해방 이후 한국교회의 재형성:1945-1960」, 서울신학대학원 박사논 문, 2003, p.123, Table of Japanese Temple Management, Central Buddhist Association, 1946.8.26, 대한불교조계종총무원 보관 사료 중.
4) 이혜숙, 「미군정의 구조와 성격」, 『해방 후 정치세력과 지배구조』, 문학과지

있던 군정이었기 때문에, 개신교가 해외의 원조와 미군정의 적극적인 후원하에 거의 유일한 공인종교로서 헤게모니를 장악하게 된 것이다. 이 과정에서 불교를 비롯한 비기독교 종교단체들은 자연히 기독교와의 경쟁적 위치에서 점차 밀려날 수밖에 없었다.[5] 미군정의 이러한 기독교우위종교정책은 이승만 정권에서 그대로 계승되었다. 기독교는 미군정과 제1공화국에서 공인교적 지위를 누렸고 그 보답으로 정권을 지원해 주었다.

이승만은 25세 때인 1899년 기독교에 귀의한 이래 미국과 한국에서 기독교 교육 내지 선교 활동에 종사했는데, '대한 사람의 새 물줄기는 예수교회'라고 선언하고 쓰러져가는 조선의 현실 속에서 장차 한국인이 소생할 수 있는 희망의 원천은 기독교에 있다고 보았던 사람이며, 미국에서 독립운동을 하면서 장차 한국을 완전한 예수교 나라로 만들겠다는 생각을 하는 등[6] 철저히 기독교 신앙을 가지고 나라를 건설하려 했던 사람이다. 대통령이 된 뒤에도 변함없이 서울 정동 감리교회에 출석하며 교회 활동을 중단하지 않고 독실한 신앙생활을 유지하였기에 1956년 정동감리교회는 그를 명예장로로 추대하기도 한다.[7]

해방 후 33년 만에 귀국하여 1945년 11월에 행한 연설에서 그는 "지금 우리나라를 새로이 건설하는 데 있어서 튼튼한 반석 위에다 세우려는 것입니다. 오늘 여러분이 예물로 주신 이 성경 말씀을 토대로 해서 세우려는 것입니다. 부디 여러분께서도 하느님의 말씀으로 반석을 삼아 의로운 나라를 세우기 위해 매진합시

성사, 1995, p.45.
5) 미군정의 종교정책에 대해서는 졸고, 앞의 글, pp.12-43을 참조할 것.
6) 유영익, 『이승만의 삶과 꿈』, 중앙일보사, 1999, p.218.
7) 정동제일교회구십년사편찬위원회, 『정동제일교회 구십년사』, 1977, p.248.

다"8) 라 하였고, 1946년 3·1절 기념식에서는 "한민족이 하나님의 인도하에 영원히 자유독립의 위대한 민족으로서 정의와 평화와 협조의 복을 누리도록 노력합시다"9)라 하였으니, 한국을 기독교 국가로 만들겠다는 그의 굳은 의지를 엿볼 수 있다.

이승만은 1948년 5월 27일 국회의원 예비회의에서 임시의장으로 선출되었는데, 다음과 같은 국회의원 선서문을 통과시켰다.

> 본 의원은 한국 재건과 자주독립을 완수하기 위하여 헌법을 제정하고 국민정부를 수립하며 남북통일의 대업을 완성하여 국가 만년의 기초를 확립하고 국리민복을 도모하며 국제친선과 세계평화에 최대의 충성과 노력을 다할 것을 이에 하나님과 순국선열과 3천만 동포 앞에 삼가 선서함10)

그리고 5월 31일에 제헌국회 개원식에 임시의장으로 추대된 이승만은 '대한민국 독립 민주국회 제1차 회의를 열게 된 것을 하나님께 감사해야 할 것'이라면서, 제헌국회의원이며 감리교 서부 연회장인 이윤영 목사를 단상에 불러 기도를 부탁하기도 하였다.11) 대한민국 국회가 목사의 기도로 시작했다는 것은 실로 놀라운 일이 아닐 수 없다.

7월 24일 정부통령 취임식에서 이승만은

> 여러 번 죽었던 이 몸이 하나님의 은혜와 동포의 애호로 지금까지 살아 있다가 오늘에 이와 같이 영광스러운 추대를 받는 나로는 일변

---

8) 유영익, 『젊은날의 이승만 : 한성감옥생활과 옥중 잡기 연구』, 연세대학교출판부, 2002, p.8.
9) 《동아일보》 1946.3.2.
10) 《조선일보》 1948.5.28.
11) 《조선일보》 1948.6.1.

감격한 마음과 일변 감당키 어려운 책임을 지고 두려운 생각을 금하기 어렵습니다 … 오늘 대통령 선서하는 이 자리에 하나님과 동포 앞에서 나의 직책을 다하기로 한층 더 결심하며 맹세합니다.[12]

라 하였으며, 국가의전은 기독교식으로 치른다는 관례를 만들어 내기도 하였다.[13]

이승만은 1949년 11월 한국을 방문한 미국 감리교 선교본부의 브럼보(T.T. Brumbaugh) 총무가 기독교에 어떤 중요성을 부여하고 있느냐고 묻자, "우리는 한국의 민주적 발전에 대한 모든 희망을 기독교 운동에 기초하고 있습니다. 우리가 다른 어디에 희망을 걸 수 있겠습니까? 기독교 운동은 우리의 유일한 희망입니다"라고 대답했다.[14] 이승만은 반대 여론은 개의치 않고, 그의 의지에 따라 개신교를 사실상의 국가종교로 만들어갔다.

한편 해방 이후 일제하 친일 및 신사참배에 대한 청산에 실패한 한국기독교는 여전히 친일적인 체질을 벗어나지 못하였고, 정권과의 밀착을 통해 교권을 유지해 가려고 하였다. 결국 한국 교회는 이승만 정권과의 유착으로 인해 교회의 예언자적 사명을 다하지 못하였고, 이승만 정권의 장기집권과 독재정치에 대한 비판적 견제 기능을 수행하지 못했다. 이승만 정권은 반공이데올로기로 독재정권을 유지했고, 한국교회는 그것을 신앙의 태도로 삼았다. 당시 한국교회는 이승만 정권이 반공적, 친기독교적 세력이라는 점에서 이승만 정권에 타협했다.[15]

---

12) 《동아일보》 1948.7.25.
13) 최종고, 「제1공화국과 한국개신교회」, 『동방학지』46, 47, 48합집, 1985, pp.664-665.
14) 강인철, 『한국기독교회와 국가·시민사회, 1945-1960』, 한국기독교역사연구소, 1996, p.162.

이승만 정권하에서 많은 기독교인들은 신생 대한민국이 기독교 이념에 입각하여 세워질 것을 기대하여 정치에 참여하였다. 1952년 제2대 대통령 선거에서 『기독공보』는 이승만을 지지하고 공개적인 선거 지원을 했다. 이 신문은 "한국 기독교 연합회에서는 … 대통령으로 이승만 박사를 추대키로 만장일치로 가결하고 이 뜻을 전국에 공포하기로 결의하였다"고 보도하면서, 그 이유에 대해 "매일 아침 5시에 예배드리고 감옥전도제, 종군목사제, 국기주목례를 제정하여 전도의 길을 열어준 신앙인이요, 과거 4년간 호교護敎의 도움을 입음이 컸기 때문이다"16)라고 하였다. 당시 한국교회는 기독교 선거운동대책위원회까지 만들고 전국적인 선거운동을 추진하였다.

이런 현상은 각종 선거 때마다 되풀이되었는데, 당시 한국교회는 정치에 몰입해 있었고, 한국의 정치 자체를 기독교인이 장악하여 기독교화해야 한다17)고 생각했다. 왜냐하면 기독교 선교 활동에서 국가의 도움을 이용하고자 했기 때문이다. 이승만 정권에서 한국교회는 '교회 정치화'의 문제점을 여실히 보여 주었다. 기독교인들은 활발하게 정치 참여를 하여 정계와 관계 등 사회 각계각층에서 큰 영향력을 행사했다. 그러나 한국교회는 이승만 정권과 유착하면서 자신의 예언자적 사명을 다하지 못했던 것이다.

한국교회 지도자들의 활발한 선거 참여와 고위 관료 및 정치인들과의 긴밀하고도 빈번한 교류, 그리고 기독교인들의 정치 참여와 정부 고위직 분포가 넓어지면서 기독교에 대해 우호적이고

---

15) 한국기독교장로회 역사편찬위원회, 『한국기독교 100년사』, 한국기독교장로회출판사, 1992, p.417.
16) 『기독공보』 1952.8.4.
17) 최종고, 앞의 논문, pp.669-670.

특혜적인 종교정책이 이루어졌다. 이승만 정부는 미군정의 종교
정책을 그대로 계승하여 타종교에 비해 기독교 우대 정책을 펴게
된다. 예컨대 크리스마스를 국경일로 지정한 점, 형목刑牧제도를
만들어 형무소 교화사업을 기독교에 전담시킨 일, 서울중앙방송
을 통하여 선교 방송을 하도록 한 점,[18] 일요일의 공휴일화를 추
진한 점 등은 미군정의 종교정책을 그대로 계승한 것이다.

그 밖에 이승만정부의 기독교 우대 정책을 살펴보면, 국기배
례를 주목례로 교체하고 국기 우상화 반대운동을 전개한 것, 군
종제도를 실시하여 군선교에 힘썼던 것,[19] 경찰 선교를 실시하도
록 한 것, YMCA 와 같은 기독교단체에 막대한 후원을 한 것, 그
리고 1954년 기독교방송국과 1956년 극동방송국을 설립한 것 등
을 예로 들 수 있다. 이와 같이 미군정과 제1공화국의 기독교 우
대정책으로 말미암아 해방 직후 남한 전체 인구의 2-3%에 불과
했던 기독교 인구가 1960년에는 7.5%에 달하는 등 비약적인 발
전을 이룩하게 된다.

이승만 대통령 통치하에서 기독교는 철저하게 정치권력에 순
종하거나 무관심으로 일관하였다. 그리고 정부의 보호 아래 기독
교 교회들은 마치 그들이 국가 종교인 것처럼 행세하였다. 한국
기독교는 1960-1970년대 산업화 시기 동안 비약적인 발전을 하

---

18) 國營의 성격을 지닌 서울중앙방송(KBS의 전신)을 이용하여 선교 방송을 했
 다는 것은 당시 기독교가 國敎의 지위까지 누렸다는 것을 의미한다. 강인철,
 앞의 글, p.187.
19) 군종들의 활약으로 인해 1950년 군종 창설 당시 5%에 불과했던 국군의 기
 독교인 비율이 1956년에는 15%까지 상승하게 된다. 그리하여 이승만 정권
 의 군종 창설은 한국기독교 역사 상 가장 중요하고도 획기적인 사실로 인정
 되고 있으며, 불교 등 타종교에 비해 커다란 특혜였다고 할 수 있다. 불교는
 1968년에 가서야 군승제도가 시행되었다.

였다고 하지만, 그 기반을 확고히 다진 시기는 미군정과 제1공화국 시기였다. 헌법에 명시된 정교분리의 원칙을 무시하고 기독교를 편애하였으며 동시에 다른 종교에 대해서는 차별 대우를 하였다. 이때 기독교는 마치 국가종교인 것처럼 행동하게 됨으로써 국가와 창조적인 긴장관계를 유지할 수 없었고, 다종교사회에서 종교간 갈등을 증폭시켰다.

해방 직후 한국에는 불교, 천도교, 유교, 대종교, 개신교, 천주교 등 6대 종교가 있었다. 이승만 정권의 개신교 편향 정책으로 인해 다른 종교들은 커다란 피해를 입을 수밖에 없었다. 불교는 1954년 이승만의 정화유시 이후 격심한 갈등의 수렁에 빠져 사회적인 위신에 결정적인 타격을 입었고, 1956년에는 김창숙이 이끄는 유교가 분규를 겪게 된다. 민족종교인 천도교와 대종교는 교세의 급속한 약화를 겪어야 했다. 천주교 또한 이승만 정권과의 관계가 점점 악화되어 가고 있었다. 반면에 개신교는 정권의 비호와 특혜 아래 비약적인 발전을 거듭하게 되었던 것이다.

Ⅲ. 불교정화의 빛과 그림자

이승만 정권기에 일어났던 불교정화는 한국불교에 빛과 그림자를 동시에 던져주고 있으며 얻은 것만큼이나 잃은 것도 많은 뼈아픈 역사였다. 교단 정화로 인해 일제강점기 불교의 잔재인 대처승이 배제되고 비구승 중심의 불교전통이 회복되었다는 점은 긍정적인 성과라고 볼 수 있다. 그러나 그 이념 및 명분의 정당성에도 불구하고 그 진행 과정과 방법상의 문제로 인한 후유증으로 오늘날까지도 아쉬운 그림자를 길게 남기고 있다.

불교의 문제를 불교 자체의 논리로 풀지 못하고 정권의 비호 및 공권력, 사법부에 의지하려고 했던 점은 가장 큰 문제이며, 대자대비하신 부처님의 포용과 자비를 베풀지 못하고 극단적인 투쟁과 배척, 그리고 폭력으로 일관했던 점, 처음의 순수한 동기가 점차 변질되면서 결국은 종권 다툼의 양상을 띠게 된 점, 그리고 수행의 전통을 되살리자는 정화가 결과적으로는 무자격 승려의 졸속 배출로 인해 수행풍토가 와해된 점 등은 문제로 지적될 수 있다. 이렇듯 정화의 부정적인 측면만을 부각시키려는 사람들은 이를 법난, 분규, 분쟁, 폭력 등으로 부르고 있다.

정화운동의 시점에 대해서도 논란이 있지만, 가장 결정적인 촉발의 계기가 1954년 이승만의 유시였다는 점은 부정할 수 없다. 물론 해방 공간에서 식민지 체질을 극복하고 불교를 혁신하기 위한 자발적인 움직임이 있었던 것은 분명하지만, 이것을 그대로 정화의 시점으로 보기에는 문제가 있다고 본다. 당시 혁신 단체의 문제의식은 대처승의 축출과 토지개혁의 수용 문제였다.

대처승의 축출을 주장했던 것은 당시 90%가 대처승인 현실에서 대처승의 존재를 완전 부정하는 것으로 현실성이 다소 떨어지는 주장이다. 미군정의 명백한 기독교우위정책에 대하여 불교계가 내적으로 서로 단합하고 역량을 결집하여 적극적으로 자구책을 마련해 나가야 할 시점에, 대처승은 물론 일반 신도들까지 배제하고 비구 중심의 배타적인 권한을 요구함으로써 불교계의 역량을 축소시키고, 스스로 분열과 갈등을 자초하고 있기 때문이다.[20]

---

20) 졸고, 앞의 글, pp.28-37.

또한 토지개혁의 문제에 있어서 혁신측(전국불교도총연맹)이 무상
몰수無償沒收 무상분배無償分配를 주장하면서, '사찰토지寺刹土地 소유반
대所有反對'라는 강령, 또는 '사찰토지는 국가사업에 제공하라', '승
려는 생업에 종사하라'와 같은 주장을 했던 것도 불교의 입장에
서 이해가 안 되는 부분이다. 어떤 면에서는 너무나 순진하고도
나약한 현실의식을 보여주는 것이다. 불교가 이미 확보하고 있는
재산을 누군가 빼앗으려고 한다면 이를 거부하는 것이 당연지사
일 것이다. 그런데 사찰 재원의 거의 대부분을 충당했던 토지를
스스로 내놓으라는 주장은 상식적으로 이해가 가지 않는다. 이것
은 비현실적으로 순진무구한 의식구조가 아니라면, 사회주의적인
사상에 입각한 것이라고밖에는 달리 볼 방법이 없는 것이다.[21]

결국 대처승의 축출과 토지개혁의 수용은 명분에 불과하였고,
사실은 종권 획득을 위한 투쟁의 성격이 강했다고 본다. 사실 해
방 공간에 있어서 보수-혁신의 대립은 1920년대의 총무원과-교
무원의 대립을 연상케 한다. 한때 개혁을 주장하던 인사들이 교
단의 중진이 되면 종권 유지에 연연하게 되고, 또 다른 젊은이들
이 그들을 보수파로 몰아 배척한다. 그리하여 그들이 종권을 잡
게 되면, 얼마 안 있어 또 다른 새로운 세력에 의해 밀려나게 된
다. 노소老少 간의 대립은 어느 사회에서나 있는 것이지만, 자신들
의 의사를 관철시키는 방법이 비불교적이고 배타적인 방법이었
기 때문에 악순환이 계속되는 것은 아닐까?[22]

결국 해방 이후 불교계 내부에서 일어났던 교단 개혁의 움직
임은 불교계 내외의 이런저런 이유로 인해 실패로 돌아갔고,

---

21) 앞의 글, pp.32-33.
22) 앞의 글, p.30.

1954년 이승만의 유시로 인해 이른바 불교정화운동이라는 새로운 양상으로 전개되기에 이른다. 왜색불교를 타파하고 한국불교의 전통을 회복해야 한다는 숭고한 의미를 갖는 불교정화가 불교계 내부의 주체적 결단이 아니라, 이승만 대통령의 말 한마디로 촉발되었다고 하는 것은 한국불교의 권력 의존성을 그대로 말해주는 것이라고 아니할 수 없다.

유시의 요지는 교단과 사찰은 독신 비구승이 담당하여 운영을 하고 대처승은 사찰 밖으로 나가라는 것이었다. 이것은 해방 공간 혁신단체들의 주장과도 같은 것이다. 이승만이 이런 담화를 발표하게 된 직접적인 동기가 무엇이었는지는 모르겠지만, 적어도 두 가지 측면에서 문제를 제기할 수 있을 것이다. 무엇보다 이것은 자유민주주의를 국시로 하는 대한민국의 대통령으로서 있을 수 없는 행동이라는 것이다. 당시 한국이 자유민주주의의 경험이 부족하여 국민의 기본권에 대한 의식이 약했다는 점을 고려한다고 하더라도, 자유민주주의의 종주국인 미국에서 오랫동안 유학과 망명생활을 했던 이승만이 '종교의 자유'와 '정교분리'라는 헌법의 정신을 무시하고 특정 종교의 내부 문제에 대해 마치 제왕처럼[23] 명령을 하달하는 식으로 개입했다는 것은 도저히 납득이 가지 않는 것이다.

그런데 더 큰 문제는 불교계 내부에 있었다고 본다. 이승만의 이러한 행태에 대해 불교는 당연히 거부의 입장을 표했어야 하지 않을까? 왜색불교를 타파하고 전통불교를 회복한다는 대의명분

---

23) 이승만은 담화에서 국민들을 '백성'이란 용어로 지칭하는 등 조선말기의 군주의식이 남아 있었다고 한다. 서중석, 「정치지도자의 의식과 유교문화 – 이승만을 중심으로」, 『대동문화연구』 36권, 성균관대학교 대동문화연구원, 2000, pp.205-208.

이 아무리 옳은 것이었다 하더라도, 그것을 추진함에 있어서 타율적으로 공권력에 의지했을 때, 결과적으로는 더 큰 대가를 치러야 한다는 것을 깨달았어야 했던 것이다. 그것이 진정 옳은 길이었다면 이승만의 유시를 정중히 사양하고 불교 내부의 논리로, 여법하게 추진할 수 있지 않았을까?

그런데 오히려 비구승들은 이승만의 유시를 불교정화의 좋은 계기라고 생각하고 더욱더 공권력의 힘에 의지하려고 하였다. 이승만에게 이런 유시를 하도록 건의한 것도 비구승이었다고 한다.[24] 이것은 정화의 이념적인 동기는 순수했다 하더라도 그 직접적인 계기는 종권 획득의 목적에 있었다는 점을 단적으로 보여주는 일이라고 아니할 수 없다. 극소수에 불과했던 비구승이 절대다수를 차지하는 대처승들을 종권에서 완전히 밀어내겠다는 발상 자체가 이승만 대통령과 공권력의 배경을 믿지 않고서는 도저히 있을 수 없는 일이었던 것이다.

비구 측은 힘에 부칠 때마다 경무대를 방문하여 보다 강력한 지원을 간청하였고, 이승만은 무려 여덟 차례나 정화유시를 발표하여 비구 측을 지원했다. 이로 인해 비구 측과 이승만 정권 사이에는 공고한 지지와 후원 관계가 형성되었다. 불교신자들은 경무대 앞에서 북진통일 지지 시위를 벌이고, 1956년에는 비구 측 대표들이 경무대를 방문하여 대통령 선거 재출마를 호소하고, 3·15부정선거에도 조계종단이 체계적으로 동원되었다는 것이다.[25]

실제로 비구승들은 처음에 수행 공간의 확보라는 소박한 동기

---

24) 김광식, 「정화운동의 전개와 성격」, 『새불교운동의 전개』, 도피안사, 2002, p.326. 이청담, 「나의 편력」, 『매일경제신문』, 1038호–1069호, 1969.
25) 노치준·강인철, 「해방 후 한국사회 변동과 종교」, 『광복 50주년 기념 논문집』, 광복 50주년 기념사업위원회, 1995, p.191.

에서 시작하였던 것인데, 이것이 점차로 종권 획득이라는 걸로
변질돼 나갔는데, 그것을 가능케 한 것이 바로 이승만의 유시였
다. 다음 글에 그러한 사정이 잘 나타나 있다.

> 지금까지 수행에만 전심하던 이판승들에게 생활은 극도로 위태로운
> 지경에 이르렀고, 드디어 그들은 사판승들에게 생활 적선의 보상을
> 기대할 수 없게 되니, 그들도 이제는 자기 생존을 위하여 자신들이
> 직접 경제 주권을 장악해야 하겠다고 생각하게 되었다. 그래서 처음
> 에는 몇몇 절들의 운영권만을 넘겨 자치 자활하게 해달라고 요구했
> 으나 이것이 거부되자, 마침내는 한국불교 전체의 주권을 장악해야
> 하겠다는 결심을 하고 전면 투쟁으로 발전하게 되니, 이것이 불교
> 분규의 근본적인 근인이다.26)

1949년 공포된 토지개혁으로 사찰경제가 위축되면서 당장의
식량 확보에 어려움을 겪던 수좌들은 수행 공간이라도 확보하자
는 절박함이 있었다. 뿐만 아니라 일제강점기부터 보수 지주들에
의하여 배척, 소외되었던 수좌들의 피해의식도 그들을 배타적인
운동으로 나아가도록 만든 하나의 요인이었다. 1952년 봄 선학원
승려였던 이대의李大義는 당시 교정 송만암宋蔓庵에게 수좌 전용 사찰
을 할애해 달라는 진정서를 제출하였고, 이에 대해 송만암은 독
신 승려 전용 수행 사찰을 제공하라는 유시를 내리게 된다.27) 그
리하여 법규위원회에서 18개 사찰을 수좌 측에게 제공한다는 방
침을 정하였지만, 이것이 즉시 이루어지지 않자 수좌들은 그동안
의 피해의식과 연결되면서 큰 불만을 갖게 되었고, 교단에 대한

---

26) 黃晟起, 「한국 불교의 나아갈 길」, 『불교 사상의 본질과 한국불교의 문제』,
보림사, 1989, p.306.
27) 대한불교대승회, 『대의대종사전집』, 건양문화사, 1978, pp.88-89.

부정적인 의식과 배타적인 마음을 갖게 했던 것이다.

이런 와중에 이승만 대통령의 유시가 나오자 수행 공간 확보라는 수좌들의 소박한 요구는 종권 장악이라는 커다란 목표로 바뀌게 되었던 것이다. 그들의 당시 상황이 절박했기에, 이승만 정권의 정치적인 의도나 위헌적 요소, 그리고 뒤에 따라올 불교계 내부의 후유증 같은 것들을 생각할 겨를이 없었다고 이해된다. 이에 대해 당시 수좌로 참여했던 강석주는 다음과 같이 말하고 있다.

> 만암 스님이 불국사에서 회의를 할 때 나도 갔는데, 그때 독신승들에게 수행 사찰 몇 개만이라도 달라했지요. 그것이 잘 되었으면 일이 커지지 않았어요. 통도사에서 회의를 했고 만암 스님이 그런 말을 해서 선학원에서 수좌대회를 한 번 했지요. 그래 가지고 정화운동이 시작되었어요. 그런 와중에 이박사가 유시를 했지요. 유시가 도움이 되었는가는 모르지만 그전부터 정화운동은 태동한 것이지요.[28]

그렇다면 이승만 대통령이 위헌의 소지가 있다는 비판에도 불구하고, 불교계의 분규에 직접 개입하여 소수파에 불과했던 비구승을 지원한 이유는 무엇인가? 물론 왜색불교를 타파하고 청정 비구 중심의 한국불교 전통을 회복해야 한다는 대의명분이 있었던 것은 분명하지만, 그 이면에는 정치적인 의도가 분명히 숨어 있었다고 생각된다.

이승만은 오랜 망명생활 끝에 귀국하였으므로 국내에 독자적인 정치적 기반을 갖지 못했다. 그리하여 집권 기간 동안 그는 내각 구성에 있어서 한민당(민국당) 세력의 배제, 조직력 있는 세력에

---

28) 《선우도량》 제11호, 1997, p.245.

대한 경계의 원칙을 지켰다.[29] 그리고 종교를 자신의 권력기반을 이루는 데 이용한다. 특히 자신을 지지하는 개신교 세력을 든든한 후원자로 인식하였으며, 대한민국을 개신교공화국으로 만들려고 하였다. 정권 초기 불교계는 이승만 정부와 비교적 원만한 관계를 유지하였다. 김법린, 백성욱 등이 입각하였고, 최범술, 유성갑, 이종욱, 허영호, 박성하 등 총무원 지도자 다수가 국회의원이 되는 등 교단에 공백상태를 가져올 정도였다. 뿐만 아니라, 한국전쟁이 발발하자 불교계는 불교구국총연맹을 결성하여 이승만을 지원하는가 하면, 1953년 6월에는 승려반공단이 중심이 되어 '통일 없는 휴전 반대' 데모를 벌이기도 했다.

그러나 한국전쟁 이후 이승만은 급작스럽게 대처승 중심의 총무원세력을 배제하고 소수파인 비구 측으로 지지세력을 갑자기 전환하였다. 그 배경으로는 대처 측 정치인사 다수가 한민당과 함께 반 이승만 진영으로 합류하였고, 이승만이 3대 국회의원 선거를 준비하면서, 사사오입 개헌 파동으로 야기된 정치적 위기를 타개하기 위해 여론의 관심을 다른 곳으로 돌릴 필요가 있었기 때문이다. 특히 이승만의 대처승 축출 기도는 당시 무소속 국회의원이었던 박성하가 자유당 정권을 앞장서 비판하고 있었고, 1956년의 대통령 선거에서 대처승들의 영향력이 크게 작용할 것으로 예상되었던 점 등이 주된 원인이었다고 한다.[30] 어쨌든 정권 유지의 필요성 때문에 국가가 불교 분쟁에 개입한 것만은 틀림없는 사실로 보인다. 1954년부터 수년간에 걸쳐 이승만 정권은 비구 측의 강력한 정치적 후원자로 비구-대처 분쟁을 자극하고

---

29) 김수자, 『이승만의 집권 초기 권력기반 연구』, 경인문화사, 2005, p.185.
30) 노치준, 강인철, 「해방 후 한국사회 변동과 종교」, p.190.

확대시켰다. 이승만 대통령은 물론 문교부 등 국가기구가 불교 분규에 깊숙이 개입하기 시작하면서 비구 측과 대처 측의 갈등을 자극하고 확대시켰다.

한편 이승만이 불교계의 왜색 타파에 앞장섰던 것은 표면적인 반일주의와 반공주의를 내세우면서 사실은 정권의 지지기반이었던 친일 기독교 세력을 보호하기 위한 여론 무마용 희생양으로 불교를 이용한 측면도 있다. 이승만 정권은 1948년 국회에서 반민족행위처벌법(반민특위법)을 제정하여 정권의 역사적 정당성과 민족주의적 명분을 세운다고 했다. 그러나 1949년 채 1년도 안 되어 반민특위 활동을 비판하고 경찰을 동원하여 반민특위를 강제로 해산시켰다. 이승만 정권은 친일세력을 보호하고 두둔했으며, 친일기독교 세력들은 반공을 내세우면서 정권을 지지하고 친근한 관계를 갖게 되었다. 해방 이후 가장 중요한 문제인 친일파 처벌 문제는 청산되지 못한 것이다. 이로써 이승만 정권의 반일주의는 오직 일본에 대한 하나의 외교상의 정략에 이용되었고, 다만 자유민주주의 체제의 수립을 표방한 반공주의만이 정권 유지의 명분으로 남게 되었다.[31] 이승만이 불교계의 분쟁에서 왜색불교를 타파한다는 명분을 들고 나온 것은 해방 이후 친일파를 정죄하지 못하고 오히려 그들을 정권의 지지기반으로 삼아 정권의 정통성이 취약하다는 국민의 비판여론을 환기시키고 호도하기 위한 고

---

31) 이 점에 대해서는 기독교계 내에서도 자성의 목소리가 나오고 있다. 즉 일제 하의 반민족행위를 처벌하기 위해 제정된 반민특위법이 시행되지도 못하고 실패함으로써 기독교에도 파급되어 신사참배 회개 운동이 실패하는 것으로 연결되었다는 것이다. 그리하여 일제 하의 교권주의자들이 해방 이후 한국기독교를 지배하는 상황이 되었고, 해방 이후 한국사에서 개혁세력의 대체가 이루어지지 않아 어려움을 겪어야 했다는 것이다. 이만열, 「한국기독교와 역사의식」, 『한국역사와 기독교』, 지식산업사, 1985, pp.69-70.

도의 정치적 계산이 깔려 있는 것이다.

이렇듯 이승만 정권은 장기 집권을 위한 전략으로 기독교 세력을 정치적 기반으로 육성했고, 다른 종교들은 많은 제재를 가하고 분열을 유도하는 등 종교집단을 적절히 활용했다. 불교에 대해 공권력을 동원하여 격심한 내분을 조장함은 물론, 유교에 대해서도 김창숙이 이끄는 유도회에 대한 분쟁을 사주하고 그 자신이 유도회 총재가 되기도 했다. 민족종교인 천도교와 대종교가 급격한 교세의 약화를 경험한 것도 이승만 정권의 감시와 통제 때문이었다.

그러나 이러한 정치적 의도에도 불구하고 이승만 정권에게 그러한 빌미를 제공한 것은 불교 자체의 분열과 갈등, 그리고 무엇보다 국가권력에 의지하려고 하는 치명적 약점 때문이었음을 부인하기 어렵다. 국가권력에 의지해서 종권을 유지하려고 하는 한국불교의 전통적 특성은 통치자의 입장에서 볼 때에 통제하고 이용하기에 용이한 집단으로 볼 수밖에 없게끔 하는 조건이다. 일제가 1911년 사찰령을 발포하여 식민 통치에 용이하게 한국불교를 관리하였던 점이나, 해방 이후 미군정이 사찰령의 폐지를 건의하는 불교계의 요구에 의해 입법의원에서까지 통과된 법안을 인준하지 않았던 일, 그리고 이승만 정권에서도 끝까지 사찰령을 존속시켰던 것들이 모두 불교를 행정 편의적으로 통제하려는 국가의 판단이 있었기 때문이었다. 1962년에 가서야 사찰령은 폐지되었지만, 그 이후에도 '불교재산관리법', '전통사찰보존법' 등으로 변경되면서 불교에 대한 국가적 통제의 틀은 유지되고 있다.

물론 그것은 국가권력의 후원을 얻으려고 충성 경쟁을 벌이는 불교의 권력지향성과 그것을 둘러싼 분열과 갈등이 있었기 때문에 가능했던 일임은 분명한 사실이다. 이승만 정권에서 비구든 대처든 할 것 없이 모두 분규의 향방에 결정적 영향을 미치는 정부의 환심을 얻기 위해 국민여론이나 신자들의 의사와는 상관없이 충성 경쟁을 하였다. 더욱이 정권이 국민들로부터 정당성을 부여받지 못하는 상황에서 불교의 정권 비호 태도는 불교의 사회적 공신력을 더욱 떨어뜨리는 요인이었다. 박정희 정권 시절에는 정권의 불교에 대한 우호적 태도와 함께 불교의 친정부적 태도도 강화되어 군종제도에 참여를 하고 석가탄신일이 국가공휴일이 되는 등 교세가 신장되기도 하였지만, 삼선개헌 및 유신개헌에 지지를 보내는 등 이른바 '호국불교론'을 통해 적극적으로 정권에 지지의사를 표명하였다. 1980년에는 신군부에 의해 자행된 10·27 법난을 겪으면서도 '나라와 국가원수를 위한 축원법회'와 같은 행사를 여는 등 종단 지도자들의 국가에 대한 종속성과 정권 지지 태도는 여전하였다. 요컨대 불교계 내에 자주화에 대한 의식이 미약했음을 알 수 있다.

한편 1954년 11월 이승만의 제2차 담화로 힘을 얻은 비구승들이 태고사로 진입하게 되면서 정화는 선학원을 떠나 본격적으로 전개되는데, 여기서 바로 폭력적인 수단이 등장하게 된다. 불교 정화의 유산을 내적으로 반성해 볼 때에 가장 심각한 문제 중의 하나가 바로 정화를 달성하기 위한 수단으로 폭력을 다반사로 사용해왔다는 것이다. 성냄과 분노를 삼독三毒의 하나로 가장 경계하며, 비폭력 평화정신을 기반으로 하는 불교에서 폭력이 비일비재하게 일어나고 있는 것을 어떻게 해석해야 할까?

이후 문교부가 개입한 가운데 여러 차례 합의를 이루어 냈고, 충분히 타협의 여지가 있었음에도 불구하고 타협을 하지 못하고 끝없는 투쟁으로 일관한 것도 과연 그것이 불법의 정신에 합당한 것인지 묻지 않을 수 없다. 심지어는 4·19 이후 사태가 불리하게 돌아가는 분위기에서 비구승들이 대법원에 난입하여 할복까지 자행하는 것은 승려의 행동으로 보기에는 다소 무리가 따른다.

근대 불교에서의 폭력사태는 아마도 1922년 총무원과 교무원이 대립하면서 이른바 명고축출鳴鼓逐出 사건이 일어나고, 각황사의 소유권 문제로 실력행사가 벌어진 것이 시초가 아닐까 생각한다. 이후 해방을 거쳐 80여 년이 지난 오늘날까지 사찰을 점유하려고 야기된 수많은 대립, 갈등에서 가혹하고 치열한 폭력행사가 동원되었고, 불교계에서는 이를 불가피한 처사로 인정하고 방관하였으며, 그 정신과 행태는 불교계의 관습으로 굳어져, 세간에서는 불교계가 대립하면 곧 폭력사태를 연상시키는 단정으로 이어지게 되었으니,[32] 이것은 분명 잘못된 전통으로 근본적인 반성이 있어야 하는 부분이다. 이것이 불교의 사회적 위신을 실추시켜온 가장 대표적인 문제이기 때문이다.

Ⅳ. 정화와 한국불교의 좌표

지금까지 불교 갈등의 외부적 요인과 내부적인 요인을 정화운동의 틀 속에서 함께 살펴보았다. 이승만 정권의 정치적 의도 하에 친기독교적 정책과 불교에 대한 통제와 분열 정책이 있었다는 것은 분명한 사실이지만, 정화를 통해 드러난 불교 내부의 문제를 되돌아보고, 거기서 한국불교의 좌표를 설정하는 것이 중요하다

---

32) 김광식, 「불교 정화의 성찰과 재인식」, 『근현대 불교의 재조명』, 민족사, 2000, pp.418-419.

고 본다. 왜냐하면 항상 모든 문제는 내부에 있고, 그러한 약점이 있기에 외부적인 모순도 끼어들 여지가 생기는 것이기 때문이다.

정화는 일본식의 불교문화를 털어버리고 한국의 불교전통을 회복한다는 대의명분이 있었고, 결과적으로 비구승을 중심으로 하는 조계종단을 성립시켰다는 점에서 그 의의를 찾을 수 있다. 그러나 정화가 남긴 부정적인 유산을 간단히 정리한다면, 모든 긍정적인 대의명분에도 불구하고, 그것은 한마디로 국가권력에 의지한 종권 다툼이었다고 성격을 규정할 수 있다.

우선 정화 도중에 불거져 나온 환부역조換父逆祖 논의는 정화의 이념적 기반에 대한 의문을 갖게 한다. 심심상인心心相印으로 도를 전하는 선종禪宗을 표방하는 조계종에서 종조宗祖와 법통法統이 확립되지 못하고, 투쟁의 이해관계에 따라 좌지우지될 수 있는 것인지 의심스럽다. 대처 측이 종조로 태고국사太古國師를 모셨다고 해서 비구 측에서는 이에 대한 차별성을 보이기 위해서 보조국사普照國師로 종조를 모셨다는 점, 그리고 뒤에 문교부의 중재안을 접하면서 종조문제를 정하지 못하고 이를 후일 전문학자의 고증을 들어 처리하기로 하고 보류하고 있는 점, 그리고 아직까지도 이에 대한 명쾌한 정리를 하지 못하고 있는 점 등은 정화의 이념적 기초에 대한 의문을 갖게 하기에 충분하다. 결국 이것은 정화가 종권 다툼으로 밖에 볼 수 없는 이유라고 본다.

그리고 정화가 가장 유의한 것은 '대처승 배제'였는데, 그러한 청정계율의 정신이 오늘날 얼마나 구현되고 있는가 하는 점에서 보면 또한 의심이 가는 부분이다. 그런데 사실 결혼 여부가 불교 수도의 유일한 기준도 아니고, 한국불교의 전통이 계율 밖에 없는 것도 아닐 것이다. 설사 그렇다 하더라도 '현실적인 다수를 점하고 있는 대처승들의 존재를 하루아침에 부정해 버리는 배타주

의가 과연 불교적인 방법이었는지?' 그리고 '그들을 완전히 밀어
내려고만 하지 말고 좀 더 포용해 가면서 서서히 바꾸어 갈 수 있
는 여지는 없었는지?' 하는 의문도 든다.[33] 어떤 면에서는 한용
운의 『조선불교유신론』에 나타난 바와 같이 승려의 결혼이 불교
의 대중화라는 구도에서 용인되었던 면도 있고, 결혼한 승려가
다 왜색승, 친일승이었다는 것도 과도한 해석일 수 있다.[34] 결국
정화 초기의 강력한 계율정신이 많이 약화되어 가고 있는 오늘
날, 대처승 배제라는 대의명분도 결국은 종권 획득을 위한 하나
의 명분으로 퇴색되는 것은 아닌지 생각해 볼 일이다.

또한 불교대중화를 목표로 한다고 하면서도, 사실상 신도들을
배제하고 비구승단 중심의 불교 운영에 집착해 온 것도 검토해
봐야 할 문제이다. 일반적으로 교단의 구성원은 사부대중이라 하
지만 근대 한국불교는 승려, 특히 비구 중심의 배타적인 운영이
었던 바, 이것이 교단 활성화의 미흡과 함께 불교 자주화의 한계
로 작용한 측면이 있다.[35] 즉 대처승과의 결별은 포교사, 법사,
신도에 대한 무관심과 방관을 초래하였던 바, 복잡한 현대사회에
서 승려가 모든 일을 감당할 수는 없기에 이들이 종단에 참여할
수 있도록 제도화되어야 한다는 것이다.[36] 이와 관련하여 불교
의 사부대중에서 비구승의 위계를 높이려고 하는 한국불교의 문
화에 대해 본질적인 토론이 있어야 한다고 생각한다. 바로 이것
이 승려들의 명리 추구 현상과 관계가 깊다고 보기 때문이다.

---

33) 졸고, 「미군정의 종교정책과 불교계의 분열」, p.34.
34) 김광식, 「한국 현대불교와 정화운동」, 『한국현대불교사 연구』, 불교시대사,
    2006, p.164.
35) 김광식, 「20세기 불교 教團의 '自主化'문제」, 『근현대 불교의 재조명』, p.362.
36) 김광식, 「불교 정화의 성찰과 재인식」, 『근현대 불교의 재조명』, pp.422-423.

특히 비구승 종단의 면모가 갖춰지면서 비구승 가운데 현실에 안주하거나 타협하여 기득권 유지에만 급급하는 현상을 노출하고 있음도 문제이다. 정화 이후에 계속된 종정과 총무원장 간의 종권 갈등은 이러한 상황을 잘 대변해 주고 있다. 또한 비구 측의 급진적인 종권 획득 과정에서 사찰을 점유하는 데 필요한 인적자원을 보충하기 위해 급조된 승려들이 사찰 운영을 파행적으로 함으로써 결국 정화의 정신을 무색하게 하였고, 이후 지속적인 불교 분교에도 일정 부분 영향을 끼쳤다고 본다. 결국 비구 중심의 승단 운영이란 것은 하나의 명분이었고, 사실은 종권 획득이 목표였음을 잘 말해주는 것이다.

그런데 정화를 이끌어 감에 있어서 가장 큰 동력으로 작용했던 것이 바로 국가권력의 개입과 비호였음이 문제로 지적된다. 불교계의 일을 불교 내부의 논리로 해결하지 못하고, 언제나 공권력을 동원하여 해결하려 했던 것이다. 대통령의 계속된 유시와 국가기관의 개입은 물론, 나중에는 사법부의 재판에 의존하는 등 갈수록 공권력의 개입 정도가 심해짐으로써 불교 자주화에 심각한 문제를 야기했다고 본다. 이것은 4·19로 이승만이 퇴진하였을 때 잃었던 종권 회복을 시도했던 대처 측의 논리에 잘 나타나 있다. 즉 당시 대처 측의 종정이었던 국성우鞠聲祐는 "이李 정권의 비호하에 이루어진 일부 승려들의 불법집단인 관제불교단체를 해산하고…"37)라 하였으니, 이승만을 독재정부로 규정하고, 그 비호를 받아 추진되었던 정화를 부정하려 했던 것이다.

그런데 한국불교의 모든 분규가 결국은 이처럼 종권 다툼의 성격을 띠게 되는 이유는 무엇인가? 그것은 근대 이후 일제강점

---

37) 『묵담대종사문집』, 묵담대종사문집간행회, 1999, p.466.

기를 거쳐 오면서 한국불교가 불교 자주화를 위한 교단 건설을 위해 지난한 노력을 경주해 왔지만, 그것이 종교적 동기보다는 불교를 세력화하여 정치적인 권리를 확보해 보자는 데 초점이 맞춰져 있었기에, 즉 불교적 교상판석敎相判釋이나 교리적 반성이 아니라 정치적인 목적에 의해 시도되었기 때문이다. 즉 종지의 뚜렷한 확립이 없이 단순히 전국의 사찰을 통제하는 중앙권력기관을 만들려 했기 때문에 이러한 종권의 다툼은 계속 반복될 수밖에 없는 것이다. 따라서 전국의 사찰과 승려를 통할하는 중앙집권적인 기관이 꼭 필요한 것인가 하는 본질적인 의문을 제기하고 싶다.[38] 요컨대 단순히 종권을 획득하기 위한 교단의 건설이 아니라 진짜 부처님 정신에 입각해서 처음부터 다시 시작할 필요가 있다는 것이다.

또한 정교분리 시대에 걸맞는 존재 양태를 설정하지 못하고 전통적인 정교일치 시대의 사고방식에 집착하여 국가권력과 결탁해야 한다는 강박관념에 사로잡히게 된 것도 문제로 지적할 수 있다. 이른바 '호국불교護國佛敎'라 하여 국가권력에 저항하여 체제를 비판하고 개혁하는 일보다는 오히려 체제를 옹호하고 그 외호外護를 바라는 편에 많이 기울었다. 역사적으로 볼 때 한국불교는 최소한 조선시대 이전까지는 국가의 절대적인 후원으로 성장하였다고 해도 과언이 아니다. 체제를 옹호하고 그 외호外護를 바라는 편에 많이 섰지, 체제를 비판하고 개혁하는 일은 거의 드물었다. 권상로는 불교개혁론에서

---

38) 이 점에 대해서는 졸고, 「근대 한국 불교개혁 패러다임의 성격과 한계」, 『종교연구』18집, 한국종교학회, 1999, pp.67-90을 참조할 것.

… 의뢰일성依賴─性이 개개흉중個個胸中하야 불교佛教를 신앙信仰하는
국왕대신國王大臣이 출세出世하야 외호外護를 극진極盡하거나 존상보탑
尊像寶塔이 영이靈異를 시현示現하야 외호外護가 폭주輻輳하기만 묵도심
축默禱心祝하고 일개반개─個半個도 위법희생爲法犧牲하야 모험용력冒險用
力한 자者는 가위무인可謂無人하니…39)

라고 하여 한국불교의 의타성을 비판하였다.

　이어 그는 중국의 경우를 예로 들어 비교하고 있는데, 중국에
서는 불교에 대한 국가의 탄압이 있을 때마다 이에 항거하는 용상
대덕龍象大德이 많이 있었다는 것이다. 즉 유빙庾氷이 사문沙門도 왕에
게 절해야 한다고 하자 여산廬山의 혜원慧遠(334-416, 東晉代 白蓮社의 개조)
은 『사문불경왕자론沙門不敬王者論』을 저술, 국가권력에 저항하였으
며, 한유韓愈(768-824)가 불골표佛骨表를 지어 올리니 태전太顚(唐代 스님)
이 조목조목 따져서 반박하였고, 정영사淨影寺의 혜원慧遠(523-592)과
지현知炫(隋代 스님)은 북주北周의 무제武帝가 불교를 폐지하고 도교를
숭상함에 대하여 항의하는 상소를 올렸으며, 그 밖에도 많은 승
려들이 국왕이나 대신에게 대항한 사적이 있다는 것이다. 그는
만일 지난날 여러 스님들이 입을 봉한 채 자연自然에 맡겨두었더
라면 삼무일종三武─宗의 법란法難 이후에 어찌 불법의 종자가 영원
히 끊어져 없어지지 않음을 알겠는가? 라고 반문하고 있다. 그런
데 이에 비해서 조선시대에 들어와 숭유억불정책에 대해 어느 누
구 하나 항쟁하거나 간언하는 사람이 없었으며, 500여 년 동안
단 한사람도 다시 회복시키려고 노력한 자가 없어서 달게 받아들
이고 순종하여 따랐다는 것이다.40) 결국 한국불교사상 최대의

---

39) 權相老, 「朝鮮佛敎改革論」, 『朝鮮佛敎月報』 제5호(1912.6.), pp.42-43.
40) 권상로, 앞의 글, pp.43-44.

법난法難이라고 할 수 있는 조선시대의 억불책과 일제강점기의 사찰령에 대해 불교계 내부에서 정법正法 수호를 위한 조직적인 반발이 별로 없었다는 사실은 국가권력과 밀착된 한국불교의 속성을 그대로 보여 주는 것이며, 근대 한국불교의 파행을 예고하는 것이나 다름없는 것이다.

요컨대 한국불교는 도입 이후 오늘에 이르기까지 국가불교로서 정권과 밀착된 가운데 발전해 왔다. 정화의 역사적 유산을 정리하면서 한국불교는 차제에 이러한 국가불교의 틀을 과감히 깨고 새로운 좌표를 설정해야 한다. 오늘날과 같은 정교분리 및 다원주의시대에 종교는 국가에 대해 불가근不可近 불가원不可遠의 관계를 유지해야 한다. 불교의 입장에서 그것은 부처님 당시의 원시불교 정신으로 돌아가는 일이다.

결국 불교는 원칙적으로 철저한 정교분리에 기초하여 불교권력을 추구하지 않도록 주의해야 하며, 불가피하게 세속정치와 관계를 맺을 경우에는 갈등이나 마찰을 피해야 한다.41) 왜냐하면 종교는 어디까지나 종교다워야 하고, 종교로서의 자존심을 지켜 세속정치에 대해 가르침을 주고 세속권력을 올바른 방향으로 이끌어갈 때 가장 아름다울 수 있기 때문이다.

---

41) 유승무, 「역사상의 불교권력」, 『현대 사회에서 종교권력 무엇이 문제인가』, 동연, 2008, p.37.

V. 나가는 말

종교는 성스러운 가르침을 믿고 실천하는 집단이지만, 세속적인 삶과 유리될 수 없기에 세속을 통치하는 국가권력과 밀접한 관계를 맺는다. 때로는 종교가 국가의 상위에 있어 성스러운 가르침으로 세속정치를 이끌어 가기도 하고, 때로는 종교가 국가권력에 종속되어 권력을 정당화해주는 이념적 수단이 되기도 한다. 또한 종교권력과 국가권력이 대등할 때에는 서로 갈등관계에 놓이기도 한다.

역사적으로 볼 때, 종교는 세속적 권력에 초연해서 자존심을 지킬 때 오히려 존경을 받고 종교로서의 본래 기능도 유지할 수 있었음을 알 수 있다. 종교가 지나치게 권력화되었을 때 종교권력이 상승되는 반면, 오히려 그것 때문에 자승자박이 되어 쇠퇴의 길을 걷는 경우가 많다. 고려불교의 권력화와 쇠퇴의 과정이 그 좋은 예이다.[42]

한국불교는 역사적으로 국가권력과 밀접한 관계를 유지하여 국가불교의 성격을 내내 유지해 왔다고 보여진다. 1910년대의 불교개혁론이나 1920년대의 불교유신회운동, 그리고 해방 이후의 혁신운동이나 이승만 정권기의 정화운동 등 한국불교의 정체성을 회복하기 위한 수많은 노력과 움직임이 대개 실패로 돌아간 이유는, 바로 정교분리라는 시대적 상황에 맞추어 불교의 존재양태를 새롭게 설정하지 못하고, 과거의 국가불교적 현실인식에 안주하고 집착했기 때문이었다.

---

42) 유승무, 앞의 글, pp.40-41.

근대 이후 불교의 문제는 어떻게든 정권과 결탁해야 불교의 위상을 확보할 수 있다는 강박관념이 작용했기 때문이다. 이것은 조선 500년의 가혹한 억불로 인한 피해의식이 너무 컸기 때문이라고 이해된다. 또한 기독교의 적극적인 포교와 미군정 및 이승만 정권의 기독교 편향적인 종교정책에 대한 소외 내지 피해의식도 일정 부분 있었다고 생각된다. 이것은 결국 정교분리라는 새로운 종교환경에 적응할 수 있는 여건이 주어지지 못했다는 것을 의미한다. 서구사회에서 정교분리가 처음 확립될 때에는 주로 정치가 종교의 고유영역을 침범하여 활용하거나 유린하는 것을 막기 위한 것이었지만, 현대사회에서는 오히려 종교가 국가권력과 밀착하여 순수 목적을 뛰어넘어 주도력을 행사하거나 세속적 권력과 이익을 추구하는 것을 경계하고자 하는 의미가 더 부각되고 있음을 바로 보아야 한다.[43]

우리가 오늘날 불교와 정치권력과의 관계를 논하고 있는 이유는 역대 정부의 편향적인 친기독교정책 때문에 불교가 피해를 입었다는 것에 대한 피해의식을 토로하는 데에 그치기보다는 불교가 불교적인 본래면목을 회복하여 새로운 좌표를 설정하고자 하는 자기반성과 모색의 시간이 필요했기 때문이다. 그것은 석가모니의 원시불교 정신으로 돌아가는 것이며, 대승불교라는 불교개혁운동을 탄생시킨 파사현정破邪顯正의 정신을 회복하는 것이며, 중국의 백장청규나 지눌의 정혜결사운동 정신을 오늘에 되살리는 의미심장한 일일 것이다.

사실 한국불교 역사에서 불교가 국가권력에 대해 비판적 소리

---

43) 박광서, 「종교권력을 우려한다」, 『현대 사회에서 종교권력 무엇이 문제인가』, p.179.

를 낸 적이 별로 없었기에 오늘날 이런 시간을 갖는 것 자체가 상당히 의미 있고 바람직한 일이라고 본다. 근현대에 한국불교는 대체로 국가와 좋은 관계를 유지하기 위해 노력해 왔고, 그것은 이승만 정권기에 일어난 정화운동 기간에도 마찬가지였다. 그러던 것이 1980년 10·27 법난 이후 최근 기독교인 대통령의 집권으로 인해 국가권력과 갈등이 생기면서, 국가권력과의 새로운 관계 정립을 모색할 수 있는 계기가 주어진 것은 한편 반가운 일이라고 본다. 다만 그것이 막연히 기독교우위정책에 대한 피해의식을 재확인하는 것에 그치는 것이 아니라, 불교 자체의 본래면목을 찾아가는 본질적인 반성의 계기가 되어야 할 것이다.

요컨대 이번 기회에 한국불교는 국가불교의 성격을 과감히 깨트리고, 원래의 부처님 정신으로 돌아가 종교로서의 정체성과 자존심을 회복하는 계기가 되길 바라는 것이다. 그것은 물론 당장 국가와의 대립각을 세워나가자는 것은 아닐 것이다. 불교가 불교답게 새롭게 정립되어 불교가 가지고 있는 종교적 자산을 새롭게 꽃피울 수 있다면, 그것은 불교가 새로워지는 것뿐만 아니라 대한민국이 새로워지는 것이며, 국민들의 영적 복지가 고양되는 일이기도 할 것이다.

9. 1960년대부터 1980년대까지의 불교 차별과 배경

불교재산관리법, 전통사찰보존법, 국립공원관리법을 중심으로

차차석 동방대학원대학교 불교문예학과 교수

약력

차차석

동국대학교 불교학과, 동 대학원 철학박사(「법화경의 본서 사상연구_사회적 실천이념을 중심으로」) 과정을 졸업하고 전 보조사상연구원 기획실장 및 한신대학교 학술연구교수, 동국대, 금강대, 원광대, 서울대 강사를 역임했다. 현재 동방대학원대학교 불교문예학과 교수로 재직하고 있으며 한국종교문화연구소 연구위원이다. 저서로는 『법화사상론』, 『대각국사 의천』, 『중국의 불교문화』, 『여든은 어려워도 세상은 쉬운 참살이』이 있으며, 공저로는 『불교상식백과』, 『조계종사 고중세편』, 『불교사의 이해』, 『생태위기와 종교문화』, 『구도자의 나라』가 있다. 역서로는 『법화사상』, 『선어삼백칙』이 있다.

Ⅰ. 들어가는 말

근현대 한국불교사의 모습은 상처투성이의 몸을 가누기 위해 몸부림치는 시기였다고 단언할 수 있다. 이조 5백 년의 억불정책抑佛政策에서 겨우 숨 돌리고 전열을 가다듬기 시작한 것이 개항 이후 일제강점기까지라 말할 수 있다면 해방 이후 한국불교는 새로운 통제와 혼란의 도래라고 정의할 수 있기 때문이다.

물론 왕조시대의 정책처럼 일방적으로 불교를 탄압할 수는 없었지만 권력과 법을 이용해 교묘하게 통제하고 압박했으며, 다종교의 현실 속에서 특정한 종교를 암암리에 지원하는 정책이 시행되고 있었다. 미군정의 통치체제 아래서 자행된 적산敵産의 처리, 선교사 내지 그들과 연관된 자들의 정책 입안과 시행, 크리스마스의 공유일화, 선교사를 국립대학총장에 임용한 것, 공영방송을 통한 선교 행위 등 실질적으로 공인된 종교를 암암리에 조장하는 사회적 분위기를 만들고 있었다.[1]

미군정의 통치가 끝나고 정권을 계승한 이승만 정권은 미군정의 기독교우대정책을 계승하는 한편 불교계에는 정화시책을 발

---

1) 강돈구, 「미군정의 종교정책」, 『종교연구』 제12집, 서울대학교 종교학연구회, 1993, pp.37-41.
박승길, 「미군정의 종교정책과 기독교의 헤게머니 형성」, 『사회과학연구』 제5집, 대구효성카톨릭대학교 사회과학연구소, 1998, pp.19-21.
이상 두 논문에는 기독교가 어떻게 해방 공간에서 헤게모니를 장악하게 되었는가에 대해 자세한 분석이 있다.

표하여 종단 내분을 획책하고 있다. 자신의 통치이념에 위반될 뿐만 아니라 체제 유지에 저해요인이 된다는 측면에서 내분을 이용한 분할 통치를 교묘하게 시행하고자 했던 것이다. 정부가 종교에 대해 간섭하는 것은 위헌 조치라는 국회의 결의[2]가 있었지만 이것을 무시하고 대처승의 퇴거를 명령하는데, 결국 불교계의 내분을 심화시켰을 뿐만 아니라 왕조시대의 잔영으로 착각할 정도이다. 일제 통치의 잔재를 척결한다는 명분 아래 자신의 독재체재를 구축하기 위해 불교를 이용했던 것이다.[3]

이승만 정권의 퇴거와 함께 등장한 박정희 군사정권은 친미, 반공이라는 기본적인 정책 기조 위에 전통문화나 종교에 대해 유화적인 정책을 시행하기 위해 노력했다는 점에서 과거와 다른 모습을 보여준다고 말할 수 있다. 그렇지만 거대한 종교집단인 불교계에 대한 견제와 통제는 달라지지 않았다. 이후 제3공화국, 제4공화국, 제5공화국으로 정권이 이어지면서 불교계에 대한 압박의 수위는 낮아졌다고 말할 수 있다. 그렇지만 이전의 정권에서 수립된 악법들을 활용해 교묘하게 통제했다. 각 정권은 채찍과 당근을 들고 그들의 입맛대로 불교를 요리하고 있었던 것이다.

1960년대부터 1980년대까지 불교계는 변화된 환경에 적응하기 위해 부단히 노력하고 있었다. 그럼에도 불구하고 역대 정권은

---

2) 1954년 6월 16일이었다. 여기에 대한 자세한 연구는 김순석, 「이승만 정권의 불교정책」, 『불교정화운동의 재조명』 조계종 교육원 불학연구소 편, 2007, pp.63-67 참조.
3) 김순석, 앞의 논문, p.73. 여기서 필자는 이승만의 정화시책에 두 가지 의미가 있다고 분석하고 있다. 첫째는 기독교 우선의 정책을 수립하고자 하는 것, 둘째는 자신의 독재체재 구축을 위한 것이다. 특히 1954년부터 1956년까지 이승만은 불교 분쟁에 적극적으로 개입하는데 이 시기는 그가 정치적으로 난관에 봉착한 시기이기도 하다.

불교재산관리법, 전통사찰보존법, 국립공원관리법, 문화재보호법, 도시계획법, 도시공원법, 자연공원법 등을 활용해 이중삼중으로 통제하고 있었다. 물론 불교계는 종교의 평등성과 자율성을 줄기차게 요구해 왔으며, 특히 1960년대 중반 이후 불교재산법의 부당성을 들어 종교법인법의 제정을 요구하기도 했다. 이후 각종 불교 관련 법령의 개폐정改廢定을 요구하고 있지만 현재까지 일부 개정 혹은 이름을 바꾼 형태로 남아 있다. 이것은 불교를 통제하고자 하는 정권의 의지가 여전했다는 것을 반증하는 것이라 말할 수 있다.

윤승룡은 "제3공화국의 종교는 크게 보아 한국사회의 산업화 추진에 부응하여 종교에서도 근대화가 추진된 시기로 볼 수 있다. 제3공화국에서의 종교는 크게 1962년부터 1964년까지를 분열수습기로, 1965년부터 1968년까지를 종교개혁기로, 1969년부터 1972년까지를 사회문제인식기로 구분할 수 있다"[4]로 규정하고, 한국사회의 정치, 사회, 경제의 변화에 부응하여 종교계 역시 변화된 모습을 보이고 있다고 말한다. 그렇지만 이 시기의 불교계는 비구와 대처의 대립과 갈등 속에서 종단 내부의 역량을 탕진하고 있으며, 결집된 내부 역량을 대사회적인 활동으로 승화시키지 못했다는 문제점을 지니게 된다.

유신체제의 통치 기간에 해당하는 제4공화국(1972-1979)은 관 주도 하에 비약적인 경제성장을 구가하게 된다. 반면 시민의 자율적인 활동 공간이 통제되고 사회운동이 다양하게 제약을 받게 됨에 따라 재야운동 및 종교단체를 중심으로 한 사회공개기구가 중요한 기능을 담당하게 되었다. 종교는 단위 종교 차원을 넘어 사

---

4) 윤승룡, 『현대한국종교문화의 이해』, 한울아카데미, 1997, pp.109-110.

회의 공신력을 담보한 집단으로 그 사회적 위상이 제고되었던 것
이다.5) 이처럼 중요한 시기에 불교는 종권을 둘러싼 내부 투쟁과
다양하게 분화되는 종파불교의 등장으로 사회적 공신력을 획득
하지 못하고 다툼과 부패의 이미지를 강하게 부여받게 된다.

1980년대는 신군부세력이 정권을 장악한 시기이다. 이들은 유
신체제의 경제와 통치방식을 계승하면서 제5공화국을 탄생시켰
다. 윤승룡은 이 시기를 두 단계로 구분하고 있다. 즉 사회참여세
력의 분열기인 10·26부터 1983년까지와 한국종교의 개편기인
1984년부터 6·29선언이 있었던 1987년까지이다. 전반기는 사회
전반의 문화 활동이 침체된 시기에 해당하며, 후반기는 사회의
개방화로 인해 사회 각 이익집단의 이해가 분출된 시기이다.6) 이
시기의 불교계는 여전히 내부 다툼의 혼란한 국면을 벗어나지 못
하지만 1986년 9월 해인사 승려대회를 통해 새로운 전기를 맞이
하게 된다. 이 대회를 계기로 정권을 비호하는 호국불교라는 개
념에 대한 기존의 왜곡된 해석에서 벗어나 승단의 사회정화의식
을 강하게 표출하게 되기 때문이다. 이러한 정신이 1990년대 들
어 불교가 새롭게 면모를 일신할 수 있는 터전이 되었다고 말할
수 있다.

이상에서 살펴보았듯이 극심한 사회 변동기에 한국불교계는
그 내적 역량을 사회적으로 회향하는 데 최선을 다했다고 말할
수 없다. 근본 원인은 미군정의 기독교 입국을 위한 정책의 시행
과 이승만 정권의 불편부당한 종교정책, 그리고 역대 정권의 불
교 분할통치에서 그 근본 원인을 찾을 수 있다. 나아가 정권의 분

---

5) 윤승룡, 앞의 책, pp.143-144.
6) 윤승룡, 앞의 책, pp.168-169.

할통치정책에 희생양이 되어 내부 다툼에 그 역량을 허비하고 사회의 변화에 능동적으로 대처하지 못한 각각의 불교교단과 지도자들의 안목 부족, 종단 구성원들의 사회의 변화에 대한 인식의 실패에서 그 제이차적인 원인을 찾아야 할 것이다.

그러나 이유야 여하튼 일제강점기 이래, 특히 해방 이후 역대 정권의 불교 차별은 다양한 형태로 전개되었다. 다만 본고는 이러한 점을 전제하고, 1960년대부터 1980년대까지 불교재산관리법, 전통사찰보존법, 자연공원법 등의 문제점과 그 속에 내재되어 있는 불교 통제 혹은 불교차별적인 요소를 분석하여 밝히는 데 주력하고자 한다. 혹자는 이러한 법률이 제정된 시대적 배경을 이유로 불교계의 발전에 순기능적인 역할을 했다고 주장하기도 했다. 역설적이지만 지금 우리들이 악법으로 인식하고 있는 불교재산관리법을 기반으로 조계종이 탄생하게 되기도 한다. 그렇지만 그것은 표피적인 생색, 그 이상도 이하도 될 수가 없다. 왜냐하면 자주성과 자율성의 상실이라는 점 때문이다. 불교계는 불교를 통제하고 차별하는 악법의 철폐를 줄기차게 요구해 왔으며, 그러한 악법들이 다종교 현상의 한국사회에서 불교 발전의 저해 요인 내지 교묘한 불교 통제, 교단의 내적 분란의 원인이 되기도 했다. 정부는 현재까지도 여전히 불교계의 요구에 대해 다양한 이유를 들어 외면하고 있는 실정이다.

Ⅱ. 1960년대부터 1980년대까지 불교 유관 주요 법령에 나타난 불교 차별

1. 불교재산관리법의 문제점과 불교 차별

1962년 '국가재건최고회의'에서 법률 제1087호 전3장 19조 부칙으로 제정되어 공포된 '불교재산관리법'은 당시 비구와 대처 사이의 분쟁이 더욱 치열해지고, 나아가 사찰 경내지 안에서의 요식 및 위락 영업 행위 등으로 인해 불교의 재산이 황폐화되어갈 시기에 제정되었다. 그런 이유로 불교계 일각에선 환영받은 것이 당시의 상황이다. 또한 주지의 권한이나 총무원장의 권리를 법적으로 보장해 주었기 때문에 비구승 중심의 종단인 조계종이 안정되는데 결정적인 기여를 하기도 했다. 그러나 비구와 대처의 통합종단을 수립하고자 했던 의지가 태고종의 반대로 무산되면서 사실상 법적인 근거만이 남아 불교를 억압하는 제도적 장치가 되었다.[7]

불교재산관리법은 그 연원을 추적하면 1911년 6월에 제정된 사찰령 7개조에 이어 7월에 제정된 8개조의 사찰령 시행규칙에 그 뿌리를 두고 있다. 그것은 당시 광범위하게 대중들의 의식을 지배하고 있던 불교를 무력화시키고, 불교를 식민지 정권이 완벽하게 통제하기 위해 구상된 지극히 편의적이고 반민족적인 법령이었다. 여기에 일제는 1916년 8월 '포교규칙'을 반포하여 불교 탄압을 가중加增하고 있으며, 1929년 사찰령을 개정하면서 왜색불

---

7) 「불교재산관리법의 폐지와 전통사찰의 보존」, 《월간 해인》 (1987년 11월호), p.38.

교를 심화시키고 있다.

　사찰령은 일제의 식민지 통치를 편리하게 하기 위해 제정되었음에도 불구하고 그 망령은 해방 이후에도 여전히 떠나지 않고 있다. 그것이 1962년 제정된 불교재산관리법을 통하여 화장化粧을 달리한 채 부활하고 있는 것이다. 구체적인 내용을 통해 이들이 어떻게 불교를 핍박하고 차별했는가를 살펴보면 다음과 같다.

불교재산관리법과 사찰령의 비교[8]

구분	불교재산관리법	사찰령
명칭	불교재산관리법	사찰령
등록 대상	모든 승려 또는 신도의 단체나 사찰	
주지 또는 종단 대표자	취임 시 등록	- 제4조 사찰에는 주지를 둠. 주지는 그 절에 속하는 일체의 재산을 관리하고, 寺務와 法要執行의 책임을 지며 대표함 - 사찰령시행규칙 제2조 본산 주지는 통독, 말사는 지방장관의 인가를 받아야 한다
사전 허가 사항	- 사찰 내 경내지 건물 또는 경내지 사용의 폐지 - 사찰 또는 불교단체의 동산이나 부동산을 대여, 양도 또는 담보 제공 - 사찰의 운영을 위한 차입 또는 제3자의 채무보증 - 경내지 건물 또는 경내지의 용도변경이나 불교단체 목적 이외의 제공	- 제1조 사찰을 병합, 이전하거나 폐지하고자 하는 때는 조선총독부의 허가를 받아야 하며, 그 장소와 명칭을 변경하고자 하는 때도 역시 같다. - 제2조 사찰의 기지와 가람은 지방장관의 허가 없이 전법, 포교, 법요집행 내지 승니 거주 목적 이외에 사용하지 못한다 - 제5조 사찰에 속하는 토지, 삼림, 건물, 불상, 석불, 논문서, 고서화 및 기타의 귀중품은 조선총독의 허가를 받지 않고 처분하지 못한다
재산 목록 작성	매 회계연도 종료 후 관할청에 제출	

---

8) 서경수, 「일제의 불교정책」, 『근대한국불교사론』, 민족사, 1988, pp.119-120.

경내지 금지 사항	요식업 기타 종교 목적을 해하는 영업 행위 금지	제7조 本令에 규정된 것 이외에 사찰에 관하여 필요한 사항은 조선총독이 이를 정함
사찰의 의무	- 사찰재산의 증감 이전 시 7일 이내 신고 - 매 회계연도 예산을 편성하여 11월 말까지 신고 - 매 회계연도 결산을 작성하여 2월말까지 제출	
재산관리인의 임명	사찰의 위법, 분규 시 재산관리인 임명	
벌칙 1) 사찰 주지 및 종단 대표 미등록 2) 사찰 주지 및 종단 대표가 사찰 재산 취득 3) 경내지 안에서 영업 행위	1) 2년 이하 징역 또는 200만원 이하 벌금 2) 2년 이하 징역 또는 200만원 이하 벌금 3) 6월 이하의 징역 또는 20만원 이하의 벌금	- 제6조 전조의 규정을 위반한 자는 2년 이하의 징역 또는 5백원 이하의 벌금에 처함 - 시행령 제5조 주지가 범죄 기타 부정한 행위가 있을 때나 직무를 태만히 할 때는 그 직위의 인가를 취소할 수 있다

이상에서 불교재산법과 일제하에 작성된 사찰령, 그리고 사찰령의 시행규칙을 개략적으로 대비해 보았다. 시행규칙에는 보다 세세한 사항이 규정되어 있으며, 이러한 것들이 한국불교의 자주성과 자율성을 제약하기 위해 제정된 것임은 두말할 나위가 없다.[9]

불교재산관리법에 의하면 정부는 일방적으로 불교의 자율성을 침해하고 있다. 불교재산의 관리인은 불교계가 아니라 정부라고 보는 것이 보다 명확할 것이다. 모든 사항을 등록하거나 신고해야 하며, 필요한 경우 재산관리인을 임의로 파견할 수 있도록 되어 있다. 재산권도 정부의 허가를 받아야 행사할 수 있으며, 매년 회

---

9) 서경수, 앞의 논문, p.127.

계와 결산을 관할 관청에 보고해야만 했다. 특히 주목할 사항은 벌칙 조항이다. 불교재산관리법에 규정된 사항을 위반하면 징역형이나 벌금형을 부과할 수 있도록 되어 있는데 이것은 정교분리의 원칙을 근본적으로 위반한 것이라 볼 수 있다. 위헌 사항이 분명한데도 종교법에 의거해야 할 사항을 국가의 법령으로 강제하고 있다는 점에서 불교의 자율성과 종교 간의 형평성을 근본적으로 훼손하고 있었던 것이다.

문제는 불교재산관리법이 비구와 대처의 갈등 속에서 불교계를 통제하기 위해 적절하게 활용되고 있다는 점이다. 특히 이 법을 만든 주체는 국민의 대의기관인 국회가 아니라 '국가재건최고회의'라는 변칙적 통치기구였기 때문에 입법立法의 과정 역시 정당성을 획득할 수 없다. 그럼에도 불교의 종속화를 심화시켰다는 점에 문제의 심각성이 있는 것이다.[10] 이에 대해 불교계는 다양한 경로를 통해 그 부당함을 호소하고 있지만 권위주의 시절의 정권은 외면 내지 무시로 일관했다.

1964년 전북도 교육청에 낸 불교재산관리법 경내지 책정(불교재산관리법 제5조)에 대한 질의서에 대해 당시 소관부처였던 문교부는 불교재산관리법의 시행을 위해 강력한 행정력을 발동하겠다고 답변했으며, 동년 8월 불교재산관리법에 의거해 등록을 마치지 않은 사암은 불법단체로 규정했다. 따라서 1965년 불교는 문교부의 관리 대상이 되었으며, 1968년 12월 31일 문화공보부는 사찰재산의 통제와 감독을 강화하게 된다. 박정희 정권이 경색화되는 과정에서 불교재산관리법이 통치 수단의 하나로 활용되고 있었던 것이다.[11]

---

10) 연기영, 〈불재법의 폐지와 전통사찰보존법의 제정〉, 《월간 법회》(1987년 12월호), p.116.

1969년 11월 1일부터 10일까지 실시된 사무 감사 결과 조계종 총무원은 불교재산관리법에 많은 문제점이 있다는 것을 인식하게 된다. 그렇지만 1970년 8월 28일 대통령령 제5307호로 개정된 불교재산관리법 시행령을 통해 불교에 대한 간섭을 더욱 심화시키고 있다. 1975년 다시 개정된 바가 있는 동 시행령은 불교단체의 제반 권한을 지방자치 단체장에게 위임할 수 있는 조항을 비롯하여 불교단체의 등록이나 주지 및 대표임원의 취임 등록 시 각종 서류의 제출을 요구하고 있다. 불교계의 대표권과 관리권이 정부에 있다는 것을 보다 분명하고 강력하게 시행하므로 해서 불교계가 정권에 보다 강하게 종속되지 않으면 안 되었다.

또한 1970년 9월 문공부는 사찰관리행정지침을 각 사찰에 전달했다. 이것은 문공부와 지방관할관청이 불교계의 주요 사찰을 직접 감독하려는 것이 목적이며, 사찰의 공금을 지방관들이 관리하고, 승려들에게 문화재 보수 기술을 의무적으로 습득하게 하고자 했다. 출가자를 수행자로 인식한 것이 아니라 사찰의 관리인 내지 기능인으로 취급하고자 했던 것이다. 자율성의 문제를 넘어 불교의 근본을 말살하려 했던 것이다.

불교재산관리법의 문제점을 인식한 불교계는 지속적으로 이 법의 폐지와 개정을 요구하게 된다. 1970년 9월 23일 3대 중앙종회는 종단의 자립정책을 추구하며 문공부의 '사찰관리행정지침'은 지나친 종권 개입이라 결의하게 된다. 1971년 1월 27일 은해사에서 개최된 본말사 주지회의에서는 '불교재산관리행정지침'이 사찰운영과 신앙활동에 막대한 지장을 초래한다고 지적했다. '불

---

11) 〈불교재산관리법은 왜 폐지되어야 하는가〉, 《월간 해인》(1986년 9월호), pp.28-29.

교재산관리행정지침'은 국립공원법 시행에서 연유한 것으로 사찰을 공원의 부대시설로 만들려는 의도를 지니고 있었다. 1971년 5월 19일 25회 임시중앙종회에서 사찰 영역에 국립공원을 설치하려는 정부 당국의 불교재산관리행정지침의 철회와 불교재산관리법의 철회를 위해 종단특별기구를 설치하기로 결의한다. 1971년 9월 9일 조계종 총무원 기획위원회 및 사적보존특별위원회는 문공부에서 일방적으로 제정하여 실시하고 있는 사찰관리행정지침 등이 종단의 원칙과 크게 다르며, 사실상 사적 및 사찰재산관리에 막대한 지장을 초래하고 있다고 지적하고, 이에 대한 대책을 신중히 검토하게 된다.[12] 그러나 1970년대 초기에 일어난 불교재산관리법 폐지운동은 그것이 지니는 역사적 의의 내지 중요성과 무관하게 별다른 실효를 거두지 못한 것으로 평가한다.[13] 정부의 강압적인 태도와 10월 유신 이후의 경색된 사회적 분위기 때문에 운동의 파장이 짧아졌기 때문이다.

박정희 정권의 몰락과 함께 시작되는 1980년대를 맞이하여 불교재산관리법의 폐지와 개정을 요구하는 목소리가 다시 높아지기 시작했다. 1980년 3월 1일 대한불교총연합회 제46차 정기이사회에서 불교재산관리법 등 불교관계법령의 개정을 위해 개정추진위원회가 구성되며, 동년 4월 8일에는 헌법개정심의연구 불교위원회에서 불교재산관리법의 철폐 내지 개정의 가능성을 연구하고 공원법의 개정도 논의하게 된다.

1980년 7월 조계종 총무원은 불교재산관리법, 자연공원법 등

---

12) 〈불교재산관리법은 왜 폐지되어야 하는가II〉, 《월간 해인》 (1986년 10월호), p.26.
13) 앞의 글, p.27.

사찰과 유관한 법령에 대해 사찰의 자주적인 운영을 전제로 법령의 모순점을 조사하고 그 개정을 관계 당국에 건의한다. 1980년 8월 14일 전국 중요 사찰 주지 및 실무자 회의는 불교유관법령을 개정하기 위한 5인 추진위원회를 구성했으며, 9월 15일과 16일 개정시안을 발표했다. 그렇지만 1980년 10월 27일 전국 주요 사찰이 정화를 명분으로 내건 군인들에 의해 강제로 점거당하는 법난을 맞이하게 된다. 불교 내부의 비리나 의혹을 언론에 노출시켜 자신들의 정당성을 확보하려는 군사정권의 불교 탄압이었다. 다른 주류 종교에 비해 교단의 결집력이 박약한 불교계가 그들의 희생양이 되었던 것이다.[14]

1981년 1월 14일 정화중흥위원회에서 새 집행부를 구성하여 취임등록을 마치며, 2월 10일 문공부에 사찰재산 유보 조치의 전면 해제를 요청한다. 1981년 10월 조계종 총무원과 한국불교종단협의회, 전국신도회는 불교유관법령 중에서 종단의 발전에 장애요인이 되는 법조항의 개정을 정부에 건의했다. 군사정권의 횡포는 갈수록 이성을 상실해 82년 2월 일부 사찰에 부가가치세가 부과되었다. 또한 1983년 정부는 불교재산관리법과 향교재산관리법을 정부 주도하에 개악하려고 시도했으며, 이에 제75회 중앙종회에서 강력한 반대의사를 표명하게 된다.

그러나 1986년 9월 7일 해인사에서 개최된 승려대회는 현대한국불교사에서 새로운 전환점이 되었다고 보며, '불교의 자주성 회복과 각종 불교 관련 법률의 개정과 폐지'를 대중적인 결의로 확인하게 된다. 1988년 노태우 정권은 불교재산관리법을 전통사

---

14) 박희승, 「한국사회의 변화와 불교」, 『현상과 인식』 1994년 겨울호, 한국인문사회과학원, p.54.

찰보존법으로 대체하여 여론을 무마하고자 했지만 이 법도 명칭만 바뀌었을 뿐 전체적인 골격에서는 크게 변한 것이 없으며, 여전히 불교의 자율성과 자주성, 종교의 형평성을 저해하고 있다.[15]

이상에서 살펴보았듯이 1980년대의 불교재산관리법을 비롯한 불교 유관 법령에 대한 개정운동은 철폐를 주장하는 것이 아니라 부분적인 개정을 요구하고 있다는 점에서 여전히 정권에 예속된 교단의 모습을 노정하고 있다. 군사정권의 압박에 의한 사회적 분위기를 감안하더라도 교단의 자주성과 자율권에 대한 종단 구성원들의 전반적인 인식이 결여되어 있음을 알 수 있다. 동시에 정권을 유지하기 위해 강력한 종교집단인 불교를 당근과 채찍을 통해 적절하게 통제했다는 점도 부인할 수 없다.

1962년 군사정권에 의해 제정된 불교재산관리법과 유관 법령들은 제정의 목적과 당시의 사회적 여건이 여하튼 일제강점기에 제정된 사찰령과 마찬가지로 불교 전체를 국가의 권력 아래 종속시키는 결과를 초래하게 되었다.[16] 박정희 군사정권이 불교를 수습한다는 명분으로 불교재건위원회를 조직하는 데 깊숙하게 개입하였으며, 소관 부처인 문교부를 앞세워 불교를 철저하게 통제하고 있는 것이다. 정교분리의 헌법정신을 위반한 것은 물론 포교와 종교 활동 자체까지 조종하려고 했다. 따라서 불교계는 정부의 비판 세력이 될 수 없었으며, 선거 때마다 호국불교란 미명

---

15) 이상의 내용은 주로 《해인》지 1986년 9월호와 10월호에 연재된 〈불교재산관리법은 왜 폐지되어야 하는가〉와 《대원》지 12월호에 게재된 조영호의 〈불교재산관리법 폐지과정과 전통사찰보존법의 제정배경〉을 참고하여 재구성한 것임을 밝힌다.
16) 노치준, 강인철, 「해방후 한국사회변동과 종교」, 『해방후 한국 사회의 구조적 변동과 사회발전』, 한국사회학회, 한국사회사학회, 광복 50주년기념 학술대회발표논집, 1995, p.159.

하에 정권을 지지하는 발언을 할 수밖에 없는 상황이 되었다.[17]

국내외의 판례를 통해 사찰에 관한 법률문제를 분석한 논문에서 안종혁은 "불교재산관리법이 불교 종단의 고질적인 내분의 종식이라는 명제를 눈앞에 두고 입법되었기 때문인지 일제의 손으로 만들어진 행정적 통제에 주안을 둔 사찰령에서 별로 진전한 것이 없어 사찰의 보호·육성이라는 본래의 목적보다는 오히려 실질적으로는 규제에만 치중하고만 결과가 되었음은 아쉬운 노릇이 아닐 수 없다. 이는 불교 이외의 종교단체에 대하여는 아무런 법적 규제가 없는 것과도 균형이 맞지 않거니와 종교문화의 향상 발전을 위해서는 날이 갈수록 그 활동의 영역을 넓혀오고 있는 사찰뿐만 아니라 교회, 그 밖의 모든 종교단체를 망라하여 일본의 종교법인법의 경우와 같이 '종교법인'이라는 특수한 법인으로 쉽사리 설립될 길을 열어놓음으로써 일반 법인과는 그 사회적 사명을 달리하는 종교단체의 지위를 높이는 한편 그 권리와 책임의 테두리를 한층 명백히 하는 방향의 입법적 배려가 시급하다고 생각한다"[18]고 지적하고 있다.

2. 전통사찰보존법과 불교 차별

불교재산관리법의 철폐를 줄기차게 주장해온 불교계의 여론에 견딜 수 없었던 정부는 불교재산관리법을 폐지하는 대신 전통사

---

17) 노길명, 『한국의 종교운동』, 고려대학교출판부, 2005, p.252.
18) 안종혁, 「판례를 통해 본 사찰」, 『법과 종교』, 한국종교법학회편, 홍성사, 1983, pp.120-121. 필자는 논문 발표 당시 사법연수원 교수, 부장판사로 재직하고 있었다.

찰보존법을 대체입법하게 된다. 1987년 10월 28일 전통사찰보존법[19]이 국회 문공위를 통과하고, 동년 10월 29일 국회 법사위를 통과하므로써 불교재산관리법은 사실상 폐지된다. 1962년 5월 31일 국가재건최고위원회에 의해 법률 제1087호로 공포된 지 25년 만의 일이었다.

그러나 불교재산관리법을 대신해 입법 제정된 전통사찰보존법 역시 몇 가지 사항만 변경되었을 뿐 헌법에 명시된 정교분리의 원칙에 위배될 뿐만 아니라 종교의 자유를 억압하는 것이란 비판에서 자유스러울 수 없었다. 특히 정부가 특정 종교의 재산 관리에 개입하는 것은 종교의 형평성에 어긋나는 것은 물론 근대법의 원리에서는 상상도 할 수 없는 악법이라는 평가도 있었다.[20] 전통사찰보존법의 성안 과정에서 공원법, 문화재보호법 등 유관 법령에 대한 논의가 거의 없었다는 점에서 졸속이라 비판하고, 헌법 제19조에 명시된 '종교의 자유를 기반으로 하여 종교적인 집회 결사의 자유를 통해 종교 목적의 달성을 위한 종교단체를 결성하고 회합을 가질 수 있다'는 조항과도 상충된다고 부정적인 견해도 피력되고 있다.[21]

---

19) 불교재산관리법을 대신해 제정된 전통사찰보존법의 제정 과정에서 당시 문광부는 불교재산관리법 자체를 폐지하고 대체입법을 계획하지 않았지만 조계종 총무원의 요청에 의해 전통사찰보존법을 제정한 것으로 당시 관계자들이 확인 내지 증언하고 있다. 따라서 종단 스스로 자율성을 포개했다고 보는 것이 타당할 것이다. 그렇지만 헌법의 정신을 존중하고 종교의 형평성을 고려해 전통사찰보존법을 제정하지 않고, 불교재산관리법을 폐지했더라면 불교계 역시 그러한 상황에 능동적으로 적응했을 것이란 점을 감안한다면 역시 문제가 아닐 수 없다.

20) 〈전통사찰보존법… 교계반응은〉, 《월간 대원》(1987년 12월호), p.30.

21) 《대원》 1987년 12월호, pp.30–31. 이러한 견해를 강조한 사람은 당시 동국대 법학과 교수로 있었던 한상범 교수이며, 이외에도 많은 사람들이 여러 매체를 통해 부정적인 의견을 밝히고 있다.

그럼에도 불구하고 전통사찰보존법은 발효되어 현재까지 불교계를 지배하는 법령 중의 하나가 되어 있다. 불교재산관리법에 비해 일정 정도의 자율성을 보장하고 있지만 근본적인 문제, 즉 종교의 자유와 종교 간의 평등, 정교분리의 원칙이 지켜지지 않았기 때문에 위헌적이며 타당성이 결여되어 있는 것이다.[22]

전통사찰보존법이 지니고 있는 문제점과 차별적인 요인들에 대해 손성은 전통사찰보존법의 특징을 세 가지로 압축해서 정리하고 있다.[23] 즉 종교라는 단어를 사용하고 있지 않지만 종교법적 특징을 지니고 있다. 일제강점기의 사찰령과 불교재산관리법에 그 연원을 두고 있으므로 연혁적沿革的인 특징을 지닌다. 불교계를 행정기관에 예속시켜 조직화의 도구로 활용하고 있다는 점에서 관리통제적 특징을 지니고 있다.

또한 법적인 구조를 살펴보면 규율의 대상, 규제의 방법, 벌칙으로 대별할 수 있다. 규율의 대상은 행정기관이 임의로 선정하여 등록하게 하고 있다. 규제의 방법은 두 가지가 있는데 첫째는 전통사찰의 재산 규제이며, 둘째는 전통사찰의 조직 간여이다.[24] 이상의 조항 중에서 재산에 관한 규제 때문에 일반인들 중에서 착시현상을 일으켜 전통사찰보존법의 필요성을 주장한 사람도 있었는데, 이러한 현상은 미군정이나 이승만 정권에 의해 야기된 종단의 혼란과 그로 인해 점철된 불교계의 왜곡된 현실 때문이라 본다.

---

22) 연기영, 〈불재법의 폐지와 전통사찰보존법의 제정〉, 《월간 법회》(1987년 12월호), p.120.
23) 손성, 「전통사찰보존법의 종교법학적 연구」, 『동국논총』 32집(인문사회과학편), 1993, pp.225-226.
24) 손성, 앞의 논문, p.227.

그러나 불교재산관리법의 명칭은 헌법상의 종교 조항의 해석에 위배되는 것이다. 특정 종교의 이름을 법률의 명칭으로 사용하는 것은 특정 종교를 국가가 국교로 혹은 공인종교로 인식할 오해를 야기할 수 있는 가능성이 있으며, 특정 종교 이외의 여타 종교가 2류의 지위로 격하될 수 있는 해석의 여지가 있다는 지적[25]은 그런 점에서 타당하다고 말할 수 있다. 또한 전통사찰보존법이란 명칭에서 보존이란 단어를 사용한 것은 불교가 역사성과 사상, 문화적 유구성을 지닌 신성한 종교가 아니라 국가의 보존과 관리를 담보하지 않으면 안 되는 정도의 하등한 종교라는 이미지를 줄 수도 있다고 보기도 한다.

전통사찰보존법은 지적한 바와 같이 태생적으로 문제점을 지니고 있다. 응당 폐기되어야 마땅한 것이지만 손성은 1993년 시

규범적인 문제	1. 재산권의 과도한 규제 - 재산목록의 작성과 비치(제11조) 비전통성 재산의 권리행사 시 행정기관의 허가사항(제6조) 2. 주지의 신고제에 의한 불교조직에 대한 간여 - 주지 신고(제4조) 3. 주지의 권리 제한 - 주지의 재산 취득 금지(제11조) 4. 재산관리인의 종교조직 간여소지 - 재산관리인의 임명(제12조) 5. 보조금 지급으로 특정 종교에 대한 재정 지원 시비 - 보조금(제14조)
종교행정적인 문제	1. 전통사찰의 선정과 등록과정의 불명확성, 모호성에 의한 종교행정의 권한 유월 가능성 - 전통사찰의 등록 제3조 2. 재산 변경 시 행정기관에 통지 등 무리한 요구(시행령 제5조 3항) 3. 주지 신고, 보조금 지급 등으로 전통사찰의 자주 자결권 손상(제4, 14조)
입법 기술적인 문제	1. 법률의 명칭에서 오는 시비 2. 용어의 혼란(정의 : 제2조 등)

---

25) 손성, 앞의 논문, p.228.

점에서 문제점을 다음과 같이 세분해서 지적하고 있다.[26]

이상에서 도시해 설명했듯이 불교재산이 실정법을 근거로 행정기관에 의해 현저하게 제한 내지 통제받고 있는 상황 속에서 불교와 타종교의 공정한 선의의 경쟁은 이미 그 결과를 충분히 예측하고 남음이 있다고 말할 수 있다. 더구나 전통사찰보존법의 사업에 관한 조항에서 사업의 범위를 불교적인 목적으로 제한하고 있는 것이나 재산권 행사의 제한, 건축물 건립의 제한 등은 포교와 종교단체의 자유를 제한 내지 억압하는 것이 분명했다. 한국사회가 농본사회에서 도시산업사회로 급격하게 변하고 있던 1970년대에서 1980년대에 걸쳐 불교의 자유로운 포교와 단체 활동을 억압했다는 것은 종교적 차별 혹은 암묵적인 탄압이라고 해석하기에 충분했다고 말할 수 있다.

참고로 전통사찰보존법의 문제점에 대한 지속적인 제기는 2008년 3월 21일 법률 제8974호에 의해 일부 개정되기에 이른다. 그러나 허가와 통제, 벌칙 조항이 사라진 것은 아니다. 또한 2009년 3월 5일 법률 제9473호에 의해 전통사찰보존법이란 명칭 대신 '전통사찰보존 및 지원에 관한 법률'로 변경했다. 많은 문제점이 해소되고 있지만 여전히 근본적인 문제, 즉 정교분리의 문제, 자율권과 자주권 확보, 종교적 평등권의 문제는 남아 있다.

3. 자연공원법과 불교 활동의 제약

2003년 1월 30일 헌법재판소는 매우 중대한 판결을 내린 것으

---

26) 손성, 앞의 논문, p.236.

로 《불교신문》에 보도되고 있다. 즉 '전통사찰에 대한 국가기관의 공공수용으로 인한 소유권 변동에 대해 규제하지 않은 것은 평등권 원칙에 위배된다'고 밝혔기 때문이다. 사건의 개요는 다음과 같다. 부산 선암사가 '전통사찰보존법 제6조 제1항 2호가 전통사찰의 대여, 양도 등은 문화부장관의 허가를 받도록 하면서 토지 수용은 별도로 규제하지 않은 것은 위헌'이라며 제기한 헌법소원 사건에 대해 헌법불합치 결정을 내린 것이다. 이에 따라 그 이전에 지자체나 주택공사 등이 공공의 이익을 위한다는 명분 아래 자행되어 오던 전통사찰 경내지 강제 수용을 피할 수 있게 되었다.[27]

자연공원법이 어떠한 방식으로 불교에 피해를 주었는가는 단적으로 설명할 수 없다. 다양한 방식과 형태가 존재하기 때문이다. 비근한 실례로 2000년 부산에서 있었던 사건인데 부산시 진구 팔금산에 위치한 전통사찰 광명사의 대웅전 뒤에 인접도로를 건설하려고 추진하는가 하면, 경기도 광주시 소재의 수도사는 초고압선이 경내지境內地를 지나가게 설계되어 수행 환경과 신행 활동에 막대한 피해를 미치고 있다.[28]

재산권의 행사나 수행 내지 불교적인 신행 활동에 피해를 주는 사건을 소개한 것이지만 그동안 불교계의 인내심이 어느 정도에 달하고 있었는가를 알 수 있다. 그러나 불교계의 인내는 권위주의의 청산과 맞물려 자신의 권리를 지키고 주장해야만 한다는 당연한 논리 전개로 확산되고 있다. 국립공원 지정 당시부터 불교계는 자연공원법이 불교의 재산권, 수행 환경, 종교 포교의 자유,

---

27) 《불교신문》 인터넷판 2003년 1월 31일자 참조.
28) 《불교신문》 인터넷판 2008년 11월 5일자 참조.

문화 환경 등을 침해하며, 심지어는 문화재보호법, 전통사찰보존법, 도시계획법, 건축법 등 사이에서 법의 형평성과 법규 사이에 충돌을 일으키는 등 다양한 부작용을 야기한다고 주장했다.

1967년부터 사찰 경내지를 국립공원으로 지정하는 것에 대해 반대한 이래 72년 해인사, 법주사 등 주요 사찰에서 국립공원 지정을 반대했다. 그러나 당시는 군사독재정권의 억압으로 인해 소기의 성과를 이루지 못했다. 그동안 자연공원법과 관련해 불교계가 그 부당성과 폐해의 심각성을 제기한 것을 일지로 정리하면 다음과 같다.[29]

1967.06.: 정부(건설부)는 「공원법」 제정, 국립공원 제도 시행
1967.12.: 화엄사, 쌍계사 등을 포함한 지리산을 국립공원으로 일

---

29) 2009년 7월 2일 통도사에서 거행된 「조계종 전국본말사 주지 결의대회 자료집」, pp.7-8.
참고로 2009년에 전개된 자연공원법과 관련된 불교계의 노력은 다음과 같다.
01.09.: 환경부, 제77차 국립공원위원회 보고 안건으로 환경정책평가연구원에 의뢰한 '국립공원구역 조정 및 자연공원제도 개선계획' 보고
01.14.: 총무원은 환경부 장관 앞으로 일방적인 공원구역 조정 계획 중단하고 종단 의견 수렴을 촉구하는 공문 발송
01.22.: '국립공원제도개선추진위원회' 구성 종무회의 의결
03.26.: 총무원, 국립공원제도개선을 위한 '구역조정협의회 활동지침' 전달
04.10.: 국립공원정책에 대한 조계종의 대정부요구사항 전달(청와대, 국무총리실 등)
시민환경단체 간담회(국시모, 녹색연합, 생태보전시민모임, 전문가 등)
04.28.: 총무원, 종무회의에서 '문화유산지역보전추진위원회' 구성 결의
'문화유산지역 지정 및 관련 법률 정비 요청' 전달(문화체육관광부)
05.19.: '문화유산지역보전추진위원회 전체회의'에서 '전국본말사주지결의대회' 발의
05.20.: 시민환경단체 및 환경부와의 자연공원법 입법예고안에 대한 공청회
06.09.: 총무원 종무회의 '전국본말사주지결의대회' 개최 의결
07.02.: 총무원과 전국 교구본말사 주지, 양산 통도사에서 '사찰경내지의 자연공원 해제를 우한 전국본말사 주지 결의대회' 개최

방 지정하여 불교계가 반발함

1971.05.: 당시 조계종 청담 스님이 정부에 '공원법 시행 반대 건의 서' 제출. '무엇보다 종교의 존엄성과 사찰의 자주성을 침해할 우려가 크다'는 점에서 사찰 경내지의 공원 지정 반대를 천명

1971.10.: 조계종 정부 당국과 공원제도 시행에 5개항 합의. 사찰의 존엄성과 수도원의 분위기 그리고 사찰의 자주성이 완전 보장되도록 하면 불교계가 공원법 시행에 협조하기로 합의. 이후 정부 당국의 합의 불이행

1972.08.: 각 일간지에 정부는 '해인사 등 전국 명승지를 관광지로 개발한다'고 일방적인 발표. 정부의 발표가 있자 당일, 해인사 전 대중 398명이 대적광전에 모여 '한국 유수의 대총림(승가종합수도장)이 공원이나 관광지로 전락될 수 없다'는 국립공원 지정 반대 결의문을 채택하여 건설부 장관에 전달

1986.07.: 건설부가 자연공원법 개정 법률안에 대하여 조계종 총무원은 이의를 제기하고 '사찰 경내지를 공원 구역에서 제외하라'는 공문을 관계 당국에 송부

1986.09.: 해인사-사찰 경내지 국립공원 해제를 위한 전국승려대회 개최

1990.12.: 「공원법」을 개정하여 국립공원 관리를 건설부에서 내무부로 이관

1996.03.: 조계종, 내무부 자연공원 구역에서 사찰 경내지 제외 등 요구

1996.05.: 국민고충처리위원회가 '국립공원 내 사유지에 대한 손실 보상을 위한 법적 근거를 마련'하도록 내무부에 권고

1996.11.: 환경 보존과 민족문화 수호를 위한 전국본말사주지결의대회(조계사) 개최(국립공원 해제 요구)

1999.10.: 환경 보존과 민족문화 수호를 위한 사부대중 결의대회(조계사) 개최

2002.03.: 자연환경 보전과 수행 환경 수호를 위한 범불교도결의대

회(조계사) 개최

2002.06.: 북한산국립공원 파괴 행위 규탄 범불교도대회(조계사) 개최

2007.01.: 전국교구본사주지회의에서 '사찰 경내지를 공원 지역에
서 제척할 것, 국립공원에 수용된 사찰 경내지 보상' 등
을 정부 당국에 요구

2007.07.: 문화재사찰위원회 전체회의를 개최하여 '국가가 사찰
경내지(사찰림 등)를 국립공원으로 지정하여 마음대로
이용하게 하는 것은 위헌적 행위로, 즉각 중단하고 손실
보상'을 요구하는 결의문 발표. 해인사에서 '국립공원
에서 전통사찰 토지 제외하라'며 국립공원 해제 법회
봉행

2008.08.: 헌법 파괴 종교차별 이명박 정부 규탄 범불교도대회(서울
시청 앞 광장) 개최

그러나 자연공원법이 제정 당시의 법규를 그대로 시행하고 있
는 것은 아니다. 사회적 환경의 변화와 불교계의 요청에 따라 끊
임없이 개정을 시도하고 있다. 1981년, 1982년, 1986년, 1993년,
2003년, 2008년에 걸쳐 부분적인 개정이 시도되고 있다. 문제는
여전히 권위주의시대의 잔재가 남아 있으며, 근본적인 문제를 해
결할 수 없다는 점이다.

'자연공원법'[30]은 '자연풍경지를 보호하고, 적정한 이용을 도
모하여 국민의 보건, 휴양 및 정서생활의 향상에 기여함을 목적
으로 한다'고 명시하고 있다. 그러나 문제점을 살펴보면 우선 자
연공원의 지정이 이해 당사자인 불교계와 사전 상의 없이 건설부

---

30) (재)대한불교진흥원에서 1993년에 발간한 『불교총람』의 불교 유관 법령편
에 실린 '자연공원법'에 의거한다. 현재 사용되고 있는 자연공원법은 이후
에도 몇 차례 개정된 것이기 때문에 1990년대 이전의 상황을 알 수 없다.
따라서 『불교총람』에 나오는 법령을 참고했다.

장관이나 지방자치단체장에 의해 일방적으로 지정하는 것이 가능하다는 점이다. 기타 문제가 있는 조항을 정리하면 다음과 같다.

제16조 2항의 허용 행위의 기준에서 자연보존지구에 해당하는 사찰은 복원, 사찰 경내지에서의 불사를 위한 시설 및 그 부대시설을 설치할 경우 관할 관청의 허가를 받아야 한다. 또한 자연환경지구에 속하는 경우 밀집하지 않은 공원시설의 설치 및 사업, 조림, 육림, 벌채 기타 국방상 국민경제상, 공익상 필요한 최소한의 행위 또는 시설의 설치 등은 허가를 받아야 하며, 공원 지정 이전의 기존 건축물로서 자연풍경과 조화되도록 하는 건설부령이 정하는 규모의 증축, 개축, 재축 및 그 부대시설을 설치하는 경우 허가를 받아야 한다. 제18조 5항의 "공원관리청은 불교재산관리법 제4조의 규정에 의한 사찰 경내지, 문화재보호법 제8조의 규정에 의한 문화재보호구역, 산림법 제49조, 제56조 및 제71조의 규정에 의하여 지정 또는 결정된 채종림, 보안림 및 요존국유림要存國有林이 공원지역에 포함되는 경우에는 관계 중앙행정기관의 장과 그 공원의 관리에 관하여 협의하여야 한다."
제23조 점용 및 사용 허가에 관한 조항에서 건축물, 기타 공작물을 신축, 증축, 개축, 재축 또는 이축하는 행위, 건축물 기타 공작물의 외부를 도색하는 행위, 광물을 채굴하거나 죽목, 토석, 사력을 채취하는 행위, 개간 기타 토지의 형질 변경을 하는 행위, 물건을 야적하거나 계류하는 행위 등은 모두 허가사항으로 되어 있다.
제50조 허가에 관한 협의 등의 2항에 의하면 "공원구역 또는 공원보호구역 안에서 산림법, 식품위생법, 관광사업법, 공중위생법, 문화재보호법, 토지법, 기타 법령의 규정에 의하여 허가 또는 인가를 하고자 할 때에는 대통령령이 정하는 바에 의하여 공원관리청과 협의하여야 한다"고 되어 있다.
제57조부터 제61조에 걸쳐 있는 벌칙 조항은 자연공원법의 규정을 위반한 경우 법인이나 개인이 벌금이나 과태료를 지불하게 되어 있다.
기타 제25조의 공원보호구역, 제36조의 금지행위와 출입금지 등,

제41조 공익을 위한 개수명령 등, 제42조 감독처분, 제45조 사법경
찰권 등이 불교의 종교적 활동을 제약하고 재산권을 위축시키며, 수
행 환경을 저해하는 것들이다.

이상에서 알 수 있듯이 불교유관법령은 그 법령이 지닌 공익적
목적을 십분 이해한다고 하더라도 불교계를 다양한 형태로 제약
하고 있는 것은 분명하다. 다종교의 한국사회 현실을 감안한다면
분명한 종교적 불평등이다. 따라서 1987년 한상범은 '불교재산관
리법(전통사찰보존법) 이외에도 우리 문화재에서 불교문화재가 압도적
인 비중을 차지하고 있음에도 불구하고 문화재 관리에 참여하는
위원에 승려나 전문가, 불교 관계 학자가 참여하지 못하게 되어
있고(문화재보호법), 사찰의 종교적인 수도장으로서의 유지에 대한
배려가 충분하지 못하며(공원법), 법의 규제 때문에 사찰 본래의 부
대시설 복원이 거의 어렵게 되는 등(공원법, 천연물 보호법) 문제가 있
다'고 지적하고, '국토이용관리법, 도시계획법, 산림법 등 관계법
령의 본래 취지나 그에 따른 규제 전반에 이의를 제기하는 것은
아니지만 불교종단과 사찰의 신행에 관계되는 불필요하고 불합
리한 지나친 규제는 마땅히 제거되어야 한다'고 지적하고 있다.[31]
이후 수차에 걸친 개정이 있었지만 근본적인 문제가 해결되지
않고 있기 때문에 불교계는 여전히 자연공원법의 재개정을 요구
하고 있다. 자연공원법 발효 이후 역대 정권이 불교계를 무마하
기 위해 허용했던 문화재 관람료 때문에, 일부 이해가 부족한 국
민들의 오해로 인하여 불교계가 부도덕한 집단으로 매도당하기
도 했다. 여러 가지 현실적인 사항을 고려할 때 국립공원 소유 경

---

31) 《대원》 1987년 7월호, 특집기사.

내지에 대한 자주권을 확보하고 문화재의 합리적인 보존과 관리를 위한 방안을 마련하기 위해서는 전면적인 정책 및 제도 개선이 필요하다고 본다.

그동안 한국불교계가 얼마나 많은 제약과 차별을 받아왔는가에 대해서는 금년 4월 대한불교조계종 국립공원제도개선 추진위원회가 《불교신문》에 게재한 광고를 통해서도 알 수 있다.[32] 이 광고 문안에 의하면 '국립공원 관련 법률(공원법, 자연공원법)이 공공의 필요로 개인의 사유지를 사용함에 따른 보상 조항을 규정하지 않음으로서 1967년 최초 국립공원을 지정, 운영하는 과정에서부터 이후 30년 가까이 위헌적인 행위를 했으며, 1996년에 와서야 보상에 관한 조항을 신설했으나 2009년 3월 현재까지 한 번도 시행하지 않고 있다'고 지적하고 있다. 또한 '사찰 경내지와 사찰림을 자연공원에서 해제해야 하는 열 가지 이유'를 들어 제시하고 있기도 하다.[33] 1993년도에 발간된 『한국불교총람』에 실려 있는 자연공원법을 확인해 보면 알 수 있듯이 설치와 벌칙은 있지만 강제 수용된 사유지에 대한 보상 규정은 찾아볼 수 없다.

또한 휴양지 개념으로 건설부, 내무부에서 국립공원을 운영하다가 1998년 환경부로 그 권리가 이양되면서 자연생태계 보전이 주목적으로 바뀌게 되었으며, 그 과정에서 국립공원과 국립공원 부지에 사유지가 강제 편입된 토지소유주들에게 이해와 동의를 구하는 어떠한 절차도 없었다고 말한다. 그것은 금년이 10년마다 행하는 '자연공원 구역 조정의 해'임에도 불구하고 이해 당사자인 불교계와 상의 내지, 어떠한 의견 청취도 구하지 않고 있다는 점

---

32) 《불교신문》 2009년 4월 29일자 20면 광고 참조.
33) 불기2553년(2009년) 『전국 본말사 주지연수 자료집』, pp.47-54.

을 말하는 것이기도 하다. 권위주의시대의 잔영이 그대로 남아 있다고 밖에 말할 수 없는 상황들이다.

또한 국립공원 지역의 전통사찰은 중요한 문화재와 문화유산, 역사유산, 종교 환경 등이 복합된 지역이지만 이에 대한 충분한 배려가 없으며, 이 지역을 관장하는 또 다른 법률인 문화재보호법 등의 입법 취지와도 상호충돌하고 있어서 3중, 4중의 중복규제를 받고 있다. 관리자인 유관관청의 불교에 대한 몰이해나 전문성 부재도 문제가 아닐 수 없다.

자연공원법은 생태환경을 보존하는 일 못지않게 문화 환경의 보호, 수행 환경의 보호라는 점을 간과하고 있다. 살아 있는 종교로서의 불교를 단순히 통제와 관리의 대상으로만 생각할 것이 아니라 역사와 문화가 복합된 특수 종교문화 지역이라는 점을 인정하고, 보호와 현양의 방법을 동시에 강구하는 것이 필요하다. 그동안의 차별과 통제만으로도 깊은 상처를 입었다는 사실을 망각해서는 안 된다.

그렇다면 생태환경과 역사, 문화 환경의 절묘한 융합의 방법은 없는 것일까? 인간이 자연을 떠나 존재할 수 없으며, 자연의 강한 영향력 속에서 자연과 교감하며, 문화적 환경을 창출한다는 점을 고려하는 것이다. 자연이 아무런 역사성이나 문화성을 지니지 않은 원시자연의 상태라면 그 의미와 교훈은 반감될 것이 분명하다. 그런 점에서 생태환경과 문화 환경의 결합은 생태적 문화를 건설하는 초석이 될 것이며, 지역문화, 특수문화를 넘어 보편적이고 범인류적인 문화로 승화될 수 있을 것이다. 그런 점에서 한국 불교계가 지니고 있는 가능성은 매우 크다고 말할 수 있다.

'문화란 한 집단 또는 한 범주를 구성하는 사람들을 다른 집단 또는 범주의 성원들과 달라지게 만드는 집합적 정신프로그램이

며, 문화란 학습되는 것이지 유전되는 것이 아니다'34)란 점을 인
식한다면 자연공원법에 묶여 수행 환경을 파괴하는 것은 보호와
보전이 아니라 퇴보와 굴절을 의미하는 반문명적 행위가 분명하
다고 말할 수 있다.

또한 자연과 문화는 하나의 질서를 지니고 있다는 점에서는
공통점을 지니고 있지만 자연법칙과 문화체계는 분명 다를 수밖
에 없는 것이다. 그러나 여기서 중요한 것은 자연의 질서와 인간
이 대립하고 갈등하는 과정을 여과한 뒤에 비로소 가능한 것이
문화라는 점이며, 그렇기에 그것은 특수성을 지니되 보편성을 추
구하고 있다는 점이다.

동일한 논리에서 수천 년의 경험과 노력 속에 완성된 불교문
화는 불교적인 수행을 통해 이룩된 것이기에 학습되어야 하는 것
이지만 지역적 한계를 초월해 아시아적 가치를 지니고 있으며,
나아가 세계적 보편성을 획득하고 있다는 점에서 새롭게 인식하
지 않으면 안 된다고 말할 수 있다. 더구나 '인간과 자연의 동일
성을 존중하고, 인간의 형이상학적 특수성을 부정하며, 총체적
인식론을 중시하고, 발전과 진보의 개념에 대한 재검토를 필요로
하며, 탈자기중심적인 가치관을 요구하고, 화해적 태도를 중시하
는 것'을 통칭 '생태학적 문화'라 부르고35), 이것이 21세기에 필요
한 문화라는 전제가 가능하다면 불교의 수행문화가 여기에 가장
근접해 있다고 말할 수 있다. 따라서 불교를 통제와 차별의 대상
으로 인식할 것이 아니라 활용과 장양長養의 대상으로 파악하는 것

---

34) 차재호, 나은영 역, 『세계문화와 조직』, 학지사, 1996, p.26
35) 박이문, 「21세기의 문화 : 전망과 희망」, 『문화철학』, 철학과 현실사, 1995,
    pp.317-320.

이 필요하다.

비근한 실례로 일본처럼 전통문화의 계승과 발전이 문화정책의 중요한 과제가 되어야 하며, 이를 적극적으로 공개하고 활용하여 국민들과 친숙해질 수 있도록 이끌어 가는 것이 필요하다. 동시에 문화를 유지 계승하고 우수한 문화를 해외에 홍보할 수 있도록 필요한 인재 양성에 노력해야 한다.[36) 자연공원법 역시 동일한 입장에서 권위주의의 속성을 벗어버리고 국민과 국가를 위해 필요한 조항은 과감하게 개폐해야만 한다. 헌법의 정신을 존중하는 기본적인 자세 속에서 이해 당사자의 의견을 충분하게 수렴하는 것 역시 중요하다.

Ⅲ. 나가는 말

이상에서 불교재산관리법, 전통사찰보존법, 자연공원법을 중심으로 불교가 어떠한 방식으로 차별과 통제를 받아왔는가를 살펴보았다. 헌법에 명시된 정교분리의 원칙을 무시하고 불교의 자율성과 자주권을 침해했다는 점이다. 역대 정권은 정치적 목적을 충족하기 위해, 혹은 종교적 불평등을 고착화시키기 위해 끊임없이 제기된 불교계의 시정 요구를 외면해 왔다. 아니 끊임없는 정치공작을 통해 적절하게 활용해 왔다.

종교적 불평등은 극심한 사회 변혁기에 불교의 적응 능력을

---

36) 김종문, 『일본의 문화와 종교정책』, 신원문화사, 1997, pp.25-33.

저하시켰다고 말할 수 있다. 동시에 불교계를 철저하게 정권에 예속시켜 불교의 자주성과 자율성을 파괴했다. 권위주의시대의 정치적 한계라고 변명할 수 있지만 반성의 여지가 많다고 밖에 말할 수 없다. 또한 악법으로 인해 받은 피해를 넘어 끊임없이 이어진 종단의 내분은 불교계가 부조리하고 전근대적인 집단으로 각인되는 데 일조했다. 현대사회의 특징이 이미지시대라는 점을 감안한다면 물적인 피해뿐만 아니라 수치로 환산할 수 없는 이미지의 타격을 입은 것이다.

그 근원은 물론 일제강점기에 만들어진 사찰령이다. 그렇지만 해방 공간에서 기독교 입국을 꿈꾸었던 미군정과 이승만 정권, 그리고 시대의 변화를 인식하지 못했던 교계의 지도자들에게 일차적인 책임이 있다고 말해야 한다. 나아가 군사정권의 출현은 체제의 유지와 정권의 정당성 확보를 위해 여전히 불교계를 이용하고 탄압했다. 종단의 내분을 탓할 수 있지만 그 역시 정치공작의 산물이라는 점을 감안해야만 한다.

자연공원법 역시 마찬가지다. 이중삼중으로 통제된 상황 속에서 오늘의 불교가 존립했다. 불교의 주인은 국가나 공공기관이었으며, 출가자와 신도들은 그들의 머슴에 불과했다고 말한다면 너무 자조적인 표현이라 비판할지 모르겠다. 1960년대부터 1980년대의 불교계는 여전히 통제와 차별의 대상이 분명했으며, 그것은 현재도 일정 부분 남아 있는 것이다.

글을 마치면서 다시 한 번 상기시키고자 하는 것은 불교계 내부의 역량을 결집해야만 한다는 점이다. 나아가 도제의 양성과 교육을 위해 부단한 투자를 해야 한다는 점이며, 궁극적으로는 부처님의 가르침을 통해 인생을 설계하고 삶의 의미를 느낄 수 있도록 교단의 분위기를 변화시켜야 한다. 교단의 자정 능력을

키워 타율적 제제가 침범할 수 없는 교단을 양성하는 것도 중요
하다. 통제와 차별은 오늘의 불교를 만들었지만 온고이지신 한다
면 미래의 불교는 보다 건강하고 밝아질 것이다. 그런 점에서 또
는 불조의 혜명을 온 누리에 조망하기 위해서 부당한 차별과 통
제가 사리지는 그날까지 전불교도가 노력해야 한다고 본다.

10. 범불교도대회의 배경과 성격

이명박 정권의 종교차별과 불교계 대응을 중심으로

정웅기 종교자유정책연구원 연구위원

약 력

정웅기

동국대학교 농업경제학과를 졸업한 후 《불교신문》 기자를 거쳐 2000년부터 불교시민사회단체인 참여불교재가연대에서 일하고 있다. 재가연대 시민사회국장, 국제협력국장을 시작으로 사)불교아카데미 교육연구실장, 사)밝은세상 사무처장, 종교자유정책연구원 사무처장 등을 역임했다. 달라이 라마 방한준비위원회 사무국장, 티베트평화연대 대변인 등을 맡으면서 티베트 문제에도 관심을 갖고 지원 운동을 펼쳐왔고, 현재는 종교자유정책연구원 연구위원으로 일하고 있다.

Ⅰ. 들어가는 말

2008년 8월 27일 서울시청 광장에서 열린 '헌법파괴 종교차별 이명박 정부 규탄을 위한 범불교도대회'(이하 8·27대회)는 한국 불교 현대사의 전환점이 될 만한 사건이었다. 20만 명이라는 대규모의 참여도 유례가 없는 것이었거니와, 대회의 배경과 성격 역시 과거 불교계에서는 찾아보기 힘든 것이었다.

지난 수십 년간 불교계는 국가권력에 대해 종속적이고 소극적이었다. 권력의 직간접적인 개입에 의한 굴종과 분규, 심지어 폭력적 탄압을 겪을 때조차 소수의 승려, 학생, 지식인을 제외한 불자대중들은 거의 움직이지 않았다. 이번에도 정부는 교단의 몇몇 지도부들을 회유하여 사태를 무마하고자 했고, 8·27대회를 목전에 두고는 노골적으로 대회 참가를 방해했다.[1] 그러나 과거의 관행들은 이번에는 제대로 통용되지 않았다. 정부는 8·27대회에 그렇게 많은 인파가 모일 것이라고, 또한 그토록 결연한 대정부 투쟁의 장이 될 것으로도 보지 않았던 것 같다.[2] 정부는 대회

---

[1] 2008년 8월 22일 범불교도대회 봉행위는 보도자료를 배포하여 '전국 시, 군, 구 경찰과 공무원들이 대회 참가를 막기 위해 공작을 계속하고 있다'면서 몇 가지 사례들을 언론에 공표하기도 했다. 정부의 이런 태도가 오히려 불교도들의 분노를 불렀고, 결과적으로 대규모 결집에 불을 지른 격이 되었다.

[2] 정부가 범불교도대회를 막을 수 없다고 최종 판단하였던 것인지, 대회 이틀 전인 8월 25일 유인촌 문화체육관광부 장관이 급하게 기자회견을 열어 대책을 발표했지만, 봉행위원회는 이튿날인 26일 4대 요구사항 중 아무것도 수용하지 않은 알맹이 없는 무책임한 대책이라며 비판했다. '종교차별 관련 정부

가 예고된 후부터 열릴 때까지 상당기간 동안 제대로 된 수습책을 내놓지 않다가, 대회 이후 열흘이 넘게 2008년 9월 9일에야 이명박 대통령이 국무회의에서 유감 표명을 하는 것으로 사태 수습을 시도하였다.

정부보다 더 깜짝 놀랐던 것은 그날 행사장에 모였던 불자들 스스로였을 것이다. 1만 명의 스님들이 시청 앞 광장을 가득 메운 장관, 거리낌 없이 통렬하게 정부를 비판하는 집회를 지켜보며 불교도 스스로 내적 각성의 계기가 되었다. 대회봉행위원회 스스로 '일부 광신적 기독교와 불교계의 대립이라는 편향적 인식을 불식시키고, 종교차별 금지 운동이 헌법적 가치를 수호하는 계기가 되었다'고 평가하였듯이 대회의 내용 자체도 그동안의 종교편향에 대한 대응과 달리 헌법 수호라는 공익적 가치를 분명하게 내걸었다. 어떻게 해서 이런 양적·질적인 변화가 가능했던 것일까? 이 점을 규명하는 것은 불교 현대사적으로는 물론 한국 사회 전반의 종교변동, 사회변동을 조망하는 데도 적지 않은 의미가 있을 것이지만, 안타깝게도 이에 대한 시도는 불교계 내에서조차 별로 이뤄지지 않았다.

8·27대회가 갖는 긍정적 의미에도 불구하고, 1년이 지난 지금 당시를 평가하는 것 자체가 썩 유쾌하지만은 않은 이유는 작금의 현실과 관계가 깊다. 대회 이후 몇 개월 잠잠해진 듯 보였던 종교차별 행위들은 2008년 연말부터 재개되어 2009년 중반기부터 다시 기승을 부리고 있고, 이에 대해 불교계가 반발하는 과거의 양상이 되풀이되고 있다. 국가공무원법, 공직자 윤리규정 등

<hr>

의 입장 발표에 대한 논평'『헌법파괴 종교차별 이명박정부 규탄 범불교대회 백서』(이하 『범불교대회 백서』로 약칭함), p.102.

의 일부 제도적 개선이 이루어졌다지만 그것이 본질적인 해결책
이 될 수 없다는 것도 점차 분명해지는 것 같다.

　결국 앞으로도 종교차별과 이에 따른 소모적인 종교 간 갈등
양상은 정말 피할 수 없는 것인가? 만약 그렇다면 '종교차별 금
지법'과 같은 근본적 대책이 수립될 가능성이 희박한 이명박 정
부 하에서 불교계는 어떻게 대응해야 하는 것일까? 어떤 것이 불
교와 세상을 위해 도움이 되는 방법일까? 이런 의문을 던질 수
밖에 없는 상황이다.

Ⅱ. 범불교도대회의 전개 과정

　8·27대회의 촉발은 2008년 6월 중순 국토해양부 전자지도시
스템인 '알고가'에 사찰이 누락된 것이 불교계에 알려지면서부터
다. 이를 시작으로 이명박 정부 출범 이후 벌어졌던 다양한 종교
차별 행위들이 폭발적으로 드러났다. 경기여고 교장의 불교문화
재 훼손(2008. 6. 25), 국토해양부 경관 계획 수립 지침에 전통사찰
제외(2008. 7. 9) 등의 사건이 잇따르면서 '이명박 정부 종교편향 종
식 불교연석회의'가 2008년 7월 3일 구성되었다. 이 조직에는 조
계종 종교평화위원회, 포교사단, 불교여성개발원 외에 불교환경
연대, 실천불교전국승가회, 참여불교재가연대 등 진보적 성향의
단체까지 가세하였다.

　사태를 수습하기 위해 7월 22일 한승수 국무총리가 조계종 총
무원장을 예방하였다. 그는 '종교편향으로 심려를 끼쳐 이에 대해

해명코자 방문하였다. 재발 방지를 위해 특별지시를 하겠다'고
했지만, 어떤 구체적 안도 제시하지 않았다. 오히려 한 총리가 국
무회의에서 '과거 김영삼 정부 시절 청와대 내에 불상을 치웠다
는 헛소문이 있었고 그 헛소문 때문에 상당히 많은 불필요한 일이
벌어졌다'고 발언했던 것이 알려지면서, 불교계는 정부의 안일한
인식과 대응에 분노하였다. 이러한 불교계의 정서는 7월 24일 조
계종 전국교구본사 주지회의에서 정부의 종교정책을 비난하는
대정부 성명서를 채택하는 것으로 표출되었다.

7월 29일에는 조계종 총무원장 지관 스님 차량에 대한 과잉
검문이 불교도들을 자극하였다. 이어 부시 대통령 청와대 초청
행사에 조용기 목사 초청 기도(8.6.), 서울시 교육감 근무 중 통성
기도(8.14.) 등의 사건이 발생하였고, 교육과학기술부와 서울시의
지도시스템에도 사찰이 누락된 사실이 알려지면서 불교도들의
분노는 극에 달했다. 8월 4일에는 범불교단체 비상대표자회의가
열려 '범불교도대회의 개최'를 결의하였고, 8월 13일에는 한국불
교종단협의회가 이사회를 열어 범불교도대회에 각 종단차원에서
적극 참여할 것을 결의하였다. 범불교도대회를 개최키로 결정한
이후에는 조계종 중앙종무기관의 스님과 재가종무원들, 각 사찰
신도회를 주축으로 한 단식 농성과 경찰청 항의 방문도 여러 차례
이어졌다. 불교계가 이처럼 신속하고도 광범위하게 움직인 것은
예년에 찾아보기 힘든 이례적인 것이었다.

불교계 내의 종단과 단체를 거의 망라한 범불교도대회 봉행위
원회는 이명박 정부 출범 이후 발생한 수십여 건의 종교차별 사
례를 공개했다.[3] 또한 정부에 4대 요구사항 이행을 촉구하면서,

---

3) 범불교대책위가 집계한 자료에 따르면 이명박 대통령 임기 시작부터 6개월간

요구사항이 관철되지 않을 시 범불교도대회를 강행하겠다고 발표했다. 4대 요구사항은 다음과 같다.

제1항 이명박 대통령은 공직자의 종교차별 사태를 책임지고 공개 사과와 재발 방지를 약속하라.
제2항 이명박 대통령은 경찰청장 등 종교차별 공직자를 즉각 파면하고 엄중 문책하라.
제3항 이명박 대통령은 공직자의 종교차별을 금지하는 법 제도화를 즉각 추진하라.
제4항 이명박 대통령은 민심 수습을 위해 시국 관련자에 대한 국민 대화합 조치를 실시하라.[4]

불교계가 내건 요구사항 가운데 2항 어청수 경찰청장에 대한 파면 요구, 4항 촛불 관련자의 수배 해제 요구는 발표되자마자 논란의 대상이 되었다. 당장 정부는 이 두 가지 요구는 협의 자체가 곤란하다고 맞섰고, 여기에 보수 단체들이 가세하여 불교계를 비난, 고소하면서 또 하나의 정치적 사안으로 비화하였다.[5] 대회 직전에는 서울시가 시청 앞 광장 사용을 불허하겠다고 밝히는 등

모두 36건의 종교적 편향, 차별 사례가 발생했다. 이는 김대중 노무현 정부 10년 동안에 발생한 총 21건의 규모를 단숨에 뛰어넘는 것이었다.

4) 『범불교도대회 백서』, p.42.

5) 뉴라이트코리아, 6·25남침피해유족회 등 보수단체들은 14일 오전 경찰의 수배를 받고 있는 광우병국민대책회의 핵심 관계자들에게 은신처를 제공했다는 이유로 조계사 주지를 범인 은닉죄와 공무집행방해죄 등의 혐의로 서울중앙지방검찰청에 고발하였다. 이들은 '불법폭력시위로 체포영장이 발부된 수배자들을 조계사가 40일 동안 사찰 경내에 은닉처를 제공해 주고 경찰의 체포 등의 공무집행을 행사하지 못하도록 방해했다'며 범인은닉죄, 공무집행방해죄, 업무방해죄 등의 혐의가 있다고 주장했다(『연합뉴스』 2008.8.14.). 그러나 불교계는 '피난 온 약자들을 잡아가라고 할 수 없다'는 분명한 어조로 보수단체들, 정부의 요구를 거절하였다.

대회가 열릴 때까지 적지 않은 사회적 파문과 논쟁이 계속되었다.

정부가 별다른 수습책을 내어놓지 않는 상황에서 8월 27일 범불교대회가 강행되었다. 각 종단의 대표자들이 모두 모인 것을 비롯해 스님 1만 명을 포함한 20만 명의 인파가 운집하였다. 이날 대회에는 불교계뿐만 아니라 한국기독교교회협의회(NCCK)를 대표해 김광준 신부도 연대사를 발표하였다. 김 신부는 '불교계의 종교편향 지적에 공감한다. 이 정부는 개신교 내에서도 보수와 진보를 갈라 차별하고 있다'고 말했다. 진보적 개신교인조차 정부의 정책이 편향적이라고 보았던 것이다. 대회에서 집회 참가자들은 종교차별의 철폐를 위한 제도적 보완이라는 요구사항 외에도 '민족역사 및 문화 정체성의 보호' 등을 함께 주장하였다. 또한 이날 집회 참가자들은 결의문을 통해 8·15 건국절 개명 움직임 등을 비판하였다. '유구한 역사와 전통이 사라져야 할 미신이며 혐오대상이 되어 파괴되는 일은 더 이상 없어야 한다'며 불교가 앞으로 민족과 전통의 담지자이자 수호자로 역할을 하겠다고 밝혀 이채를 띠었다.

상황이 급박하게 진전되었음에도 정부의 대응은 안이했다. 범불교도대회 다음 날 이명박 대통령은 뉴라이트 관계자들을 초청해 청와대에서 만찬을 가지는 등 불교계를 오히려 자극하였다. 이 와중에 9월 1일 조계종 소속 삼보 스님이 정부를 비판하며 조계사 대웅전 앞에서 할복을 시도하였다. 대회 봉행위원회는 긴급 논평을 내어 평화적이고 불교적인 대응을 당부했다. 이때부터 불교계의 대응에 대한 보수 언론의 비판적 시각이 한 켠에서 표출되기 시작했다.

8·27대회를 보고 다급해진 쪽은 정부보다 한나라당이었다. 한나라당은 9월 4일 나경원 한나라당 의원을 대표로 종교차별 행

위 금지와 처벌조항을 담은 국가공무원법과 지방공무원법 개정
안을 발의하였다.6) 또한 어청수 청장이 스스로 퇴진해야 하는 것
아니냐는 의견이 한나라당과 보수언론에서조차 대두되었다. 그런
데 다음 날 한국기독교총연합회는 이례적으로 '종교차별금지법(가
칭) 제정 시도를 반대한다'는 성명을 발표하였다.7) 불교계가 그동
안 끊임없이 요구하였던 '종교차별 금지법'의 당사자라 해도 과언
이 아닌 한기총이 직접적 반대의사를 표명함으로써 종교 간 대결
을 우려하는 여론이 비등했다.

정부는 대회 후 열흘이 넘은 9월 9일에서야 이명박 대통령이
국무회의 석상에서 유감을 표명하였다. 이 대통령은 '본의는 아니
겠지만 일부 공직자가 종교편향에 대한 오해를 불러일으킬 수 있
는 그런 언행이 있어서 불교계가 마음이 상하게 된 것을 심히 유

---

6) 나경원 의원 등 171명의 국회의원이 제출한 국가공무원법 개정안은 "제59조
의 2(종교차별행위의 금지) ① 공무원은 직무를 수행함에 있어서 종교를 이
유로 차별 행위를 하여서는 아니 된다. ② 제1항에 따른 차별 행위의 기준과
유형은 국회규칙·대법원규칙·헌법재판소규칙·중앙선거관리위원회규칙 또
는 대통령령으로 정한다. 제82조(벌칙) 제57조·제58조 또는 제59조의 2의
규정에 위반한 자는 다른 법률에 특별히 규정된 경우를 제외하고는 1년 이하
의 징역 또는 300만원 이하의 벌금에 처한다"고 하여 처벌조항이 명시되어
있었지만, 해를 넘겨 2009년 1월 국회에서 통과된 법안은 "제51조의 2(종교
중립의 의무) ① 공무원은 종교에 따른 차별 없이 직무를 수행하여야 한다.
② 공무원은 소속 상관이 제1항에 위배되는 직무 상 명령을 한 경우에는 이
에 따르지 않을 수 있다"고 하여 처벌조항이 슬며시 사라져 버렸다. 이에 대
해 종교자유정책연구원은 2009년 1월 13일에 발표한 논평을 통해 "처벌조항
없는 상징적 조문이 공직자의 종교차별을 막을 보루 역할을 할 수 있을지 의
문"이라고 지적했다.
7) 아니러니하게도 한기총이 밝힌 종교차별금지법 반대 명분은 종교자유 침해
우려였다. 한기총은 성명에서 "종교차별금지법 제정은 오히려 종교에 대한
합리적 비교와 반대를 원천봉쇄함으로써 헌법이 보장한 종교의 자유를 침해
할 소지가 크다"고 주장했다. (http://www.bulkyo21.com/news/article
View.html? idxno=5404) 『불교닷컴』 2008.9.6.

감스럽게 생각한다'고 밝히면서 이날 국무회의에서 공무원의 종교편향 활동 금지 조항 신설을 골자로 하는 공무원 복무규정(대통령) 개정안을 안건으로 상정, 처리하였다. 이와 함께 문화관광부 내에 종교차별 신고센터를 설립하는 것으로 사태를 수습하려 하였다. 정부의 수습책이 발표되자 언론의 반응이 엇갈렸다. 불교계 언론을 비롯하여 《한겨레》, 《경향》, 《오마이뉴스》 등 진보 성향의 언론들은 대통령이 아직 사태의 심각성을 인식하지 못하고 있다고 질책하였지만 보수 언론들은 정부의 성의 있는 대책이 나왔으니 이제 불교계가 자중하라고 촉구하고 나섰다.

불교계는 이에 대해 대회봉행위원회 공식 의견을 통해 '대통령의 유감 표명은 진전된 것이지만, 사실상 불교계의 요구를 거부한 것'으로 간주하면서, 11월 1일 대구지역 불교도대회를 예정대로 강행하겠다고 발표하였다. 그러나 이후 계속되는 보수 언론들의 '불교계의 자숙'을 촉구하는 보도, 정부의 직간접적인 압박은 불교계에 적지 않은 부담이 되었다. 여기에 대구지역 불교지도자들의 소극적 태도가 알려지면서, 불교계의 응집력은 점차 약화되었다. 범불교도대책위원회 자체의 장기적인 전략과 방향의 부재라는 한계도 노출되면서, 조계종 상층부의 타협적 분위기가 높아졌고, 대중의 열기는 점차 식어갔다. 이런 상황 하에서 열린 11월 1일 대구 불교도대회는 2만여 명의 불자들이 참여하여 '종교차별금지법' 제정을 소리 높여 외쳤지만, 사실 상황은 집회가 열리기 전에 정리되는 분위기였다. 오히려 이 대회를 기점으로 범불교도대회의 여진은 사실상 종료되었다.

Ⅲ. 범불교도대회의 배경

1. 이명박 정부 출범 이후 발생한 종교차별 사례들

범불교도대회 봉행위원회는 백서를 통해 이명박 정부 출범 이후 6개월간 모두 36건의 종교차별 사건이 발생했다고 집계했다. (표1 참조)

〈표 1〉 2008년, 이명박 정부 취임 후 6개월간 종교차별 사례

월/건	일	사례	내용
1월 (1건)	22	정부 주요 인사 기독교 편중	초대 내각, 청와대 인사 시 불교계 홀대 (장관7.7% / 수석12.5% / 비서관4.8%)
2월 (3건)	4	김성이 보건복지부 장관 일간지 기고문 파문	김성이 장관이 2007.5.31 한 일간 신문에 기고한 "사회 양극화는 신앙심이 부족한 탓" 내용 알려짐
	8	정장식 前포항시장 중앙공무원교육원장 임명 항의	"포항시 예산 1%를 성시화에 쓰겠다"해서 물의를 빚은 정 前시장을 중앙공무원교육원장(차관급)에 임명
	16	청와대 김진홍 목사 초청 예배	이명박 대통령이 뉴라이트 상임의장인 김진홍 목사를 청와대에 초청하여 예배
3월 (3건)	1	경남일보 서명운동	경남일보가 개신교 극동방송 중계소 설치를 위한 서명운동을 실시하였다가 지역민들 항의로 사과
	15	교과부 학교 자율화 계획 발표	교육과학기술부가 학교 자율화 추진 계획에, 종교사학의 학내 선교 제한을 완화하겠다고 발표
	30	청와대 정무직공무원 종교 조사	국가인권위원 등 주요 정무직 공무원에 대해 청와대가 종교를 조사하여 인권 침해 논란
4월 (3건)	15	교과부 학교 자율화 계획 발표	교육과학기술부가 학교 자율화 추진 계획에, 종교사학의 학내 선교 제한을 완화하겠다고 발표
	30	청와대 정무직공무원 종교 조사	국가인권위원 등 주요 정무직 공무원에 대해 청와대가 종교를 조사하여 인권 침해 논란

월	일	제목	내용
5월 (4건)	1	청와대 경호처장 복음화 발언	청와대 주대준 경호차장이 "모든 정부부처 복음화, 청와대 앞 선교센터 건립이 나의 꿈" 이라고 인터뷰
	8	대광고 강의석군 2심 패소	대광고 강의석 군의 종교자유 침해에 대한 2심 소송에서 서울고법이 학교측에 '무죄'라고 판결
	12	부처님오신날 군사 작전	27사단 참모장이 부처님오신날을 기해 비상작전을 명령, 초파일 행사를 의도적으로 방해
	15	대통령 불교 홀대 논란	부처님오신날 축전 미발송 '차별', 대리 시주 등 논란
6월 (9건)	7	청와대 수석 '사탄' 발언 물의	추부길 홍보수석이 촛불집회 참가자들을 '사탄의 사주…'요지로 발언하여 물의
	15	소망교회 목사 '주님아들' 발언	소망교회 김재철 목사가 대통령은 '주님의 아들' 발언
	20	김황식 감사원장 임명	김황식 대법관이 조찬기도회 참석 후 감사원장 임명
	20	국토해양부 지도에 사찰 누락	전자지도 시스템인 '알고가'에 사찰 전체 누락
	23	대운하 관련 종교단체 발언	추부길 홍보수석이 대운하 찬성여론 교회서 조장
	23	경기여고교장 불교문화재 훼손	경기여고 교장이 교내공원화사업에서 발견된 불교문화재를 땅에 묻었다가 일부 교사 반발로 꺼내 방치
	24	경찰청장 복음화 포스터	제4회 전국경찰복음화 금식성회 포스터에 어청수 경찰청장 조용기 목사와 함께 게재
	28	송파구청 교회와만 대학생 멘토링 사업	송파구청이 저소득 대학생 취업 지원 사업(멘토링)을 하면서 교회와만 사업 추진
	30	경주초교 교사 학생에 종교 강요, 불교 비하	경주초등학교 교사가 수업시간에 불교를 비하하고 노골적인 선교 강요
7월 (4건)	11	국토해양부 경관법 개정 시 문화재 대상에 사찰 누락	경관법 '경관계획수립지침'에 향교, 지방문화재는 대상에 포함, 사찰은 미포함
	17	김형오 국회의장 제헌절 행사 특정 종교 찬양	국회 제헌절 기념식 후 피로연장에서 건배제의하면서 "신의 은총이 가득하길" 발언
	29	총무원장 차량 과잉 검색	조계사를 빠져나가던 총무원장 지관 스님 탑승 차량을 "원장이니 더 해야겠다"며 트렁크까지 검색
	30	중앙선관위 교회투표소 과다 설치	국가인권의 개선 권고에도 중선위가 종교시설 투표소(1,172곳 중 1,048교회)를 강행

월	일		
8월 (12건)	6	부시 대통령 청와대 방문행사서 목사 초청 기도	부시 대통령 방한 행사 시 청와대가 조용기 목사를 초청해 기도로 행사를 시작
	7	교과부 지도시스템에 사찰 누락	교육과학기술부 지도시스템에도 사찰정보 누락
	7	관악구청, 직원에 특정 종교 행사 참석 강요	관악구청에서 8·15 기도회를 실시, 구청장이 6급이상 공무원들에게 행사 참석 강요
	12	서울시교육감 근무 중 통성 기도	공정택 교육감이 근무 중 교회에서 열린 '서울 교육발전을 위한 기도회'에 참석 통성기도, 문서시스템 사용
	13	동아일보사 악의적 편집	범불교도대회를 위한 비상대표자 회의 기사 위에 "경찰에 염산 테러 투척" 제하의 사진 게재
	14	서울시 찬송가 음악회	서울시가 개최한 '건국 60년 경축전야음악회'에 다수의 찬송가를 부르고 KBS가 생중계
	14	서울시 GIS시스템 사찰 누락	서울시 지도시스템 사찰 누락
	24	'일요일국가시험 금지' 입법 추진	우제창 민주당 의원 등 개신교 국회의원들이 일요일 국가시험 금지 추진 법 개정안 제출하겠다 공개
	25	CBS합창단 청와대 공연	후진타오 중국 주석 초청 만찬에 CBS어린이 합창단이 출연해 축하공연
	28	검찰수사관이 종교 강요	서울 남부지검 수사관이 수사 중 "하나님 영접 못해 조사실 온 것"이라며 고소인에게 종교 강요
	28	초등학교 교사가 종교 강요	서울 영중초교 교사가 특정 종교 비하, 교회 다녀온 어린이게만 칭찬스티커 발급 등 차별
	29	여수시장 종교편향 기고	오현섭 여수시장이 여수엑스포박람회가 "복음 박람회 되도록 노력하겠다"는 기고문 게재

※ 범불교대책위 백서 자료를 재구성

우선 상기한 일련의 사건들을 종교차별적 사건으로 볼 수 있는 것인지, 그렇게 본다면 그 기준은 무엇이며, 어떤 문제를 지적할 수 있는지에 대한 검토가 필요하다. 그 기준은 우리 헌법 20조이어야 할 것이다. 비록 개괄적으로 표현되어 있지만, 헌법 20조 1항은 '모든 국민은 종교의 자유를 가진다'고 명시하여 보편적 인

권으로서의 종교자유를 기본권으로 규정하고 있으며, 이어 2항에
서는 '국교는 부인되며 정치와 종교는 분리된다'고 하여 국가가
특정 종교를 우대하거나 차별할 수 없도록 하고 있다.

헌법을 기준으로 삼았을 때 문제화된 상당수의 사건들은 정교
분리 위배가 명백했다. 2008년 종교차별 사건이 연달아 발생하
기 전 종교자유정책연구원은 전국의 법학자 161명이 응답한 설문
조사 결과를 발표했다. 이에 따르면 '지방자치단체가 특정 종교기
관과만 공동의 사업을 하는 행위'가 정교분리 위배라는 주장에 대
해 응답자의 87.6%가 '그렇다+매우 그렇다'고 응답하였고, '공직
자가 근무시간 중 사적으로 특정 종교 행위를 주관하는 행위'가
정교분리 위배라는 주장에 대해서는 95%가 '그렇다 + 매우 그렇
다'고 응답하였다. 또한 '국공립학교 안에서 종교시설을 두는 행
위'가 정교분리 위배라는 주장에 대해서는 77.5%가, '공직자가
직무와 무관하게 특정 종교를 찬양 또는 비난하는 행위'가 정교
분리 위배라는 주장에 대해서는 80.1%가 '그렇다 + 매우 그렇다'
고 응답하였다. 이러한 응답 결과는 최소한 법의 기준에서 이명
박 정부 임기 기간 동안 벌어진 종교차별행위들에 위헌성이 명백
함을 보여주는 것들이다.(통계 1 참조)

명백한 위헌성에도 불구하고 발생한 수십 건의 사건 가운데 처
벌 받은 사건은 한 건도 없었다. 미국이 다양한 판례를 통해 정교
분리의 사회적 합의를 내재화하고 있고, 일본이 매우 구체적인
법령으로 사회적 기준을 마련한 것과8) 대조적으로 한국사회는

---

8) 일본의 경우 헌법 제20조 (神教의 자유 및 국가의 종교 활동 금지)에 ① 신교
(神教)의 자유는 누구에게나 이를 보장한다. 어떠한 종교단체도 국가로부터
특권을 받거나, 또는 정치상의 권력을 행사해서는 안 된다. ② 어떠한 사람
도 종교상의 행위, 축전, 의식 또는 행사에 참가하는 것이 강제되지 않는다.

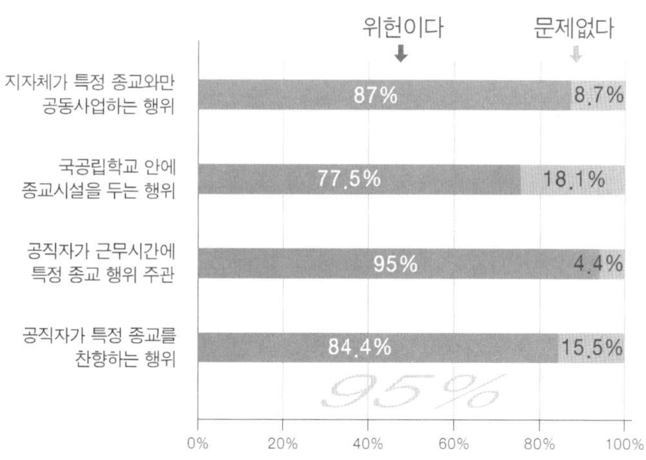

〈통계 1〉 2008년, 종교자유정책연구원 전국 법학자 161명 설문조사

이 문제에 대한 제도의 취약함은 물론 사회문화적 검토와 합의의 경험도 일천해 진전을 이루지 못하고 있기 때문이다.[9]

이명박 정부 출범 이후 행해겼던 종교차별 사례는 크게 네 가지 유형으로 구분될 수 있다.

---

③ 국가 및 그 기관은, 종교교육 기타 어떠한 종교적 활동도 해서는 안 된다"고 하였고, "제89조 (공공재산의 지출이용의 제한)에 공금 기타 공공재산은 종교상의 조직 혹은 단체의 사용·편익 또는 유지를 위해, 공공 지출에 속하지 않는 자선·교육 혹은 박애 사업에 대하여 공공재산을 지출하거나 이용에 제공해서는 안 된다"라고 하여 우리나라보다 훨씬 구체적인 규정을 두고 있다. 문화관광부, 2008, 『공직자 종교중립 교육』, p.29.

9) 일본에서는 종교사립학교에서도 특정 종파 교육은 할 수 없다. 미국 역시 엄격한 분리(공립학교 종교교육 불가)가 특징이고, 영국은 90년대 이후 보편적 영성교육으로 종교교육을 전환했다. 보편적 종교교육이 중심이 되고, 특정 종파 교육은 강제하지 않아야 하는데, 우리나라 종교교육은 특정 종파 교육을 강제로 하다보니 종교교육 자체를 허용하기가 두려운 실정이다. 이에 대해서는 「우리나라의 종교정책에 대한 연구」(문화정책개발원, 1997.), 『국제 종교자유 실태와 정책동향』(2005.4. 종교자유정책연구원) 등을 참고하라.

A. 정교분리 위배 행위

B. 종교자유 침해 행위

C. 정교분리와 공직자 개인의 종교자유가 충돌하는 것처럼 보이는 행위

D. 권력을 이용한 불교 홀대와 폄훼 행위

A유형의 사례들 : 정교분리를 위배한 대표적인 사례는 청와대가 2008.8.6. 부시 대통령을 초청하여 가진 공식 행사에서 한 개신교 목사를 초청하여 기도로 행사를 시작한 사건과[10] 서울 송파구청이 2008.3. 대학생 취업 지원 사업의 일환인 멘토링봉사단을 구성하면서 관내에 있는 교회와만 사업을 벌였던 사건을 들 수 있다.[11] 이 두 사건은 특정 종교를 우대하는 방식으로 정교분리를 침해한 것이다. 이와 반대로 특정 종교를 차별하여 정교분리를 위배한 사례로는 국토해양부와 서울시 등이 정부지도시스템을 구축하면서 사찰을 누락시킨 것을 대표적으로 들 수 있다.[12] 이밖에 청와대 주대준 경호

---

10) 청와대 측은 이 사건이 문제화되자 양국 대통령이 모두 개신교 신자라서 취한 행위이고 부시 대통령 측의 요청에 의한 것이라고 답했지만, 미국 대사관 측은 종교자유정책연구원이 사실 여부를 확인하자 그에 대한 응답 자체를 거부했다. 미 대사관이 응답을 안 한 것은 공적인 행사에 특정 종교의식을 집행하는 것이 미국에서는 금지된 것임을 잘 알았기 때문일 것이다. 미국연방 대법원의 1992년 Lee v. Weisman(505 U.S. 577)판결은 공립 고등학교 졸업식 행사에서 학교의 지원을 받아 성직자가 기도를 이끄는 것을 위헌이라 선언한 판결로 유명한데 이 대법원 판례를 준용하여 학교, 공공영역에서 특정종교의식을 집행하는 것이 금지되어 있다. 임지봉 '공립학교 행사에서의 기도와 정교분리원칙'에 이 판결이 소개되어 있다.(http://www.lawtimes. co.kr) 이 사이트에서 '미국헌법'이라는 검색어를 입력하면 '미국헌법판례열람'을 볼 수 있다. 『법률신문』 2008.3.3.
11) 이 사업을 통해 1백명의 봉사단을 구성하였는데 모두 대형교회 소속 대학생이 주축이었고, 이 봉사단의 운영위원도 7명 가운데 5명을 목사로 구성한 것으로 알려져 특정 종교를 우대한 행정임이 드러났다. 그 외에도 송파구청은 구청 대강당에서 크리스마스 행사를 열고 구청장이 방송으로 직원들의 참여를 강제한다거나, 5급 이상 간부들과 조찬기도회를 여는 등 정교분리 위배 행위가 매우 잦은 곳이다.
12) 이런 사건 외에도 불교, 개신교, 가톨릭 등 3대 종교 외의 군소종단들이 차

차장이 '청와대 앞에 세계선교센터를 짓겠다. 내 사명은 정부 전 기관의 복음화'라고 언론에 공언한 사건, 어청수 경찰청장의 복음화 포스터 사진 게재, 국토해양부가 '경관법' 지침 개정 시 전통사찰만을 누락한 사건, 중앙선관위가 관행을 이유로 교회투표소를 지속하려 한 것, 서울시교육감이 근무시간 통성기도에 참여하고 특종 종교기도회에 교육청 공문수발시스템을 활용한 사건, 서울시가 특정 종교와 무관해야 할 8·15 음악회에 찬송가를 다수 편성하고 KBS가 이를 생방송한 사건, 여수시장의 여수시 명칭과 로고를 사용하여 기도회를 개최한 것 등도 이 유형에 속한다.

B유형의 사례들 : 종교자유라는 개인의 기본권을 침해한 사건들이다. 청와대가 정무직 공무원의 종교를 조사하였던 사건, 초등학교 교사가 학생의 종교를 비하하거나 불이익을 주었던 사건, 검찰수사관이 고소인에게 종교를 강요했던 사건, 구청장이 직원들에게 특정 종교 행사 참석을 지시한 사건 등은 개인의 종교의 자유를 누리고 침해받지 않을 헌법 20조 1항을 위배한 것이다. 더불어 공권력에 의해 이뤄졌다는 점에서 정교분리 위배 혐의도 추가될 수 있다.

C유형의 사례들 : 정교분리와 공직자 개인의 종교자유가 충돌하는 것처럼 보이는 사건들이다. 예컨대 이명박 대통령이 임기를 시작하자마자 청와대에 김진홍 목사를 초청해 예배를 드린 일은 얼핏 대통령 개인의 신앙의 자유에 속하는 일로 보이지만, 인사권자인 대통령이 청와대에서 공개적인 종교행사를 하였을 시 다른 종교를 가진 직원은 위축될 수 밖에 없고, 부하직원의 종교자유를 침해할 개연성이 있기 때문에 기독교 전통이 강한 미국에서도 금기시되는 일이다.[13] 또한 김성이 복지부장관이 일간지에 '양극화는 신앙심이 부족

___

별받는 경우는 매우 많을 것이다. 그나마 차별을 이야기하지도 못하는 처지에 있겠지만 말이다.

13) 1990년대 초 걸프전 당시 미국의 H.W 부시 대통령(아버지 부시)이 이라크 전장을 방문하였을 때, 기독교 병사들이 예배에 참석해 줄 것을 요청했지만, 이를 거부했다. 그는 "미국의 군대는 기독교 군대가 아니다. 타종교 병

해서 발생하는 것'이라고 기고했던 사건, 청와대 추부길 수석이 촛불 시위자를 사탄이라고 비난한 사건, 김형오 국회의장이 제헌절 행사 축사에서 특정 종교를 찬양한 사건 등도 이 사례에 속한다. 공직자 개인의 종교적 신념은 존중되어야 하지만, 그것이 지극히 사적인 영역에서 한 발언이나 행위가 아니고, 공공에게 표출할 목적으로 행해졌다는 점에서 정교분리 위배의 소지가 더 크다고 볼 수 있다. 이 유형의 사건들은 범불교대회 이후 집중적으로 행해지고 있는 것들이기도 하다.

D유형의 사례들：권력을 이용해 직접적인 차별 행위를 한 것인지의 여부에 논란이 있으나, 타종교에 대한 폄훼와 차별의 의도가 드러나는 사례들이다. 대표적으로 8·27대회의 도화선이 되었던 총무원장 차량 과잉 검문 사건[14], 육군 모 사단장이 부처님오신날 비상을 걸어 불자 장병들이 초파일법회를 못치르게 한 사건 등이다. 이는 공공의 복리를 위해 국민의 기본권을 불가피하게 제한하였다는 변명의 여지가 있어 위헌 위법 여부를 다투는 데 어려움이 있겠지만, 그 의도나 행위가 종교적으로 해석되는 것들이어서 기본권 침해의 소지가 다분하다. 이밖에 정부 주요 인사 기독교 편중이나, 김황식 대법관이 국가조찬기도회에 참석 후 감사원장으로 임명된 일, 중국 후진타오 주석 초청 공식행사에 CBS합창단을 청와대로 불러 공연을

사들의 사기는 어떻게 하나"라고 말했다고 한다. 개신교 전통이 확고한 미국에서도 공직자들은 이렇게 자신의 종교적 행위를 조심한다. 반면 이명박 대통령은 청와대 예배 외에도 국가조찬기도회 축사, 공식국가행사에 목사 초청 기도 등 미국 같으면 어림도 없었을 일을 최근까지도 지속하고 있다.

14) 촛불시위를 주도한 혐의로 수배된 시민단체 인사들을 체포하기 위하여 조계사 인근에 배치된 경찰이 2008.7.29. 조계사를 나서던 조계종 총무원장 지관 스님 차량을 과잉 검문한 사건이다. 당시 뒤따르던 직원 등이 총무원장 스님의 차량임을 알렸지만 경찰은 '총무원장 차량이니까 더욱 검문 검색이 필요하다. 지시를 받았다. 트렁크 열어라'라고 말한 것으로 알려졌다. 보수단체들이 정당한 공무집행이라고 옹호했지만, 조계종 총무원장이므로 더 (심한) 검색이 필요하다는 것은 특정 종교라는 이유로 차별을 당한 것이라고 볼 수 있다.

하게 한 사건 등은 공직자가 자신의 직무 권한 범위 안에서 행한 것이라 하더라도, 타종교나 종교를 가지지 않은 국민에게 위화감을 주는 것은 부인할 수 없는 사실이다.

이명박 정부 출범 후 불과 6개월만에 발생한 36건의 사건들 가운데 범불교도대회가 예고되어 있었던 시점인 6-8월 경에 전체 사건의 70%가 넘는 25건의 사건이 발생하였고, 그 가운데서도 범불교도대회가 열리는 8월에만 12건이 발생했다. 여기에는 불교계 내에서 관심이 커지면서 제보가 늘어난 것도 원인일 수 있지만, 오히려 범불교대회를 앞두고 고위 공직자들의 행위가 빈발한 점으로 미루어 보수개신교계가 불교계의 항의에 맞불을 놓은 것으로 해석될 여지가 충분하다.

8·27대회를 앞두고 발생한 수많은 종교차별 사건 가운데, 주류를 이루는 것은 정교분리 위배 혐의가 명백한 A유형이었다. 8·27대회 주최 측 역시 이러한 점을 고려하여 조직 명칭이나 대회 명칭에 '헌법 파괴'라는 내용을 전면에 부각 시켰다. 하지만 주로 언론에 회자되었던 것들은 '총무원장 차량 과잉 검문'과 같은 D 유형의 사건들이었다. 이렇게 논란의 여지가 있는 사건들이 부각되면서 정작 중요한 헌법과 배치되는 A와 B유형의 사례들은 잘 다뤄지지 않았다. 게다가 당시 조계사가 촛불시위수배자를 보호해 준 것에 대해 보수 우익단체들의 고소와 비난 등이 끊이지 않으면서 이를 둘러싼 흥미 위주의 보도가 주종을 이뤘고, 대다수 언론들은 '불교계-정부의 힘겨루기'에 초점을 맞추어 보도하였다.

그럼에도 불구하고 8·27대회는 과거 훼불 행위에 대한 일회적인 반발, 혹은 불교 홀대나 차별에 대한 항의의 성격을 뛰어 넘어 헌법의 종교자유 정교분리를 전면에 내세워, 공공적·사회적 의미를 분명히 띠고 있었다는 점에서 그 의미가 크다고 하겠다.

2. 불교계의 인식

8·27대회를 전후하여 종교차별에 대한 불교계의 항의와 요구는 계속 이명박 대통령을 그 정점에 놓고 있었다. 이는 불교계의 4대 요구사항의 첫머리에 요구사항의 이행 주체로 이 대통령을 직접 언급하면서, 대통령의 공개사과를 내걸었던 점에서 확인된다.

이에 대해 이명박 대통령은 뉴라이트 상임의장인 김진홍 목사를 만나 '대체 내가 무엇을 잘못했는지 모르겠다'고 억울함을 토로하였다고 한다.[15] 이는 당시 대통령의 불교계 사과를 반대하였던 보수단체들, 종교차별 금지법을 공식적으로 반대하였던 한국기독교총연합회, 범불교도대회 이후 오히려 불교계를 비난했던 일부 언론의 보도와도 상통한다.[16]

---

15) 《경향신문》 2008.9.8. 일자는 李대통령 "뭘 사과해야 할지 몰라" 제하의 기사에서 뉴라이트전국연합 상임 공동의장인 김진홍 목사와 만난 이대통령이 '무엇을 사과해야 할지 모르겠다. 내 입장에선 당혹스럽다'라고 말한 내용을 보도했다. 대통령의 이런 사고가 있었기에 불교계가 종교차별의 책임자로 대통령을 비판하는 8월에조차 청와대에서 부시 대통령 초청 공식 행사에 목사를 불러 기도로 행사를 시작한다거나, 후진타오 중국주석 환영만찬에 종교합창단을 불러 축가를 부르게 하는 등 청와대가 정교분리를 버젓이 위배하였던 것이라 볼 수 있다. 또한 대통령이 안팎의 물의를 빚으며 임명한 공영방송 KBS사장도 보란 듯이 찬송가 음악회를 생중계할 수 있었던 것이다. 이 대통령의 종교차별에 대한 인식 수준을 알 수 있다.

16) 보수단체인 애국시민대연합은 대통령의 사과 여부가 쟁점이 되었던 8일 한국언론회관에서 기자회견을 열어 어청수 경찰청장 해임 반대 성명을 냈고, 한기총은 종교차별금지법이 '종교 간 대립을 부를 수 있다는 괴이한 논리로

우선 불교도들이 이명박 대통령을 종교차별의 핵심 당사자로 본 것은 과거 그의 전력과 관련이 있다. 이명박 대통령은 서울시장 재직 시절 '수도 서울 봉헌', '청계천 준공 예배' 등으로 불교계와 심한 마찰을 빚은 바 있다. 이 가운데 잘 알려진 2004년 수도서울 봉헌 사건은 민사소송으로까지 비화됐지만, 법원은 '그 피해 사실을 구체적으로 입증키 어렵다'며 기각하였고, 불교계는 이 과정에서 사과조차 거부한 이명박 시장에 대한 거부감이 적지 않았다. 2005년 청계천 완공 시에는 첫 공식행사로 목사들을 초청하여 청계천에서 기념예배를 진행한 사실이 알려져 불교계를 불편하게 하였다. 이러한 일련의 과정을 통해 불교계는 그가 대통령 후보이던 시절부터 '종교편향'에 대해 큰 우려를 갖고 있었다. 아니나다를까 이명박 대통령은 당선 직후 국립 현충원을 참배한 후 가장 먼저 한기총 사무실을 방문했다. 이런 일련의 정황으로 보아 불교계가 쏟아지는 종교차별 사건에 대해 대통령의 직접적 책임성을 거론한 것은 자연스런 정서적 귀결이기도 하였다.

둘째, 불교계 내에는 이명박 정부가 들어 발생한 일련의 종교차별 사건들을 보면서, 성시화운동과 홀리클럽 등 개신교계가 벌이는 '국가복음화 운동'과 대통령이 무관하지 않다는 인식이 팽배하였다. 성시화운동은 지난 2004년 당시 정장식 포항시장이 '시 예산의 1%를 성시화운동에 사용하겠다'고 공언하면서 알려졌는데, 이 성시화운동의 상징적 인물인 정장식 전 포항시장을 이명박 대통령이 중앙공무원교육원장에 임명하자 불교계 내에서는

동법의 제정을 공식 반대했다. 《한겨레》 2008.9.8. 이 날짜의 《조선일보》는 김대중 주필 칼럼 '언론의 세 가지 터부(taboo)'에서 "불교계 역시 정치권력과 어떤 게임을 하려는 것 아닌가 하는 일부 사람들의 우려를 불식해 주기 바란다"면서 교묘히 불교계를 압박했다.

대통령이 임기기간 중 성시화운동을 노골적으로 추진하지 않을까
우려하였던 것이다.[17)

셋째, 이명박 대통령이 보수 개신교계, 그 가운데서도 가장 배
타적인 경향을 가진 그룹에 경도되어 있는 것 아닌가라는 인식이
폭넓게 형성되었기 때문이다. 그동안 방송 등 공공자산을 이용한
선교 행위, 버스 정거장, 강의실, 법원 등 공공장소에서의 무례한
선교 행위와 종교선전물 등 오랫동안 보수 개신교계의 과다 선교
행위에 대한 국민적 불만은 누적되어 있었다.[18) 당시 대다수 언
론에서 실시했던 종교차별 설문조사에서 60%정도가 '정부의 정
책이 종교편향적이다'고 답했던 것도 이러한 배경 하에서다.[19)
불교계를 포함한 7대 종교 청년단체, 심지어 기독교 청년단체까
지 연합하여 성명을 발표하는 데서도 문제의 심각성을 확인할 수
있다.[20)

---

17) 《한겨레》 신문의 곽병찬 논설위원은 2008년 9월 8일자 《한겨레》 신문
'유레카'에 "이명박 대통령은 포항시 성시화운동을 이끌었던 사람을 중앙공
무원교육원장에 임명했다. '서울 봉헌' 전력까지 있었으니 성시화와 관련해
그는 의심을 사지 않을 수 없다"고 썼다. 불교계뿐만 아니라 일반인들에게
도 그렇게 보일 여지가 컸던 것이다.

18) 이에 대해서는 박광서의 글 「건강한 사회, 바람직한 종교문화」에 상세히 언
급되어 있다. 『더불어 사는 세상 붓다의 희망찾기』 2009, 헌법파괴종교편
향종식 범불교대책위원회.

19) 여론조사전문기관 리얼미터가 2-3일 전국 19세 이상 성인남녀 700명을 대
상으로 전화여론조사를 실시한 결과, 전체 응답자의 59.3%(매우 공감 38.4%,
대체로 공감 21.9%)가 "현 정부가 종교편향적이라는 데 공감한다"고 답해
"종교편향적이지 않다"고 응답한 의견(30.1%)을 크게 웃돌았다. 지난 8월의
같은 조사에서 "현 정부가 종교편향적"이라고 응답한 비율(54.1%)보다 5.2%
포인트 증가한 수치다. 특히 "현 정부가 종교편향적이라는 데 매우 공감한
다"는 의견은 지난번 26.8%에서 이번에는 37.4%로 10.6%포인트 증가했다.
《문화일보》 2008.9.6.

20) 불교계뿐만 아니라 개신교(KYC), 가톨릭, 천도교, 원불교 등 주요 종교단
체들도 8·12 '종교편향종식과 종교차별금지법 제정'을 촉구하는 공동기자

넷째, 이 시기 정부가 8·15 광복절의 건국절 개명을 추진하고, 여야 의원들의 '건국절법'을 발의하는 등 뉴라이트의 주장들이 현실화되면서, 불교계는 이명박 대통령과 뉴라이트를 일체시하는 견해가 팽배했다. 뉴라이트는 이전부터 정신대 할머니, 독립운동가 등에 대한 지속적인 망언을 일삼아 물의를 빚었던 단체로, 김진홍 목사가 이명박 대통령을 위해 결성하였다고 공공연히 밝혔던 단체다. 여기에 개신교계의 용산공원 해오름 상에 대한 미신시비 및 철거, 국악교육 축소 계획 발표 등이 알려지면서 불자들은 물론 네티즌들의 분노를 자극하였다. 이와 같은 정서는 범불교도대책위원회가 발행한 《종교평화》 소식지 등에 잘 드러나 있다.[21]

3. 한국 보수개신교의 배타주의와 세속적 욕망

오늘날 한국 종교 갈등의 주 원인제공자가 보수 개신교의 배타적 선교문화라는 데 이의를 달 사람은 없을 것이다. 어느 한 종교가 압도적 우위를 점하지 못하는 다원적 종교 지형에서 '성시화', '성국화'라는 매우 근본주의적 구호가 스스럼없이 통용되는 현실 자체가 이를 잘 말해준다.

이는 한국 보수 개신교의 배타적 근본주의가 다른 나라에서

회견을 조계사 일주문 앞에서 개최할 정도였다.

21) 범불교도대책위는 2008.9.13. 발행한 소식지 《종교평화》 4호를 통해 "개신교의 민족문화 전통 훼손이 위험 수위를 넘었다"는 제하의 기사를 통해 보수 개신교계가 인천공항 12지신상을 철거하라고 압력을 넣고, 강릉 단오제 등을 미신이라고 비방하였다고 주장하였다. 이로 인해 종교차별로 촉발된 대립이 사실상 한국 현대사의 저변을 이루는 역사, 문화의 정체성의 문제로까지 비화될 조짐을 보였다.

유례를 찾아보기 힘들 정도의 특성을 띠고 있는 데서 기인한다.[22] 한국 보수 개신교의 배타주의는 미국의 기독교근본주의를 뿌리로 한다. 미국의 기독교근본주의는 16세기부터 19세기까지 갈릴레오, 뉴턴, 다윈이 주도한 과학혁명에 대한 대응으로 시작되어, 19세기 유럽 노동자들의 미국 유입, 2차대전, 베트남전쟁을 거치며 공고화되었다. 이들은 공산주의, 히피즘, 뉴에이지와 같은 기독교에 위협이 되는 사회 조류를 적으로 규정하고, 내부를 결속해왔다. 1970년대 월남전 패전을 전후하여 미국 내 광범위하게 자유주의(히피즘, 뉴에이지 같은)가 확산되자, 미국 개신교근본주의 세력들은 레이건 대통령을 당선시키는 데 적극 나섰다. 레이건은 당선되자마자 '성경의 날'을 선포하고, 리비아를 폭격하였다. 이때부터 미국 기독교근본주의자들은 아랍권의 이슬람국가들을 두려움의 근원으로 간주하였다. 그 뒤 아버지 부시의 이라크 침공에 이어, 1990년대 들어 아들 부시가 이라크전쟁을 재개하고, 9·11테러 이후 아프가니스탄 전쟁을 일으키면서, 이제 미국의 기독교근본주의는 '아랍'을 그 두려움의 대상으로 미국인들에게 확실히 각인시켰다.[23]

미국 개신교의 강력한 영향력 하에서 성장한 한국 보수 개신교 역시 매우 유사한 양상을 보여왔다. 그동안 한국사회에서는 굿이나 제사, 전통문화에 대한 폄훼와 부정, 사립학교에서 타종

---

22) 한국의 개신교인들 가운데 '기독교의 진리만이 참 진리'라는 배타적 입장을 가진 이는 평신도 62.6%, 목회자 70.9%라는 종교학자 이원규의 설문 결과가 있다. 김종명, 「개신교와의 대화 : 불교적 전제와 대안」 2007, 종교문화연구원 개원 기념 강연회 자료집 p.36에서 재인용.

23) 이하의 원고는 필자가 2009년 7월 조계종 포교원이 주최한 포교종책 세미나에서 「성시화운동과 불교의 포지셔닝」이라는 제하로 발표한 글을 재구성한 것이다.

교 신자의 배척, 기업 입사 또는 결혼 시 타종교인 배척, 사회적 연줄망으로서의 종교 인맥 네트워크의 구축과 이익 추구, 단군상 파괴, 불상 파괴, 이단 논쟁 등 숱한 배타적 사안들이 개신교계를 진원지로 하여 대두되었다. 물적, 인적, 사상적 측면 모두에서 미국 개신교에 뿌리를 두고 있음에도 불구하고 한국 보수 개신교의 배타주의는 미국보다 훨씬 더한 권력의 비호와 지원 하에서 성장하였고, 그런 단기간의 성장을 반영하듯 더 경색된 근본주의적 성향을 띠고 있다. 두 나라를 비교해 보면 이 점이 분명하게 드러난다.

첫째, 미국은 청교도들이 세운 기독교국가임에도 불구하고 개인의 종교자유를 보호하는 사회전통이 매우 확고하고, 특히 매우 엄격한 정교분리를 내재화하고 있는 나라다. 비록 최근들어 복음주의 계열이 대통령 당선 등에 영향력을 크게 행사한다고는 하나, 그 역시 앞서 말한 정교분리의 오랜 전통, 종교자유를 존중하는 내재화된 문화의 뒷받침 하에서 이뤄지고 있다. 반면 한국의 보수 개신교계는 정교분리 및 종교자유에 대한 인식이 미국 개신교에 비해서도 훨씬 못미치는 데다, 이를 제지할 사회적 거름장치도 일천하다. 미국을 모델로 하면서도, 미국에서도 상상 못할 정교분리 위배 사례가 반복되고, 신정정치라는 시대착오적 견해가 공공연히 등장하는 현실이 이를 반증한다.

둘째, 한국의 보수개신교계는 미국 복음주의가 1970년대를 거치며 포기한 반공주의를 아직까지 매우 강력한 이념으로 삼고 있으며, 이것이 한국사회에서 극단적인 남북 대결과 전쟁 위험을 부추기는 진원이 되고 있다. 미국 복음주의는 냉전시대 이후 적으로 삼았던 공산주의의 실체가 사라지면서, 1980년대 이후부터는 아랍의 이슬람을 적으로 삼고 있다. 반면 한국의 보수 개신교는 분단이라는 특수 상황 등을 연계하여 공산주의를 적으로 삼으면서, '북한'을 적중의 적으로 본다. 적이 너무 가까이 있어서인지 이들이 표출하는 반북이데올로기는 그 정도가 심각한 지경이다. 이명박 정부가 실용과는 정반대의 대북강경책을 펼치는 배경에 자꾸 상대를 적으로 몰고가는 배타성, 그 배타성의 이면에 북한을 사탄이라고 보는 종교근본주의가 자리 잡고 있는 것이 아닌가 하고, 이제 의문을 던져야 할 이유이기도 하다.

셋째, 한국 보수 개신교계가 미국보다 더 이스라엘 친화적인 정서를 공공연히 표출할 정도로 국제정세를 읽는 균형감각을 상실한 상태라는 점도 문제다. 여야를 막론한 개신교 국회의원들이 이스라엘 12부족을 본딴 12지파를 만들어 자신들이 그 구성원임을 자랑스레 공개한다거나, 이명박 대통령이 2008년 국가조찬기도회에서 '여호수아의 가르침을 잘 새겨 국정이념으로 삼겠다'고 하였던 것이나, 류태영 이스라엘협회장(건국대 부총장, 소망교회 장로)이 '우리도 이스라엘처럼 (북한 응징의) 결단을 내려야 한다'고 말했던 것들에서 확인되는 것들이다.[24] 한국 보수 개신교의 친이스라엘적 성향은 미국이나 유럽에서 유태인들이 높은 경제적, 정치적 영향력에도 불구하고 그다지 존경받지 못하는 상황에 비추어 매우 이례적인 일이다. 얼마 전 한국의 보수 개신교계가 '이슬람 선교사 15만 명 한국 파견' 등 이슬람의 위험을 과장하여 공론화하면서, 인천의 이슬람 문화원 폐쇄 여론을 조장한 바 있듯이, 어떤

---

24) 류태영 한국이스라엘협회장은 올해 1월 서울 서초동 외교센터에서 열린 한-이 친선협회 '2009년 신년하례 및 회원의 밤' 행사에서 이런 말을 하여 논란을 빚었다. 그는 이스라엘의 가자지구 침공은 정당한 것이라고도 했고, 팔레스타인 민간인이 많이 희생됐다는 주장도 과장이라고 했다. 《프레시안》 2009.1.19.

면에서 미국보다 더한 친이스라엘 정서, 아랍인에 대한 배타성을 갖고 있는 것이 한국의 보수 개신교도들이다. 이미 과장된 두려움과 배타성이 실상을 심히 왜곡하여 착시를 일으키는 정도로 나아가고 있는 것은 아닌지 우려를 불러일으킬 정도다.

넷째, 한국의 보수 개신교계(한국의 종교단체 일반에도 해당되는 부분도 있다)는 미국 개신교계에 비해 세속적으로 매우 우월적인 특권을 유지하고 있다. 미국의 복음주의 계열은 그 원리주의적 성향에도 불구하고, 세속 국가의 구성원으로서 다른 민간단체에 비해 그다지 큰 특권을 누리고 있지는 않다. 성직자들도 세금을 내야하고, 종교단체라 해도 특별한 지원, 특혜 등을 부여받지 않는다. 반면 한국의 보수 개신교는 타 민간단체에 비해 누리는 초월적 특권을 누리고 있음은 물론, 여기에 더해 국가가 민간에 위임한 매우 폭넓고, 배타적인 혜택을 누리고 있다. 종교인에 대한 과세, 종교단체에 대한 각종 면세 혜택이 전자의 예라면, 후자의 예는 교육, 사회복지 등에서 부가적으로 따라오는 인적, 물적 혜택들이다. 정교분리가 정착되어 있는 미국에서 국가예산을 지원받는 학교들이 종교 활동을 강요한다는 것은 상상도 할 수 없지만, 이상하게도 한국에서는 이런 것들이 문제시되지 않는다. 나아가 국가지원에 전적으로 의존하는 사립학교들이 '지원은 하되 간섭은 말라'며 사립학교법을 사학진흥법으로 바꾸자는 특권적 주장이 통용된다.[25]

---

25) '개방형 이사제'를 골자로 하는 사립학교법 개정이 2004년 한기총을 비롯한 보수 개신교계의 반대로 크게 후퇴한데 이어, 노무현 정부가 2007년 초 추진했던 사회복지사업법 개정안 역시 개신교계의 반대로 무산되었다. 개정안은 사회복지법인 이사 정수를 5명에서 7명으로 늘리고, 국고보조를 받는 사설법인은 이사 정수의 4분의 1 이상을 시·도 사회복지위원안은 추천을 받아 임명하도록 하고, 또 이사는 3분의 1 이상은 사회복지분야, 감사 중 1

보수 개신교의 권력화 모색은 해방 이후 지속되어 온 것이지만, 최근 들어 개신교의 양적 성장이 멈추고, 기독교 정당의 원내 진출이 실패하는 등 직접적 정치 참여가 실패하면서, 홀리클럽이라는 배타적 권력연줄망 구축으로 외화되고 있다.[26] 사실 성시화운동은 '근본주의적 색채'가 지나쳐 우리 사회에서 그 의도대로 실현되기는 쉽지 않다.[27] 성시화운동이 표방하는 '신정정치' 혹은 '국가복음화'라는 반헌법적 목표는 대중의 외연을 확장하는 표면상의 전략일 뿐, 실제 더 문제가 되는 것은 홀리클럽과 같은 이면의 연줄망이다.[28]

이것을 이해하기 위해서는 소위 홀리클럽이라는 기관장들의 성경공부모임에 왜 그들이 그렇게 집착하는지 주목할 필요가 있다. 보통 호텔에서 조찬으로 치러지는 홀리클럽에는 20, 30명 내외의 관내 기관장들, 기업인들, 언론인들, 지식인들이 참여한다.

명은 법률회계분야 전문가로 각각 임명하도록 추진하는 등 매우 상식적인 내용이었다.

26) 이하의 내용은 필자가 2009년 8월 《불교포커스》에 연재한 〈국가복음화 전략 두고만 볼것인가〉의 내용을 재구성한 것이다. (http:// www.bulgyofocus.net/)

27) 2009.8. 순복음성시화운동본부 발족식에서 조용기 목사는 "성시화운동이라고 해서 도시 전체가 예수님 믿는 것을 뜻하지는 않는다"며 "적어도 30% 이상이 믿고, 모든 사람에게 그분이 회자되며 그분이 살아계심을 믿는 분위기가 만들어지면 그것이 성시화라 할 수 있다"고 설명했다. 《국민일보》 2009. 9.8.

28) 이진구는 한국의 보수 개신교정당이 창당되었을 시, 국민정당으로서보다는 교회의 제도적 이익을 대변하는 정당으로 전락할 가능성이 높은데, 그것은 기독당이 내건 주요정책이 '일요일 국가시험 폐지', '교회의 기반시설 분담금 인하' 등 특정 종교 이익 옹호의 성격이 강하기 때문이라고 말한다. 이진구, 「최근 한국종교의 정치세력화 현상을 바라보며」, 2008, 개혁을 위한 종교인네트워크 상반기 열린포럼 자료집 p.14. 홀리클럽 역시 이의 연장선상에서 봐야한다는 것이 필자의 생각이다.

성경공부만 하고 헤어지면 좋겠지만, 사람 일이라는 것이 그것으로 그칠리 없다. 자연스럽게 정관계의 고급정보가 회자되고, 그 정보들은 연줄망이 최고로 발달한 우리 사회 안에서 매우 유력한 성공의 수단이 된다. 더구나 종교를 매개로 맺어져 다른 이익집단보다 신뢰할 수 있다는 장점도 있다. 여러 면에서 많은 기업인들, 권력 언저리에 맴도는 사람들에게 홀리클럽은 매우 유혹적인 것이다.

더구나 홀리클럽은 정교분리를 노골적으로 무시하는 성시화운동과 달리, 허용되어야 할 개인의 종교의 자유에 속하는 것처럼 보여 비판도 쉽지 않다. 홀리클럽은 그래서 더 위험하다. 보수 개신교 측의 의도대로 홀리클럽이 배타적 연줄망으로 급속히 확산되어 전국 주요 지방자치단체 단위로 결성된다면 그것이 미칠 파급효과는 우리가 이전에 경험하지 못했던 매우 심각한 양상이 될 것이다. 조선말의 붕당과도 같이 한 번 형성된 권력카르텔은 범접하기 힘들 정도의 두터운 장벽이 되어, 그것을 해체하자면 몇 배에 해당되는 시간과 전 사회적인 역량 소진이 불가피하기 때문이다.

IV. 평가 : 성과와 한계

범불교도대회는 대체적으로 성공적이었던 것으로 보인다. 대회 봉행위원회도 자체 평가를 통해 8·27대회성과로 △ 종교차별의 사회적 의제 부각 △ 사상 최대 인파의 운집에 따른 불자들의 자긍심 고취 △ 불교계 전 종단, 단체 참여로 화합 분위기 형성 등 비교적 후한 평가를 내렸다.[29] 필자 역시 이러한 봉행위의 평가에 대체적으로 동의하면서 몇 가지 첨언하고자 한다.

첫째, 8·27대회는 불교계가 권력에 대해 독립적, 자주적 행보를 취하는 기폭제가 되었다. 대회 이후 체계적 대응 전략의 부재로 실효를 거둔 부분이 많지 않았고, 굴종적 관행도 일정하게 재현됐지만, 그럼에도 불구하고 대회를 전후하여 불교계가 보여준 모습, 특히 조계종 총무원장 지관 스님 등 주요 지도자들이 보여준 모습은 과거 어떤 불교지도자보다 당당했다. 또한 온갖 방해 요인에도 불구하고 주요 종단들이 대회 성사에 힘을 모았던 모습 역시 좀체 찾기 힘든 것이었다.

8·27대회의 영향은 대회 후로도 이어져 조계종 총무원장 지관 스님의 대통령 초청 간담회 불참, 노무현 대통령 추모 49재에 대한 거종단적인 참여[30], 대운하 강행에 대해 조계종 공식 기구의 반대의견 표명, 지관 스님이 용산 참사 유가족을 만나 정부 대응을 촉구하는 등의 자주적인 행보로 이어졌다. 88년 전두환 전 대통령의 백담사행을 알아서 주선하던 종단의 굴종적 모습과는 격세지감이었고, 이것이 불교에 대한 호감도 상승으로 이어졌다. 물론 아직 정부에 대한 불교계의 자주적 태도가 확립되었다고 하기에는 이르다. 당장 올해 3월 18일 종단협의회가 대통령을 초청

---

29) 『범불교대회 백서』, pp.17-18.

30) 조계종은 전국 주요 사찰 법당에 노무현 전 대통령 위패를 모시고, 49재를 지내는 등 대대적으로 추모행사를 가졌다. 죽은 권력자를 위해 살아 있는 권력과의 불편함을 감수하는 모습은 노무현 대통령 서거에 거의 무반응으로 일관한 천주교는 물론 개신교 진보진영에 비해서도 훨씬 적극적인 것이었다. 이것이 죽은 자를 위한 관용이라는 불교의 문화적 전통에서 비롯된 것이라 해도 말이다.

하여 개최한 '경제난 극복과 국민 화합 법회'는 과거 정권에서 행해졌던 관제법회를 떠올리기 충분한 것이었기 때문이다. 그러나 여러 현실적 한계와, 과거 회귀 가능성을 인정하더라도 8·27대회를 전후해 불교계가 권력과 맺어왔던 과거의 일방적 굴종에서 탈피했다는 점은 분명해 보인다.

둘째, 불교계가 종교차별 문제를 스스로의 이익을 위해서가 아니라, 헌법정신의 수호, 민족문화와 역사 보존을 위한 것이라는 공익적 사회 의제로 확산시킨 것도 성과로 꼽을 수 있다. 사실 보수 개신교 측의 훼불이나 종교차별 행위들이 있을 때마다 불교계의 대응은 늘 방어적인 '훼불 중단 촉구'와 항의 수준에 머물렀다. 그러나 이번 8·27대회를 전후하여 불교계는 종교차별 행위가 헌법정신과 국민의 기본권을 침해하는 반헌법적·반인권적 행위라는 입장을 명확히 세웠고, 정부에 대해서도 당당하게 발언하였다. 이것이 불교대중의 적극적인 참여, 국민들의 일정한 동의를 이끌어 내는 동력이 되었다. 비록 다수의 대중이 이정도의 인식을 갖지는 않았다 하더라도 그조차 적지 않은 변화라고 판단된다.

셋째, 정부와 보수단체의 지속적인 공격에도 불구하고 촛불 수배자들을 끝까지 보호한 것도 평가될 만하다. 보수단체들의 고소 외에도 정부는 8·27대회 후로도 촛불 수배자 문제만은 불교계의 요구사항에서 빼달라고 음으로 양으로 끊임없이 주문하였고, 보수단체에서도 거듭 비난하였지만, 대회 봉행위원회는 이 문제를 양보하지 않았다. 비록 대회 이후 시국 관련자에 대한 화합 조치 정도로 요구 수위를 낮추었다지만, 그렇더라도 '약자 보호' 입장을 일관되게 유지한 것은 충분히 평가받을 만한 것으로 보인다.

넷째, 불교도들의 인식 변화도 성과로 꼽을만하다. 8·27대회에 참석했던 필자의 눈에는 지방에서 올라온 청장년층 외에도 지긋한 연세의 노보살들이 자체 제작해 들고 온 다양한 피켓들이 눈에 띠었다. 젊은이들의 촛불집회에야 비할 수 없었지만, 장년 이상의 세대들이 대통령이나 정부를 비판하는 피켓, 플랜카드 등을 손수 만들어 온 자발성은 이전의 불교계 행사에서는 찾아볼 수 없는 것이었다. 이런 자발성이 모여서였는지 8·27대회 역시 집회 내용의 심각성에도 불구하고 신명나는 축제처럼 진행되었다. 촛불시위의 학습 효과를 떠올리기 충분했다. 인권의식의 향상, 대중의 각성과 참여, 집단지성, 빠른 의사소통, 결집과 같은 변화들이 불교계에도 확산될 것임을 예측해 볼 수 있었다.

8·27대회가 거둔 적지 않은 성과에도 불구하고 그 한계 역시 명백했다. 매우 단순하게 평가하여 불교계는 8·27대회를 통해 종교차별을 근절시키지도, 근절시킬 확고한 제도적 대안도 관철시키지 못했다. 그 결과 대회 이후 몇 개월간 잠잠했던 종교차별 행위들은 지난해 연말부터 다시 빈발하기 시작하여, 올해에도 기승을 부리고 있다. 소소한 제도 하나로 종교차별, 인권침해를 개선하기가 쉽지 않음을 여실히 보여주었다. 8·27대회 이후 벌어지고 있는 종교차별 사례들을 짚어보자.

불교계가 지속적으로 문제 삼았던 성시화운동과 홀리클럽운동의 경우 지난 11월 이후 본격적으로 재개되었다. 최근에는 여의도 순복음교회가 순복음성시화운동본부를 창립시켰다. 이는 상당한 파장을 가져올 것이다. 성시화운동과 관련한 주요 뉴스를 꼽으면 다음과 같다.

2008. 11. 홀리클럽연합회, 전국 총회(대전)
       11. (재)성시화운동 + 희망인천기획단, 수험생 특별한 콘서트
       11. 원주성시화를 위한 '2008 블레싱 원주' 기도회(원주)
       11.12. 부산, 대구 성시화운동본부 총회 및 새 임원진 구성
2009. 1. 경남성시화운동본부 창립(창원)
       1. 충남성시화운동본부 신년예배(예산)
       1. 포항성시화운동본부 신년 기도회(포항)
       1. 인천성시화축전 조찬기도회(인천)
       3. 광주성시화운동본부 조찬 기도회(광주)
       4. 인천국제성시축전 설명회(인천)
       8. 파주성시화운동본부 발족 세미나
       8. 여의도순복음교회 성시화운동본부 발족

8·27대회 이후 종교차별 사건이 보여주는 또 하나의 양상은 공직사회, 그 가운데서도 고위 공직자들의 정교분리 위배 행위가 빈발하고 있다는 점이다. '두들겨 맞더라도 기독교 정신으로 구정을 운영하겠다'고 한 박승숙 인천 중구청장, 봉축법요식에 참석해 수차례 '하나님의 축복…'을 반복해 물의를 빚은 노재동 은평구청장, '하남시로부터 전국에 여호와의 복음화가 시작되기를' 하고 발언한 김황식 하남시장, 관내 행사에서 '주님 홀로 가신 길 따라 가오'라고 찬송가를 부른 무안의 이윤석 민주당 의원, 면책특권을 부여한 '민원즉심관'에 성시화운동 본부 책임자를 임명하면서 조례조차 만들지 않고 밀어붙인 박주원 안산시장, 그밖에 신정정치를 노골적으로 밝히는 한나라당 민주당의 기독신우회장들까지[31]…. 2009년에 접어들면서 고위 공직자들이 마치 신앙고

---

31) 황우려 한나라당 신우회장은 2009년 2월 『신앙과 정치』 창간기도회에서 "한기총이나 김준곤 목사님의 말씀처럼 기독교 정치학교를 만들어야 한다. 훈련받고 준비된 사관생도와 같은 기독교 정치인을 양성 국회와 지역구에까

백처럼 정교분리 위배 행위를 연달아 행하고 있다. 이들은 '공직자들에게도 종교자유가 있다'는 논리를 강변하면서, 선출직 공무원에 대해 적용하기 어려운 공직자윤리규정의 맹점을 활용하고 있다. 물론 공직자의 종교자유도 엄연히 존중되어야 한다. 하지만 문제는 그들의 신앙 자체가 아니다. 자신의 종교신념을 공공영역에서 노골적으로 표현하거나, 공공의 자산을 특정 종교를 위해 사용하는 정교분리 위배가 문제인 것이지만, 아직 한국의 고위 공직자들에게 이러한 인식을 찾아보기 어려운 현실이다.

2009년 6월에는 강원도 고성군청이 이승만 기념관 안내판에 '기독교 국가 건설의 사명을 완수하고…'라는 문구를 넣어 물의를 빚은 일이 있고, 육군 71사단은 '전쟁을 주관한 하나님께서 보여주신 섭리… '라는 내용을 담은 기독교 찬양 영상을 예비군 동원교육에 상영하여 문제가 되었다. 8월에는 제천시 등 관내 공공기관이 기도회를 후원한 사건이 있었다.

또한 개신교계는 기독교 교도소 설립(재단법인 아가페), 기독교 수사관 양성대학 설립(안산시), 일요일 국가시험 금지 입법 추진(정치권) 등을 통해 국가 운영 제도에 더 깊숙이 개입하려 하고 있다. 입학사정관을 기독교인으로 제한하고(서울여대), 신앙심을 보고 투표를 하자는 유권자운동(신애양운동) 등 다방면에서 헤게모니전략을 강화하고 있다는 것이다.32) 이렇게 개신교가 지금보다 더한 헤게모

지 보내야 한다"고 언급하였고, 김진표 민주당기독신우회장은 2009년 4월 조찬기도회에서 "신정정치를 통해서만이 국민의 신뢰를 다시 얻고, 야당으로서 견제와 균형의 역할을 할 수 있을 것"이라고 신정정치를 노골적으로 언급하였다.

32) 강인철은 해방 이후 한국 종교, 특히 개신교가 펼쳐온 헤게모니 전략이 경제전략, 법적·정치적 전략, 교육·문화전략, 억압전략의 4대 분야에서 활발히 진행되어 왔다고 진단한다. 강인철, 「현대한국의 종교와 국가권력」 『

니를 가지려 할수록 그것이 불교는 물론 국민과의 갈등으로 증폭
될 가능성은 더 높아질 것이 자명하다.

이렇게 종교차별 행위들이 지속적으로 발생하고 있는 현실은
조계종을 중심으로 한 불교계 수뇌부가 애초 '종교차별금지법' 주
장에서, 국가공무원법 등의 개정으로, 다시 처벌조항이 빠진 법
개정으로 후퇴한 정부여당의 입장을 수용한 데 일단의 책임이 있
다. 비록 그것이 현실적 힘의 한계에서 비롯된 측면이 크다고는
하나, 오히려 그렇기 때문에 처벌조항이라는 최소한의 마지노선
은 지켰어야 했다.

V. 전망

앞에서 지적하였듯이 지난해 8 · 27대회를 전후하여 발생한 대
부분의 종교차별 사건들, 현재까지 계속되고 있는 일련의 사건들
대부분은 정교분리 위배 혐의가 짙은 것들이다. 상식적으로 헌법
을 위배한 것이라면 응당 사법적 대응으로 위법 · 위헌성이 가려
질 수 있는 것 아니냐고 생각할 수 있다. 그렇지만 이것이 그렇게
녹록지가 않다. 현행 법체계에서는 정교분리 위배와 같은 명백한
위헌 행위에 대해서조차 사법적으로 접근하는 것이 매우 제한되
어 있기 때문이다.

지난해 8월 서울시 공정택 교육감이 근무시간에 기도회에 참

종교권력의 시대, 불교의 상상력』 참여불교재가연대 창립10주년 기념심포
지움 자료집 pp.21-22.

석해 통성기도를 하고, 교육청 문서수발시스템을 특정 종교 행사에 사용한 사건을 예로 들어보자. 통성기도회는 차치하고, 교육청 문서수발시스템을 기도회에 사용한 것은 상식으로만 생각해도 국가 공공의 재산을 선교 행위에 사용한 것이므로, 국가가 특정 종교를 우대한 정교분리 위배 행위라고 볼 수 있다. 그런데 현행 교육관련법체계에서는 공 교육감의 행위에 대해 적법성을 가려줄 어떠한 기준 조항도 없다. 그래서 종교자유정책연구원은 그의 위헌 행위를 심판하자는 취지에서 헌법소원을 제기하였다. 그러나 결과는 여지없이 각하되었다. 불친절한 헌법재판소가 내린 판단은 '권력적 사실 행위에 해당하지 아니하므로…'라는 매우 간단한 답변이었다. 공직자 종교차별금지법이 제정되었더라면 최소한 지금과는 다른 상황이 전개될 수도 있었을 것이다.

그렇다면 특별법이 없고, 앞으로도 당분간 제정을 기대하기 힘든 우리 현실에서 미국처럼 다양한 판례를 통해 사회 기준을 세우는 수밖에 없다는 것인데, 이 또한 호락호락한 문제만은 아니다. 개인이 공직자나 관을 상대로 소송을 결심하는 것이 한국 문화에서 쉽지 않은 일인데다 설혹 사람이 있더라도 재판마다 들어가는 인적 물적 시간적 소모 역시 만만치 않을 것이다.

반대의 경우도 곤란하기는 마찬가지다. 2008년 8월 24일 우제창 민주당 의원 등 개신교 국회의원들이 발의한 '일요일 국가시험 금지' 법안이 국회에서 통과된다고 가정해보자. 당장 일요일 시험을 금지하면 학생, 직장인 등 평일 시험을 칠 수 없는 선의의 피해자들이 발생하게 된다. 일요일을 종교적 의미보다는 공휴일로 여기는 국민이 70%를 넘는 상황에서 이 법은 애초부터 대중적 지지를 얻기는 어렵다. 헌법재판소도 개신교계가 낸 '사법시험 1차 시험일 일요일 지정'에 대한 헌법소원(2001.9.27. 선고

2000헌마159결정)에서 '일요일이 아닌 평일에 시험이 있을 경우 직장인 또는 학생 신분인 사람들은 결근, 결석을 하여야 하며, 그밖에 시험 당일의 원활한 시험 관리에도 상당한 지장이 있다'는 일요일 시험 실시 이유 또한 다 해소된 것으로 볼 수 없다고 기각한 바 있다.

그런데도 만약 국회에서 이 법이 통과되면 상황은 달라진다. 법안의 위헌성을 문제 삼으려 해도, 법이 시행되어 피해자가 나와야 하고, 그 피해자가 소송을 하겠다는 강력한 의지를 가지고 있어야 한다. 요행히 헌법소원의 당사자가 생겨도 헌법재판소가 당사자 적격 등 구성 요소를 인정할지, 또한 어떤 판결을 내릴지의 여부도 비관적이다. 법조계에서 가장 영향력을 행사하는 곳 역시 현재로서는 개신교계이기 때문이다. 법이 통과되는 순간 사회적으로 많은 시간, 많은 비용, 논란을 피할 수 없게 되겠지만, 반대로 법이 통과되는 것을 막을 뾰족한 방법도 없다. 여론을 움직여 사회의제화하지 않는 한 불교계의 정치적 사회적 영향력만으로는 해결하기 어려운 난제인 것이다.

종교의 자유와 관련된 대표적 오해 중의 하나가 개인과 집단 간의 기본권 충돌로 보는 시각인데, 우리 사회의 보편적 인식이 아직 이 정도 수준을 벗어나지 못하고 있는 한 현실의 진전은 쉽지 않을 것이다. 대광고 강의석 군 사태처럼 종교재단 사립학교들은 '종교교육의 자유'를 내세워 학생, 교사 개인의 '종교자유'를 침해하는 경우가 다반사이다. 보수 개신교계는 이때 '종교교육의 권리'와 '신앙의 자유'가 대등한 듯이 주장해왔고, 단체장이나 대통령이 공공영역에서 종교 신념을 표출할 때도 마찬가지 주장을 해왔다. 우리나라의 언론사들 대부분은 이 문제를 깊이 들여다보려 하지 않는다. 학교와 학생을 대등한 파워게임의 주체로 여기는 보수 개신교 측의 논리에 매몰되어 있기 때문이다.

법치주의를 채택하고 있는 모든 나라에서 개인과 집단의 종교자유 권리가 충돌할 경우 개인의 종교자유가 우선적으로 보장된다. 그렇기 때문에 1998년 숭실대학교의 한 학생이 채플 강요 학칙이 종교자유를 침해한다며 헌법소원을 했을 때 학교 측의 손을 들어주었던 김황식 당시 대법관조차 '학교의 선교의 자유는 개인의 종교의 자유를 침해하지 않는 선에서 허용된다'고 판시하였던 것이다. 교육법에 교육 받을 (개인의) 권리는 명시하면서, 교육할(학교의) 권리는 명시하지 않고 있거나, 2004년 헌법재판소가 담배 피울 수 있는 권리(흡연권)도 담배로 피해입지 않을 권리(혐연권)를 침해하지 않는 선에서 보장받을 수 있다고 판시하였듯이 필자의 짧은 법률지식으로 봐도 법은 국가나 권력, 조직으로부터 개인의 인권을 보호하는 것에 근본적 존재가치가 있는 것이다. 그렇지만 지극히 상식적인 이러한 원칙도 오늘날 한국의 법조계, 언론, 정치권에서는 무시된다. 지난해 강의석 군 2심 판결에서 학교 측에 무죄를 선고했던 곽종훈 판사의 판결이 대표적이다.

사법적 대응의 실효를 기대하기 힘든 현실에서 본질적으로 기대할 수 있는 것은 이 문제에 대한 대민의식의 성장일 것이다. 그런데 우리 사회에서 정교분리의 문제에 대한 국민적 이해와 공감대는 아직 매우 낮은 수준이다. 2007년 동아시아연구원, BBC 월드서비스 등이 진행한 국제여론조사 결과에 따르면 "정치사회적 문제에 대해 판단을 내릴 때 종교에 영향을 크게 받는가?"라는 질문에 대해 한국인은 25%만 그렇다고 대답하였다. 조사에 응한 27개국 중 24위로 OECD 국가 14개국 중 10위를 차지했다. OECD 14개국 국민들이 긍정적으로 응답한 비율의 평균은 40%, 전체 27개국 국민들의 평균인 48%에 비해 매우 낮았다. (통계 2 참조)

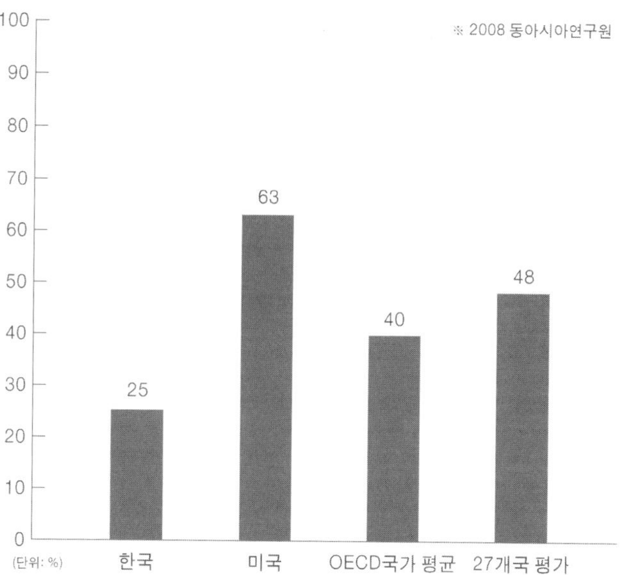

〈통계 2〉 종교가 개인의 정치사회적 판단에 영향을 미친다고 응답한 비율(국제 비교)

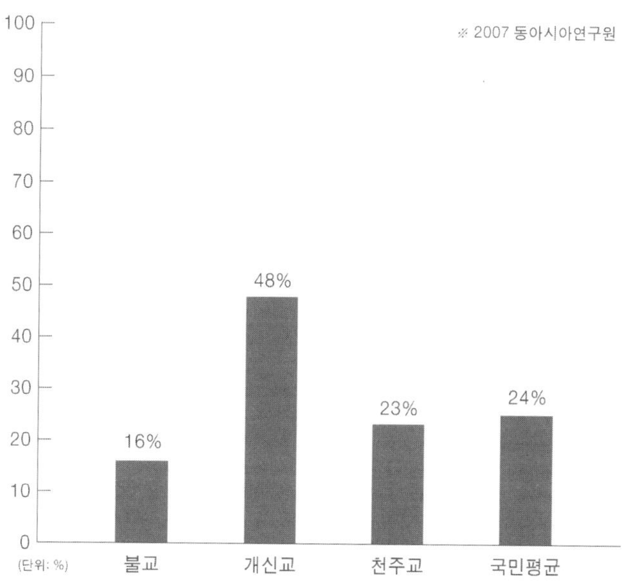

〈통계 3〉 종교가 개인의 정치사회적 판단에 영향을 끼친다고 응답한 비율(국내 종교별)

　　응답한 한국인들 가운데서도 종교별로 격차가 뚜렷했다. 기독교인들은 개인의 정치적 판단에 종교가 영향을 미친다고 응답한 비율이 48%에 달했지만, 불교신자의 경우 16%로 국민 평균보다 오히려 낮았다.(통계 3 참조) 천주교 신자는 전체 응답자 분포에 가장 가까운 23%였다.[33]

　　지난해 종교차별 정국을 거치면서 적지 않은 변화가 있을 것으로 보이지만, 그 점을 감안하더라도 이 조사결과는 한국인 일반이 아직 종교와 정치가 밀접함을 인식하지 못하거나 결부시키지 않으려는 성향이 강함을 말해준다. 게다가 종교 간의 격차도 커 불교와 개신교가 3배에 달할 정도이다. 이는 현 정부의 종교

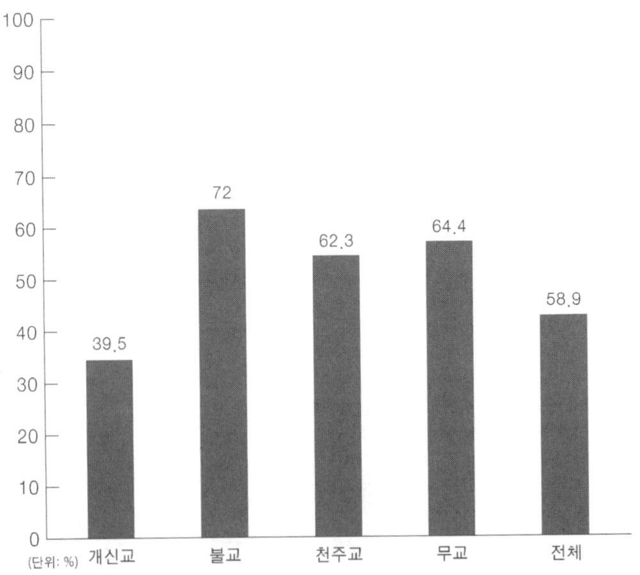

〈통계 4〉 주요 종교신자별 이명박 정부의 종교정책이 "편향적이다"고 응답한 비율

---

33) 〈2007년 대선 패널조사〉, 동아시아연구원 「여론브리핑」 8호, 2007.2.

차별에 대한 종교별 인식과는 정반대다. 2008년 동아시아연구원
의 조사에 따르면, 불교신자의 72%가 이명박 정부의 종교정책이
편향적이라고 응답한 반면 개신교 신자의 39.5%만이 그렇다고
응답하였다.34)

이 두 설문 결과를 바탕으로 추론컨대, 불교인들은 이명박 정
부의 종교차별에 대한 반감이 높지만, 그것이 종교와 정치의 밀
접한 구조적 관계에 있다고 보기보다는, 이명박 대통령의 개인
특성에 따른 일시적 현상이라고 믿을 개연성이 높다. 반면 개신
교 신자들의 상당수는 매우 적극적인 정치의식이 있음에도 불구
하고 현 정부의 종교정책이 차별적이지 않다고 보고 있어, 정교
분리 위배 행위 등에 대해 관대한 판단을 하는 계층이 적지 않게
존재함을 보여준다. 이렇게 국민 전체의 낮은 인식 수준, 불교-
개신교 신자의 큰 의식 편차가 엄존하는 한 향후 우리 사회에서
정교분리의 공감대가 확산되고, 나아가 국가와 종교, 혹은 정치
와 종교와의 관계를 정립하는 데까지는 적지 않은 진통과 시간이
소요될 것이라는 점을 말해준다.

사회 전체가 돈과 권력, 기득권을 가진 자의 입장에 서는 시장
주의가 강화되면서 사회적 약자들이 더한 어려움에 몰리는 사회
흐름은 종교자유에 대한 시민의식의 성장을 가로막는 장애물이다.
약육강식, 적자생존의 시장논리대로라면 상급자, 권력, 국가의 종
교자유 침해나 정교분리 위배도 힘의 논리로 어쩔 수 없이 수용해
야 되는 것으로 인식되기 쉽기 때문이다.

상황이 이러하더라도 결국 종교차별의 근원적 해결은 국민들
의 인권의식, 시민의식의 성장에 달려있다. 정치와 종교의 관계를

---

34) 〈종교와 한국정치〉, 「여론브리핑」 35-1호, 동아시아연구원, 2008.9.

바르게 정립하는 문제가 단순히 특정 종교에만 해당하는 문제가 아니라, 종교를 갖지 않은 시민을 포함한 국민 전체의 문제로 인식하는 사람들이 늘어나야 이 문제는 본질적인 진전을 이룰 수 있다.

그 계기는 어쩌면 우리 예상보다 빨리 올지도 모른다. 최근 한기총과 보수 개신교계가 추진하고 있는 사립학교법 폐지 운동, 종교엘리트 육성을 위한 자립형 사립종교학교 설립 추진, 종립학교에 대한 자유로운 종교교육 허용 요구, 서울여대 등의 입학사정관 자격 제한 등은 단순히 기독교계와 정치권, 혹은 기독교계와 불교계만의 문제가 아니다. 대형 교회들의 자립형 사립고 설립이 허용되어 개신교 신자들을 국가엘리트로 키우겠다는 욕망이 현실화되거나, 20%에 달하는 기독교 사학들이 입학사정관제도를 통해 '돈과 권력을 가진 개신교인들의 특혜'를 제도화한다면, 이 문제는 시민 전체의 삶에 영향을 미치게 되어, 큰 사회적 파장을 몰고 올 것이다.

언론은 이 문제에 대해서는 애써 눈감기로 작정한 듯 보인다. 당장 서울여대 입학사정관 문제만 하더라도 이미 국가인권위원회가 지난 2007년에 한동대 해직 교수의 진정사건을 통해 '교수 채용 시 응시 자격을 실질적으로 기독교인으로 제한하고 있는 관행을 시정하라'고 권고하였듯이 신학교가 아닌 이상, 더구나 학생을 선발하는 데 있어 종교를 이유로 한 차별은 있어서는 안 되는 것들이지만, 그런데도 불교계 언론과 일부 인터넷 언론을 제외한 메이저 언론사에서 이 문제를 깊이 다룬 곳은 필자가 알기로는 한 군데도 없었다. 이명박 정부 임기 기간 안에 국가운영에 있어서 개신교적 질서와 체계의 구축이 매우 폭넓게 진행될 것임이 빤히 보이지만, 안타깝게도 여기에 제동을 걸 세력을 불교계 외에는 딱히 찾기 힘든 것이 현실이다.

　다행히 지난 범불교도대회를 준비하는 과정에서 불교계의 일정한 각성(그것이 온전한 것만은 아니었다 해도)이 이뤄졌고, 대회를 통해 불교계가 주장했던 정교분리의 당위성이 일정하게 국민적 반향을 일으켰다. 수십년간 관행적으로 행해져 온 경찰서 유치장 예배 강요 행위가 시민들의 국가인권위 진정에 따른 권고로 개선되어가는 것을 보면서 그나마 작은 희망이라도 갖게 된다. 아직 정교분리와 종교자유에 대한 인식과 경험이 부족한 우리 사회에서 시민들과 문제의 심각성을 공유하는 것이야말로 종교차별을 근절할 바탕이요 동력이 되도록 해야 하는 것이다.

VI. 나가는 말

　불교계는 지난해 8·27대회 이후 종교차별 문제에 대해 적극적인 대응을 해 왔다. 문제의식의 폭도 사회 어느 곳에 비해서도 깊다. 그러나 불교계의 대응은 아직 개별 사건에 대한 표면적이고 일회적인 분노 표출 이상이 되지 못하고 있다. 주요 언론매체들의 성향을 보았을 때 이런 식으로 가면 다수의 시민들에게 종교차별 문제는 불교계와 개신교계의 대립으로 비쳐지게 되고, 시민들은 구경꾼이 될 수밖에 없다.

　8·27대회 1년을 보낸 지금 이제 표면적 대응과 항의로는 문제의 본질을 해결할 수 없다는 냉정한 현실을 불교계 스스로 인정해야 한다. 지금까지의 대응이 오히려 시민의 외면과 상대의

내구성만 높이지는 않았는지 돌아봐야 한다.[35]

스스로의 성찰이 먼저 필요하다. 권력화된 지역사회의 정경언종(政經言宗) 카르텔이 우는 아이 떡 하나 주듯이 문화재보수비나 교부금 등으로 달래거나, 공식 행사 자리에 구색 맞추기 식으로 유지급 스님을 초청하여 적당히 대접할 때…… 과연 공익을 위해 이런 작은 이익을 뿌리칠 수 있는 스님들은 불교계에 얼마나 될까? 지금 성시화운동이 활발히 펼쳐지는 일부 도시에서 그 틈을 파고들어 작은 이익을 얻으려 부화뇌동하는 스님들의 이야기는 씁쓸하기만 하다. 불교계 스스로 이런 이율배반을 고쳐가지 않는 한 종교차별의 구조적 해결은 불가능할 것이다.

갈등의 지속이 예견되는 상황에서 전통적으로 불교인들이 선호하는 방식은 제도나 규칙보다는 문화적 힘으로 극복하는 것이다. 남의 허물을 들춰내는 것은 누구에게든 불편하다. 그러나 문화적 해결이란 것은 사실 제도적 해결보다 훨씬 고차원적이고 어렵다. 나와 상대에 대해 꿰뚫고 있어야 가능하겠지만, 불행하게도 불교계는 상대방에 대해 아는 바가 거의 없기 때문이다.

한국의 종교지형 하에서 불교계의 현재 역량만으로는 종교차별 문제를 근원적으로 해결할 수 없다고 필자는 생각한다. 불자대중을 기본 동력으로 양식 있는 이웃종교인들, 건전한 시민들과 공감대를 넓히고 함께하지 않으면 상황은 나아지지 않을 것이다. 현격한 종교 역량의 차를 냉정하게 보지 못하고, 불교계가 나서

---

35) 안타깝게도 불교계의 항의가 계속되고 있음에도 그것이 개신교 내 다중에게는 진지하게 받아들여지지 않는 것 같다. 목회자의 목회세습을 비판하는 외부의 목소리에 대해 '사탄의 사주를 받은 무리'로 보듯이 종교차별에 대한 불교계의 주장 역시 마찬가지로 인식될 개연성이 높다. 이진구의 「한국개신교와 종교권력」『현대사회에서 종교권력 무엇이 문제인가』(2008, 동연) p.143의 내용을 참고하라.

면 된다는 자만심이야말로 이 문제의 진전을 가로막는 가장 큰 내부의 적이 될 것이다.

불교가 시민과 함께하기 위해 민주주의와 관용, 사회 통합이라는 가치로 연대에 나설 때 그 성과는 다시 교단으로 돌아와 풍성한 발전의 밑거름이 될 것이다. 이런 정도의 열린 시각을 갖는다면, 종교차별 문제에 대해 당사자인 보수 개신교계에 진지하게 충고하고, 범종교적 해결을 모색하는 연대기구를 구성하는 것까지도 가능할 것이다.

미국 청교도들은 1776년 버지니아 권리선언(Virginia Declaration of Rights)을 채택하여 종교의 자유와 함께 종교의 사회적 책무를 정립하였다. 이 선언 16조에는,

'종교, 달리 말해서 창조주에 대한 우리의 의무와 그 의욕의 구체적 시행 방법은 오직 이성과 확신이 지시하는 대로 따를 것이며, 결코 강제나 폭력으로 해서는 안 된다. 따라서 모든 인간에게는 양심의 지시에 따라 자유로운 종교 생활을 누릴 평등한 권리가 있으며, 서로에 대하여 기독교적 관용과 사랑, 자선을 베푸는 것이 우리 모두의 상호적 의무이다'라고 하였다. 지금 한국의 보수 개신교는 기독교적 관용과 사랑, 자선의 사회적 의무라는 본연의 자세로 돌아와야 한다. 그럴 수 있도록 단호하게 충고하고, 자비롭게 대화하는 것, 이것이야말로 지금 불교계가 발휘해야 할 진정한 용기일 것이다.

11. 한국종교연구협회의 설립과 이능가

한국 최초의 종교 간 대화의 역사 찾기

김광식 동국대학교 연구교수

약 력

김광식

건국대 대학원 사학과를 졸업(문학박사)했다. 독립기념관 책임연구원, 부천대 초빙교수, 백담사 만해마을 연구실장, 대각사상연구원 연구부장을 역임했다. 저서로는 『한국근대불교사연구』, 『한국현대불교사연구』 등 근현대 불교사 분야에 18권의 책이 있다. 현재 동국대학교 연구교수로 재직 중이다.

Ⅰ. 들어가는 말

최근 한국 사회의 내부를 격동케 한 종교문제가 있었으니 그는 종교편향이었다. 그래서 종교편향의 문제는 정치·사회·종교 분야에서 강력한 이슈로 떠올랐다. 이는 정권의 주체세력에 기독교 인사가 다수 포진하고, 그로부터 종교 간 편향·차별·갈등이 등장하고 있음을 우려한 것에서 시작되었다. 비록 그 문제가 광우병 해결을 위한 촛불집회의 연장선상이라는 정치적 성격, 그리고 경찰의 조계종 총무원장 불심검문이라는 우발적 사건에서 촉발된 불교계의 분노가 개재되었지만 그 저변에는 한국 사회 내부에 종교 간 갈등이 상당함을 역설적으로 보여주는 것이다.

이런 과정에서 불교계는 2008년 8월 27일 시청광장에서 대규모 집회를[1] 개최하여 종교편향은 국가적 차원의 문제임을 주장하고, 정치권이 그 해결에 적극 나서야 한다고 강조했다. 당시 불교에서 주장한 구호가 종교차별, 헌법파괴이었음에서 그 사태에 흐르던 성격의 일단을 파악할 수 있다. 그래서 정치 분야에서는 그에 대한 문제를 법으로 해결·완충·조율하겠다는 목적으로 그 관련 입법을 추진하였다. 그리고 종교 분야에서는 그 문제가 야기된 배경·성격·해소 방안 등을 놓고 다양한 해석, 전망을 하는 학술적 접근을 가졌던 것이다.

---

1) 그 대회는 헌법파괴 종교차별 이명박 정부 규탄 범불교도대회였는데, 승려와 신자 등 20여만 명(경찰추산 6만 명)이 모였다.

그러나 종교 간 혹은 종교와 국가 간의 갈등은 단순히 법으로만 해소될 성격은 아니라고 보여진다. 그것이 나오게 된 이면에는 지난 100년, 근현대 역사의 파란만장한 각 종교의 역사의 굴곡이 담겨 있다. 때문에 종교편향, 종교갈등에 대한 총체적 정리, 해석은 간단하게 접근할 수 있는 것이 아니다. 동시에 종교 간 갈등, 대립을 해소할 수 있는 방법도 법으로만 해소될 것도 아님은 자명한 것이다. 종교 간의 갈등 해소, 종교평화를 유지하기 위해서는 종교 간의 대화, 타 종교의 이해, 공동체 의식의 긍정, 종교성 본질 추구 등이 전제되어야 할 것이다.

그런데, 필자는 한국 현대불교사에 대한 탐구를 하면서 본 고찰과 유관한 역사의 흔적을 찾을 수 있었다. 그는 당시 조계종단 사무처장이었던 이능가李能嘉(1923-)에2) 의해 발의되어, 1965년 12월에 발족된 한국종교연구협회韓國宗敎硏究協會의 역사를 말한다. 발족된 한국종교연구협회는 종교 간의 평화를 유지하기 위한 목적으로 종교 간의 친목과 이해를 구현하기 위한 활동을 전개하였다. 이 협회는 발족 이후 수십 년간 지속되었지만, 그 내적으로는 격동적인 우여곡절을 겪으면서 현재에 이르렀던 것이다.3)

---

2) 그의 이력은 다음과 같다. 일제 하 일본 와세다 대학 졸업, 경주공고 교감, 1950년 범어사 입산, 불교정화운동 주도, 조계종 사무처장, 재일 조계종 관장, 범어사 주지, 동산문도회 문장 등이다. 1960년대 당시로서는 조계종의 엘리트 승려였다. 현재는 범어사 내원암 및 소백산 백산선원(토굴)에 주석하면서 수행 중이다.

3) 한국종교연구협회의 변천, 지속, 계승의 문제는 추후 자료에 의거하여 정리, 연구되어야 할 것이다. 이 협회는 1966년 12월, 제2차 총회에서 한국종교인협의회로 단체명을 바꾸었으나, 1970년 초에는 한국종교협의회로 전환되고, 1988년 2월에는 한국종교협의회로 개칭하여 활동하고 있다. 윤이흠, 「한국종교연합운동의 어제와 오늘」『한국사회와 종교』한국종교협의회 편, 신명출판사, 1989, p.123. 《동아일보》 1970.2.25, 〈한국 宗敎協會 창립, 會長 崔月山스님 宗派간 派閥意識 우려〉.

이에 본 고찰에서는 한국종교연구협회의 발의를 주도하고 초대 대표를 역임하였던 이능가의 고뇌, 종교관, 종교 대화에 대한 철학 등을 소개하면서 한국종교연구협회의 출범 과정을 정리하려고 한다. 이러한 내용의 정리는 최근 사회 문제화되고 있는 종교 간 갈등의 해소의 방향을 수립함에 큰 시사를 줄 수 있을 것으로 보인다. 나아가 필자가 정리하는 내용은 한국 현대의 불교사 및 종교사 분야의 지평 확대에도 기여할 것으로 기대된다. 한국종교연구협회의 사업 전개 등 본격적인 활동 등 본 고찰에서 다루지 못한 미진한 측면은 지속적인 연구로 보완해 나가려고 하거니와 제방의 눈 밝은 선지식의 질정과 비평을 기다린다.

II. 한국종교연구협회의 창설

각 종교계 대표들이 종교 간 평화 유지, 종교 간 대화의 목적을 갖고 설립된 한국종교연구협회는 1965년 12월 21일의 창립총회를 통하여 출범하였다. 그런데 이 창립은 1965년 10월 18, 19일 〈종교인의 공동과제〉라는 주제 하에 크리스찬 아카데미 주최로 개최된, 한국 6대종교 대표 심포지엄에서 발단이 되었다. 한국 종교 간 대화운동의 효시로 이해되는[4] 당시 그 심포지엄에 참

현재 종교연합운동을 하는 단체는 통일교가 종교협의회에 가입, 주도한 것에 불만을 갖고 탈퇴하였던 기독교, 천주교 측이 주도하여 1986년도에 새롭게 설립된 단체(7대종단 연합체)인 한국종교인평화회의(KCRP)가 있다. 그리고 1998년에는 종교지도자협의회(문화관광부 법인 등록)도 새롭게 등장하였다.
4)『한국종교인평화회의 20년사』, 한국종교인평화회의 20년사편찬위원회, 2006,

가한 각 종교 대표는 다음과 같다.

불　교 : 이능가(조계종 총무원 사무처장), 김운학(조계종 총무원 사회국장),
　　　　서경수(동국대 교수), 박성배(동국대 교수), 이기영(동국대 교수),
　　　　이규대(교우사 사장)
원불교 : 황온순(한국보육원장), 이운권(원불교 서울사무소대표), 이공권(원
　　　　불교 정화사무처장)
유　교 : 유승국(성균관대 교수), 유정동(성균관대 교수)
천도교 : 백세명(천도교 중앙총부 종무위원), 김경태(천도교 중앙총부 종무원
　　　　장), 조기주(천도교 교화관장)
천주교 : 박양운(가톨릭대 교수), 박도식(가톨릭시보 논설위원), 김몽은(대
　　　　방동 대교주)
기독교 : 김재준(한국신학대 명예교수), 강신명(새문안교회 목사), 유동식
　　　　(감리신학대 교수), 김동수(성광교회 목사)
기타 대표 : 김용구(한국일보 논설위원), 채기은(크리스찬신문사 편집국장)5)

　　이상과 같은 종교인들이 서울 광진구 광나루에 위치한 용당산
호텔에서 종교 간의 대화, 종교계 공동 활동을 놓고 심포지엄을
개최하였던 것이다. 그 정황은 아래의 기록을 통하여 파악할 수
있다.

　　한국韓國「크리스찬 아카데미」가 주최한「한국韓國 제종교諸宗敎의 공

---

　　p.40. 그런데 변진홍은 〈한국사회의 종교 공존과 종교협력운동〉(『종교연구』
　　56, 2009) p.12의 각주 24에서 1965년 4월, 박종홍, 윤성범, 이기영, 백세
　　명, 황온순 등이 round table형식의 모임을 가졌다고 지적했다. 그러면서 그
　　는 이능가가 1964년부터 종교 간 대화의 필요성을 설득하는 노력을 하였다고
　　부연하였다. 이에 대해서는 윤이흠,「종교다원주의에 대한 경험적 접근 – 한
　　국 종교대화운동의 역사적 고찰을 통하여」(『종교 다원주의와 종교윤리』, 집
　　문당, 1994) 참조.
　5)　《종교계》 창간호(1965.12.), pp.60-61.

동과제共同課題」에 대한 국내 6대종교 대표의 「대화」가 18, 19일 이틀에 걸쳐 용당산龍堂山 호텔에서 열렸다. 우리나라에서 처음 종교 각계의 대표 20여 명이 한자리에 모여 「공동共同의 광장廣場」을 마련한 이 토론회는 이능가李能嘉스님(佛敎), 황온순黃溫順여사(圓佛敎), 유승국柳承國교수(儒敎), 이양운李養雲신부(가톨릭敎), 백세명白世明씨(天道敎), 김재준金在俊목사(프로테스탄트)가 자기 종교를 대변한 발제發題 강연에 이어 사회社會 참여參與, 신앙信仰의 자유自由 등 7개 항에 걸친 대화를 나누었다.[6]

그런데 종교인의 대화는 규모에 있어 매우 단출하였고, 장소도 도심을 떠나 광나루의 한 호텔 용당산龍堂山 호텔에서 열렸으며 《동아일보東亞日報》가 「한국 제종교의 공동과제 − 6대종교六大宗敎 대표가 모인 토론討論에서−」라는 타이틀로 이를 크게 보도해주었을 뿐 그다지 사회의 이목을 집중시키지 못했지만, 우리는 그 단출한 이틀 동안의 대화에서 「하나의 세계」를 향한 더 알차고 보람있는 무엇을 다 같이 느끼게 되었음을 분명히 알 수 있었다.

우리나라에서 처음 종교宗敎 각계의 대표들이 한자리에 모여 「공동共同의 광장廣場」을 마련한 이 심포지엄은 크리스찬 아카데미 대표代表 강원룡姜元龍 박사博士의 인사에 이어 이능가李能嘉 스님(佛敎), 황온순黃溫順 여사(圓佛敎), 유승국柳承國 교수(儒敎), 이양운李養雲 신부(카톨릭敎), 백세명白世明 선생(天道敎), 김재준金在俊 목사(프로테스탄트)가 차례로 행한 발제강연發題講演으로 개막되었다.[7]

심포지엄은 강원룡의 인사에 이어 각 종교 대표급 성직자들의

---

6) 《동아일보》 1965.10.21, 〈韓國 諸宗敎의 共同課題, 6大宗敎 代表가 모인 討論에서〉.

7) 이공전, 〈한국종교인들의 대화의 광장 − 6대종교 대표 심포지엄에 다녀와서〉 《종교계》 창간호, pp.85−86.

개별 발제로 이어졌던 것이다.[8] 당시 그들은 대표 발제자들이 개진한 내용에서 중요 주제를[9] 다음과 같이 정하고, 이에 대해서 집중적으로 토론하였다.

첫째, 한국 정신 풍토 조성과 종교의 민족적 구심력 문제
둘째, 종교의 사회참여 문제
셋째, 국가권력과 신앙의 자유 문제
넷째, 사교·미신 타파와 빈곤 타파 문제
다섯째, 대화의 계속 문제

이상과 같은 주제는 추정하건대, 각 종교 대표자들의 개별 발제를 마친 후, 그 발제에서 나온 위의 주제를 정하고, 그 연후에는 위 개별 주제를 놓고 토론, 의견 개진을 한 것으로 보인다. 위의 7개 주제를 놓고 오고 간 토론 내용의 전체는 구체적으로 파악하기 힘들다. 그렇지만 당시 그 심포지움에 참가해서 그를 정리한 참관기가 전하고 있으며, 더욱 자세한 내용은 그 협회의 연구지로 출범한 《종교계》 창간호(1965.12.)에 수록되어[10] 있다. 여기에서는 참관기에 전하는[11] 각 주제 내용을 소개한다.

---

8) 그런데 각 종교인들의 발제 제목 및 내용은 자세히 알 수 없다. 불교 측 대표인 이능가의 발제는 〈불교의 安心立命〉으로 전하지만 여타 대표들의 제목은 파악하지 못하였다.
9) 위의 《동아일보》에서는 대화의 주제가 7개 항에 달하였다고 하였다.
10) 그는 《종교계》 pp.74-84에 〈6대종교인의 대화〉라는 주제 하에 그 토론 내용을 대략 2면에 걸쳐 요약한 것이다.
11) 그는 위의 자료, pp.86-88에 전한다. 이를 기고한 李空田은 원불교 正化社 사무장이었다.

첫째, 한국의 정신 풍토 조성과 종교의 민족적 구심력 문제

한국역사에 있어 구심적 역할을 해 온 불교나 유교가 서구 문명의 침입과 함께 그 권위를 잃고 신참 종교들은 아직 민족의 생활 속에 깊이 파고들어가지 못했음을 시인하고 각 대표들이 그 원인을 여러모로 구명한 다음 우리대표 이운권 선생은 '우리 모든 종교인들이 먼저 자아를 완성하고 마음을 개혁하며 자주력을 확립하고 은恩으로써 결연結緣되어야 한다는 것을 자각해야만 이 나라에 정신 풍토도 조성되고 우리 종교들이 민족의 구심력 역할을 하게 될 것이다'라고 결론지었다.

둘째, 종교의 사회참여 문제

각 종파의 사회 정책 설명이 있었고 이른바 계급을 파고드는 산업 전도의 필요, 국가 사회 문제에 종교들이 집단적 의사 표시의 필요, 적극적 교화운동의 필요 등이 역설되었는데, 필자는 이 문제에 대해서 '종교가 사회를 떠나 존재하지 않는 이상 종교로서는 이미 사회에 참여해 있는 것이고 여기서 문제되는 것은 종교집단으로서의 참여 문제와 종교 개개인으로서의 참여문제가 주로 논의될 점인듯하다. 그런데 과거 3·1운동과 같은 민족적으로 막다른 큰 문제가 아닌 정당들이 쟁점이 된 정치 문제 등에 종교교단이 과열 또는 경솔한 의사 표시를 하는 것은 범사회의 지도 위치에 있는 종교로서 극히 삼가야 하겠고, 각 종교가 안으로 그 신자들을 더욱 잘 훈련시켜서 신자들이 각기 자기 분야에서 알차게 자기 종교를 활용하도록 지도하는 것이 더 중요할 것이다'라고 말하고 원불교 4대 강령의 하나인 '불법활용佛法活用'과 '불법佛法은 물 쓰듯이 활용되어야 한다'는 응산應山 선생의 말씀을 인용 설명하였다.

셋째, 국가의 권력과 신앙의 자유 문제

일부의 발언에 있어서는 이 문제의 논의가 절실히 필요한 시점에서 종교계가 놓여 있는 듯이 비쳐졌고 순교 정신의 필요도 이야기되었으며 세칭 비구 대처승 간의 불교 분쟁에 정부가 개입한 일 등이 화제에 오르기도 하였으나 그것은 질質에의 간섭이 아니고 양量에의 간섭이라는 해명으로 일단락되고, 정치와 종교의 우호관계의 필요가 역설되었으며 필자는 '신앙의 자유는 헌법이 보장한 기본 자유의 하나인데 이 점에 문제가 생기는 것은 종교계만의 문제가 아닌즉 여기에서의 논의는 잠시 보류하고 우리 종교들이 자체안의 문제를 자체 안에서 해결 못하고 국가권력에 폐를 끼쳐서 부자유를 초래하게 되는 사례와 종교 집단이나 종교 지도자가 자칫 권력 잡은 이에게 어용되어 스스로 자유를 더럽히는 사례 등에 우리들의 반성과 각성을 더 필요하지 않겠느냐'고 말하였다.

넷째, 사교와 미신 타파와 빈곤 타파 문제

이 문제에 대해서 무엇을, 어디까지를 사교邪敎라, 미신이라 할 것이냐, 이것은 기준 잡기가 어려운 것으로 이야기되었고 모든 종파들에게 양성적으로 포교케 할 필요가 역설되었으며, 우리 대표 이운권 선생은 '종교의 역할은 비유하자면 자모慈母의 역할 같은 것인데 자모 중에는 그 도道에 충실한 이도 있을 것이고 못하는 이도 있을 것인즉 자모는 자모의 도만 다하고 정사正邪 선악善惡은 그 자녀들이 성장한 후 판정하도록 맡겨 두는 것이 우리로서 올바른 자세가 될듯하다'고 발언하여 주목을 끌었다.

이 대화에서는 또한 미션 계통의 학교 채플시간에 각기 다른 종교를 가진 학생들의 입장을 고려한 학사 행정이 아쉽다는 의논과, 동양에 있어서의 제사는 이것이 우상숭배의 행사가 아니고 하나의 추모행사 또는 경선숭조敬先崇祖하는 예의에 불과한 것이니 서양 종교들의 이 점에 대한 너그러운 견해의 실행이 아쉽다는 의논이 교환되어 동서 종교 간의 벽을 트는 데 몇 가지 좋은 계기가 마련되기도 하였다.

빈곤의 해결 문제와 부정부패의 일소 문제는 예정시간의 촉박으로 자상히 대화되지 못했으나 우리 대표 황온순 여사는 자립정신의 양성과 주체의식의 확립이 이 문제의 해결에 기본 조건이 된다고 말하였고, 김운학 스님은 인과사상의 주입이 필요하다고 말했으며 가톨릭 측에서는 원조물자의 개발 사업 방면에의 활용이 설명되었고, 유교 측에서는 '부富와 균均이 병행되어야 한다'고 말하였으며, 필자는 '한국의 빈곤문제가 우리들의 대화에 문제되는 것은 한국의 빈곤에 대해 과거의 한국 종교들이 책임질 점이 없느냐는 반성과 또한 이 빈곤을 해결하는데 우리 종교들이 어떤 방면을 공헌해야 되겠느냐는 방법론을 찾는 데 그 뜻이 있을 줄로 안다'고 말하고 '과거의 종교들이 정신생활에만 치중하고 세간생활을 경시했으며 거개의 교역자와 종교인들이 놀고먹는 폐풍에 젖어 있었으니 오늘날의 이 지상의 빈곤에 과거의 종교들이 한 부분의 책임을 크게 져야 한다'고 말한 다음 '앞으로는 우리 종교인들이 앞장서 생산적인 생활 자세를 시범해야 하고 일반 신도들에게 생활을 중시하게 하여 영육쌍전靈肉雙全의 해결에 기여해야 된다'고 강조하였다.

다섯째, 대화의 계속 문제

참가자 모두가 그 필요함을 하나같이 인정하였고 이 자리에서 바로 '한국육대종교연합회韓國六大宗敎聯合會'를 발기하자고까지 나섰

으나 결국은 우선 종교 교단敎團 단위單位로의 연합체보다 앞으로
'한국종교인협회韓國宗敎人協會'같은 것을 만들어 뜻 있는 종교인들로
서의 협의체를 만들어 대화의 공동광장共同廣場을 계속 마련하고
친선, 이해, 협조의 과정을 거쳐 그 경과를 보아 더욱 차원 높은
광장을 마련해 나가자고 의논되었다. 그리하여 6개 종교 대표들이
각각 연락 대표 한 분씩을 선정하여 '한국종교인협회韓國宗敎人協會'
발기에 관한 모든 일을 위임하였다.

> 이렇듯이 종교 간 대화를 위해 모인 성직자들은 위의 다섯 가지 주제
> 에 대해 심도 있는 토론을 하였다. 그러나 제한된 시간으로 충분한
> 토론과 결론의 도출까지는 이를 수 없었다. 이에 그들은 대화를 계
> 속할 수 있는 틀을 만들기로 정하였다.
> 이제 이 전례 없는 오늘의 우리 모임이 앞으로도 계속적으로 대화의
> 광장을 버리지 말고 새로운 생활종교의 기틀을 마련하고 민족 건설
> 을 이룩하기 위하여 한국 6대종교 대표자들로써 하나의 협의체를
> 구성해야 할 것이다. (중략)
> 이 협의체의 내용과 성격은 어디까지이나 '아카데믹'에 중점을 두고
> 일정한 기간을 정하여 정례적 '세미나'를 통해서 우리 6대종교의 과
> 제와 시대적 사명을 향상시키도록 한다. 정기적인 모임의 주최는 각
> 종교 단체가 차례로 돌아가면서 모임을 주최하고 그 모임에 있어서
> 는 토론 과제는 상설 연구기관에서 제시하도록 해야 할 것이다.[12]

즉, 협의체를 만들고, 정례적인 세미나를 개최하여, 종교 과제
및 시대적 사명을 증진시킬 수 있는 토론을 하고, 그를 통하여 종
교 간 대화를 지속하기로 정하였다. 이를 위해 연락 및 협의회 발
기의 실무를 담당할 각 종교의 위원을 선정하기로 정하였다. 이

---

12) 위의 자료, p.84.

같은 결정을 하고 용당산호텔에서의 심포지움은 종료되었다. 심포지움 종료 이후 각 종교의 실무위원들은 모임을 갖고, 협의체 구성을 위한 준비에 박차를 가하였다. 이 사정은 그를 보도한 《동아일보》 기사에서 찾을 수 있다.

『상호이해相互理解와 친목親睦을 촉진하고 공동연구와 공동활동을 목적으로』 뜻 있는 종교인宗敎人들은 「한국종교연구협회韓國宗敎研究協會」(假稱)를 만들기로 하고 그 취지문趣旨文과 규칙規則의 초안草案을 작성하는 한편 12월 17일에 우리나라 6대大 종교에서 각 교敎 10명씩 모여 창립총회創立總會를 열기로 결정, 그 준비에 바쁘다.

절대성絕對性과 배타성排他性이 그 생리生理인 종교宗敎가 상호이해와 공동 연구활동을 우리나라에서 처음 기도하는 이 「한국종교연구협회韓國宗敎研究協會」의 발상發想은 지난 10월 18, 19일 「크리스찬 아카데미」가 주관한 「한국韓國 제諸 종교宗敎의 공동과제共同課題」에 대한 6대종교는 「대화對話」에서 싹 텄다. (本誌 10월 21일자 참조) 그 자리에 참석한 각各 종교계宗敎界 대표들은 교리敎理나 신앙信仰의 내용內容은 다를지언정 종교宗敎간의 공통성共通性을 발견하고 그들이 힘을 합하여 수행해야 할 임무任務를 느꼈던 것이다. 여기에서 제諸 종교宗敎의 연합세력을 구성해야 한다는 필요성에 의견을 모아 연락 간사를 뽑았다.

그 후 매 토요일마다 회의를 거듭한 준비위원 7명. 김운학(불교), 이운권(원불), 백세명(천도), 박도식(천주), 유정동(유), 유동식(프로테스탄트), 김용구(세계문화자유회의 – 非宗敎人) 제씨는 김운학씨와 유동식씨를 규칙規則 기초위원으로 뽑고, 그들이 작성한 취지문과 규칙을 지난 13일 통과시키는 한편 「개인個人」 자격으로 각 계界 10명씩이 모여 12월 17일에 총회를 열기로 결정했다. 취지문에서 『교리敎理와 조직組織을 달리함에도 ① 한국인으로서의 공동운명共同運命 아래 살고 있고 ② 영원永遠에 입각하여 현실現實을 구제救濟하자는 공동과제共同課題가 있음』을 지적한 동회同會는 전문분과로 연구분위研究分委, 출판분위出版分委, 재정분위財政分委를 두고 『상호이해相互理解와 친목親睦을 도모하며 공동연구와 책자발행을 계획』(김운학)하고 있다.

또한 각各 종교宗敎의 독립성獨立性과 동등성同等性을 확립하기 위해 모
某 종교宗敎 재단財團의 경비 부담 제의를 거절하고 참가자 자신이 부
담하는 한편 회장會長을 윤번제輪番制로 하도록 결정했다.[13]

위의 기사 내용에는 당시의 활동 정황의 정보가 다수 있다. 각
종교 측의 연락간사, 협의회 창립의 준비위원으로 활동한 대상자
는 김운학(불교), 이운권(원불교), 백세명(천도교), 박도식(천주교), 유정
동(유교), 유동식(개신교), 김용구(세계문화자유회의, 비종교인) 등 7인이었
다. 이들은 매주 토요일에 모임을 갖고 제반 준비를 하였다. 그리
하여 마침내 1965년 12월 13일에는 규칙 기초위원(김운학, 유동식)이
만든 규칙, 취지서, 운영 방침 등을 결정하였던 것이다. 그리고
창립 총회는 그해 12월 17일에 개최할 것도 정하였다. 이로써 창
립에 필요한 모든 준비는 완료되었다.

이런 배경하에 마침내, 창립총회는 12월 21일 하오 2시, 여성
회관에서 개최되었다. 창립의 준비 기간이 불과 2개월에 불과하
였지만, 한국종교연구협회는 정상적으로 출범하였던 것이다. 그
총회의 개요를 전하고 있는 《대한불교》의 기사를 우선 보자.

「한국종교연구협회」가 21일 창립되어 우리 종교사상 최초로 종교인
공동광장이 마련되었다. 불교, 유교, 천주교, 천도교, 개신교, 원불
교의 6대 종교인들이 여성회관 강당에서 한자리에 모여 창립을 본
「한국종교연구협회」는 각 종교인 간의 몰이해와 무관심 속에 오는
장벽을 허물고 오해와 배타 태도를 일소하여 종교인 공동의 이상인
현실을 구제하고 민족의 새 문화 창조에 이바지할 것을 목표로 하고
있다. 각 교 대표 34명이 모인 이날 창립 총회서는 초대 대표에 이능

---

13) 《동아일보》 1965.11.18, 〈宗派를 넘어선 對話, 發足 서두는 『韓國宗敎硏究協會』〉.

가스님(불교)을 선출하고 상임위원 및 연구, 출판, 재정 삼 분과위원
을 선출했다.

지난 4월 세계문화자유회의 한국본부 주최의 종교인 모임에서 싹이
움터 10월 크리스찬 아카데미 주최 「한국종교의 공동과제」란 6대
종교인 세미나에서 구체적으로 각 종교인 간의 친목을 도모하고 공
동과제의 연구 공동강연을 비롯하여 책자의 발간을 계획하고 있다.
이와 같은 활동은 한국 종교가 교조敎條나 상호 이해를 초월하여 함
께 손잡고 새 문화 창조에 선구적 역할을 하게 될 것으로 기대가
크다.

이날 창립 총회는 개회, 국민의례, 경과보고, 의장 선출, 회칙 통과,
임원 선출의 순으로 진행되었는데 김남현(불교 대한불교조계종 총무원 사
회부장), 김진경(대한기독교연합회 총무) 양씨兩氏는 축사에서 「종교인의
대화가 이루어지고 공동의 목적으로 위하여 협력할 수 있는」 동同
협회의 창립은 한국뿐 아니라 세계종교사상에 획기적인 일이라고
전제하면서 장차 인류 문화와 역사 창조에 큰 공헌이 있기를 바란다
고 하였다.

또한 초대 대표에 이능가스님은 취임사에서 「과거 각 종교 간에 왕
왕 있었던 질시 의혹, 배타적 태도는 이 협회의 창립을 계기로 깨끗
이 일소되게 되었다고 하면서 국민의 정신적 지도자인 종교인들이
함께 손잡고 웃는 낯으로 공동의 목표를 실현시켜야 할 것」이라고
하면서 각계의 성원을 요청하였다.

동 협회의 구성은 종교인과 종교학자로 되어 있는데 가입은 개인
자격으로 되어 있었다. 한편 재정은 회비, 찬조금으로 이루어져 있
으며 본부는 서울에 두기로 되어 있다.14)

여성회관에서 열린 창립총회는 개회, 국민의례, 경과보고, 회
칙 통과, 임원 선출 순서로 진행되었음을 알 수 있다. 한국종교연

---

14) 《대한불교》 1965.12.26, 〈한국종교연구협회 발족, 종교사상 최초로 공동
　　광장 6대종교 모여 출구를 모색〉.

구협회의 출범은 한국종교사상에서는 기념비적인 역사를 갖는 것이었다. 문제는 회칙 및 취지서에서 정한 내용을 얼마나 실천하느냐에 달려 있는 것이다. 그러면 여기에서 취지서와 규칙의 전모를 자료 소개 차원에서 제시하겠다.

한국종교연구협회 창립의 취지

유구한 한국문화를 뒷받침한 것은 종교인들이었다.

오늘날에도 한국에는 여러 종교들이 있어 우리들의 정신적 기둥이 되며 또는 문화건설에 직접 공헌하고 있는 것이다.

이 종교들은 교리와 조직을 달리하고 있음에도 불구하고 거기에는 몇 가지 공통점이 있는 것을 발견할 수 있다. 첫째 모든 종교인들이 비록 그 종교는 달리한다고 할지라도 한국인으로서의 공동운명 아래 살고 있다는 것이다. 둘째로는 한국의 모든 종교는 영원에 입각하여 현실을 구제하자는 공동 과제를 가지고 있다는 점이다.

따라서 각 종교 간에는 상호 이해와 협력이 응당 있어야만 할 것으로 믿는다. 그러나 현황을 보건대 거기에는 종교인 간의 몰이해와 상호 무관심 속에 유대를 찾을 길 없으며 때로는 무의미한 오해와 배타적인 우월감이 장벽을 이루고 있는 실정이다.

세계는 바야흐로 그 존속과 문학 발전을 위하여는 하나가 되어 총동원 하지 않으면 아니 될 것이다. 이때를 기해 한국의 지각 있는 종교인들은 누차 협의회를 갖은 바 있었다. 그 결과 우리는 상호 이해와 친목을 촉진하고 공동연구와 공동활동을 목적으로 뜻 있는 종교인들이 모인 한국종교연구협회를 창립하기로 한다.[15]

---

15) 《종교계》 1966년 3월호, p.319, 〈종교소식〉. 이 취지는 『한국종교인평화회의 20년사』 p.42에도 나오는데, 여기에서는 〈한국종교인협회 창립 취지〉로 나온다. 그런데 기이한 것은 이 문건도 1965년 12월 21일로 나오고, 발기인의 명단이 첨부되어 있다. 하여간 이 문건이 언제, 어디에서 작성된 것인지는 자료 분석·비판이 요청된다.

한국종교연구협회 회칙

제1장 총칙

제1조 본 회는 한국종교연구협회라 칭한다.

제2조 본 회는 한국 종교인 간의 친목과 이해를 촉진하고 종교자유의 원칙 하에 공동과제를 연구하며 우리 사회 발전에 이바지함을 목적으로 한다.

제3조 본 회의 사무소는 서울특별시에 둔다.

제2장 구성

제4조 一, 본 회의 회원은 한국의 종교인과 종교학자로 하되 개인 자격을 원칙으로 한다.

二, 신입회원은 기성회원 2인 이상의 추천을 얻어 상임위원회의 승인을 얻어야 한다.

제5조 본 회 회원에는 정회원과 찬조회원을 둔다. 단, 찬조회원은 본 회의 취지를 찬동하는 인사로서 상임 위원회가 승인하는 자로 한다.

제3장 부서

제6조 본 회에는 다음의 임원을 둔다.

대표 1인

상임위원 9인

간사 1인

제7조 임원은 총회에서 선출하되 간사는 상임위원회에서 선출한다. 단, 대표는 본회 창립에 참가한 6개 종교별로 선출하고 그 임기는 1년으로 한다.

제8조 본 회 임원의 임기는 1년으로 하되 선거에 의하여 중임을 할 수 있다.

제9조 본 회는 고문 약간 명을 추대할 수 있다.

제4장 총회

제10조 정기총회는 매년 10월 중에 개최하고, 임시총회는 3분의 1

이상의 요청이 있을 때 개최한다. 총회는 대표가 소집한다.

제11조 총회는 재적회원 과반수의 출석으로 개최하고 출석 회원 과반수의 찬동으로 의결한다.

단, 회칙 개정 시에는 출석회원 3분의 2 이상의 승인을 얻어야 한다.

제12조 총회는 다음의 사항을 의결한다.

一, 임원의 선출, 고문의 추대 및 전문위원회 구성

二, 회칙 제정 및 개정

三, 예산 결산의 심의 통과

四, 사업 계획에 관한 사항

五, 기타

제5장 상임위원회

제13조 상임위원회는 6개 종교별로 선출된 6인과 다음 전문위원회의 대표위원으로 구성한다.

一, 연구위원회

二, 출판위원회

三, 재정위원회

제14조 상임위원회는 재적위원 3분의 2 이상과 출석위원 과반수의 찬성으로 의결한다.

제15조 상임위원회는 연 2회 이상 개최한다.

제16조 상임위원회는 다음의 사항을 의결한다.

一, 총회에서 위임 받은 사항

二, 회원 입회의 승인

三, 회원의 징계사상

四, 간사 선출

五, 기타

제6장 사무국

제17조 본 회의 사무를 처리하기 위하여 사무국을 둔다.

제18조 사무국에는 간사 1인과 보좌 직원 약간인을 둔다.

단, 직원은 간사의 제청으로 상임위원회의 인준을 받기로 한다.

제7장 사업

제19조 본 회는 회의 목적을 위하여 다음과 같은 사업을 한다.
　　　　一, 각 종교간의 교류
　　　　二, 공동 연구회
　　　　三, 공동 강연회
　　　　四, 공동지 발행
　　　　五, 기타

제8장 재정

제20조 본 회의 재정은 회비, 찬조금, 기타 수입으로서 충당한다.

제9장 부칙

제21조 본 회의 회원으로서 본 회의 목적과 회칙에 위배되거나 본
　　　　회의 명예를 손상케 하는 자는 상임위원회의 결의로 이를 제
　　　　명할 수 있다.
제22조 찬조회원은 총회에서 발언권을 가질 수가 있고 결의권은 가
　　　　질 수 없다.
제23조 창립총회 회원은 6개 종교에서 선출된 각 10명으로 한다.
제24조 본회칙에 명기되지 않은 사항은 통상례에 준한다.
제25조 본 회칙은 통과된 날로부터 시행한다.[16)]

　　이제는 위의 창립 취지서 및 규칙에 나온 이념과 운영의 대강
을 구현하기 위해 노력하였던 각 종교인들의 면모를 소개한다.
이들은 발기인, 총회 회원, 선출된 임원들이 바로 그들이었다.

발기인

불　　교 : 이능가, 김운학, 이기영, 서경수

---

16) 《종교계》 창간호, pp.297-299. 준비위원회에서 마련한 초안이 총회에서
　　　원안대로 통과되었다.

유   교 : 유승국, 유정동
천 주 교 : 박양운, 박도식, 김몽은
천 도 교 : 백세명, 김경태, 조기주
기 독 교 : 김재준, 강신명, 김동식
원 불 교 : 황온순, 이운권, 이공전

창립 총회원

불   교 : 이능가, 이행원, 고광덕, 김운학, 이기영, 홍정식, 박성배,
          서경수, 박경훈, 이종익
원 불 교 : 이운권, 박장식, 박길진, 이공주, 황온순, 문동현, 이운석,
          이공전, 김정용, 유성일
유   교 : 이상은, 이정호, 민태식, 조용욱, 주병건, 김수구, 유승국,
          김익환, 유정동, 김선적
기 독 교 : 김재준, 홍현설, 강신명, 조광원, 박대선, 강원룡, 윤성범,
          정하은, 김정준, 유동식
천 도 교 : 김경태, 백세명, 임문호, 장기운, 배호길, 조기주, 이우영,
          표응삼, 곽훈, 이재순
천 주 교 : 김창석, 박양운, 박도식, 김몽은, 유봉준, 백민관, 김남수,
          유홍일, 현석호, 김규영

선출된 임원

대   표 : 이능가
상임위원 : 홍현설(기독교), 박양운(천주교), 백세명(천도교), 유승국(유
          교), 김운학(불교), 이운권(원불교), 이은석(출판위원장), 유
          동식(연구위원장), 현석호(재정위원장)
연구위원 : 유동식(기독교), 임문호(천도교), 유봉준(천주교), 서경수(불
          교), 황온순(원불교), 김선적(유교)
출판위원 : 이은석(원불교), 정하은(기독교), 유정동(유교), 표응삼(천도
          교), 박도식(천주교), 박경훈(불교)
재정위원 : 현석호(천주교), 고광덕(불교), 문동현(원불교), 김청구(유교),

배호길(천도교), 조광원(기독교)[17]

　　이상과 같이 선출된 임원은 취지서 및 회칙에 근거하여 종교 간의 친목을 통한 사회의 발전에 기여하는 종교가 되기 위한 행보를 갔다. 총회에서는 협회의 사업은 상임위원회와 각 전문위원회에 위임하기로 결정하였다. 그리고 기타 안건이었던 민족 고유의 종교인 대종교 처리 문제는 상임위원회에 위촉하였다.[18]

　　이같이 총회가 종료된 이후인, 1966년 1월 10일 종교계사 회의실에서 제1차 상임위원회가 개최되었다. 이는 협회가 정상적으로 가동되고 있음을 말해주는 것이다. 당시 회의에서 결정된 내용은 다음과 같다.

一, 사무국 간사로 유교측에 나온 연구위원인 김선적씨로 선임 결정하고
一, 사무소는 영한永韓빌딩 삼층三層 종교계사宗敎界社 사무소에[19] 병설하기로 하다.
一, 금년도 사업목표로써 「남의 종교 이해」를 완수할 것을 설정하고 구현책은 연구위원회에 위임하다.
一, 사업계획 및 예산 수립은 각 분위에 위임함.
一, 회원은 사십명四十名을 추가해서 맞아들이되 각 종단별로 오五명식式과 십명十名을 학자로써 배정하기로 함.

---

17) 《종교계》 1966년 3월호, p.318, 〈종교소식〉.
18) 대종교에 대한 세부 사정은 알 수 없다.
19) 그 주소는 서울시 종로구 1가 71번지, 한국종교연구협회(전화, 75-0369)이었다. 그런데 1966년 후반 경에 가서는 협회 사무실을 서울 종로 2가에 있는 한청빌딩 내, 문교슬라이드사 내의 방으로 이전하였다. 그 무렵 협회의 간사는 이신재이었다. 그 이전은 협회 대표인 이능가의 친구로서 협회 출범에도 참여한 이규대의 사업체(문교슬라이드사)였던 연유에서 나온 것이다. 이상의 내용은 이능가와 당시 능가 스님의 시봉이었던 선행 스님의 증언을 바탕으로 한 것이다.

一, 고문 추대는 각 종단의 상징적 인물로 하기로 하다.

一, 대종교大宗敎 처우 문제는 연구위원회에 위임한다.

一, 회비는 우선 년 삼백三百원으로 정함.

一, 등록 관계는 사회 단체 또는 사단법인으로 등록토록 대표代表와
    간사幹事에 일임하기로 하다.[20]

이상과 같은 상임위원회의 결정은 협회의 출범, 본격적인 사업에 즈음한 내용을 결정한 것을 의미한다. 즉 간사, 사무소, 사업목표, 추진 방법, 회원 및 고문, 회비, 등록 등이 바로 그것이었다. 상임위원회가 열린 후, 10일 후인 1965년 1월 21일 협회 사무실에서 제1차 연구위원회가 개최되었다. 연구위원회의 결정 내용은 다음과 같다.

一, 과제 설정 문제 차기 위원회에로 넘기기로 한다.

一, 상호 이해를 이룩하기 위하여 협회 주최로 각 종단별로 후원하
    여 교리 및 신앙생활과 사회 활동면을 이해하는 회합을 마련토
    록 한다. 그 순위 차는 불교 三월 천도교 오五월 천주교 칠七월
    원불교 구월九月 기독교 십월十一월 유교 내년 일一월로 건의하도
    록 정한다.[21]

연구위원회의 연구과제는[22] 차기 위원회로 넘기고, 종교의 상호 이해를 도모하기 위한 회합(공동연구회의)은 각 종교별로 거행하는 것으로 정하고, 그 순서도 정하였다. 그러나 이 결정은 협회의

---

20) 《종교계》 1966년 3월호, p.319, 〈종교소식〉. 이 내용은 조계종단의 기관
    지인 《대한불교》 1966년 1월 9일자에도 〈今年을 「相互 理解의 해」로 韓國
    宗敎硏究協會〉라는 제목으로 보도되었다.

21) 위의 자료, p.319.

22) 이것은 각 종단 별로 주최하는 공동연구회에서 각 종단에 소속된 학자들이
    연구하여, 발표하는 것으로 추측된다.

본격적인 사업을 집행함에 있어서 약간은 미진한 측면을 내포하고 있었다. 그래서 협회는 1965년 2월 16일, 협회 사무실에서 제2차 상임위원회를 개최하여 사업 실행에 대한 보다 구체적인 방향을 정하였다. 이에 대한 내용을 제시하면 다음과 같다.

이월二月 십육일十六日 오후 삼三시-오五시 협회 회의실에서 ⑴ 각 분과위원회 계획 사항 인준 ⑵ 법인 정관 심의 결정 ⑶ 고문추대 등 안건을 토의 결정하였다.

一, 1, 연구위원회 계획사항인 각 종단 별 후원으로 개최하기로 한 육六대 종교 간의 「공동이해의 광장」에 대한 구체안을 인준하였고,

2, 동 연구위원회의 연구 과제 설정에 있어서는 종교교리 간의 공통점에 대한 면과 현실적인 공동과제 면의 양면을 병행토록 하게 한다는 방향을 의결하여 그 구체적인 연구를 하도록 위임하였다.

3, 출판위원회의 계획사항인 협회회지 발간에 있어서는 「종교계宗敎界」지誌에 협회보協會報를 실리는 동시에 각 종단이 가지고 있는 기관지에 보도하도록 할 것을 인준하고

4, 동 출판위원회가 육六대 종단의 개별 후원으로 개최될 「공동이해의 광장」에 있어서는 연구된 내용을 모아서 단행본으로 출판키로 한 것을 인준하였다.

5, 재정위원회에서 계획사항에 있어서 회비에 대하여는 종단 소속별로 재정위원의 책임 밑에 상임위원과 협의하여 그 연출의 방법을 일임하기로 하고 종단 소속별 할당액을 금년에 한하여 삼三만원을(삼三월부터 십이十二월까지) 주선하여 증납키로 하였고,

6, 「공동이해의 광장」 주최에 있어서의 비용은 육六대종단별로 그 당해 순번에 있어서의 종단에서 부담토록 제의하여 시행키로 하였고,

7, 기타 사업 및 비품 비용은 제 찬조 및 후원을 얻어 충당키로

결정하였다.

二, 안건인 법인 정관 심의는 그 구체적인 토의를 일부분 하였고 그 수속 상 절차에 대한 점 등을 고려하여 상임위원회에서 연구할 과제로 두고 적절한 기회에 새로이 제기하도록 보류하였다.

三, 안건인 고문 추대에 대해서는 1차 상임위원회에서 의결한 각 종단의 상징적인 지도자를 추대하도록 한 원칙대로 그 인선에 있어서 각 종단 소속한 상임위원이 건의한 것을 토대로 추대토록 하였다. [23]

이 내용은 그 이전 상임위원회의 결정보다는 진일보한 것이었다. 각 분과에서 심의한 것을 확정하고 협회 운영의 근간인 법인 정관의 문제도 심의하였음이 그 예증이다. 연구위원회에서 결정한 6대종교 간의 '공동이해의 광장' 사업을 인준하고, 그 연구 방향도 설정하였음은 가시적인 성과였다. 출판위원회에서 설정한 출판사업, 그리고 《종교계》와 협회지와의 연계 문제도 원칙을 갖고 정리하였다. 또한 협회 재정에 대해서도 재정위원회에서 정한 종단 별 할당액과 사업비용의 충당 방법도 결정하였다.

이러한 결정은 한국종교연구협회가 정상적으로 사업을 전개함에 있어서 필요한 조치를 자체적으로 정리하였다는 면에서 일정한 의의를 갖는 것이다. 즉 사업 전개 및 활동에 있어, 제반 준비를 다하였다. 문제는 이 같은 결정에 의거하여, 본격인 활동에 들어가기면 하면 되었다.

---

23) 《종교계》 1966년 4월호, p.288, 〈報告〉.

Ⅲ. 종교 간 대화와 이능가의 종교관

한국종교연구협회는 이상과 같이 1965년 10월 18-19일, 한국 6대종교 대표가 참가한 가운데 크리스찬 아카데미가 주관하여 개최한 〈종교인의 공동과제〉 심포지엄에서 발단이 되었다. 1965년 12월 21일 여성회관에서의 창립총회를 통해 출범하였고, 1966년 2월에는 협회 운영의 틀과 사업 내용을 정함으로써 본격적인 활동에 들어간 채비를 다하였다.

필자는 이상과 같은 내용을 파악하고 나서, 한국종교연구협회의 초대 대표를 맡았을 뿐만 아니라 불교 대표로 출범에 깊숙이 관여, 주도하였던 이능가를 면담하였다.[24] 면담 결과 이능가는 협회가 출범한 1965년 12월 훨씬 이전인 수년 전부터 자신은 종교 간 대화의 필요성을 절감하고, 협회가 등장할 수 있는 분위기를 조성하여, 일정 부분에 있어서는 자신이 협회 설립을 주도하였다는 증언을 필자에게 하였다.[25] 그래서 필자는 이능가의 이런 회고 및 증언이 한국종교연구협회의 설립 배경의 이해, 그리고 나아가서는 불교 현대사의 이해에 있어서도 매우 중요하다고 판단하여 그의 어록을 역사적 사료로 취급하여 논지를 전개하고자 한다. 필자는 우선 이능가에게 종교 간 대화를 주도하게 된 사연, 동기부터 질문을 하였다.

---

24) 첫 번째 면담은 2008년 12월 17일, 능가 스님이 주석하고 있는 소백산 白山 禪院(경북 영주시 풍기읍 삼가리)에서 이루어졌고 두 번째 면담은 2009년 1월 15일 범어사 내원암에서 이루어졌다.

25) 당시 종교연구협회 발족 주역 대부분이 타계하였기에, 능가 스님의 증언은 중요한 역사성을 갖는다고 필자는 본다.

내가 범어사에서 출가하여 있었는데 1950년대에 우리 스님(필자주, 동산)이 종정을 하시게 되었고, 그때 정화운동이 일어나고 승려대회가 열려서 내가 서울 조계사에 갈 수밖에 없었어. 그때 조계사, 대각사 등지에 머물면서 정화운동을 할 때에 종교 간의 대화가 필요한 것을 느끼게 되었어.

그때 전국승려대회가 세 차례나 열렸는데 나는 첫 번째 대회에는 참석하지 않았고, 두 번째 대회(1960년)부터는 참석하였어. 우리 스님이 종정이시니깐 올라갈 수 밖에 없었어. 가서 그 정화운동의 본부인 조계사에 가 보니깐 그 당시 치안국에서 조사해준 비구승 숫자가 830명 정도이었지만, 막상 정화운동에 참가하는 승려는 불과 4, 500명이었어. 그런 북새통에서 내가 가만히 생각을 해 보았어. 그 당시 내 심정은 전국에서 올라온 그 승려들을 보니, 사람다운 사람이 안 보여. 나는 속으로 이건 내가 헛 애쓰는구나 하는 자괴감을 엄청 갖었어.

더욱이 나는 정화를 사무적으로 총괄하는 입장에서 여러 회의가 생겼어. 거기에는 나 자신의 문제도 거기에 포함되어 있었으니 깊은 고민을 하였지. 당시 비구승은 830명인데 전국의 사찰은 2,500개인데, 비구승이 승리를 하면 그 절 2,500개를 어떻게 관리를 할 수 있을 것인가부터 걱정이 보통이 아니었지. 그래서 나는 비구승이 이겨도 걱정, 져도 걱정 그런 심정이었지. 그때 나는 소위 비구승 핵심부에 있어서 지효 스님, 경산 스님, 소천 스님, 통도사 스님으로 말 잘하는 스님 등과 정화운동의 진로에 대해서 터놓고 대화하는 사이였어. 그럴 때 내가 의견을 개진하면 그 스님들도 내 의견에 끌려오는 형편이었어. 이를테면 내 의견이 받아들여지는 것이지. 그래서 숙소인 대각사에서 그 스님들과 많은 대화를 하였어. 당시 대처승은 비구승보다 숫자도 많고, 돈도 많고, 외국유학 갔다 온 기라성 같은 학식 있는 스님도 많았고, 이승만 박사를 뒤에서 감싸며 권력을 갖고 있는 사람도 많았어. 그래서 나는 절망했어, 나는 내 생각을 대각사 방에서 경산, 소천 스님들에게 이야기 했어. "이거, 이번 싸움 우리가 못 이깁니다, 자신 못해요. 설사 우리가 이긴다 해도, 현재 우리 스님들의 모습으로 세상에 나가서 한국불교를 이끌 인물이 없어요"라고 말하면, 소천 스님이 내 말에 동의를 해주고 그랬지. 그러나 이런 생각은 내 생각이었지, 정화 선봉장인 우리 스님이나 청담 스님은 내 말을 들을 사람들이 아니었지.

하여간 정화운동을 하던 그때부터 정화운동은 운명에 맡기고 나는 한국불교의 위상을 올려놔야 하겠다는 사명감 같은 것을 갖게 되었어. 이런 과정 속에서 이화대학의 최교수라고 한학을 한 국학전공 교수와 자주 대화를 하게 되었어. 최교수가 나를 자주 찾아 오기도 하고, 그러다 보니 내가 시야를 넓게 가지게 되었지. 그 최교수 말이 기독교 같은 타 종교를 보아도, 불교보다 더 나은 것이 없다는 취지의 이야기를 자꾸 나에게 하는거야. 그러면서 불교가 실하면 한국 민족의 좌표의 역할을 할 수 있는 위상을 지닌다는 것이었어. 그때 나는 30대이었고, 그 최교수는 50대이었어. 그래 나는 주로 경청을 하는 입장이었어. 그때에 나는 내 사명이 불교를 평정해야 하겠다는 마음을 가졌어. 그러다 보니 자연 한국 종교계에 대해서 관심을 갖게 되었지. 내가 그냥 있으면 안 되겠구나 하는 생각을 갖으면서 한국 종교에 대한 관심 이것이 운명적인 것이 아닌가 하는 생각을 하게 된 것이 한국 종교에 관한 일을 하게 된 첫 번째 효시이자, 발단이었지.

이상과 같은 능가의 회고에서 그는 1960년 불교정화운동의 그 현장에서 불교의 위상을 증대시키겠다는 원력, 나아가서는 불교가 여타 종교보다 우수하다는 자부심의 바탕 하에서 한국 종교 전체에 대한 관심을 갖게 되었다는 것이다. 이 단계에서는 타 종교에 대한 관심에 머물렀다고 보인다. 당시 그의 초점은 불교의 위상 강화, 명예 회복에서 출발되었지만 종교 간 대화를 해야 한다는 자각을 하게 되었다.[26) 여기에서는 그가 우연한 기회에 종교 간 대화의 필요성을 깨닫는 기연도 그를 촉매케 하였다. 그에

---

26) 이능가는 자신이 그런 일을 본격적으로 하게 된 것은 당시 그의 나이 39세 때였다고 회고하였다. 그는 1923년 생이었기에 1960년 무렵에 종교 간 대화를 하였음이 수긍되는 것이다.

대한 정황으로 들어가 보자.

그것이 언제인가 4·19가 나던 이전으로 기억되는데, 내가 종교 간의 문제에 대해 그냥 두면 안 되겠구나 하는 것을 느낀 발단이 두 개 또 있었어.

내가 주로 대각사에서 자고 총무원이 있는 조계사로 걸어서 출근을 하였어. 그러면 대각사가 있는 봉익동에서 예불을 하고 인사동으로 해서 새벽에 출근하면 옛날 문화방송국의 골목 근처에 시장이 있어. 그곳에는 떡집이 서너 군데 있었어. 나는 떡을 좋아해서 그 떡집에 가서 인절미 100원어치를 사려고 갔지. 그런데 떡을 달라고 주인 아주머니에게 말을 하였는데, 이 주인이 나에게 떡을 바로 안 줘. 날씨는 춥고, 나도 빨리 총무원으로 가야 하는데 주인이 내 말은 들은 체도 안 하고, 다른 일을 하면서도 10분이 지나도 떡 줄 생각을 안 해. 그래 나는 어쩔 수 없이 그 주인에게 빨리 떡을 달라고 하였지. 그래도 주인은 반응이 없어. 그런데 가만히 보니 그 떡집 주인, 보살의 목에 십자가가 달려 있는 것이 보이드라구. 그 주인의 표정이 재수 없다는 듯이 대꾸도 안 한 이유를 내가 알게 되었어. 나는 그것을 겪으면서 한 1주일 동안이나 그 생각을 하게 되었지.[27] 그래서 한국 종교, 특히 기독교에 대한 생각을 많이 했어, 기독교가 저렇구나 하면서. 그러면 우리 불교도들도 기독교와 맞지 않는 것이 어디 한두 개 뿐이겠나 하는 것도 생각하게 되었지. 불교는 이조 500년 숭유억불, 그리고 왜정시대에 일제의 종교정책으로 탄압을 받아 죽은 것처럼 보이게 된 것도 함께 따져 보았어. 그래서 나는 속으로 이거 큰일 났구나 하고 여기게 되었어.

그리고 또 한번은 초여름에 이웃돕기를 하다 겪은 것이지. 총무원에 있으면 가끔 용돈이 여러 곳에서 들어오게 돼. 나는 그러면 그것을

---

27) 이능가는 2006년 10월 15일 한국종교인평화회의 측 인사(변진흥 사무총장)와의 회고에서는 떡집 사건 말고도, 전차 안에서 당신이 자리에 앉으면 기독교인이 다른 자리로 가는 것을 목격하고, 이상하다는 생각을 하였다고 회고하였다. 『한국종교인평화회의 20년사』, p.257, 〈이능가 스님〉.

가끔 주변 사람들에게 나누어 주곤 하였는데, 한번은 신문에 보도된 성북구에 있는 양로원에를 찾아가서 돈을 주게 되었지. 조그마한 양로원이었는데, 기독교 목사가 하는 양로원이었어. 그 양로원 원장은 이북에서 내려온 젊은 사람이었어. 나는 그 목사에게 양로원에 도움을 주려고 왔다는 의사를 밝혔어. 그런데 그 원장은 고맙다는 말도 없고, 받는 시늉도 안 하고서는 갑자기 표정이 달라지더니, 한참 있다가는 "중의 돈 안 받아도 좋소" 하더니만 얼른 가 보라고 하더니, 안으로 들어가더라구. 나는 기가 막히면서도, 어! 이 사람 재미있는 사람이다고 여겨서, 양로원 안으로 들어 갔어. 가 보니 노인네 서너 사람이 앉아 있는 모습이 궁해 보여. 사무실이 2층에 있어서 그 입구 계단에서 원장님을 만나러 왔다고 하니깐, 조금 있다가 원장은 안 나오고, 젊은 심부름꾼이 나와서는 "원장님은 손님을 만나기를 원치 않고, 댁의 돈도 받을 이유가 없다"고 분명하게 거절하겠다는 말을 전하드라구.

그래서 그 사건을 겪으면서 나는 많은 생각을 할 수밖에 없었지. 나는 그때 기독교가 그렇게 된 사회적 원인, 남북 관계 등 다양한 측면에서 그것을 분석하여 보았어. 목사가 그렇게 나오게 된 것은 교육을 잘못 받아서 그런 것이다고 여겨졌고, 종교 간에 이야기를 할 필요성을 판단하게 되었지. 나는 그런 상황에 대해서 도저히 그냥 넘어갈 수 없다고 보았지. 그래서 한국 종교가 일원으로 함께 대화하는 무엇인가를 만들어야 하겠다는 생각을 하게 되었지. 그러면서도 주 대상은 기독교이었지. 그렇지만 기독교만 갖고는 안 되니깐, 여타 종교하고 함께 대화할 수 있는 공간이라할까, 어떤 것을 만들어야 하겠다고 여기면서 이래서 본격적으로 그런 것을 고민하게 되었어.

이렇듯이 이능가는 자신이 조계종 총무원에 근무하던 시절(1960년 전후), 그가 겪은 종교간의 적대감, 배척의 경험에서 종교 간 대화의 중요성을 절실히 느끼게 되었던 것이다. 이때부터 그는 종교 간의 대화를 위한 고뇌를 하였다. 그러면서 그는 서서히 그를 위한 방향을 모색하게 되었다.

내가 총무원에 근무하면서 나는 자연적으로 종단 대변인의 역할을 하게 되었어. 그러다 보니 저절로 종단 출입기자들 하고 여러 대화를 하게 될 수밖에. 그래서 그 기자들에게 내가 겪은 것을 들려주면서 어떻게 생각하냐고 물어도 보았어. 그런데 그 기자들은 종교 담당 기자이니깐 조계종만을 출입하는 것이 아니고 다른 종교기관에도 출입을 하는 입장이니깐, 나는 그 기자들에게 내가 대화를 할 수 있는 다른 종교의 성직자들에 대한 정보를 알 수 있게 되었어. 그래서 나는 기독교에서는 강원룡 목사와 잦은 만남과 대화를 하게 되었고, 천주교에서는 노기남 대주교와 많은 대화를 할 수 있게 되었지. 이 두 분과는 인간적으로도 친하게 되었지. 그래서 종교 간 대화의 모임을 추진할 때에도 노기남, 강원룡, 나 능가가 합의하면 다른 종파에서는 다 딸려 오는거였지.

하여간 1965년에 내가 만든 한국종교연구협회는 인류역사상 이교도와 흉금을 터놓고, 대화를 한 것은 인류사상에 그 유례가 없는 것이었어. 더러 그런 생각은 한 적은 있었지만 구조적으로, 방법론을 갖고 진행한 적은 없어. 나는 한국에서 종교 간 대화를 하는 종교지도자연합회를 만들어 놓고는 그 자신감으로 이제는 세계를 무대로 전 세계적 차원에서 종교 간의 대화를 할 수 있는 틀을 만들어야 하겠다는 생각을 했어. 그래서 그를 위해서는 우선 불교가 뭉치고, 그 후에는 내가 불교 조직체의 어떤 직함을 갖고 세계 종교 간의 대화를 할 수 있는 조직체를 만들려고 본격적으로 뛰어들기도 하였어.

이능가는 종교 간 대화의 필요성을 갖고, 타 종교 지도자와의 친근한 인간관계를 통한 잦은 대화를 함으로써 대화의 틀을 만들 분위기 조성에 주력하였던 것이다. 이는 그가 조계종 대변인의 역할을 할 때 자연스럽게 알게 된 조계종 출입기자들을 통해[28)

---

28) 이능가는 그런 실례로 6대종교 심포지움에 참가한 당시 한국일보 논설위원

알게 되고, 소개 받은[29] 타 종교 지도자들과의 잦은 대화에서 이루어진 것이었다. 당시 그의 고뇌는 '한국종교인평화회의' 측 인사와의 대담(2006.10.15)에서도 찾을 수 있다.

> 하지만 꼭 극복해야 하는 것이 한국의 운명이라는 생각이 들었어. 내가 믿는 종교를 제대로 믿으면서 남의 종교도 존중할 줄 알아야지. 한국이 기독교 소유도 아니고 불교나 유교 소유도 아닌데 말야. 나라가 망하면 기독교도 망하는 거고 불교도 유교도 다 망하는 거거든. 서로 증오하고 질투하고 싸우고 이게 모두 한 선상에서 이루어지는 현상인데 이건 현실세계야. 정신세계에서는 이런게 없는거지. 한국의 종교 차원에서 종교 간 38선을 없애려면 첫째 대화의 시간이 필요해. 종교가 공동선의 윤곽을 마련하고 공통분모를 마련해서 제 종교가 각각의 역할을 하면 되는거야.
> 그런데 이런 대화를 하려면 종교 간 협의체가 필요해. 한국에서 이런한 종교협의체를 하나 만들어 하나의 모델로 삼아서 세계화하자 이런 생각을 가지고 강원룡 목사님도 만나고 여러분들을 만났지. 노기남주교님도 만나서 설득하고 노기남 주교님은 이해가 빨랐어, 기독교하고가 가장 어려웠어. 그러나 일단 이해가 되고 나니까 그래도 강원룡 목사만한 사람도 또 없어. 달리, 그때부터 종교적 차원을 넘어서 의기투합한 관계가 되었지.[30]

요컨대 그는 천주교, 기독교 측 인사인 노기남, 강원룡을 설득하고 종교 간 협의체를 만들어야 한다는 입장을 강조하였던 것이다. 수년간에 걸친 그의 고뇌는 점차 가시적인 성과를 갖게 되었

이었던 김용구를 거론하였다. 김용구는 조계종단을 출입한 한국일보 기자의 선배로 소개받은 인물인데, 김용구에 의해 타 종교 지도자들을 소개받을 수 있었다고 한다.

29) 이능가는 그를 불교와 기독교 간의 대화를 하기 위한 정보를 얻은 것이라고 회고하였다.

30) 『한국종교인평화회의 20년사』, pp.257-258.

다. 그는 전장에서 살핀 6대종교 대표가 참석한 심포지움과 한국
종교연구협회의 출범임은 두말할 나위가 없는 것이다. 지금껏 이
러한 종교 간 대화의 주도는 강원룡, 크리스찬 아카데미에 초점
을 둔 해석이 지배적이었으나[31] 이능가의 회고를 유의하면 기존
해석의 재검토가 요청된다고 볼 수 있다.

1964년 봄쯤에 강원룡 목사나 노기남 주교님을 만나서 이런 모임이
필요하다고 설득을 했지. 내가 총무원에 있었기 때문에 불교 행사가
있을 때 강원룡 목사가 처음으로 조계사에 이교도 초청이라고 해서
참석한 것이 화제가 된 적이 있지. 나중에 강원룡 목사도 교회 행사
에 날 자주 불러서 참석하기도 하고 그랬어. 한국의 기독교와 불교
사이에서 촉발된 문제를 해결하려면 단일 인류지도 이념이 필요해.
단일 지도이념을 목표로 하는 데 질투와 시기로 얽혀 있는 세상에서
는 어렵고 그것을 넘어선 초현실적인 사회 속에서 성공할 수가 있
지. 금방 되는 것도 아니야. 50년 100년을 내다보고 개척하는 자세
로 대화의 장을 마련하는 것이 필요하다고 역설했지. 배타적인 자세
는 자신의 본질적인 것을 배타하는 것과 같아. 한 달에 2번씩 6개월
정도 종교 간 대화 모임이 이어졌어. 그때는 박양은 신부가 열심이
었어, 그리고 노기남 주교님도 관심을 많이 가져주셨고, 김몽은 신부
도 열심이었지.
내가 초안을 만들면서 인적 구성도 조직하고 좌표와 방향도 합의했
지. 그래서 초대회장으로 노기남 주교님께 맡아 달라고 말씀드렸더
니 못 하시겠다고 극구 사양하시고, 강원룡 목사도 못하겠다고 하고,
결국은 노기남 주교님이 이건 능가 스님이 모든 초안을 마련했으니
까 능가 스님이 초대 회장을 맡아야 한다고 해서 내가 2년 동안 회장
을 했지. 그리고는 2대로 강원룡 목사가 하고.
그래서 이사제도를 구성해서 매주 토요일 만나기 시작해서 6개월

---

31) 위의 책 「창립 배경」과 위의 책 제3부에 「발자취를 찾아서」에 수록된 원로
들의 회고에 그런 흐름이 지배적이다.

후에 3대회장으로 노기남 주교님이 맡게 되고 그 후에 나는 미국, 일본으로 나가게 되어서 사무적으로 관여를 못하게 되었지.[32]

이처럼 이능가, 그는 종교 간 대화를 위한 조직체 구성을 위한 다양한 노력을 하였다. 1964년 봄부터는 더욱 본격적으로 노기남, 강원룡에게[33] 그 필요성을 설득, 주입하였다. 그런 대화가[34] 근 2년이나 지나서, 성과가 나타났다. 종교지도 간의 대화는 1965년 4월, 한국유네스코에서 있었던[35] 종교인 모임에서 구체적으로 나타났다. 그는 우선 종교지도자들의 대화를 위한 심포지엄을 갖기로 하였던 것이다. 이에 그 결실이 종교 간 대화를 위한 1965년 10월의 심포지엄과 1965년 12월의 종교연구협회로 이어지고, 그가 초대 대표까지 맡기에 이르렀다는 회고이다. 그러면

---

32) 위의 책, p.259.

33) 강원룡은 이 협회의 설립에는 반대하였다. 그는 종교 간 대화를 트는 것은 찬동하였으나, 조직까지 만드는 것에는 동의하지 않았다. 그러나 이능가의 권유, 기독교를 제외한 여타 종교에서 적극적으로 모임을 결성하자 수동적으로는 동참하였다. 당시 강원룡이 종교 간 대화를 하고 있다는 소식이 보도되자, 보수적인 기독교 측은 강원룡을 강력하게 비판하였다. 이 전후사정은 그의 회고록『역사의 언덕에서』3권, 한길사, 2003, pp.140-143의 내용 참조. 최근 능가 스님은 당시 강원룡은 조직체 설립에 반대하였음은 사실이었다고 증언했다. 대화에는 찬성하면서 조직체 결성에 반대하는 것을 의아해 하였는데, 필자가 기독교 측에서의 반대가 심하였다는 회고록의 내용을 전하자, 당시 그 반대의 이유를 납득한다고 수긍하였다. 당시 그 현장을 목격한 원불교의 김정용은 용당산 호텔 모임은 강원룡, 이능가의 주관으로 진행되었다고 회고하였다.『한국종교인평화의 20년사』, p.200.

34) 그 준비 기간 동안 종교 지도자들 간의 대화는 천도교, 음식점, 다방 등 다양한 공간에서 이루어졌다고 필자에게 회고하였다. 2009년 1월 15일, 범어사 내원암에서 필자와 능가 스님의 대담.

35) 당시 유네스코에서의 모임 주선은 한국일보 논설위원이었던 김용구에 의해 이루어진 것으로 능가 스님은 회고하였다. 유네스코에서 하면 경제적 후원을 받을 수도 있다는 정황의 이야기가 있었던 것으로 능가 스님은 어렴풋한 기억을 되살렸다.

여기에서 당시 이능가의 생각, 즉 종교 간 대화의 필요성을 하게 각성하게 된 저변의 계기 및 그의 종교관, 불교사상[36] 등은 어떠하였는가에 대해서 주목할 필요가 있다. 이런 측면을 검토함에 있어서는 그가 1965년 10월 18일 종교 간의 대화에서 기조발제를 하였던 발언을 주목할 수 있다. 당시 이능가는 불교 대표로서 기조 강연을 하였는 바, 그 주제가 〈불교의 안심입명安心立命〉이었다.

> 모든 종교宗敎의 목적目的은 인간人間의 자기해방自己解放을 말하는 것이요 불교佛敎에서는 안심입명安心立命을 말하는 것입니다. 다시 말하면 그 어느 것에도 구애되지 않고 공포恐怖되지 않는 자유自由를 뜻하는 것으로 그 자유自由는 정치政治, 경제經濟, 사회社會에 있어서의 협의狹義의 자유自由가 아니라 광의廣義의 생명적生命的 입장立場에서의 자유自由를 말하는 것입니다.
> 다시 말하면 종교宗敎의 목적目的은 진정眞正한 자유인自由人을 만드는 데에 있는 것으로 그 자유自由야 말로 우리의 이상理想인 민주주의民主主義의 바탕이 되는 기본이념基本理念인 것입니다. 그러므로 이 자리에 모인 여러 종교인宗敎人들은 이 민족民族의 정신개발精神開發의 전위역前衛役이며 민주주의 선봉先鋒이 되어야 하겠습니다.[37]

이능가는 종교의 목적이 인간의 자기해방 추구, 진정한 자유인을 만드는 것이라고 단언하였다. 그런 점에서 종교는 민주주의의 기본이고, 민족의 정신이라고 강조하였다. 나아가서 그는 당시 세계는 '하나의 세계'로 나가려는 추세에 있다고 진단하고, 한국의 종교계도 그런 방향으로 나가야 한다고 보았다.

---

36) 이에 대해서는 추후 연구할 예정이다.
37) 《종교계》 창간호(1965.12.), p.62, 〈6대종교인의 대화, 불교의 안심입명〉. 이 강연 요지는 《대한불교》 1965년 10월 31일에도 게재되었다.

우리는 각자各自의 독자성獨自性을 발휘發揮해서 최대最大 공약수公約數
의 공동共同 광장廣場에서 잡다雜多한 이류민중異類民衆을 얼마든지 이
끌어 갈 수 있을 줄 믿습니다. 또한 인류역사는 앞으로 그렇게 되고
야 말 것을 약속約束하고 있는 것입니다.[38]

즉 각 종교의 독자성을 발휘하면서, 종교 간의 대화를 통하여,
민중을 지도해 갈 수 있다고 보았다. 이에 그는 민족의 발전, 나
아가서는 세계평화에까지도 이르게 하는 데에 마땅히 종교가 앞
장 서야 한다고 주장하였다.

각자各自 종교宗敎가 서로 우월優越을 다투고 시기함으로써 오히려 교지敎
志에 위배違背하여 민족民族의 지탄指彈을 면免치 못한 일과 그럼으로써
각자各自 교주敎主에 모독을 범犯하는 부조리不條理가 나타나서는 안 되
겠습니다.
우리 종교인宗敎人으로 하여금 이것이냐 저것이냐의 자유의사自由意思
에 서게 하며 어느 종교宗敎이거나 민족화民族化 하고 국민화國民化해서
행복한 터전을 개현開顯시켜야 할 것이고 그럼으로써 한국의 종교가
역사의 고아孤兒를 탈피脫皮하고 세계평화世界平和의 전위적前衛的 공헌
貢獻에 이바지 될 줄로 믿는 바입니다.[39]

이렇듯이 이능가는 종교 간의 갈등, 반목으로 각 종교의 가르
침을 위반하고, 결과적으로 민족의 지탄을 받는 과거의 부조리에
서 벗어나자고 주장하였다. 그럼으로써 종교가 민족화, 국민화
하여 민족과 국가가 행복한 터전이 만들어지는 데에 이바지 해야
한다고 강조하였다. 그래서 종교가 역사의 주인공이 되고, 세계
평화에 공헌을 하자는 것이었다. 이능가의 이 주장은 단언하면

---

38) 위와 같음.
39) 위의 자료, p.63.

종교의 토착화, 국가 및 민족의 발전에 종교의 기여였다. 바로 이런 공동목표가 각 종교의 공통적인 노선이고 지향이라는 것이다. 그럼으로써 종교 간 대화가 가능하고, 종교가 연합할 수 있는 틀이 가능하다고 이능가는 보았던 것이다.

이능가의 위와 같은 종교관은 《종교계》 1966년 3월호 특집 기사인 〈하나의 세계로 간다〉에 기고한 글에서 찾아볼 수 있다. 필자는 이능가의 그 글에서 이능가의 종교관, 종교대화에 대한 입장을 적출하고자 한다. 이능가는 그 글에서 우선 현대와 현대에 살고 있는 '나'에 대한 기본 입론을 다음과 같이 전제하였다.

> 그러므로 곧 '나'는 역사적歷史的 존재存在인 동시同時에 사회적社會的 존재存在임을 알 수 있겠으니 되돌아 가서 '나'의 물음은 곧 역사歷史의 물음인 동시同時에 사회社會의 물음에 지나지 않는다고 하겠다. 그러므로 '나'의 대답은 곧 현대現代의 역사적歷史的 상황狀況에서 실마리가 풀어지지 않아서는 안 될 것으로 믿는다.40)

즉 그는 현대의 나, 현대라는 역사에 처한 인간의 실존적 존재를 알기 위해선 불가불 현대의 역사적 상황을 파악하지 않으면 안 된다고 보았다. 이에 그는 근대적 변모, 근대적 인간의 삶, 근대적 인간의 소외 및 위기 등을 적시하였다. 그래서 그는 이 같은 현대의 과제, 즉 비인간화의 와중에서 구출케 하는 것이 종교라고 보기에 이르렀던 것이다.

> 여기에서 우리 종교인宗敎人으로서는 중차대重且大한 사명使命을 자각自覺하지 않으면 안 될 것이다. 과연果然 이 세기적世紀的 병폐病斃를 무엇으로 어떻게 구출救出해 내느냐는 문제問題다.

---

40) 《종교계》 1966년 3월호, p.71.

한번 도리켜 보건데 누가 무어라고 하드라도 우리는 하나의 우주宇宙 속에 하나의 지구地球위에서 하나의 원리原理밑에 하나의 인류人類로 태어나 존재存在해 있는 것이 아닌가. 나아가서는 한가지 수법手法으로 마련된 의衣·식食·주住를 갖추고 하나의 역사적歷史的 상황狀況 속에 처해 있음이 우리이기에 오늘의 허무虛無와 절망絶望은 공통共通된 이유理由에서 공통共通된 사태事態로 전개展開된 것이니 이에 대對한 처방處方에 있어서도 공통共通된 하나의 그 무엇이 마련되지 않고서는 안 될 것으로 믿는 바이다. 41)

이렇게 이능가는 세기말의 병폐인 비인간화, 인간 소외를 구출할 당사자는 종교인이라고 보면서, 여기에서 각 종교가 그에 대한 책임을 공유할 것을 강조하였다. 그는 위에서 적출되었지만 모든 한국 내의 종교, 종교인은 모두 공통된 역사적 상황에 처해 있다는 것에서 나온 것이다. 이른바 공동운명체 임을 지적하고, 각 종교가 내놓아야 할 처방이라는 측면에서도 공통된 노선 및 성격이 도출되어야 할 것으로 보았다. 이능가가 본 그것은 무엇인가? 바로 '인간의 정신적 자세'였다.

이러한 의미意味에서 현대적現代的 상황狀況에 대처할 정신적精神的 자세姿勢는 진정眞正한 종교宗敎의 힘이라야 한다고 하였는데 그것은 다름 아닌 인간人間에 구체적具體的이면서 체험적體驗的인 자각自覺을 촉구促求하는 종교적宗敎的 방법方法이라야 된다고 믿는 바이다. 이는 곧 인간人間이 원래元來 유한有限한 존재存在임을 지양止揚하여 유한有限이면서 그대로가 절대絶對 무한無限한 입체立體인 생명生命의 원리原理인 사실事實을 사실事實대로 몸소 깨달아야 한다는 뜻이다. (중략)
이 같은 구체적具體的인 자각自覺에서 만이 비로소 우리는 생사生死를 초월超越한채 생사生死에 살고 선악善惡에 초월超越한채 선악善惡에 살

---

41) 위의 자료, pp.72~73.

며 역사歷史에 초월超越한채 역사歷史에 살게 되는 본래적本來的인 생명
生命의 주인主人이 되겠고 그대로가 진정眞正한 자기自己에로 되돌아 오
게 될 것이다.42)

즉 그는 인간의 구체적 자각, 체험적 자각을 촉구하는 종교적
방법을 대안으로 제시하였다. 이로써 인간이 진정한 자기가 되
고, 인간성이 담보되는 길로 올 수 있다고 보았다. 이는 현대 모
순의 해결은 종교적인 실천적 힘에 의해서 가능하다는 입장이었
을 말해주는 것이다. 이능가는 이 같은 입론 하에서 세기말의 병
에 대처할 각 종교의 처방도 그 효능과 작용에 있어서는 공통적
인 형태가 되어야 한다고 보았다. 그는 그 공통성을 약재藥材의 공
통적인 성질性質이라고 표현하였거니와, 이로써 그는

근대적近代的 자율적自律的 인간人間의 공동위기共同危機에 초극超克 다시
말해서 절망絶望과 허무虛無의 심연深淵으로부터 구제救濟는 그것이 신
神이라고 불리우건 불佛이라고 불리우건 무어라고 불리우건 간에 자
기自己 자신自身과는 별도別途로 있는 것에 의지依支할 것이 아니라 본
래적本來的인 자기自己 존재存在 그것의 본성本性에서 찾지 않아서는 안
될 것이 아니겠는가?43)

결국에 가서는 자기 자신, 본래적인 자기 존재의 본성에서 찾
아야 됨을 강조하였다. 그가 말하는 대안은 모든 종교가 역사적
상황 속에서 인간의 비본래성, 비인간성으로부터 탈출하여 본래
성으로 원대 복귀해야 한다고 외쳤던 것과 같은 것이었다. 그러
면서 이능가는 모든 종교가 이 같은 구도에서 하나의 길, 하나의

---

42) 위의 자료, p.73.
43) 위의 자료, p.75.

세계로 가면서 같은 터전에 사는 공동운명체로서 더욱 응집된 과제에 초점을 맞추어야 한다고 제안하였다.

> 문제問題는 각各 교教가 각자各自의 발판 위에 원형圓形으로 둘러서서 민족적民族的인 구심점求心點 곧 그 중심점中心點을 노리어 집중포문集中砲門을 열어야 한다는 방법方法도 중요重要한 것으로 알고 있다. 이에 민족성民族性의 구심점求心點이라 하면 소극적消極的인 분야分野만이라도 공동광장共同廣場으로 끌어내 놓아야 한다고 믿는다. 그것은 다름 아닌 민족성民族性에 보완책補完策이라 하겠으니 있어야 할 것이 없는 결점缺點을 보충補充해서 내 민족성民族性을 개조改造해 가야 한다는 뜻이다.44)

그것은 다름 아닌 민족적인 구심점, 즉 민족의 공통된 과제에 각 종교가 철저히 부응해야 한다는 것이다. 이능가는 그 실례를 민족성의 보완책으로 표현하였다. 이능가는 우리 민족성에 보완할 측면을45) 제시하면서, 종교가 그런 문제 해결을 공통적인 교화教化의 소재로 인식하는 것을 급선무로 보았다. 마침내 그는 자신이 제안한 대안을 공통적으로 지향하게 되면 각 종교의 목적도 달성된다고 보았다.

> 이와 같은 방식方式에서 만교萬教가 제향提向하는 인간人間의 행복幸福을 추구追求하고 자유自由를 추구追求하며 무아無我 무상無相의 입지立地에서 봉사정신奉仕精神을 함양涵養하야 『사랑』『감사』에 넘치는 민족사회民族社會를 현창顯彰하게 된다는 것은 하나의 세계가 개현開顯되는 각교인各教人의 진정眞正한 본원本願이 아니고 무엇이랴.

---

44) 위의 자료, pp.75-76.
45) 이능가는 민족성의 문제점 즉 보완 내용을 지나친 감성, 무비판적인 보수성, 열등의식, 형식주의, 현세계 중심의 인생관 및 세계관 등이라고 예시했다.

위에서 논의論한 바와 같이 우리들은 그와 같은 현대적現代的인 시점時點에서 동일同一한 여건하與件下에 처處해 있고 동반적同伴的인 위치位置에 섰으며 공동목표共同目標를 제향提向하여 각교各敎가 협동協同한 법륜法輪을 굴릴 때 그것은 전일적全一的인 세계로 전진前進하는 관도關途가 아니고 무엇이겠는가.[46]

결론적으로 인간이 행복을 추구하고, 자유를 추구하여, 봉사정신이 함양되어, 사랑과 감사에 넘치는 민족사회가 된다고 확신하였다. 그러므로 이능가는 자신이 개진한 것을 각 종교가 개별적으로 자각하고, 그를 실천하는 과제로 인식하게 되었기에 각 종교는 동반자적인 입장에 서 있다고 보았다. 이 같은 이해는 은연중 곧 한국종교연구협회의 출범의 당위성을 피력할 것이라 하겠다.

그러므로 필자는 위의 이능가의 글은 1965년 1월 경의 이능가의 종교 간 대화의 입론을 극명하게 보여주는 그의 종교관이라고 보는 것이다. 이런 입장에서 이능가의 위와 같은 입론은 그가 《종교계》 4월호에 기고한 〈한국 종교인에게〉라는 주제의 글에서 거듭하여 명백하게 나타난다.

모든 종교인宗敎人의 공통과제共通課題를 스스로의 과제課題로 삼고 조심성 있게 태생胎生된 우리들의 협회協會가 아직은 얕은 시간時間임에도 불구不拘하고 각各 종단宗團과 종교인宗敎人들의 두터운 성의誠意와 협력協力으로 한결 진취상進取相을 띠게 된 데 대하여 이 자리를 빌려 깊은 감사를 드리면서 절실切實한 사명감使命感을 새롭게 하는 바이다. 우리 협회協會가 걸어 나가야 할 길에 있어서 그 역사적歷史的인 배경背景과 그 설정設定된 문제問題에 비추어 우리 회원會員들은 결決코 안이

---

46) 위의 자료, p.76.

安易하고 순탄順坦한 걸음만을 기약期約하리라고 여기지는 않을 것으로 믿는다.

우리 협회協會는 오늘의 세계적世界的 정신계精神界의 중심中心 과제課題를 현실적現實的으로 해결解決하려는 데 두고 있으며 세계사世界史의 진전進展에 앞서 끌어당길 굵은 로프로서 보다 굳고 튼튼하고 총명聰明한 주체主體가 되어야 겠다고 다짐하는 것이다.

우리의 과제課題를 달성達成하는 일은 다만 종교인宗敎人만을 위한 것이 아니라 정치政治, 사회社會에서부터 문화文化, 교육敎育과 국민생활國民生活 기풍氣風 전반全般에 이르기까지 어느 하나 소외疏外시킴이 없이 포섭包攝하여 깊고 넓고 두텁게 하나의 이념이 그 안에서 구현具顯되어 하나의 세계世界가 실현實現됨을 뜻함이니 이는 인류人類가 함께 바라고 있는 우리의 낙원樂園이 이루어짐이 아니겠는가?

우리들은 보다 높은 안목眼目과 보다 넓은 시야視野를 가지고 강강强한 의욕意慾으로서 조용한 전진前進을 다할 것이라 여겨진다.

오늘의 한국韓國에 사는 모든 뜻 있는 종교인宗敎人들은 함께 어울리어 유일唯一한 뜻에 근거根據하는 성지聖旨를 구현具顯하는 공동共同의 과업課業을 향向해 나아갈 것을 믿고 또 바라는 바이다.47)

즉 이능가는 협회 대표의 입장에서, 협회가 출범한 3개월을 회고하면서, 한국종교연구협회가 나가야 할 길을 담담히 개진하였던 것이다. 그는 종교인들의 공통과제를 협회의 과제로 인식하면서 동시에 세계사적인 흐름에 발맞추어 가야 함을 피력하였다. 동시에 협회는 종교인들만의 대화의 장에 머물지 않고, 당시 한국 사회 전반의 문제를 수용하여, 결과적으로는 한국 사회의 낙원을 만드는 것과 무관할 수 없다는 당위성을 피력하였다. 이 같은 이능가의 입론은48) 앞서 살핀 그의 종교관, 종교 간 대화의 명분의

---

47) 《종교계》 1966년 4월호, p.285. 이 글은 그가 1966년 3월 1일에 작성한 것이다.
48) 이능가는 최근 필자와의 대화에서도 그의 입장을 회고하였다. 즉 종교 간

바탕하에서 나온 것이다. 동시에 이능가의 이 입론, 주장은 1966
년 전반기 한국종교연구협회의 이념이었다고도 볼 수 있는 것이
다. 문제는 이 같은 협회의 이념 및 회장인 이능가의 종교관, 종
교 대화론이 어떻게 전개될 것이냐에 달려 있을 것이다. 그는 곧
협회의 사업, 활동, 회원들의 적극적인 의식 등이 종합되어 나타
날 것임은 자명하다고 하겠다. 협회가 본격적으로 활동을 전개하
였던 1966년 3월 이후의 전개 양상은 필자의 후일의 연구 과제로
남겨 두고자 한다.

Ⅳ. 나가는 말

본 고찰의 맺는말은 본문 서술 과정에서 드러난 한국종교연구
협회의 출범 성격을 정리하고, 추후 이 분야 연구에 유의할 점을
제시하는 것으로 대신하고자 한다. 먼저 협회 출범의 특성을 정
리하려고 한다.

대화를 해서, 종교의 공통분모를 찾고, 그 공통분모로써 대화를 하면, 상호
협조할 수 있는 세계가 나오고, 그 연후에는 공동 사명의식을 갖게 되어서,
공동 행동을 할 필요성을 느낄 수 있는데, 그러면 자연적으로 하나의 인류
의 지도이념으로 나오게 된다는 것이었다. 이능가는 자신은 이런 철학, 소
신에 의해서 종교 간 대화를 하였기에 타 종교인들이 자신의 철학을 부정할
수 없었기에 자연 자신이 이끈 종교 간 대화의 광장으로 나오지 않을 수 없
었다고 회고하였다. 그 당시 자신은 40대 초반이었지만 타 종교인(노기남,
강원룡 등)은 자신보다 10여 살 많은 선배격이라, 기자들은 젊은 승려에게
이끌려 오고, 젊은 승려가 중심이 되었던 것에 대부분은 의아해 하였다고
하였다.

첫째, 1965년 12월에 출범한 한국종교연구협회는 한국 현대사에서 종교 간 대화를 시도하기 위해 조직화된 최초의 단체라는 역사성을 갖는다. 우리 민족이 1919년 3·1운동을 추진할 당시에 종교인들이 민족운동의 전개를 주도한 이후, 이 협회의 등장은 민족사에서 결코 간과할 수 없는 위상을 갖는 것이다.

둘째, 이능가의 회고에서 나온 1965년 10월 이전의 종교인 간의 대화 고뇌, 활동 등을 종교연구협회 설립의 역사로 수용해야 할 것이다.[49] 아직은 그에 대한 문헌 자료, 증언 부족으로 역사로 반영하기에는 난점이 있지만, 그에 대한 인식을 하는 것이 긴요하다고 본다.

셋째, 한국종교연구협회의 등장 과정을 유의하게 살피면 그 출범이 각 종교인들의 자발성, 자주성, 개방성이 두드러지게 나타났다. 어느 일방, 특정 종교의 주도가 두드러지 않았고, 특정인의 독주도 눈에 띄지 않았다. 이런 점은 여타 단체, 모임 등에서 찾기 어려운 것이었다.

넷째, 한국종교연구협회가 추구하였던 지향점은 단순한 종교 간의 대화에 그치는 것이 아니었다는 측면이다. 출범 직전에 행한 심포지움에서 제기된 문제는 종교가 안고 있었으며, 종교의 외부에 걸쳐 있었던 즉 국가와 종교, 사회와 종교, 종교와 종교, 종교인과 종교인 등 다양한 문제를 끌어안았던 것이다. 이는 협회가 종교 간의 갈등 해소 차원에서 한 발 더 나아가 종교 근원에서 국가와 민족의 문제까지 고민을 끌어올린 것임을 말해주는 것이다.

다섯째, 협회의 출범의 역사와 출범의 배경을 정리함에서는

---

49) 이능가는 1964년 봄부터 그 준비를 본격화하였다고 증언했다.

협회의 초대 회장이었던 이능가의 경험, 고뇌, 종교 인간 대화 추진, 불교사상은[50] 협회 역사의 영역으로 끌어들여야 한다고 본다. 그것이 비록 사적인 영역이었지만, 그 영역이 공적인 영역으로 저절로 들어왔고, 그로 인하여 종교대화를 전개한 종교단체 결성에 이바지하였다는 점에서 특기할 내용이다.

이제부터는 추후 연구할 방향, 내용들을 제시하고자 한다. 이 점은 필자와 이 분야에 관심있는 학자들이 참고할 점이 아닌가 한다.

첫째, 한국종교연구협회가 왜, 어떤 연고로 1965년에 출범하였는가에 대한 시대성을 추구해야 할 것이다. 당시의 흐름이었던 민족주의 영향은 없었는지에 대한 지적은 그 실례이다. 즉 1960년대라는 시대 상황과 협회 성립과의 상관성을 정리, 추출해야 할 것이다.

둘째, 한국종교연구협회를 주도한, 참여한 인물들의 분석이 요망된다. 이능가, 노기남, 강원룡을 비롯한 협회의 전면에 있었던 대표진을 비롯한 이 협회에 적극적이었던 종교인들의 분석은 절대 필요한 것이 아닌가 한다.

셋째, 이 협회의 계승 문제이다. 본 고찰도 출범 과정만 정리한 것이었지만 이 협회가 현재까지 어떤 과정, 변천, 갈등, 재창조 등이라는 역사적 변천에 대한 과정이 정리되어야 할 것이다.

지금까지 결론을 대신하여 본 고찰에서 드러난 한국종교연구협회의 출범 당시의 성격과 추후 이 분야를 연구할 시에 참고할

---

50) 이능가는 자신이 그런 종교 간 대화를 하게 된 불교사상은 이론적으로는 화엄사상이었고, 이념적으로는 천태, 법화사상이었다고 필자에게 고백하였다. 이능가의 불교사상은 필자의 추후 연구 주제로 남겨 두고자 한다.

점을 제시하여 보았다. 본 연구가 종교 간 대화에 기초적인 초석
이 되기를 기대한다.

불교와 국가권력, 갈등과 상생

1판 1쇄 펴냄 2010년 11월 5일

저 자 대한불교조계종 교육원 불학연구소 · 대한불교조계종 종교평화위원회 공저

펴낸이 이자승
펴낸곳 (주)조계종출판사

출판등록 제 300-2007-78호 **등록일자** 2007년 4월 27일
주소 서울시 종로구 견지동 13번지 대한불교조계종 전법회관 7층
전화 02-733-6390 **팩스** 02-720-6019 **홈페이지** www.jogyebook.com

ⓒ 대한불교조계종 교육원 불학연구소 · 대한불교조계종 종교평화위원회 2010

ISBN 978-89-93629-42-2 93220